# eurolingua

# Deutsch 1



Cornelsen

**eurolingua Deutsch 1**

Deutsch als Fremdsprache für Erwachsene
von Hermann Funk und Michael Koenig

Bearbeitung und Redaktion:
Lutz Rohrmann

Beratende Mitwirkung:
Dr. Hansjörg Frommer (VHS Karlsruhe), Wolfgang Halm (München), Dr. Alfred Knapp (Paris), Bernward Mindé (VHS Düsseldorf), Helga Nagel (VHS Frankfurt/Main), Dr. Ewald Presker (Graz), Sabine Rosenfeld (KVHS Saarlouis), Dr. Bernhard Schmidt (VHS Moers), Jacqueline Sword (Leine-VHS, Hemmingen), Ursula Varchmin, (VHS München), Dr. Axel Vielau (VHS Oldenburg), Dr. Erich Zehnder (Mainz)

Redaktionelle Mitarbeit:
Maria Larscheid

Layout und Umschlaggestaltung: Regelindis Westphal

Illustrationen: Laurent Lalo, Claus Ast

**Erläuterung der Symbole**

- Der Text ist auf Kassette oder CD zu hören.
- Sie arbeiten zu zweit.
- Sie arbeiten zu dritt.
- Sie bilden eine kleine Arbeitsgruppe.
- Im Lernerhandbuch finden Sie weitere Informationen.
- Die Lösung der Aufgabe steht im Schlüssel.

http://www.cornelsen.de

1. Auflage € Druck 10 9 8 Jahr 05 04 03 02


Mitwirkung an der Originalausgabe: Esther Naef
Wissenschaftliche Beratung für die Originalausgabe: Daniel Coste, Anthony Fitzpatrick, Henri Holec, Ernesto Martín Peris, René Richterich, Jan Van Ek

Umschlagfoto:
Perlesreut im Bayerischen Wald



Satz: Satzinform, Berlin

Repro: CRIS, Berlin; Satzinform, Berlin

Druck: CS Cornelsen Stürtz Druck, Berlin

ISBN 3-464-21000-6

Bestellnummer 210006

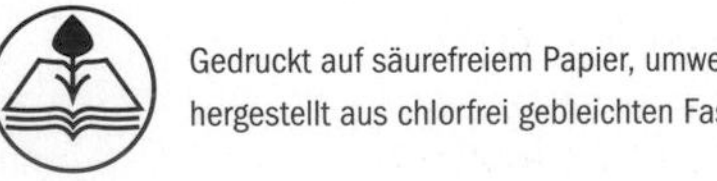
Gedruckt auf säurefreiem Papier, umweltschonend hergestellt aus chlorfrei gebleichten Faserstoffen.

# HINWEISE

Der vorliegende Band 1 von **eurolingua Deutsch** ist der erste eines insgesamt dreibändigen Deutschlehrwerks, mit dem Sie das Niveau des Zertifikats Deutsch erreichen.
Dieses Buch wird Sie während des Kurses und zu Hause beim Deutschlernen begleiten. Sie finden hier das Material, das Sie im Kurs benötigen (Texte und Aufgaben) und Materialien, mit denen Sie zu Hause das im Kurs Gelernte wiederholen und vertiefen können.

**Das Kursbuch**
Wenn Sie das Buch durchblättern, stellen Sie fest, daß es 24 *Einheiten*, 3 *Optionen* und einen *Anhang* enthält. Die 24 *Einheiten* präsentieren den Lernstoff in einzelne Abschnitte gegliedert, die es Ihnen ermöglichen, sich die Sprache schrittweise anzueignen. Sie finden hier vielfältige Materialien und Aufgaben, die das Lernen erleichtern und es so abwechslungsreich wie möglich machen. Sie lernen, in einfachen Alltagssituationen sprachlich zurechtzukommen, einfache gesprochene Texte zu verstehen, geschriebene Texte zu entschlüsseln und einfache Texte zu schreiben. Übungen, in denen Sie die grammatischen Regelmäßigkeiten der deutschen Sprache zum Teil selbst erarbeiten, helfen Ihnen, das System der Sprache zu erkennen. Natürlich erfahren Sie auch einiges über das Leben der Menschen in den deutschsprachigen Ländern und vergleichen es mit Ihren eigenen Lebenserfahrungen. Besonderen Wert haben wir darauf gelegt, dass Sie Gelegenheit bekommen, über Ihre persönlichen Bedürfnisse beim Lernen nachzudenken und so Ihren eigenen Lernstil zu finden.
Die *Optionen* bieten, häufig in spielerischer Form, zusätzliche Materialien an, mit denen Sie den Lernstoff der jeweils vorangegangenen Einheiten wiederholen und vertiefen können.
Im *Anhang* finden Sie die alphabetische Wortliste mit den jeweiligen Fundstellen im Buch, die Hörtexte, die nicht im Buch abgedruckt sind, und den Lösungsschlüssel. Darüber hinaus gibt es einen kurzen Grammatiküberblick sowie eine Liste unregelmäßiger Verben und Verben mit Präpositionen.

**Im Vokabel-Taschenbuch**
stehen alle neuen Wörter in der Reihenfolge ihres Auftretens mit Angaben zur Intonation, der Übersetzung bzw. einer Leerzeile und einem Beispielsatz. Sie haben die Wahl zwischen zweisprachigen Glossaren und einer einsprachigen Version, in die Sie selbst eine Übersetzung in Ihrer Muttersprache eintragen können. Wörter, die zur Wortliste des Zertifikats Deutsch gehören und die Sie daher unbedingt lernen sollten, sind **fett** gedruckt, solche, die nur verstanden werden müssen, sind ***fett*** und ***kursiv*** gedruckt. Den Wortschatz aus Texten, mit denen hauptsächlich das Leseverstehen geübt werden soll, haben wir nicht aufgenommen. Sie sollen hier versuchen, die zentralen Inhalte ohne Wortschatzhilfen zu entschlüsseln, und darüber hinaus die Arbeit mit dem Wörterbuch üben.

**Die Kassette oder CD**
enthält alle Hörmaterialien, die im Buch mit dem Kassettensymbol gekennzeichnet sind. Nur was man hört, kann man auch sprechen. Wenn Sie so oft wie möglich mit den Hörmaterialien arbeiten, werden Sie schneller Deutsch verstehen, und Sie verbessern auch Ihre Aussprache und Ihre Sprechfähigkeit.

**Sprachtraining**
Für alle Lerner, die noch etwas intensiver „trainieren“ möchten, ist dieses Übungsbuch gedacht. Es enthält zu jeder Einheit zusätzlich Übungen zum Wortschatz und zur Grammatik.

**Das Lernerhandbuch**
hilft Ihnen, Ihren persönlichen Lernprozess zu steuern. Es begleitet Sie vom ersten bis zum letzten Band von **eurolingua Deutsch** und bietet systematische Informationen zu drei wichtigen Bereichen des Sprachenlernens an. Der Teil *Das Lernen lernen* gibt Informationen und Hinweise zu Lern- und Arbeitstechniken. Diesen Teil sollten Sie möglichst bald einmal ganz lesen und später immer wieder konsultieren. Im Abschnitt *Kommunikation* haben wir die wichtigsten kommunikativen Situationen, die Sie in **eurolingua Deutsch** bewältigen lernen, systematisch geordnet. Die *Grammatik* fasst alle Strukturen zusammen, die Sie für das Zertifikat Deutsch benötigen. Die Abschnitte *Kommunikation* und *Grammatik* helfen Ihnen, Lernstoff systematisch zu wiederholen. Sie dienen als kursbegleitendes Nachschlagewerk, auf das Sie jederzeit zurückgreifen können.

Wir wünschen Ihnen viel Freude und Erfolg beim Lernen mit **eurolingua Deutsch**.

# INHALTSVERZEICHNIS

# EINHEIT 1: DER KURS BEGINNT

........ *sich begrüßen und kennen lernen, Namen erfragen und nennen*
........ *fremde Namen verstehen und aussprechen*
........ *fragen und sagen, woher man kommt und wo man wohnt*
........ *mit einer Dialoggrafik arbeiten*
........ *Wort- und Satzakzente erkennen und markieren*

## 1 Im Kurs

**1.1** **Schreiben Sie Ihre Namen auf die Karte und stellen Sie sich vor.**

**1.2** **Schauen Sie die Zeichnung an und hören Sie die Kassette. Wer fehlt auf der Teilnehmerliste?**

**1.3** **Hören Sie die Kassette zweimal. Lesen Sie beim zweiten Mal mit.**

Lehrerin: Guten Abend, mein Name ist Müller. Wie heißen Sie?
Sandra: Ich heiße Sandra Zawadska.
Lehrerin: Und Sie?
Hassan: Ich heiße Hassan Askari.
Lehrerin: Und wie heißen Sie?
Tom: Mein Name ist Miller, Tom Miller.
Lehrerin: Ich lese jetzt die Teilnehmerliste weiter vor.

B 2.1
B 2.3

**1.4** **Unterstreichen Sie in 1.3 die Wörter aus dem Dialogbaukasten.**

| begrüßen und sich vorstellen | Namen erfragen |
|---|---|
| Guten Morgen, ich heiße ... | Wie heißen Sie? |
| Guten Tag, mein Name ist ... | Und wie heißen Sie? |
| Guten Abend, ich heiße ... | Und Sie? |

Wie heißen Sie?
Und Sie?

**1.5** **Fragen Sie sich gegenseitig nach dem Namen. Der Dialogbaukasten hilft.**

## 2 Woher kommen Sie? Wo wohnen Sie?

**2.1** **Hören Sie das Gespräch auf der Kassette. Was verstehen Sie?**

**2.2** **Hören Sie das Gespräch noch einmal.**
**Achten Sie nur auf die Aussprache und die Intonation.**

Lehrerin: Frau Chaptal, woher kommen Sie?
Frau Chaptal: Aus Nancy. Das ist mein Mann Bernard. Er ist aus Metz.
Lehrerin: Und wo wohnen Sie jetzt?
Frau Chaptal: Wir wohnen in Seckenheim.
Lehrerin: Und Sie, Frau Buarque?
Frau Buarque: Ich komme aus Brasilien.
Lehrerin: Wo wohnen Sie jetzt?
Frau Buarque: Ich wohne auch in Seckenheim.

**2.3** **Lesen Sie den Dialog laut.**

**2.4** **Fragen und Antworten üben.**
**Was gehört zusammen?**

C 51

| | | | |
|---|---|---|---|
| Wie ...? | ☐ | ☐ | Aus Brasilien. |
| Woher ...? | ☐ | ☐ | Aus Bern. |
| Wo ...? | ☐ | ☐ | Müller. |
| | | ☐ | In Mannheim. |

**2.5** **Ergänzen Sie bitte. Die Dialoge in 1.3 und 2.2 helfen.**

1. – Frau Nyström, __________ kommen Sie? + Ich kom__________ aus Schweden.
2. – Wie hei__________ Sie? + Ich __________ Askari, Hassan Askari.
3. – Und __________ wohnen Sie? + In Kairo.
4. – __________ heißen Sie? + Wir hei__________ Claudine und Bernard.
5. – Mein __________ ist Giovanni Mariotta. Ich wohne jetzt __________ Mannheim.
6. – Ich komme aus São Paulo und __________, Herr Mariotta?
   + Ich kom__________ Varese. Ich __________ in Mannheim.

**2.6** **Hier sind die Antworten. Wie heißen die Fragen?**

1. – Woher kommen Sie? + Aus Frankreich.
2. – Wie heißen Sie? + Chaptal.
3. – Wo wohnen Sie? + In Seckenheim.
4. – Wo wohnen Sie jetzt? + Ich wohne jetzt in Seckenheim.
5. – Wie heißen Sie? + Buarque.
6. – Woher kommen Sie? + Aus Brasilien.

**2.7** **Fragen und antworten Sie bitte.**

## 3 Dialogbaukasten und Dialoggrafik

A 23.5

**3.1** **Mit einer Dialoggrafik arbeiten. Schreiben (TO WRITE) Sie bitte einen Dialog. Der Dialogbaukasten hilft.**

Frau Zawadska / woher? ↘

↙ Warschau / Polen

jetzt / wohnen / wo? ↘

Mannheim

| fragen, woher jemand kommt | | | sagen, woher man kommt | | | |
|---|---|---|---|---|---|---|
| Woher | kommen<br>sind | Sie? | Ich | komme<br>bin | aus | Polen. |
| | | | | | Aus | Warschau. |

| fragen, wo jemand wohnt | | | sagen, wo man wohnt | | | |
|---|---|---|---|---|---|---|
| Wo | wohnen | Sie? | Ich | wohne | in | Warschau. |
| | | | | | In | Warschau. |

**3.2** **Spielen Sie jetzt Dialoge mit Namen aus dem Kurs.**

## 4 Intonation üben: Wortakzent

**4.1** **So markieren Sie den Wortakzent: kurzer Vokal: ạ, langer Vokal: a̲**

C 2.1
C 2.2

Kụrs, Ö̲sterreich, bịtte, Dialo̲g, Ạntwort, Fra̲ge

**4.2** **Hören Sie bitte die Kassette und markieren Sie den Wortakzent.**

1. Polen, Brasilien, Italien, Frankreich, Japan, Korea, Ägypten
2. antworten, heißen, sprechen, kommen, Abend, Akzent, Antwort, Kassette, markieren

## 5 Satzakzent

**5.1** **Hören Sie den Dialog mehrmals. Wo ist die Markierung richtig: in 1., 2. oder 3.?**

C 2.3

1. – Herr Mariotta, woher kommen <u>Sie</u>?
   – Aus Var<u>e</u>se, aber <u>ich</u> wohne jetzt in Mannheim.

2. – Herr Mariotta, woher <u>kommen</u> Sie?
   – Aus Var<u>e</u>se, aber ich <u>wohne</u> jetzt in Mannheim.

3. – <u>Herr</u> Mariotta, woher kommen Sie?
   – <u>Aus</u> Varese, aber ich wohne jetzt in <u>Mannheim</u>.

**5.2** **Hören Sie die Kassette. Markieren Sie die Satzakzente.**

1. Herr Askari, woher kommen Sie?
2. Frau Chaptal wohnt jetzt in Seckenheim.
3. Und Sie? Wo wohnen Sie?
4. Ich wohne in Edingen.

**5.3** **Markieren Sie die Satzakzente im Dialog.**

Lehrerin: Frau Chaptal, woher kommen Sie?

Frau Chaptal: Aus Nancy. Das ist mein Mann Bernard. Er ist aus Metz.

Lehrerin: Und wo wohnen Sie jetzt?

Frau Chaptal: Wir wohnen in Seckenheim.

Lehrerin: Und Sie, Frau Buarque?

Frau Buarque: Ich komme aus Brasilien.

Lehrerin: Wo wohnen Sie jetzt?

Frau Buarque: Ich wohne auch in Seckenheim.

**INFO**

**Mannheim liegt am Rhein, 80 km südlich von Frankfurt, und ist eine große Industriestadt. 325000 Menschen wohnen in Mannheim. 20 Prozent sind Ausländer. Mannheim hat eine Universität und viele Schulen. Es gibt auch ein Goethe-Institut und eine große Volkshochschule.**

# EINHEIT 2: WÖRTER LERNEN UND BEHALTEN

........ *internationale Wörter erkennen*
........ *Wortarten erkennen*
........ *Nomen: bestimmter Artikel, Singular und Plural*
........ *mit der Wörterkiste arbeiten*
........ *Kommunikation im Unterricht*

## 1 Internationale Wörter erkennen

1.1 Internationale Wörter erkennen und ordnen.

Machen Sie eine Tabelle im Heft.

| Technik | Essen | Medien | Kultur | Diverses |
|---|---|---|---|---|

1.2 Kennen Sie noch mehr internationale Wörter zu diesen Themen?

1.3 Wie heißen die Wörter in Ihrer Muttersprache?

| Deutsch | Englisch | Französisch | Spanisch | Italienisch |
|---|---|---|---|---|
| Qualität | quality | qualité | calidad | qualità |

## 2 Wortarten erkennen: Nomen – Verben – Adjektive

**2.1 Hören Sie bitte die Kassette und markieren Sie den Wortakzent.**

| | | | |
|---|---|---|---|
| aktiv ✓ | informativ ✓ | Aktion ✓ | Produzent ✓ |
| Produktion ✓ | Organisation ✓ | konstruieren ✓ | Organisator ✓ |
| investieren ✓ | Produkt ✓ | Information ✓ | produzieren |
| isolieren ✓ | Attraktion ✓ | attraktiv ✓ | produktiv |
| organisatorisch ✓ | konstruktiv ✓ | informieren ✓ | Investition ✓ |
| Konstruktion ✓ | organisieren ✓ | Isolation ✓ | aktivieren ✓ |

**2.2 Ordnen Sie bitte die Wörter nach Wortarten.**

C 4

| Nomen | Verben | Adjektive |
|---|---|---|
| Organisation<br>Organisator | organisieren | organisatorisch |

**2.3 Regeln selbst finden.**

Alle *Nomen* schreibt man auf Deutsch __groß__ .

Internationale *Nomen* enden oft auf __-ion__ .

Internationale *Verben* enden oft auf ________ .

Internationale *Adjektive* enden oft auf ________ .

**2.4 Diese Wörter sind neu. Welche Wörter sind falsch eingeordnet?**

| *Nomen* | *Verben* | *Adjektive* |
|---|---|---|
| Radio | Relation | exklusiv |
| agieren | passieren | passiv |
| Kalkulation | investieren | musizieren |
| Investition | fotografisch | musikalisch |
| Foto | profitieren | Sensation |
| destruktiv | fotografieren | positiv |

## 3 Collage

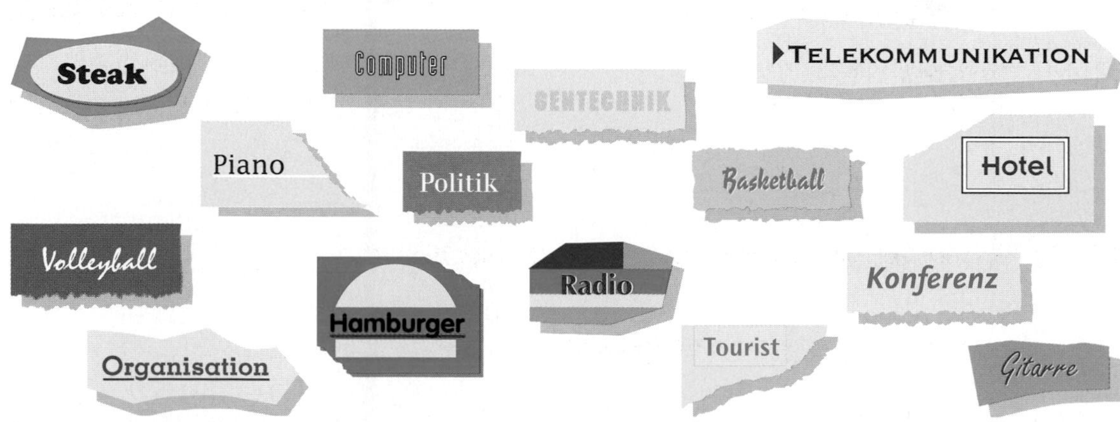


**3.1 Nehmen Sie Zeitungen und Zeitschriften. Machen Sie eine Collage mit internationalen Wörtern für Ihren Kursraum.**

## 4 Die bestimmten Artikel *der, das, die*

A 29
C 40

**4.1** Im Wörterbuch finden Sie die Artikel so:

**Stuhl** *der;* -[e]s, Stühle; der Heilige, der Päpstliche - (↑R 157); Stuhl-bein; Stühl|chen; Stuhl|feier *die;* -; Petri - (kath. Fest); Stuhl‿gang (der: -[e]s) ...kan|te ... kis|sen.

**Au|to** *das;* -s, -s ⟨griech.⟩ (kurz für: Automobil); (↑R 207:) Auto fahren; ich bin Auto gefahren; (↑R 32:) Auto und Rad fahren,

**Kas|set|te** *die;* -, -n ⟨franz.⟩ (Kästchen für Wertsachen; Bauw.: vertieftes Feld [in der Zimmerdecke]; Schutzhülle für Bücher u. a.; Behältnis für Bild od. Tonband-

oder so:

der

**Stuhl** [ʃtu:l] *m* ⟨-(e)s; ¨-e⟩ **1.** chair, *bes. thea. etc* seat. *(Hocker, Klavier~ etc)* stool. *(Kirchen~)* pew; ist dieser ~ noch frei? is this chair taken?; *fig. colloq.* sich zwischen zwei Stühle setzen fall between

das

**Au·to** ['auto] *n* ⟨-s; -s⟩ (motor) car, *bes. Am.* auto(mobile), *(Personen~) a.* passenger car, *allg.* motor-vehicle: ~ fahren drive (a car), *weit S.* drive. go by car, motor: mit dem *(od.* im) ~ (nach

die

**Kas·set·te** [ka'sɛtə] *f* ⟨-; -n⟩ **1.** *(Schmuck~)* casket, jewel box *(od.* case), *(Geld~)* cashbox, strongbox, *für Dokumente:* deedbox. **2.** *(Geschenk~)* gift carton: Briefpapier in e-r ~ fancy-

A 12.1
A 12.2

**4.2** Nomen lernt man so:

**LERNTIPP** Nomen immer mit Artikel lernen.

**LERNTIPP** Nomen mit Bildern verbinden.

## 5 Nomen – Singular und Plural (Nominativ)

C 28
C 29
C 31

*Singular*

der Stuhl | das Fahrrad | die Kassette

*Plural*

die Stühle | die Fahrräder | die Kassetten

**5.1 Ergänzen Sie bitte die Regel.** Der bestimmte Artikel heißt im *Plural* immer ___________.

**5.2 Wie zeigt das Wörterbuch den Plural? Markieren Sie bitte.**

**Stuhl** *der;* -[e]s, Stühle; der Heilige, der Päpstliche - (↑R 157); Stuhl|bein; Stühl|chen; Stuhl|feier *die;* -; Petri - (kath. Fest); Stuhl‿gang (der; -[e]s) ...kan|te, ...kis|sen.

**Au|to** *das;* -s, -s ⟨griech.⟩ (kurz für: Automobil); (↑R 207:) Auto fahren; ich bin Auto gefahren; (↑R 32:) Auto und Rad fahren,

**Kas|set|te** *die;* -, -n ⟨franz.⟩ (Kästchen für Wertsachen; Bauw.: vertieftes Feld [in der Zimmerdecke]; Schutzhülle für Bücher u.a.; Behältnis für Bild od. Tonband-

**5.3 Wie heißt der Plural?**

**Ti·ger** [tiːgər] *m* ⟨-s; -⟩ *zo.* tiger ~**fell** *n* tiger skin

**Tipp** *der;* -s, -s; **1** ein nützlicher Rat, ein guter Hinweis ⟨von j-m e-n Tipp bekommen; j-m e-n Tipp geben⟩: *Tipps für den Anfänger, für den Garten* **2** der Versuch, bei Wetten und Gewinnspie-

**Tanz** [tants] *m* ⟨-es; ¨-e⟩ **1.** dance *(a. fig. der Wellen, Blätter etc):* j-n zum ~ auf-

**Ele·fant** [eleˈfant] *m* ⟨-en; -en⟩ **1.** *zo.* elephant: junger ~ → Elefantenkalb: *fig. collog.* sich wie ein ~ im Porzellanladen benehmen be like a bull in a china shop: → Mücke. **2.** *collog.* (Person) (baby) elephant

**ˈEl·tern** *pl* parents: *fig. humor.* nicht von schlechten ~ not half bad. terrific. ~**ˌabend** *m ped.* parent-teacher meeting. ~**ˌbeiˌrat** *m* parents' council. ~**haus** *n* **1.** (one's) parents' home. **2.** *fig.* family, home, parental roof: das ~

**Arzt** [aːrtst] *m* ⟨-es; ¨-e⟩ **1.** physician. doctor. *collog.* medical man (→*a* Facharzt *etc*); der behandelnde ~ the doctor in charge, the attending physician: praktischer ~ general practitioner:

**Kind** *das;* -(e)s, -er; **1** ein junger Mensch in der Zeit von seiner Geburt bis zu dem Zeitpunkt an dem er körperlich reif od. erwachsen (juristisch volljährig) ist ↔ Erwachsene(r) ein

**The|ma** *das;* -s, ...men u. -ta ⟨griech.⟩ (Aufgabe, [zu behandelnder] Gegenstand; Gesprächsstoff; Grund-, Haupt-, Leitgedanke [bes. in der Musik]); **The|ma|tik** *die;* -, -en (The-

**Mann** *der;* -(e)s, Män·ner/Mann; **1** (*Pl Männer*) e-e erwachsene männliche Person ↔ Frau || K-: **Männer-, -chor, -gesangsverein, -stimme** **2** (*Pl Männer*) *Krzw* ↑ **Ehemann** ⟨ihr geschiedener, verstorbener M.⟩ *Kann ich mal ihren Mann sprechen?* || ↑

| | | |
|---|---|---|
| die Tiger | die Tipps | die Tänze |
| die Elefanten | die Eltern | die Ärzte |
| die Kinder | die Themen | die Männer |

C 31
C 32
C 33

5.4 **Hier sind Pluralformen von Nomen.**
**Suchen Sie in der Wortliste auf Seite 196–210 je ein oder zwei weitere Beispiele.**

| - ........ | -e ........ | -n ........ | -en ........ |
|---|---|---|---|
| die Kilometer<br>die Schweizer | die Kurse<br>die Dialoge | die Namen<br>die Schulen | die Frauen<br>die Verben |
| ________ | ________ | ________ | ________ |
| ________ | ________ | ________ | ________ |

| -er ........ | -s ........ | *Umlaut* + ¨-er |
|---|---|---|
| die Kinder | die Fotos<br>die Discos | die Wörter<br>die Männer |
| ________ | ________ | ________ |
| ________ | ________ | ________ |

**LERNTIPP**
**Nomen immer mit der Pluralform lernen.**

## 6 Die Lernkartei

A 14

6.1 **Machen Sie jetzt Ihre eigenen Wortkarten. Hier ein Beispiel:**

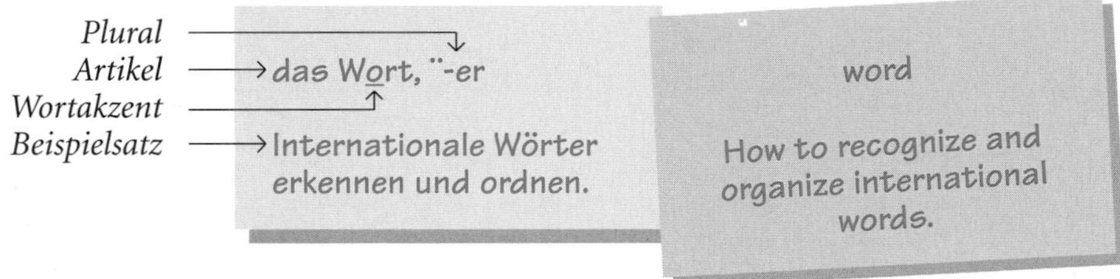


A 14

6.2 **Sammeln Sie Ihre Karten in der Lernkartei.**
**Ihre Lehrerin / Ihr Lehrer erklärt Ihnen, wie Sie mit der Lernkartei lernen.**

6.3 Machen Sie sich Ihre eigene Lernkartei. Schreiben Sie die Verben und Adjektive aus Einheit 1 und 2 auf Wörterkärtchen.

Auf die Rückseite schreiben Sie das Wort und das Beispiel in Ihrer Muttersprache.

heißen

Wie heißen Sie?
Ich heiße Peter.

wohnen

Wohnen Sie in Mannheim?
Nein, ich wohne in Edingen.

6.4 Übungen selbst machen.
Hier ein Beispiel: die Lernkärtchen.

Diskutieren Sie mit Ihrer Lehrerin / Ihrem Lehrer Ideen für Übungen mit Lernkärtchen.

heißen

Wie ______ Sie?

Ich ______ Peter.

heißen

Wie heißen Sie?

Ich heiße Peter.

## 7 Kommunikation im Unterricht

7.1 Arbeitsanweisungen in **euro**lingua **Deutsch**: Welche Verben passen zu den Bildern?

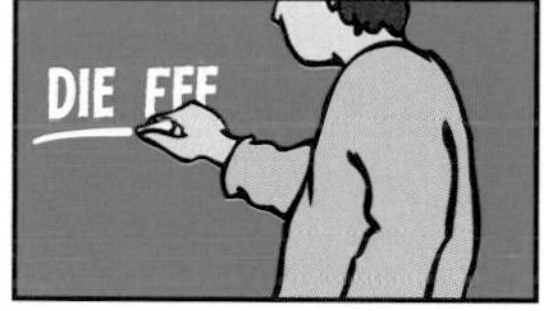

lesen ______ ______ ______ ______

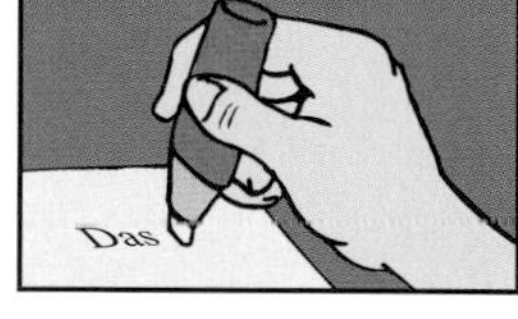

______ ______ ______

7.2 Probleme im Unterricht? Die Sätze auf Seite 90 helfen.

7.3 Hören Sie die Kassette.
Wer sagt was?
Markieren Sie bitte mit KL (Kursleiter/in) oder KT (Kursteilnehmer/in).

1. ☐ 5. ☐
2. ☐ 6. ☐
3. ☐ 7. ☐
4. ☐ 8. ☐

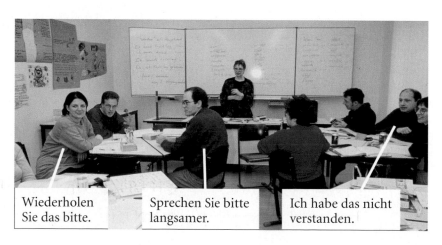

Wiederholen Sie das bitte.

Sprechen Sie bitte langsamer.

Ich habe das nicht verstanden.

# EINHEIT 3: SYSTEMATISCH GRAMMATIK LERNEN

........ *Infinitiv, Stamm, Endung*
........ *1. Person Singular und Plural, formelle Anrede*
........ *Verben und Ergänzungen markieren*
........ *Fragen mit Fragewort:* wie, wo, woher, ...
........ *Ja/Nein-Fragen*

## 1 Verben markieren

**1.1 Diktieren Sie sich gegenseitig die Texte 1 und 2.**

Text 1

1. Wo wohnen Sie?
3. Heißen Sie Müller?
5. Giovanni Mariotta. Woher kommen Sie?
7. Ich komme aus Varese in Italien.

Text 2

2. Ich wohne in München.
4. Nein, ich heiße Vogel.
Und wie heißen Sie?
6. Ich bin aus Mannheim. Und Sie?

A 15.4
C 10

**1.2 Verben markiert man so:**

*Infinitiv* komm | en

*der Stamm* *die Endung*

**1.3 Markieren Sie die Verben in den Partnerdiktaten.**

**1.4 Markieren Sie die Endungen.**

| | | | | | |
|---|---|---|---|---|---|
| wohn\|en | heiß\|e | kommen | markieren | spreche | schreiben |
| wohne | komme | sprechen | schreibe | markiere | heißen |

## 2 Verben und Personen

C 14
C 15

Ich heiße Fabiane Buarque.
Wir heißen Chaptal.

*Infinitiv:* heißen

| *Singular* | *Plural* |
|---|---|
| *1. Person* | *1. Person* |
| ich heiße | wir heißen |
| | *formelle Anrede:* |
| | Wie heißen Sie? |

C 14
C 15
C 16

**2.1 Füllen Sie die Tabelle aus.**

| *Infinitiv:* wohnen | | *Infinitiv:* kommen | |
|---|---|---|---|
| *Singular 1. Person* | *Plural 1. Person* | *Singular 1. Person* | *Plural 1. Person* |
| ich wohne | wir wohnen | ich komme | wir kommen |
| | *formelle Anrede* | | *formelle Anrede* |
| | Wo wohnen Sie? | | Woher kommen Sie? |

**2.2 Hören Sie die Kassette. Singular oder Plural? Kreuzen Sie bitte an.**

| | a | b | c | d | e | f | g | h |
|---|---|---|---|---|---|---|---|---|
| *Singular* | ✗ | | | | | | | |
| *Plural* | | | | | | | | |

**2.3 Ergänzen Sie bitte die Sätze.**

hören heißen wohnen kommen lesen arbeiten sprechen markieren

1. Ich heiße Müller.
2. Ich komme aus Speyer.
3. Ich wohne in Worms.
4. Wir heißen Chaptal.
5. Ich arbeite bei Siemens.
6. Ich heiße Meier.
7. Wie heißen Sie?
8. Ich spreche Deutsch.
9. Wir sprechen Englisch.
10. Wo wohnen Sie? In Berlin?
11. Ich komme aus Heidelberg.
12. Kommen Sie aus Österreich?
13. Sprechen Sie Englisch?
14. Bitte ~~lesen~~ hören Sie die Kassette.
15. ~~Hören~~ Markieren Sie bitte die Verben.
16. Heißen Sie Müller?
17. Herr und Frau Chaptal sprechen Französisch.
18. Woher kommen Sie?

## 3 Fragen

C 51

**3.1 Suchen Sie in Einheit 1 und 2 die Fragen mit Fragewort.**

Wie ______________________

Wo ______________________

Woher ______________________

______________________

?

**3.2** **Fragen ohne Fragewort (Ja/Nein-Fragen): Sehen Sie sich bitte in Übung 2.3 die Sätze 12 und 16 an. Ergänzen Sie nun die Fragen und die Antworten.**

C 98

Heißen Sie Mariotta? Ja, ich heiße Mariotta.

Sprechen Sie Deutsch? Nein, ich spreche Italienisch.

Fragen ohne Fragewort kann man mit Ja oder Nein beantworten.

**3.3** **Schreiben Sie Fragen ohne Fragewort. Fragen und antworten Sie im Kurs.**

Kommen ______________?

Lernen ______________?

Lesen ______________?

Sprechen ______________?

Arbeiten ______________?

Wohnen ______________?

Heißen ______________?

**3.4** **Hören Sie bitte die Kassette, und antworten Sie auf die Fragen.**

Wie heißen Sie?

Ich heiße Chaptal.

## 4 Verben und Ergänzungen

A 15.4

**Verben markiert man so.** **Ergänzungen markiert man so.**

(Arbeiten) [Sie] bei Siemens?

*Nominativergänzung*

**4.1** **Markieren Sie die Verben und Nominativergänzungen.**

[Ich] arbeite viel.

Wo arbeiten [Sie?]

Arbeiten [Sie] bei Siemens?

4.2 **Schreiben Sie bitte die passenden Wörter in die Markierungen.**

1. Heißen | Sie | Schmidt?
2. | | Koenig.
3. Sprechen | Sie | Deutsch?
4. Ich | wohne | in Kassel.
5. Woher | kommen | Sie | ?
6. Ich | komme | aus Pirmasens.

4.3 **Verben und Nominativergänzungen im Text markieren.**

Klaus Meier kommt aus Eisenach. Er arbeitet bei Opel. Er sagt: „Ich fahre jedes Jahr drei Wochen nach Österreich. Ich habe sechs Wochen Urlaub im Jahr. Meine Freundin Petra und ich lieben die Berge. Wir wandern gerne. Ich kenne Petra seit zwei Jahren. Sie arbeitet auch bei Opel. Sie ist Technikerin, und ich bin Informatiker."

HIKE GLADLY

4.4 **Hier sind Antworten. Ergänzen Sie die Verben und schreiben Sie die Fragen. Die Kassette hilft.**

1. – Wie heißen Sie? + Ich heiße Vogel.
2. – Woher kommen Sie? + Aus München.
3. – Wo arbeiten Sie? + Bei BMW.
4. – Wo wohnen Sie? + Ich wohne in Wien.
5. – Sprechen Sie Deutsch? + Ja, ich spreche Deutsch.
6. – Sprechen wir Englisch? + Nein, wir sprechen Deutsch.
7. – Kommen Sie aus ~~Berlin~~ Bern? + Nein, ich komme nicht aus Bern. Ich komme aus Berlin.

4.5 **Schreiben Sie fünf Fragen für Ihre Nachbarin / Ihren Nachbarn auf.**

# EINHEIT 4: ZAHLEN

........ *Zahlen bis 1000*

## 1 Zahlen 0 – 29

**1.1** **Die Zahlen bis 24 kennen Sie schon. Sie stehen unten auf jeder Seite. Hier sind die Zahlen bis 29. Schreiben Sie bitte die Wörter zu den Zahlen.**

| | | | | |
|---|---|---|---|---|
| eins | sechs | elf | sechzehn | einundzwanzig |
| zwei | sieben | zwölf | siebzehn | zweiundzwanzig |
| drei | acht | dreizehn | achtzehn | dreiundzwanzig |
| vier | neun | vierzehn | neunzehn | vierundzwanzig |
| fünf | zehn | fünfzehn | zwanzig | fünfundzwanzig |
| | | | | sechsundzwanzig |
| | | | | siebenundzwanzig |
| | | | | achtundzwanzig |
| | | | | neunundzwanzig |

**LERNTIPP** Die Zahlen von 13 bis 99 immer von rechts nach links lesen.

**1.2** Hören Sie bitte die Zahlen von 1 bis 29 von der Kassette.

**1.3** Hören Sie bitte die Zahlen und notieren Sie die Ziffern.

**1.4** Zählen Sie bitte weiter.

1, 2, 3, 4, ... 25, 24, 23, ... 2, 4, 6, 8, ... 3, 6, 9, ...

**INFO** Die Zahlen von null bis zwölf schreibt man in Texten meistens als Wort.
Ab 13 schreibt man Ziffern. Auf Bankschecks muß man auch große Zahlen als Wort schreiben.

**1.5** **Rätsel: Wie geht die Zahlenreihe weiter? Schreiben Sie sie ins Heft und lesen Sie dann laut vor.**

| | | | | | | | | | |
|---|---|---|---|---|---|---|---|---|---|
| 29 | 27 | 25 | 23 | ... | 28 | 14 | 24 | 12 | ... |
| 28 | 24 | 20 | 16 | ... | 1 | 2 | 4 | 7 | ... |
| 7 | 5 | 8 | 6 | ... | 29 | 28 | 26 | 23 | ... |

**1.6** **Abzählen ohne 3.**

**1.7** **Schreiben Sie die Zahlen ins Heft.**

29, 19, 12, 25, 20, 17, 11, 10

**1.8** **Bingo – Ihr Lehrer / Ihre Lehrerin erklärt die Spielregeln.**

| | | | | |
|---|---|---|---|---|
| 1 | 6 | 11 | 16 | 21 |
| 2 | 7 | 12 | 17 | 22 |
| 3 | 8 | 13 | 18 | 23 |
| 4 | 9 | 14 | 19 | 24 |
| 5 | 10 | 15 | 20 | 25 |

| | | | | |
|---|---|---|---|---|
| 1 | 6 | 11 | 16 | 21 |
| 2 | 7 | 12 | 17 | 22 |
| 3 | 8 | 13 | 18 | 23 |
| 4 | 9 | 14 | 19 | 24 |
| 5 | 10 | 15 | 20 | 25 |

| | | | | |
|---|---|---|---|---|
| 1 | 6 | 11 | 16 | 21 |
| 2 | 7 | 12 | 17 | 22 |
| 3 | 8 | 13 | 18 | 23 |
| 4 | 9 | 14 | 19 | 24 |
| 5 | 10 | 15 | 20 | 25 |

| | | | | |
|---|---|---|---|---|
| 1 | 6 | 11 | 16 | 21 |
| 2 | 7 | 12 | 17 | 22 |
| 3 | 8 | 13 | 18 | 23 |
| 4 | 9 | 14 | 19 | 24 |
| 5 | 10 | 15 | 20 | 25 |

| | | | | |
|---|---|---|---|---|
| 1 | 6 | 11 | 16 | 21 |
| 2 | 7 | 12 | 17 | 22 |
| 3 | 8 | 13 | 18 | 23 |
| 4 | 9 | 14 | 19 | 24 |
| 5 | 10 | 15 | 20 | 25 |

| | | | | |
|---|---|---|---|---|
| 1 | 6 | 11 | 16 | 21 |
| 2 | 7 | 12 | 17 | 22 |
| 3 | 8 | 13 | 18 | 23 |
| 4 | 9 | 14 | 19 | 24 |
| 5 | 10 | 15 | 20 | 25 |

## 2 Zahlen 30–1000

**2.1 Hören Sie die Kassette und schreiben Sie bitte.**

| | | | |
|---|---|---|---|
| 29 | neunundzwanzig | 89 | neunundachtzig |
| 30 | dreißig | 90 | neunzig |
| 31 | einunddreißig | 100 | einhundert |
| 32 | dreiunddreißig | 101 | einhunderteins |
| 33 | dreiunddreißig | 104 | einhundertvier |
| 40 | vierzig | 200 | zweihundert |
| 44 | vierundvierzig | 212 | zweihundertzwölf |
| 45 | funfundvierzig | 313 | dreihundertdreizehn. |
| 50 | fünfzig | 414 | |
| 56 | sechsundfünfzig | 515 | |
| 60 | sechzig | 616 | |
| 67 | siebenundsechzig | 720 | |
| 70 | siebzig | 853 | |
| 78 | achtundsiebzig | 999 | |
| 80 | achtzig | 1000 | (ein)tausend |

**2.2 Auskunft zur Person – Lesen und hören Sie bitte den Text.**

Ich bin
die Hausnummer 24
die Telefonnummer 56 89 45
die Passnummer K 498 309
die Kontonummer 2 4357 582
course # die Kursnummer 37
die Bibliotheksnummer 127984

Ich bin
personal # die Zimmernummer 212
die Personalnummer 52763189
die Steuernummer 81606-1625
tax #

Ich bin
die Postleitzahl 13354 zip code
die Glückszahl 7 lucky #
die Unglückszahl 13
Ich bin eine Nummer.
Bin ich nur eine Nummer
nur eine Zahl?

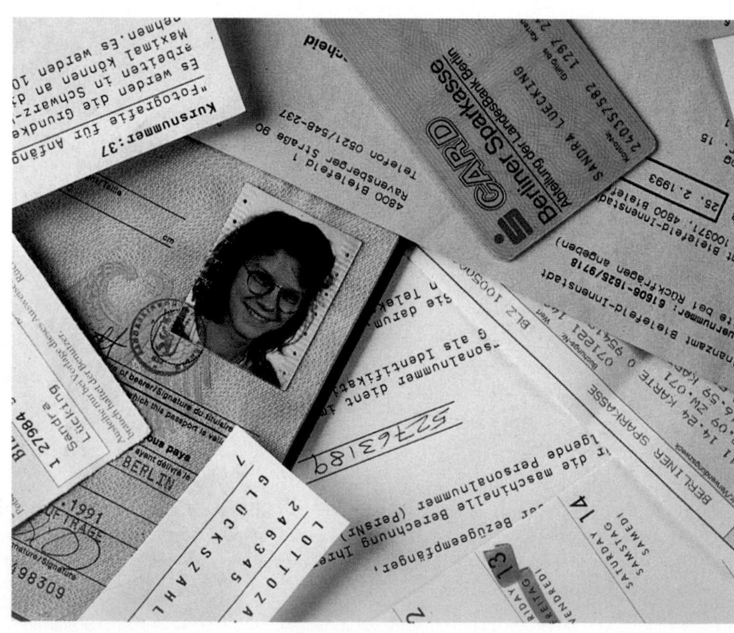

2.3 **Variieren Sie den Text mit Ihren persönlichen Zahlen.**

INFO

Zahlen am Telefon

**Bei Telefonnummern sagt man die Zahlen oft in Gruppen, z.B.:**

66 – 12 – 38 (sechsundsechzig – zwölf – achtundreißig).

**Sie können die Ziffern aber auch einzeln sagen:**

6 – 6 – 1 – 2 – 3 – 8 (sechs – sechs – eins – zwo – drei – acht).

**Am Telefon sagen wir oft** zwo **statt** zwei, **denn** zwei **und** drei **klingen am Telefon fast gleich.**

2.4 **Sie hören sechs Telefonnummern. Hören Sie die Kassette zweimal. Schreiben Sie bitte mit.**

1. ____________ 3. ____________ 5. ____________

2. ____________ 4. ____________ 6. ____________

## 3 Intonation: Zahlen schnell sprechen

3.1 **Zahlenwettkampf**

**Bilden Sie zwei Gruppen. Üben Sie die Zahlen fünf Minuten in Ihrer Gruppe. Lesen Sie die Zahlen laut und schnell vor. Gruppe A beginnt. Macht Gruppe A einen Fehler, kommt Gruppe B dran. Wer zuerst fertig ist, gewinnt.**

| | | | | | |
|---|---|---|---|---|---|
| 25 | 12 | 125 | 567 | 999 | 291 |
| 91 | 15 | 193 | 987 | 119 | 713 |
| 75 | 55 | 444 | 812 | 680 | 1000 |
| 67 | 3 | 763 | 745 | 910 | |
| 53 | 13 | 217 | 311 | 515 | |
| 17 | 115 | 323 | 476 | 422 | |

3.2 Lotto: 6 aus 49

1. Kreuzen Sie bitte in jedem Feld sechs Zahlen an.
2. Hören Sie die Lottozahlen. Sie hören vier Ziehungen. Wie viele Richtige haben Sie?

LOTTO · 6 aus 49 · normal

Spiel 1+2 · Spiel 3+4 · Spiel 5+6 · Spiel 7+8 · Spiel 9+10 · Spiel 11+12

Losnummer SPIEL 77 5039528 SUPER 6 Superzahl

SUPER 6 JA Nein · SPIEL 77 JA Nein

Mittwoch+Sonnabend · Mittwoch · Sonnabend

Wochenlaufzeit 1 2 3 4 5 8 10 ABO

0717100135

LOTTO 6 aus 49 normal

INFO

**Lotto ist in Deutschland, Österreich und der Schweiz ein beliebtes Glücksspiel. In Deutschland spielen jede Woche ungefähr zehn Millionen Menschen Lotto. Man kreuzt sechs Zahlen pro Feld an. Man spielt mindestens ein Feld. Das kostet 0,75 Euro. Am Samstag zeigt das Fernsehen die Ziehung der Lottozahlen. Wer drei richtige Zahlen hat, hat schon etwa vier Euro gewonnen. Mit vier richtigen Zahlen sind es 50 bis 75 Euro. Bei fünf Richtigen 50 000 bis 75 000 Euro. Mit sechs richtigen Zahlen gewinnt man 500 000 Euro oder mehr. Die Chancen für sechs Richtige sind 1 : 13 983 816.**

# EINHEIT 5: UNTERWEGS

........ *einen Text erschließen*
........ *Positionsangaben machen*
........ *Verben: 3. Person Singular und Plural*
........ *Verben* sein *und* haben
........ *Ländernamen und Artikel*

## 1 Texte erschließen

A 24
A 25
A 26

**1.1 Vor dem Lesen: Hypothesen.**

**Sie brauchen nicht jedes Wort zu verstehen, um einen Text zu verstehen. Im ersten Text von 1.2 stehen die Wörter:**

Herr und Frau Engel Karlsruhe
130 Kilometer Frankfurt Italien
Frau Engel Englisch Dirk, 13
Französisch Schule

**Diskutieren Sie im Kurs: Was sagt der Text?**

**1.2 Beim Lesen: Hypothesen prüfen.**

Herr und Frau Engel kommen aus Karlsruhe. Das liegt 130 Kilometer südlich von Frankfurt. Sie fahren nach Italien. Sie haben dort ein Ferienhaus. Die Engels haben einen Sohn, Dirk. Er ist 13 und lernt Englisch und Französisch in der Schule. Frau Engel spricht Englisch und etwas Italienisch. Herr Engel spricht nur Englisch.

Renate Nieber wohnt in Weimar, das liegt in Thüringen zwischen Erfurt und Jena. Renate und ihr Freund Stefan Freiger fahren zusammen nach Grenoble Skifahren. Renate und Stefan haben zehn Tage Urlaub. Stefan spricht ein bisschen Französisch. Renate spricht nur Deutsch.

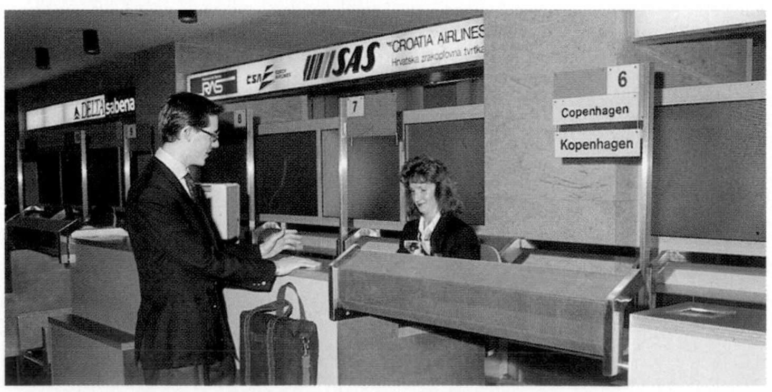


Jeff Johnson ist 28 Jahre alt. Er ist aus Canterbury. Das liegt 50 Kilometer südlich von London. Jeff spricht etwas Deutsch. Er arbeitet jetzt bei einer Bank in Frankfurt. Er fährt drei Tage nach Kopenhagen in Dänemark.

Giuseppe Roca wohnt in Mainz. Das liegt westlich von Frankfurt. Er ist Italiener, 33 Jahre alt. Er ist aus Venedig. Er spricht fließend Deutsch und Italienisch. Er versteht Spanisch und Französisch. Seine Freundin Susanne Nentwich spricht ein bisschen Italienisch. Sie sind nicht verheiratet, aber sie haben ein Baby, ein Mädchen. Anita ist drei Monate alt. Sie fahren 14 Tage nach Tschechien, nach Prag. Susanne hat dort Verwandte.

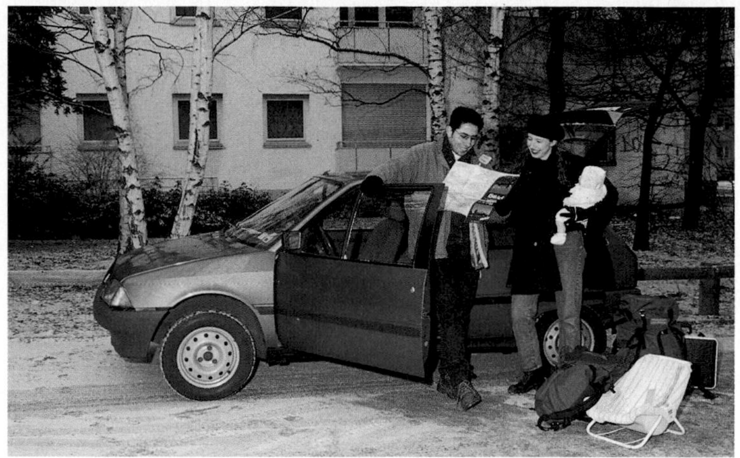

**1.3 Nach dem Lesen: Informationen ordnen.**

**Lesen Sie jetzt die Texte 2–4 von 1.2. Ordnen Sie die Informationen im Kasten.**

Jeff Johnson, Karlsruhe, Italien, Herr Engel, Weimar, Kopenhagen, Giuseppe Roca, Mainz, Prag, Renate Nieber, Frankfurt, Grenoble, Susanne, Deutschland

Jeff Johnson
aus Frankfurt
nach Kopenhagen

Herr und Frau Engel

**1.4 Schreiben Sie jetzt bitte ganze Sätze.**

Jeff Johnson kommt aus Frankfurt und fährt nach Kopenhagen.

**1.5 Notieren Sie weitere Informationen aus dem Text.**

| Name | Sprachen | Arbeit | Hobby |
|---|---|---|---|
| Jeff Johnson | Deutsch | einer Bank | |
| | | | |
| Renate Nieber | Deutsch | | Skifahren |
| | | | |
| | | | |
| | | | |
| | | | |

**1.6 Hören Sie die Kassette und ergänzen Sie die Tabelle von 1.5.**

## 2 Geographie

**2.1 Deutschland hat neun Nachbarländer. Wie heißen die Länder? Wie heißen die Sprachen?**
**Sie finden die Sprachen im Kasten. In einigen Ländern gibt es mehrere Sprachen.**

Französisch, Dänisch, Deutsch, Niederländisch, Polnisch, Tschechisch, Letzebuergesch, Italienisch

| | | |
|---|---|---|
| | Norden<br>nördlich von | |
| Nordwesten<br>nordwestlich von | | Nordosten<br>nordöstlich von |
| Westen<br>westlich von | | Osten<br>östlich von |
| Südwesten<br>südwestlich von | | Südosten<br>südöstlich von |
| | Süden<br>südlich von | |

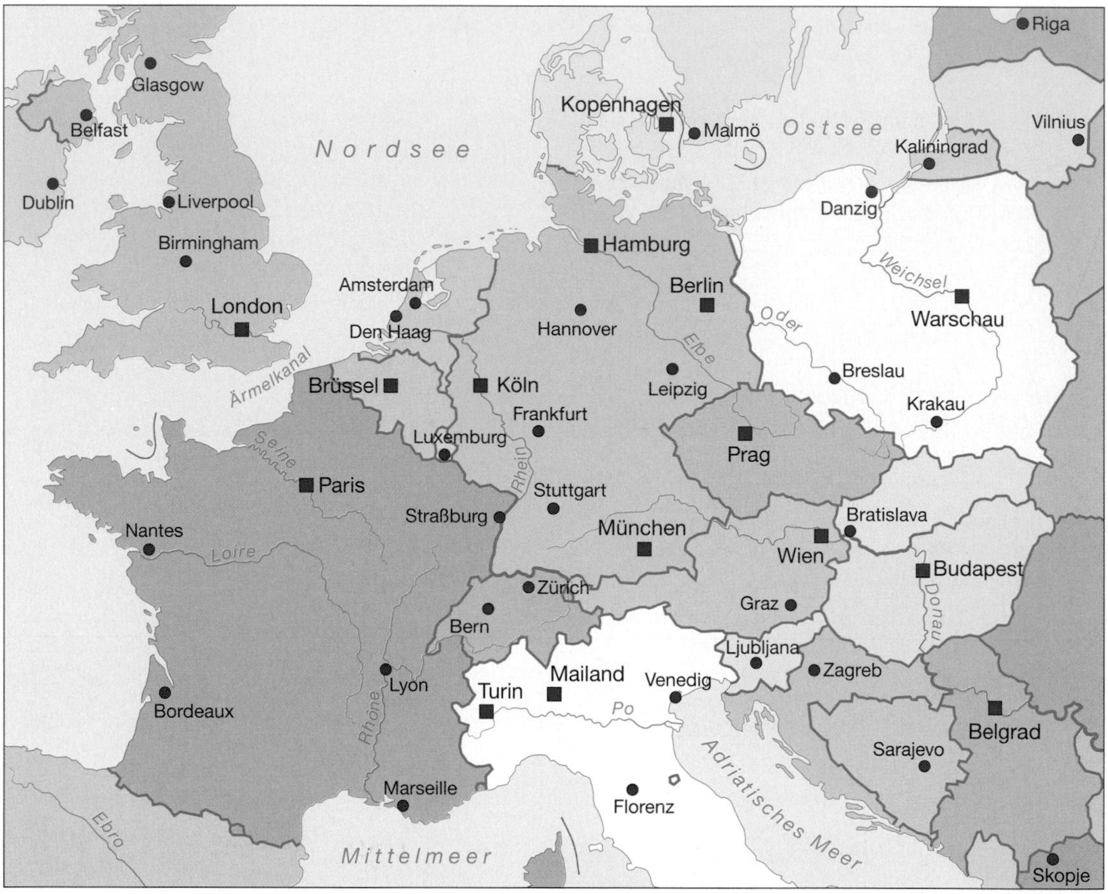

**2.2 Sprachen im Kurs: Wer spricht was? Machen Sie eine Umfrage im Kurs.**

Ich spreche Koreanisch und Englisch.
Ich spreche … Entschuldigung, was heißt „Português“ auf Deutsch?
Portugiesisch.

2.3 **Lesen Sie Text 1.2 noch einmal. Betrachten Sie die Karte und machen Sie eine Tabelle im Heft.**

| Name | Wo wohnen sie? | Wo liegt das? | Wohin fahren sie? |
|---|---|---|---|
| Engel | in Karlsruhe | 130 km südl. von Frankfurt | nach Italien |

2.4 **Und Sie?**
**Woher kommen Sie?**
**Wo wohnen Sie jetzt?**

Ich wohne jetzt in Mannheim.
Das liegt südlich von Frankfurt.
Ich komme aus Malmö.
Das liegt in Südschweden.

2.5 **Die meisten Ländernamen haben auf Deutsch keinen Artikel. Einige Ländernamen haben den Artikel** die **oder** der.

| der ........ | die *(Singular)* ........ | die *(Plural)* ........ |
|---|---|---|
| der Irak | die Schweiz | die Niederlande |
| der Iran | die Türkei | die USA |
| der Libanon | | |
| der Sudan | | |
| der Tschad | | |

2.6 **Arbeiten Sie mit einer Landkarte. Wo liegen diese Städte in Deutschland, Österreich und der Schweiz?**

Salzburg liegt westlich von Wien.

Salzburg ↔ Wien
Stuttgart ↔ München
Mainz ↔ Frankfurt
Bonn ↔ Köln
Hamburg ↔ Berlin
Leipzig ↔ Dresden
Graz ↔ Klagenfurt
Lausanne ↔ Genf
Weimar ↔ Erfurt
Basel ↔ Zürich

## 3 Informationen ordnen

A 10
A 11
A 12

3.1 **Systematisch geordnete Informationen kann man leichter lernen. Hier sind drei Beispiele.**

**LERNTIPP** Wörter in Tabellen ordnen.

| Land | Einwohner/in | Sprache |
|---|---|---|
| England | der Engländer / die Engländerin | Englisch |
| Frankreich | der Franzose / die Französin | Französisch |
| Italien | der Italiener / die Italienerin | Italienisch |
| die Schweiz | der Schweizer / die Schweizerin | |

**LERNTIPP** Wörter in Wortgruppen lernen.

England, Engländer, Englisch
hören und sprechen, lesen und schreiben

**LERNTIPP** Wörter immer im Kontext lernen.

Jeff kommt aus England.
Er ist Engländer. Er spricht Englisch.

3.2 **Suchen Sie für jeden Lerntipp je ein weiteres Beispiel.**

3.3 Welcher Notizzettel zu Giuseppe Roca (Seite 29, oben) funktioniert am besten?

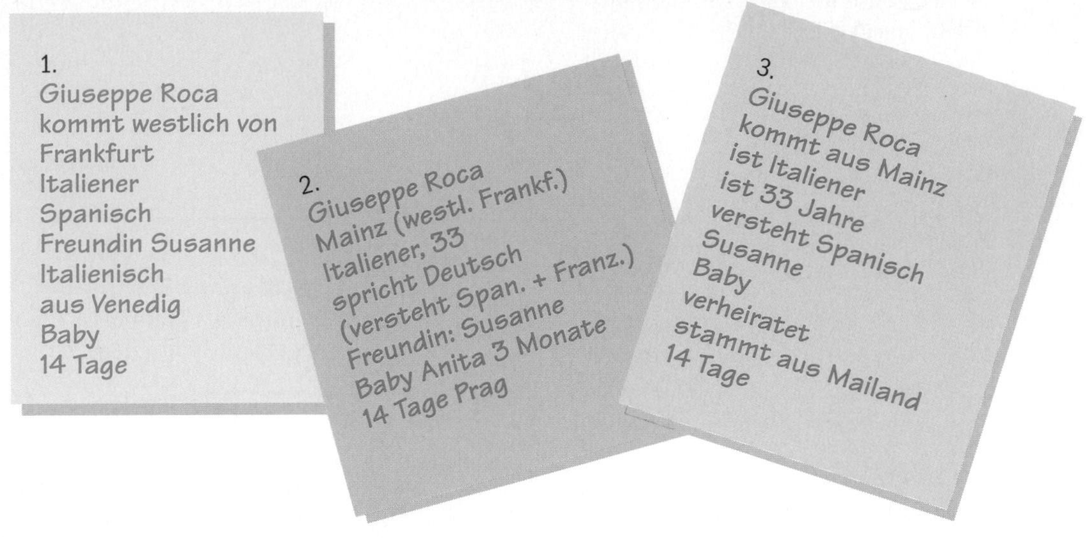

1.
Giuseppe Roca
kommt westlich von
Frankfurt
Italiener
Spanisch
Freundin Susanne
Italienisch
aus Venedig
Baby
14 Tage
2.
Giuseppe Roca
Mainz (westl. Frankf.)
Italiener, 33
spricht Deutsch
(versteht Span. + Franz.)
Freundin: Susanne
Baby Anita 3 Monate
14 Tage Prag
3.
Giuseppe Roca
kommt aus Mainz
ist Italiener
ist 33 Jahre
versteht Spanisch
Susanne
Baby
verheiratet
stammt aus Mailand
14 Tage


**LERNTIPP** Stichworte im Text markieren. Stichworte notieren.

3.4 Schreiben Sie bitte einen Notizzettel zu Renate Nieber.

## 4 Verben: 3. Person

4.1 Diese Verbformen kennen Sie:

C 13
C 16

| | | | | |
|---|---|---|---|---|
| *Infinitiv* | | komm | en | |
| *1. Person Singular* | ich | komm | e | |
| *1. Person Plural* | wir | komm | en | |
| *formelle Anrede* | Wie | heiß | en | Sie? |

4.2 Suchen Sie andere Verbformen in 1.2

C 16
C 17

sie fahren, … kommen

*Infinitiv:* wohnen

| | *Singular* | *Plural* |
|---|---|---|
| *1. Person* | ich wohn \| e | wir wohn \| en |
| *3. Person* | er/es/sie wohnt | sie wohnen |
| *formelle Anrede* | | Wo wohnen Sie? |

C 17 **4.3** Fahren **und** sprechen **sind unregelmäßig. Machen Sie bitte eine Tabelle und markieren Sie, was unregelmäßig ist.**

| ich | fahre | spreche |
|---|---|---|
| er/es/sie | fährt | |

**4.4 Ergänzen Sie bitte die Sätze mit den Verben.**

fahren heißen sprechen liegen kommen wohnen

1. Ich komme aus Graz.
2. Er heißt Meier.
3. Wir fahren nach Kiel.
4. Frau Engel kommt aus Karlsruhe.
5. Stefan spricht Französisch.
6. Giuseppe fährt nach Prag.
7. Jeff spricht etwas Deutsch.
8. Giuseppe wohnt in Mainz.
9. Das liegt westlich von Frankfurt.
10. Stefan Freiger kommt aus Weimar.
11. Fabiane kommt aus Brasilien.
12. Frau Zawadska spricht Polnisch.
13. Herr und Frau Engel sprechen Englisch.
14. Er heißt Müller.

## 5 Verben: *sein*

**5.1 Lesen Sie bitte die Sprechblasen. Schreiben Sie die Formen von** sein **in die Tabelle.**

Mein Name ist Michael Schumacher. Ich bin aus Kerpen. Ich bin Formel-1-Pilot.

Das ist Boris Becker. Er ist Tennisspieler. Boris und Barbara sind verheiratet. Sie haben einen Sohn. Boris Becker ist aus Leimen. Das liegt in der Nähe von Heidelberg. Er wohnt jetzt in München und in Monaco.

Ich bin Barbara Becker und das ist mein Mann Boris. Wir sind verheiratet und haben einen Sohn. Er heißt Noah.

C 19.1

*Infinitiv:* sein

| | *Singular* | *Plural* |
|---|---|---|
| *1. Person* | ich bin | wir sind |
| *3. Person* | er/es/sie ist | sie sind |
| | | *formelle Anrede* Sind Sie aus Leimen? |

5.2 **In 1.2 und 5.1 finden Sie auch die Formen von** haben. **Machen Sie eine Tabelle im Heft.**

C 19.1
Anhang 3

5.3 **Ergänzen Sie mit Formen von** sein **und** haben.

1. Herr und Frau Engel sind aus Karlsruhe.
2. Herr Johnson ist aus Canterbury.
3. Er hat einen Sohn.
4. Ich bin aus Heidelberg.
5. Wir sind aus Süddeutschland.
6. Petra ist auch aus Süddeutschland?
7. Woher sind Sie?
8. Wir haben sechs Wochen Urlaub.
9. Steffi Graf und Boris Becker sind Tennisspieler.
10. Susanne und Giuseppe haben ein Baby.

5.4 **Schreiben Sie einen autobiographischen Text:** Name? Alter? Beruf? Verheiratet? Wohnort? Herkunft?

## 6 Unterwegs in Deutschland

6.1 **Lesen Sie bitte die Texte und sehen Sie die Fotos an. Ordnen Sie zu.**

1 Hamburg ist Deutschlands „Tor zur Welt". Die Stadt hat den größten Hafen Deutschlands und ist mit 1,6 Millionen Einwohnern nach Berlin die größte Stadt der Bundesrepublik. Das Vergnügungsviertel St. Pauli mit der „Reeperbahn" kennt man auf der ganzen Welt.

2 Dresden ist die Hauptstadt von Sachsen und hat 480 000 Einwohner. Die Stadt ist berühmt für ihre Barockarchitektur. Nach der totalen Zerstörung im 2. Weltkrieg hat man viele Gebäude originalgetreu restauriert. Wer Dresden besucht, muss auch das Opernhaus, die „Semperoper", besuchen.

3 Heidelberg ist die älteste Universitätsstadt Deutschlands. Die Stadt ist 800 Jahre alt und die Universität über 500 Jahre. Die Touristen interessieren sich in Heidelberg besonders für das Schloss und die Altstadt mit vielen Restaurants.

a ☐

b ☐

c ☐

6.2 **Kennen Sie andere Touristenattraktionen in Deutschland, Österreich oder der Schweiz? Sammeln Sie Informationen im Kurs.**

# EINHEIT 6: TELEFONGESPRÄCHE

........ *Namen buchstabieren*
........ *eine Telefonnummer erfragen*
........ *nachfragen*
........ *Verneinung mit* nicht

## 1 Wie schreibt man das? – Das Alphabet

A Ä B C D E F G H I J K L M N O
Ö P Q R S T U Ü V W X Y Z

a ä b c d e f g h i j k l m n o ö
p q r s ß t u ü v w x y z

E A C G F B D H

**1.1** Der Alphabet-Rap – Hören Sie bitte die Kassette, machen Sie mit.

**1.2** Hören Sie bitte die Kassette und schreiben Sie die Namen und Wörter.

1. □□□□□□□□ 3. □□□□□□□ 5. □□□□□□□□
2. □□□□□□□ 4. □□□□□ 6. □□□□□□

**1.3** Wie heißen die Städte? Sie hören Buchstaben. Notieren Sie die Buchstaben im Heft und ordnen Sie sie.

## 2 Wie ist die Telefonnummer von ...?

**2.1** Tom Miller und Sandra Zawadska rufen die Telefonauskunft an.
Hören Sie die Dialoge und ergänzen Sie dann die Texte.

B 11.4

**DIALOG 1** ........................

**DIALOG 2** ........................

Tom Miller ruft die Auskunft an. Er braucht die ________ von Hassan Askari. Hassan ________ in Mannheim. Die ________ ist ________ ________.

Sandra Zawadska hätte gern die ________ von ________. Sie wohnt in Mannheim-Seckenheim. Sie hat die Rufnummer ________. Die Vorwahl (Ortsnetzkennzahl) von Mannheim ist ________.

2.2 **Hören und lesen Sie bitte die Dialoge und sprechen Sie nach.**

**DIALOG 1**

Automat: Auskunft Kaiserslautern, bitte warten Sie!
Auskunft Kaiserslautern, bitte warten Sie!
Platz 44.
Auskunft: Guten Abend.
T. Miller: Guten Abend! Ich brauche die Telefonnummer von Herrn Askari hier in Mannheim.
Auskunft: Wie schreibt man das? Buchstabieren Sie bitte!
T. Miller: Wie man es spricht:
A – S – K – A – R – I.
Automat: Die gewünschte Rufnummer lautet 49 63 31. Die Ortsnetzkennzahl lautet 0621.
Ich wiederhole: Die gewünschte Rufnummer lautet 49 63 31 …

**DIALOG 2**

Automat: Auskunft Kaiserslautern, bitte warten Sie!
Auskunft Kaiserslautern, bitte warten Sie!
Platz 52.
Auskunft: Guten Tag.
S. Zawadska: Guten Tag! Ich hätte gern die Nummer von Frau Buarque, bitte.
Auskunft: Wie ist der Name? Bitte buchstabieren Sie!
S. Zawadska: B – U –A– R –Q – U – E.
Auskunft: Buarque, ist das richtig?
Zawadska: Ja.
Auskunft: Hier in Kaiserslautern?
Zawadska: Nein, in Mannheim, Fabiane Buarque in Mannheim-Seckenheim.
Automat: Die gewünschte Rufnummer lautet 483 57 94. Die Ortsnetzkennzahl lautet 0621.
Ich wiederhole: Die gewünschte Rufnummer lautet 483 57 94 …

eine Telefonnummer erfragen

Ich hätte gern …
Geben Sie mir die Nummer von …, bitte.
Wie ist die Nummer von …, bitte?

nach der Schreibweise fragen

Wie schreibt man das?
Buchstabieren Sie das, bitte.

2.3 **Ordnen Sie bitte die Dialoge und schreiben Sie sie in Ihr Heft.**

- Die gewünschte Rufnummer lautet 15 92 10. Die Ortsnetzkennzahl lautet 089. Ich wiederhole: Die gewünschte Rufnummer lautet 15 92 10.
- Auskunft Kaiserslautern, bitte warten Sie! Platz 25.
- Ich hätte gern die Nummer von der Zentrale in München.
- Guten Morgen!
- In welcher Stadt?
- Guten Morgen! Wie ist die Nummer vom Goethe-Institut, bitte?

- Danke schön.
- Sie hat die Nummer 18 23 47.
- Ich glaube, ja.
- Entschuldigung, haben Sie die Nummer von Frau Großmann?
- Nein, tut mir leid, die habe ich auch nicht. Aber ich schaue im Telefonbuch nach. … Großmann, schreibt man das mit s oder mit ß?
- Mit ß.
- Hier habe ich sie, Clara Großmann, Blumenstraße 36. Ist sie das?

**2.4 Ergänzen Sie bitte den Dialog.**

– Auskunft Kaiserslautern, bitte warten Sie! Platz 25.

– Guten Morgen!

– ____________ ! Wie ist __________ von Eva Nyström, ____________ ?

– Nyström, ____________ ? Mit y?

– ____________ , mit y, N y s t r ö m.

– Die gewünschte ____________ lautet 81 76 98. Die ____________ lautet 06 21.

**2.5** Schreiben und spielen Sie eigene Dialoge.

**2.6** Machen Sie eine Kursliste und verabreden Sie eine Telefonkette. So können Sie schnell Informationen weitergeben.

**2.7 Diese Nummern finden Sie in jedem deutschen Telefonbuch. Ordnen Sie die Nummern den Symbolen zu. Gibt es diese Telefonnummern auch bei Ihnen?**

1 c
2 ☐
3 ☐
4 ☐
5 ☐
6 ☐
7 ☐
8 ☐
9 ☐

a Zeitansage: 011 91
b Polizei 110
c Feuerwehr (Rettungsdienst): 112
d Krankenwagen/Rettungsdienst: 112
e Zahlenlotto: 011 62
f Wettervorhersage: 011 64
g Kinoprogramm: 01 51 11
h Theater und Konzert: 01 15 17
i Telefonauskunft Inland: 011 88
Ausland: 001 18

## 3 Falsch verbunden

**3.1 Hören Sie bitte den Dialog.**

+ Grossmann.
– Entschuldigung, wer ist dort? Goffmann?
+ Nein, tut mir leid, hier ist nicht Goffmann. Mein Name ist Grossmann, mit Grrrr.
– Sie sind also nicht Herr Graffmann? Haben Sie nicht 25 27 84?
+ Nein, habe ich nicht. Ich habe 38 27 82. Auf Wiederhören! Rufen Sie Graffmann an.
– Ach, Sie kennen Graffmann? Haben Sie auch seine Telefonnummer?

**INFO** Telefonkonvention

1. Sie nehmen den Hörer ab und sagen Ihren Nachnamen. (Manche Leute sagen nur noch Ja oder Hallo.)
2. Die andere Person begrüßt Sie, sagt ihren Namen und beginnt das Gespräch.
3. Am Ende sagt man Auf Wiederhören.

**3.2** **Lesen Sie den Dialog 3.1 zu zweit.**

**3.3** **Sprechen Sie den Dialog.**

1. freundlich

2. neutral

3. unfreundlich

**3.4** **Variieren Sie den Dialog.**

| sich melden | | nachfragen | |
|---|---|---|---|
| Großmann | | Entschuldigung, | wer ist am Apparat?<br>ist dort (nicht) …?<br>sind Sie nicht Herr/Frau …? |
| **sagen, wer spricht** | | **sich entschuldigen** | |
| Tut mir leid,<br>Nein, | hier ist nicht …<br>hier ist …<br>ich bin …<br>mein Name ist … | Entschuldigung,<br>Tut mir leid, | ich habe mich verwählt.<br>falsch verbunden.<br>ich habe wohl eine falsche Nummer. |

**3.5** **Sie hören ein Gespräch zwischen zwei Lehrerinnen am Telefon. Schreiben Sie bitte die Namen und die Telefonnummern auf.**

| Name | Telefonnummer |
|---|---|
| 1. | |
| 2. Ilona González | |
| 3. | |
| 4. | |
| 5. | |

## 4 Verneinung mit *nicht*

**4.1 Der Ja-Sager und der Nein-Sager – Hören Sie zu und lesen Sie mit.**

Der Ja-Sager
Ja, ich heiße Meier, ich komme aus Deutschland, ich bin 33, ich spreche Deutsch und Französisch, ich bin verheiratet, ich arbeite gern und lerne auch gern.

Der Nein-Sager

Nein, ich heiße nicht ______ Meier, und ich komme ______ aus Deutschland. Ich bin ______ 33. Ich spreche ______ Französisch und auch ______ Englisch. Ich bin ______ verheiratet und ich arbeite ______ gern.

**4.2 Verneinung mit** nicht**: Suchen Sie Beispiele in Einheit 6.**

**4.3 Vergleichen Sie bitte: Wie funktioniert die Verneinung in Ihrer Sprache?**

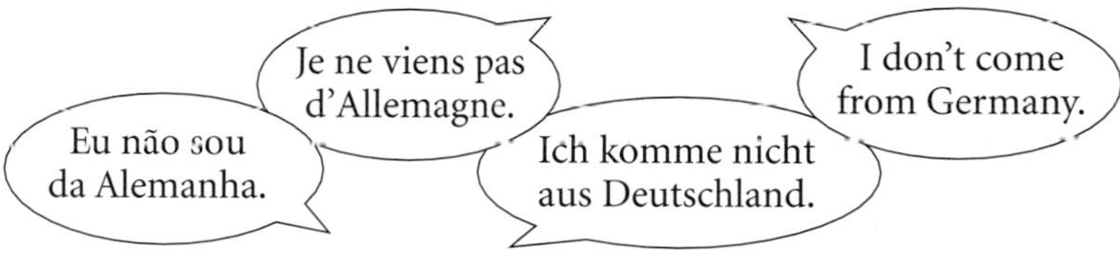

Eu não sou da Alemanha.
Je ne viens pas d'Allemagne.
Ich komme nicht aus Deutschland.
I don't come from Germany.

**4.4 Schreiben Sie bitte die Sätze richtig.**

1. nicht – heiße – Meier – ich
2. sie – Berlin – kommen – nicht – aus
3. Graffmann – die – Nummer 23 23 45 – hat – nicht – Herr
4. mein – nicht – Name – Peter – ist – Schneider
5. nicht – aus – Wien – kommen – wir
6. Frau – Dänemark – Buarque – fährt – nicht – nach
7. arbeiten – bei Mercedes – sie – nicht
8. Frankfurt – liegen – 100 Kilometer – von – südlich – Hamburg – nicht

**4.5 Spielen Sie Nein-Sager.**

Ich heiße nicht Buarque und ich bin nicht aus São Paulo. Ich spreche nicht …

# EINHEIT 7: SYSTEMATISCH WORTSCHATZ LERNEN

........ *Wortschatz: Wörter Oberbegriffen zuordnen*
........ *Gedächtnistraining*
........ *Wiederholung: bestimmter Artikel, Plural der Nomen*
........ *unbestimmter Artikel* ein/eine
........ *Verneinung mit* kein/keine

## 1 Oberbegriffe

A 12

**1.1 Bilden Sie zwei Gruppen. Gruppe A betrachtet Bild A, Gruppe B Bild B. Sie haben zehn Sekunden Zeit. Schließen Sie die Bücher. Sprechen Sie in Ihrer Sprache: Was ist auf dem Bild?**

**1.2 Jetzt lernen Sie bitte die Wörter. Gruppe A lernt Liste A. Gruppe B lernt Liste B. Welche Gruppe hat mehr Wörter gelernt?**

Liste A ..........................................

| | | |
|---|---|---|
| Schule | Norden | Verb |
| Adjektiv | Kurs | Süden |
| Kursteilnehmer | Osten | Nomen |
| Westen | Pronomen | Lehrer |

Liste B ..........................................

| | | |
|---|---|---|
| Verb | Schule | Norden |
| Adjektiv | Kurs | Süden |
| Nomen | Kursteilnehmer | Osten |
| Pronomen | Lehrer | Westen |

**1.3 Ordnen Sie die folgenden Wörter in sechs Gruppen. Geben Sie den Gruppen Namen. Auf deutsch oder in Ihrer Sprache.**

Brüssel es vier Mann Bern Kursteilnehmerin ich
Schule Deutschbuch Deutschland Frau Berlin du Wien
Lehrerin sie Anfängerkurs eins Österreich zwei Schweiz
Frankreich fünf Paris Belgien er drei Kind

## 2 Wiederholung: bestimmter Artikel, Plural der Nomen

**2.1** Schreiben Sie die Nomen zu den Bildern.

A 12

Alphabet Auto Bild Buchstabe Dialog Disco Feld Foto Frau
Information Kassette Kilometer Kind Kollegin Kurs Land Lehrer Nachbar
Name Notizzettel Schule Spielregel Sprache Stadt Stuhl Tabelle
Teilnehmerliste Telefonnummer Thema Wort Zahl Zeichnung

der Buchstabe ______ ______

**2.2** Erinnern Sie sich an diese Tabelle? Ordnen Sie die Nomen aus 2.1 im Plural ein.

| - ...... | -e ...... | -n ...... | -(n)en ...... |
|---|---|---|---|
| die Kilometer<br>die Schweizer | die Kurse<br>die Dialoge | die Namen<br>die Schulen | die Frauen<br>die Verben |

| -er ...... | -s ...... | *Umlaut* + ...... |
|---|---|---|
| die Kinder | die Fotos | die Wörter |

**2.3** Das Plural-Spiel: Werfen Sie sich einen Ball zu und sagen Sie ein Nomen. Wer fängt, muss den Plural sagen. Wer falsch antwortet, scheidet aus.

## 3 Die unbestimmten Artikel: *ein, eine – kein, keine*

C 42

**3.1** Ein/eine – **Betrachten Sie bitte die Bilder und lesen Sie die Sätze.**



Was ist das? Ein Auto! Das Auto ist kaputt.

Das ist eine Frau.

Sie heißt Fabiane Buarque und kommt aus Brasilien.

| *bestimmter Artikel (Nominativ)* | *unbestimmter Artikel (Nominativ)* |
|---|---|
| der Hund | ein Hund |
| das Auto | ein Auto |
| die Frau | eine Frau |

**3.2** **Spielen Sie das Spiel von 2.3 mit dem bestimmten und unbestimmten Artikel.**

das Buch — ein Buch — die Frau — eine Frau

**3.3** **Bitte ergänzen Sie [1] und ordnen Sie [1] und [2] zu.**

**Beispiel:** 1. Das ist ein Anfängerkurs. Der Anfängerkurs hat 15 Teilnehmer.

| 1 | 2 |
|---|---|
| 1. Das ist ________ Anfängerkurs. | … liegt in Österreich. |
| 2. Das ist ________ Computer. | … heißt Erika. |
| 3. Das ist ________ Tourist. | … heißt „fahren". |
| 4. Das ist ________ Frau. | … ist in Heidelberg. |
| 5. Das ist ________ Stadt. | … ist … Wörterbuch. |
| 6. Das ist ________ Schweizerin. | … fährt gern in Urlaub. |
| 7. Das ist ________ Verb. | … hat 15 Teilnehmer. |
| 8. Das ist ________ Buch. | … wohnt in Basel. |
| 9. Das ist ________ Hotel. | … ist teuer. |

C 42
C 49

**3.4** Ein/eine – kein/keine – **Lesen Sie bitte die folgenden Sätze und ergänzen Sie dann die Sätze 1 bis 3.**

| *Singular* | *Plural* |
|---|---|
| Das ist ein Mann, ein Kind, eine Frau. | Das sind Männer, Kinder und Frauen. |
| Das ist kein Mann, kein Kind, keine Frau. | Das sind keine Männer, keine Kinder, keine Frauen. |

1. Ein gibt es ____________ im Plural.
2. Kein funktioniert wie ____________ .
3. Kein hat einen Plural: ____________ .

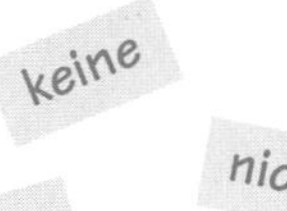


**3.5** **Verneinung mit** kein/keine. **Fragen und antworten Sie bitte.**

Ist das ein Auto?

Nein, ____________________ .
Das ist ein Stuhl.

1. Fernseher?

2. Fahrräder?

3. Heft?

4. Tische?

5. Kassettenrecorder?

6. Telefon?

**3.6** **Zeigen Sie sich gegenseitig Gegenstände und fragen Sie wie in 3.5.**

**3.7** Nicht **und** kein / keine **– Schreiben Sie selbst die Tabelle.**

| fragen | bestätigen | verneinen |
|---|---|---|
| Ist das … | Ja, das ist … | Nein, das ist … |
| … Peter? | Peter ______ | nicht Peter. ______ |
| … der Stuhl von Doris? | ______ | nicht der ______ Stuhl von Doris. |
| … ein Buch? | ______ | ______ Buch. |
| Sind das … | Ja, ______ | Nein, ______ |
| … die Fotos von Lisa? | ______ | ______ Fotos von Lisa. |
| … Bücher? | ______ | ______ Bücher. |

**3.8** **Kennen Sie Ihr Deutschbuch? Beantworten Sie die Fragen zu den Bildern.**

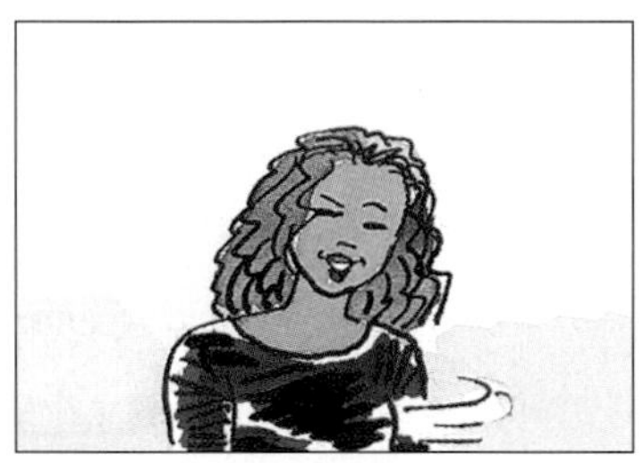

1. Ist das Frau Chaptal?

2. Ist das Herr Graffmann?

**Kind** *das; -(e)s, -er;* **1** ein junger Mensch in der Zeit von seiner Geburt bis zu dem Zeitpunkt, an dem er körperlich reif od. erwachsen (juristisch volljährig) ist ↔ Erwachsene(r) ein

3. Ist das ein Deutschbuch?

4. Arbeitet er bei VW?

5. Wohnt sie in Heidelberg?

6. Ist das in Einheit 2?

7. Sind sie aus Frankfurt?

8. Ist das eine Glückszahl in Deutschland?

# EINHEIT 8: PLAUDEREIEN IM CAFÉ

........ *fragen, wie es geht, darauf reagieren*
........ *etwas bestellen*
........ *Preise erfragen und nennen*
........ *nach Wünschen fragen*
........ *sich verabschieden*
........ *Verben 2. Person Singular und Plural*

## 1 Hallo, wie geht's?

**1.1 Hören Sie bitte die Dialoge. Welcher Dialog ist persönlich, welcher distanziert?**

Klaus: Hallo, Silke, wie geht's dir?
Silke: Danke, prima! Und dir?
Klaus: Na ja, es geht!

Frau Weber: Guten Tag, Frau Römer!
Wie geht es Ihnen?
Frau Römer: Danke, gut! Und wie geht es Ihnen?
Frau Weber: Leider nicht so gut.

**1.2 Einen Dialogbaukasten selbst machen.**

B 2.5

| fragen, wie es geht | sagen, wie es geht | zurückfragen |
|---|---|---|
| ______ | ☺ ______ | ______ |
| ______ | ______ | ______ |
| ______ | 😎 ______ | ______ |
| ______ | ______ | ______ |
| ______ | ☹ ______ | ______ |
| ______ | ______ | ______ |

**1.3 Im Café – Hören Sie die Kassette. Was verstehen Sie: Namen, Herkunft, Beruf, ...?**

**1.4** **Hören Sie die Kassette noch einmal und lesen Sie mit.**

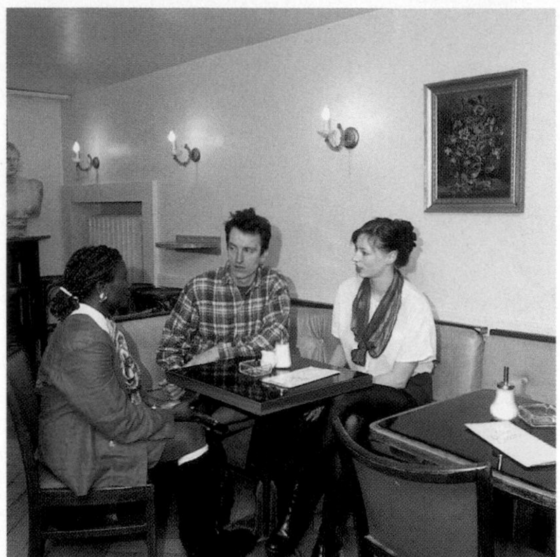

Susi: Kommen Sie aus Portugal?
Norma: Nein, aus Angola.
Susi: Und was machst du ... äh ... was machen Sie in Berlin?
Norma: „Du" ist o.k. Ich heiße Norma.
Susi: Ich bin Susi und das ist Julian.
Norma: Also, ich arbeite bei der Botschaft. Aber jetzt lerne ich hier Deutsch. Was macht ihr?
Susi: Julian ist Mechaniker und ich bin Sekretärin. Trinkst du auch Kaffee mit Milch?
Norma: Nein, lieber einen Espresso.
...
Norma: Entschuldigt, aber ich muss jetzt gehen. Mein Deutschkurs beginnt.
Susi: Also, tschüs dann!
Norma: Tschüs.
Julian: Wiedersehen. Vielleicht treffen wir uns ja mal wieder hier.

B 2.6
B 2.7

**1.5** **Schauen Sie im Lernerhandbuch nach:** Du/Sie; Tschüs / (Auf) Wiedersehen.

**1.6** **Lesen Sie bitte den Dialog zu dritt.**

**1.7** **Ändern Sie die Namen und variieren Sie den Dialog.**

**1.8** **Arbeiten Sie mit der Dialoggrafik.**

Woher? ↘
Land/Stadt
↙ Was machen Sie / machst du in ...?
↘ Arbeit/Studium/Schule/...
und du/Sie/ihr?
↙ Arbeit/Studium/Schule ...

## 2 Verben: 2. Person Singular und Plural

C 19

**2.1** **Ergänzen Sie bitte die Tabelle. Die Formen der 1. und 3. Person kennen Sie schon.**
**Die Formen der 2. Person finden Sie in 1.4.**

*Infinitiv:* arbeiten

| | *Singular* | | *Plural* | |
|---|---|---|---|---|
| *1. Person* | ich | ______ | wir | ______ |
| *2. Person* | du | ______ | ihr | ______ |
| *3. Person* | er/es/sie | ______ | sie | ______ |

Infinitiv: machen

| | Singular | Plural |
|---|---|---|
| 1. Person | ______ | ______ |
| 2. Person | ______ | ______ |
| 3. Person | ______ | ______ |

C 19
Anhang 3

**2.2** **Wie heißen die 2. Person Singular und Plural von** sprechen, fahren, lesen**?**

C 19
Anhang 3

**2.3** **Wie heißen die 2. Person Singular und Plural von** sein **und** haben**?**

**2.4** **Ergänzen Sie bitte die Fragen mit den passenden Verben. Fragen Sie sich dann gegenseitig.**

arbeiten fahren heißen kommen sprechen sein wohnen verstehen

1. Woher ______ du?
2. Wie ______ du?
3. Wohin ______ ihr?
4. ______ du aus Lissabon?
5. Wo ______ du?
6. ______ ihr Englisch?
7. ______ ihr auch bei der Botschaft?
8. Wo ______ ihr?
9. ______ du Deutsch?
10. ______ du die Aufgabe?
11. ______ Sie bei Opel?
12. Wir ______ schon gut Deutsch.

**2.5** **Ein Brief von Julian an Norma: Ergänzen Sie bitte die Verben.**

arbeiten kommen machen trinken

*Für N. aus A.!*
*Wie geht es dir? Ich sitze hier wieder im Café und ______ Espresso. Ich muss dich unbedingt treffen. Was ______ du morgen Abend? ______ du oder hast du Zeit? ______ du mit ins Kino? Da kommt ein toller Film von Wim Wenders.*
*Ruf doch heute Abend mal an! Meine Telefonnummer ist 5 43 49 96.*
*Dein Julian*

**2.6 Ein Würfelspiel mit Verben.**

- Schreiben Sie die Verben aus den Einheiten 1–8 im Infinitiv auf kleine Zettel.
- Spielen Sie zu viert mit einem Würfel.
- Wer zuerst zehn Richtige hat, hat gewonnen.

Würfel

1 ich
2 du
3 er/es/sie
4 wir
5 ihr
6 sie

**Beispiel:** Spielerin 1 nimmt eine Karte arbeiten. Spielerin 2 würfelt eine 3.

Spieler 3 sagt: er arbeitet

## 3 Speisen und Getränke

**3.1 Wie heißen die Sachen auf Deutsch? Die Preistafel hilft.**

**Preistafel**

| | | |
|---|---|---|
| Bier vom Fass | 0,5 | 2,50 |
| Wein (weiß/rot) | 0,2 | 3,50 |
| Sekt (Mumm) | Glas | 4,25 |
| Mineralwasser | 0,3 | 2,00 |
| Apfelsaft | 0,2 | 2,25 |
| Orangensaft | 0,2 | 2,25 |
| Tee/Kaffee | | 2,50 |
| Espresso | | 1,75 |
| Eisbecher | | 3,75 |
| Kuchen verschiedene Sorten | | 2,10 |
| Sandwich | | 3,20 |

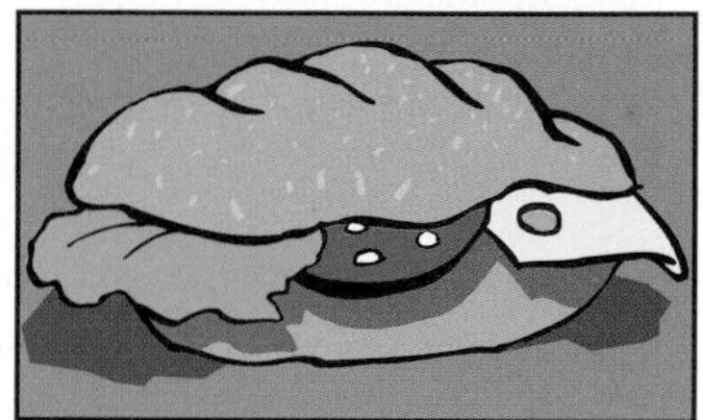

**3.2 Hören Sie den Dialog.**

Wer? ______________________ Wo? ______________________

Was machen die Leute? ______________________

**3.3 Hören Sie den Dialog noch einmal und lesen Sie mit.**

Julian: Hallo, wie geht's?
Norma: Danke, gut, und dir?
Julian: Jetzt sehr gut. Was nimmst du? Trinkst du was?
Norma: Ja, gerne – äh – was trinkst du?
Julian: Einen Campari mit Orangensaft. Du auch?
Norma: Das kenne ich nicht, aber o.k., ich probiere es.
Julian: Möchtest du auch was essen?
Norma: Ja, ich hab einen Bärenhunger. Was gibt es denn?
Julian: Die haben ganz tolle Sandwichs mit Salami, Käse, Salat usw.
Norma: Gute Idee, das nehme ich auch.
Julian: Das Kino beginnt erst um neun. Wir haben also noch viel Zeit.

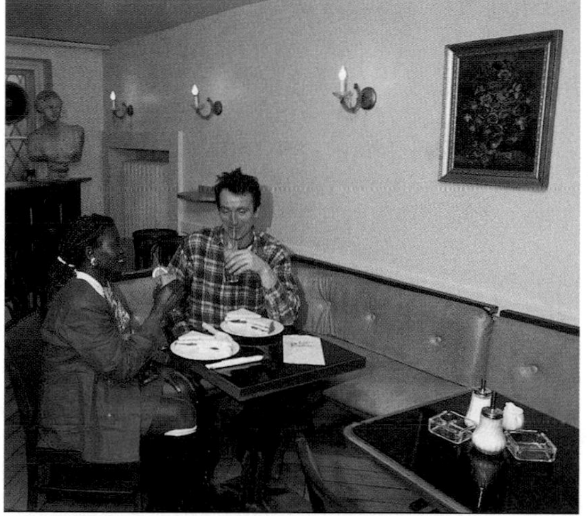

| im Café nach Wünschen fragen | | seine Wünsche sagen |
|---|---|---|
| Was nimmst du?<br>Was möchtest du?<br>Trinkst du …?<br>Isst du …?<br>Möchtest du …? | Was möchten Sie?<br>Was nehmen Sie?<br>Trinken Sie …?<br>Essen Sie …?<br>Möchten Sie …? | Ich möchte einen Campari.<br>Ich nehme ein Sandwich.<br>Ein Bier, bitte.<br>Einen Orangensaft, bitte.<br>Ja, gerne. / Nein, lieber … |

**3.4 Lesen, variieren und spielen Sie den Dialog.**

## 4 Preise

**4.1 Wie viel? – Hören Sie die Dialoge.**

– Was kostet der Campari?
+ Vier fünfzig.
– Wie viel?
+ Vier Euro und fünfzig.

– Zwei Campari, wie viel macht das?
+ 9 €.
– Und zwei Espresso?
+ Drei Euro und fünfzig.

**4.2 Arbeiten Sie mit der Preistafel auf Seite 48. Spielen Sie Dialoge wie in 4.1.**

**4.3 Bitte zahlen! – Hören Sie den Dialog und lesen Sie mit.**

Julian: Oh, schon fast neun Uhr. Zahlen bitte!
Bedienung: Zusammen?
Julian: Ja, zusammen bitte.
Norma: Nein, nein, ich zahle selbst.
Julian: Ach komm. Ich lad dich ein.
Norma: Na gut, aber das nächste Mal zahl dann ich.
Julian: O.k.
Bedienung: Also was nun, zusammen oder getrennt?
Julian: Zusammen.
Bedienung: Also das sind … zwei Campari Orange, zwei Top-Sandwich, ein Mineralwasser und zwei Espresso. Das macht 20,90.
Julian: Äh … was kostet der Campari?
Bedienung: Campari Orange kostet vier Euro fünfzig.
Julian: Aha … machen Sie 22 Euro.
Bedienung: Danke! Und acht Euro zurück! Danke schön, auf Wiedersehen.
Julian: Tschüs.
Norma: Tschüs.

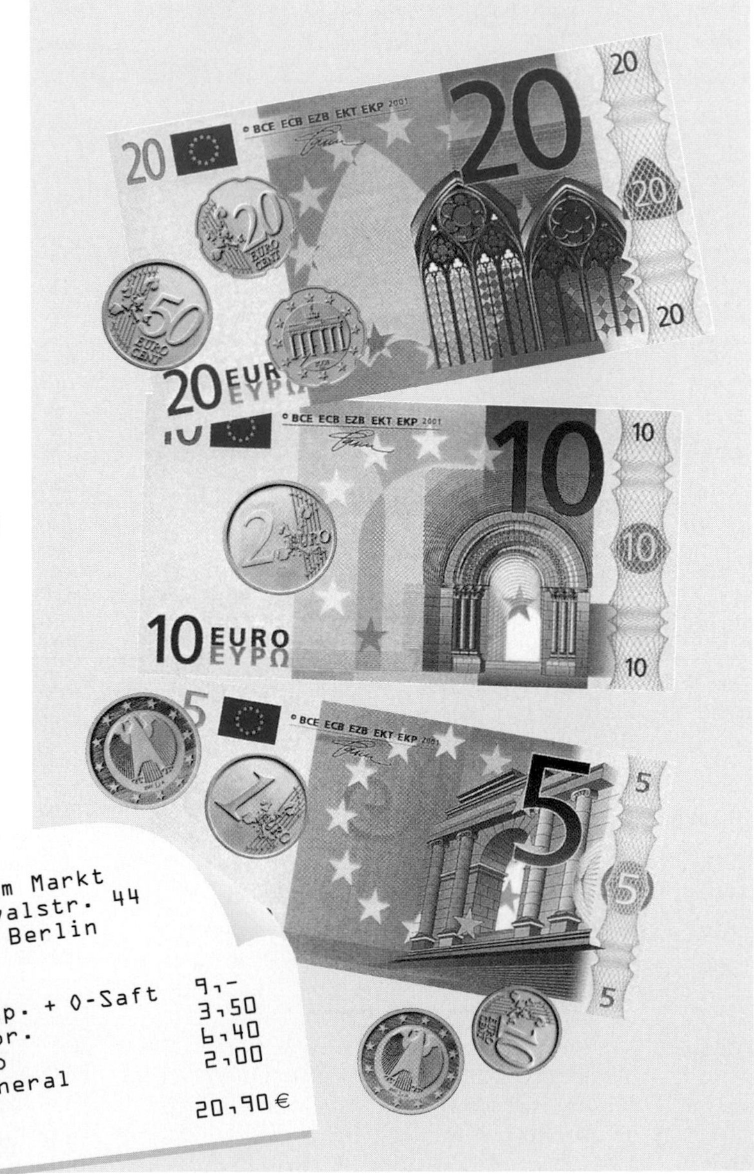


**INFO** „Machen Sie 22 Euro" – Die Rechnung ist 20,90 Euro. Julian zahlt 22 Euro. Die 1,10 € sind das Trinkgeld für die Bedienung. In Deutschland rundet man die Rechnung oft auf. In der Rechnung sind schon 15 Prozent für die Bedienung enthalten.

**4.4 Schreiben und spielen Sie einen Dialog nach der Dialoggrafik.**

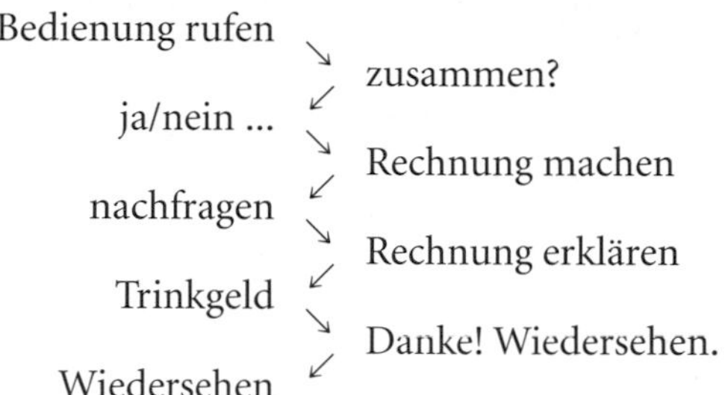


**4.5 Hier sind zwei Dialoge durcheinander geraten. Ordnen Sie sie bitte. Es gibt zwei Möglichkeiten:**

**A (schwerer):**
**Ordnen Sie die Dialoge und kontrollieren Sie mit der Kassette.**

**B (leichter):**
**Hören Sie die Kassette und ordnen Sie dann die Dialoge.**

\+ Danke.
– Äh, ja, ein Sandwich, bitte.
– Guten Tag, mein Name ist Hein, Gerold Hein, ich bin der Personalchef.
\+ Guten Tag, Herr Hein.
\+ Guten Tag, was möchten Sie bitte?
– Wohnen Sie hier in der Stadt, Frau Frank?
\+ Möchten Sie auch etwas essen?
– Sind Sie Frau Frank?
– Ein Mineralwasser, bitte.
\+ Ja, aber ich bin aus Rostock.
\+ Ja.

**4.6 Zu welchem Dialog passt das Foto?**
**Schreiben Sie noch einen Dialog zum Foto oder schreiben Sie den Dialog weiter.**

# *Option* 1: WIEDERHOLUNG

........ *ein Spiel, Wortschatzaufgaben, Intonation, ein Diktat, Dialoge, Landeskunde, ein Lied*

## 1 Drei in einer Reihe

**Spielregeln:**

1. Immer zwei oder vier Kursteilnehmer/innen spielen zusammen.
2. Sie brauchen neun Spielsteine, z.B. Münzen.
3. Beantworten Sie eine Frage und legen Sie eine Münze auf das Feld.
4. Haben Sie drei Felder in einer Reihe? Dann haben Sie gewonnen.

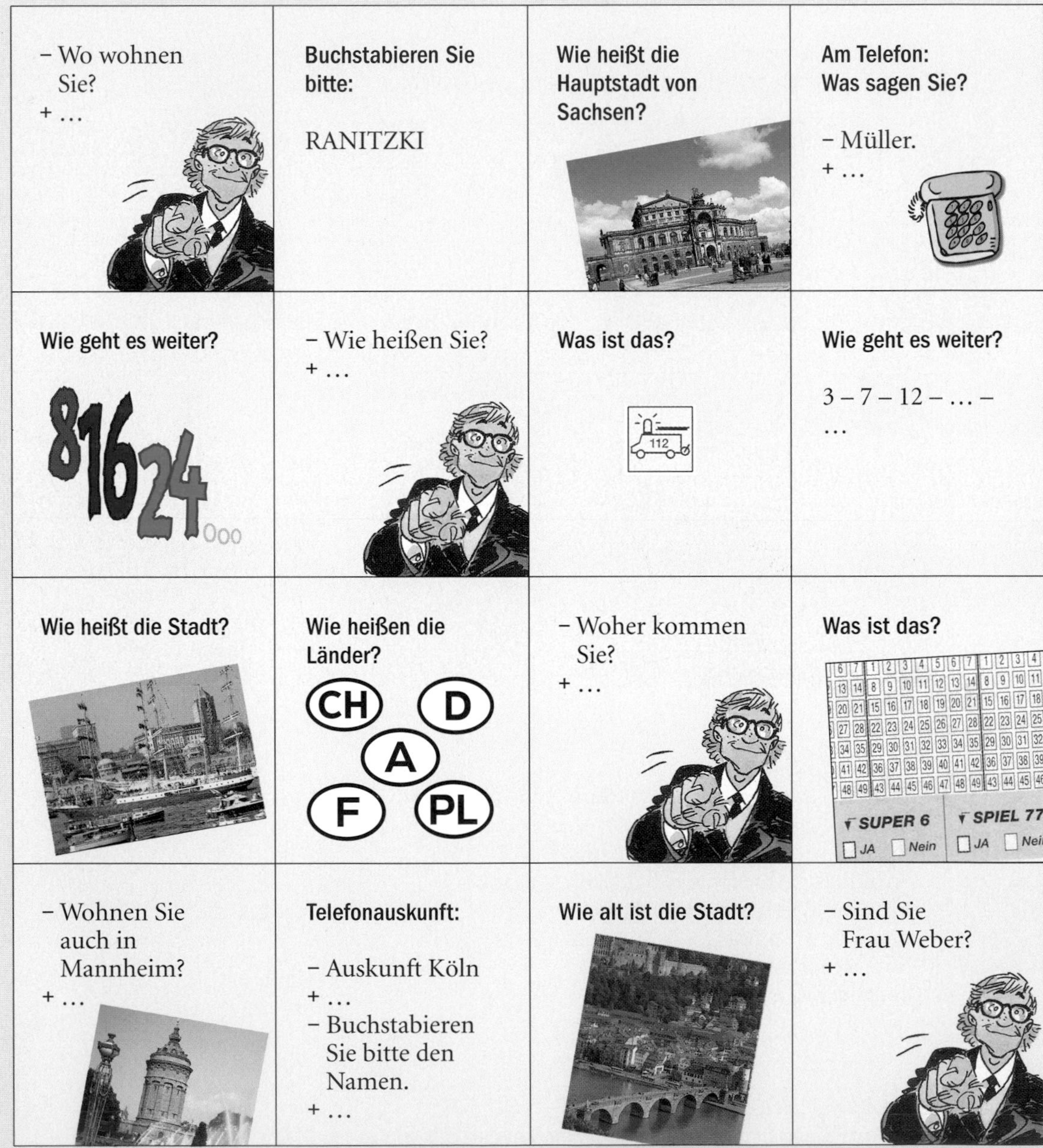

| | | | |
|---|---|---|---|
| – Wo wohnen Sie?<br>+ … | **Buchstabieren Sie bitte:**<br>RANITZKI | **Wie heißt die Hauptstadt von Sachsen?** | **Am Telefon: Was sagen Sie?**<br>– Müller.<br>+ … |
| **Wie geht es weiter?** | – Wie heißen Sie?<br>+ … | **Was ist das?** | **Wie geht es weiter?**<br>3 – 7 – 12 – … – … |
| **Wie heißt die Stadt?** | **Wie heißen die Länder?**<br>CH D A F PL | – Woher kommen Sie?<br>+ … | **Was ist das?** |
| – Wohnen Sie auch in Mannheim?<br>+ … | **Telefonauskunft:**<br>– Auskunft Köln<br>+ …<br>– Buchstabieren Sie bitte den Namen.<br>+ … | **Wie alt ist die Stadt?** | – Sind Sie Frau Weber?<br>+ … |

| | | | |
|---|---|---|---|
| **Ergänzen Sie die Verbformen:**<br><br>Ich sprech…,<br>er …, ihr … | **Thema „Essen/Trinken" vier Wörter**<br><br> | **Drei Begrüßungen:**<br><br>Guten Morgen!<br>Guten …!<br><br>  <br> | **Was ist das?**<br><br>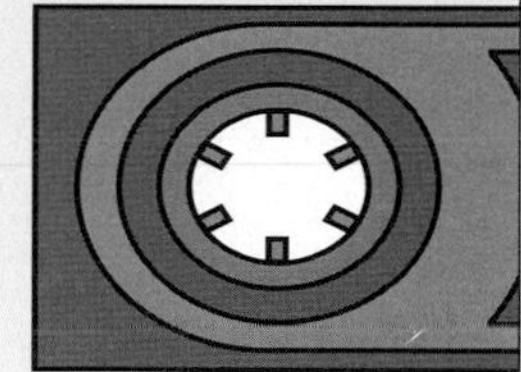 |
| **Fünf Nomen mit Artikel** die<br><br> | Nicht **oder** kein?<br><br>Ich verstehe Sie<br>…<br>Ich habe … Auto. | **Im Café**<br><br>– Was möchten Sie?<br>+ …<br><br> | **Wie heißen die vier Himmelsrichtungen?**<br><br>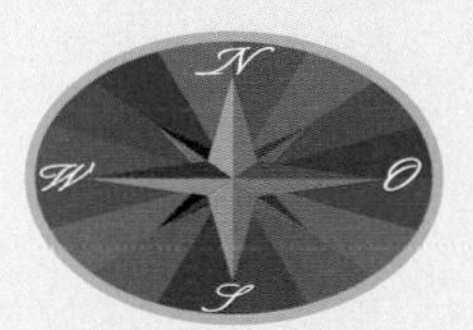<br> |
| **Zwei Lerntips.**<br><br>Deutschland –<br>Deutscher/<br>Deutsche –<br>Deutsch | **Ergänzen Sie die Verbformen:**<br><br>Ich les…, er …,<br>wir … | **Wie heißt die Frage?**<br><br>– …<br>+ Nein, ich heiße Mai. | **Thema „Trinkgeld" Ist das richtig?**<br><br>Man gibt<br>15 Prozent<br>Trinkgeld. |
| **Was ist das?**<br><br> | **Beantworten Sie die Frage:**<br><br>– Arbeiten Sie hier?<br>+ … | **Verabschiedungen**<br><br>1. – Tschüs!<br>+ Tschüs!<br>2. – …<br>+ … | **Was ist der Plural?**<br><br>Stuhl, Frau, Kind,<br>Foto<br><br> |

## 2 Wortschatz

**2.1 Ein Wort passt nicht in die Reihe. Markieren Sie es.**

1. ☐ ich, du, er, sie, ein, es
2. ☐ Radios, Kassetten, Name, Hunde, Stühle
3. ☐ lesen, hören, schreiben, essen, sprechen
4. ☐ Bier, Kuchen, Kaffee, Orangensaft, Wein
5. ☐ probieren, organisieren, exklusiv, fotografieren, profitieren
6. ☐ Verb, Artikel, Lerntipp, Nomen, Pronomen

a Grammatikwörter
b Verben: Thema „Sprache“
c Pluralformen
d Verben
e Personalpronomen
f Getränke

**2.2 Ordnen Sie a–f den Wortreihen 1–6 zu.**

**2.3 Ordnen Sie die Wörter in zwei Listen. Wie heißen die Themen?**

anrufen Apparat Auskunft Bedienung buchstabieren Entschuldigung essen getrennt Käse Rufnummer Schinken sprechen trinken Trinkgeld Vorwahl zahlen Telefon zusammen

## 3 Satzakzent

**Hören Sie die Kassette und markieren Sie die Satzakzente.**

1. – Wo wohnen Sie?
   + Ich wohne in Berlin.
2. – Wohnen Sie in der Goethestraße?
   + Nein, in der Schillerstraße.
3. Ich heiße Gerhard Fuchs. Ich arbeite bei Siemens. Ich bin Mechaniker.
4. – Woher kommst du?
   + Aus Sankt Petersburg. Das liegt in Russland.

## 4 Ein Diktat von der Kassette

**4.1 Hören Sie die Kassette und schreiben Sie bitte.**

**4.2 Welcher Notizzettel passt zum Text? Wen/was beschreiben die anderen Notizzettel?**

| 1. | 2. | 3. |
|---|---|---|
| Name: ____________ | Name: ____________ | Name: ____________ |
| keine Kinder<br>Single<br>Tennisspielerin<br>Brühl | ein Kind<br>Mann: Tennisspieler<br>Leimen /<br>südl. Heidelberg<br>jetzt: München | 1,6 Mio. Einwohner<br>Hafen<br>Reeperbahn |

## 5 Fotos und Dialoge

Wählen Sie ein Foto aus. Schreiben Sie einen oder zwei Dialoge.

1.

2.

## 6 Geographie

Welche Landkarte steht richtig?

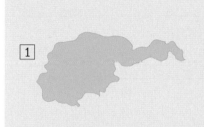

1

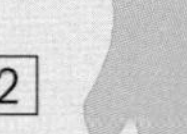

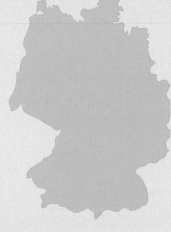

2

3

## 7 Telefon – Ein Lied von der Gruppe „Ideal“

Hören Sie die Kassette. Welches Foto passt zum Lied?

Warum rufst du mich nicht an?
Ich sitze hier im halben Wahn.
Du hast gesagt, du meldest dich.
Warum tust du’s nicht?

Ich weiß, ich will dich wieder-
sehn.
Ich denke viel an dich.
Wie soll ich das nur überstehn?
Ich bin verschossen!

Ich sitze hier am Telefon,
von früh bis in die Nacht.
Ich weiß, es ist der blanke Hohn,
was du mit mir machst,
was du mit mir machst.

# EINHEIT 9: VERABREDUNGEN UND EINLADUNGEN

........ *Zeitangaben machen*
........ *sich verabreden*
........ *jemanden einladen*
........ *eine Einladung annehmen/ablehnen*
........ *trennbare Verben*

## 1 Uhrzeiten

**1.1 Schauen Sie bitte das Bild an und hören Sie die Kassette. Was ist richtig? Kreuzen Sie bitte an.**

1. ☐ Frau Müller ist da.
2. ☐ Heute ist kein Unterricht.
3. ☐ Morgen ist Unterricht.
4. ☐ Morgen ist Frau Müller nicht da.

Frau Buarque: Guten Abend. Wie spät ist es denn?
Frau Chaptal: Genau halb sieben.
Frau Buarque: Und ... ist Frau Müller nicht da?
Herr Askari: Nein, der Kurs fällt heute aus.
Frau Nyström: Das ist aber dumm. – Und was machen wir jetzt?
Frau Buarque: Kommt jemand mit ins Kino?

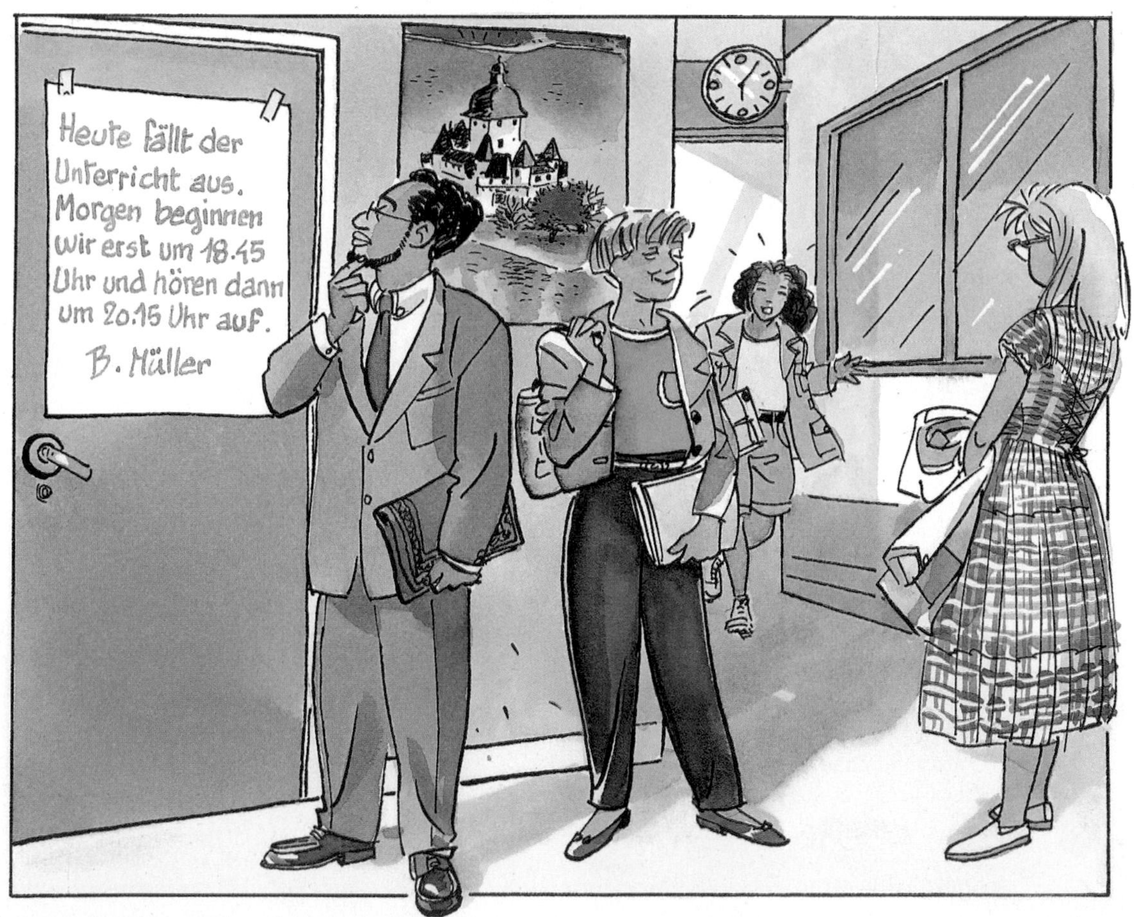


**1.2 Hören Sie den Dialog noch einmal und markieren Sie bitte die Satzakzente.**

1.3 **Schauen Sie die Zeitungsausschnitte an und hören Sie dann die Kassette. Welcher Dialog passt zu welchem Ausschnitt?**

DIALOG 1
DIALOG 2
DIALOG 3

des Mordes an einem Polizisten verdächtigt. Cannon soll seine Unschuld beweisen...
**20.10 Goldfieber**
FILM Abenteuerfilm, USA 1982
Regie: Charlton Heston.
Mit Charlton Heston, Nick Mancuso, Kim Basinger und anderen.
Jean überredet seine Freundin Andrea, mit ihm nach Kanada zu fliegen, um dort nach seinem Freund George zu suchen. Doch die Abenteuerreise wird zur Reise ins Grauen... (→ S. 109)
**22.00 SPIEGEL TV Extra**

Verbrauchermagazin
**20.00 Tagesschau** Nachrichten
**20.15 Ein Fall für zwei**
Krimiserie, BRD, CH, Österr.
Heute: Zahltag.
Mit Günter Strack, Claus Theo Gärtner, Zaccharias Preen und anderen
**21.15 Frank Morak**
Filmisches Porträt von Rudi Dolezal und Hannes Rossacher.
Mit Gottfried Helnwein, Fritz Muliar, Peter Wolf und anderen
**22.00 Zeit im Bild – Abendstudio**
**22.30 Eine Hochzeit**

„Am laufenden Band"
**20.00 MTV's Greatest Hits**
Zu Geburtstagen, Jahrest... oder Jubiläen verschied... Bands präsentiert VJ Pi... Greatest Hits und zeig... Stunde lang „Classic-...
**21.00 MTV's Guide to Da...**
MTV präsentiert ein... Musikführer. Interv... und Special-Videos... blick in die versch... trends. Von Happ... abgefahrenen T... dabei. It will be a...

Restaurant
URFA
Wir freuen uns auf Ihren Besuch
Ihre Familie Yüzüak und Mitarbeiter
Täglich geöffnet 17.00–5.00 früh
Durchgehend warme Küche
MANNHEIM, K 3, 1
Tel. 0621/26231

**Kino**

■ Atlantis MA: **Reality Bites - Voll das Leben** (18.00 & 20.15). **Garp - und wie er die Welt sah**, nach dem Roman von John Irving (22.30). **Philadelphia**, ein Aids-Kranker kämpft um sein Recht (22.45)
■ Capitol MA: **Das Piano**, ein Film von J. Campion (20.00)
■ Casablanca MA: **Philadelphia**, ein Aids-Erkrankter kämpft um sein Recht (20.00)
■ Cinema Quadrat MA: Antikriegstag - Die DGB-Jugend lädt ein: **Shalom General**, Österreich 1989, mit Andreas Gruber, Eintritt frei! (20.15)
■ Odeon MA: **Down By Law**, Unschuldig im Knast: Da hilft nur die Flucht durch die Sümpfe. (22.45)
■ Cinemathek HD: **Die Ehe der Maria Braun**, eine Fassbinder-Verfilmung (22.30)

1.4 **Offizielle Zeitangaben und Zeitangaben in der Umgangssprache. Vergleichen Sie bitte und füllen Sie dann den Dialogbaukasten aus.**

Wann fängt der Zertifikatskurs an?
Wann fängt der Film an?
Es ist Viertel nach sieben.
Um zwanzig Uhr.
Um sechs.
Um wie viel Uhr beginnt ...?
Wie viel Uhr ist es?
Wann ist er zu Ende?
Wann treffen wir uns?
Um einundzwanzig Uhr dreißig.
Es ist jetzt 17 Uhr. Sie hören Nachrichten.

Uhr
60 5 10 15 20 25 30 35 40 45 50 55
Viertel vor — Viertel nach
halb

Raum 5
Montag
17.00–18.30
DaF 2 (Müller)
18.30–20.00
DaF 1 (Müller)
20.00–21.30
Zertifikatskurs (Weißling)

B 25.1

| nach der Uhrzeit fragen | die Uhrzeit nennen |
|---|---|
| *Wie viel Uhr ist es?* | Umgangssprache |
| *Wann* | |
| | Offiziell |
| | |

**1.5 Üben Sie im Stuhlkreis.**

1. Es ist elf Uhr. | Es ist fünf nach elf. | Es ist zehn nach elf …

2. Es ist zwölf Uhr. | Es ist Viertel nach zwölf. | Es ist halb eins …

**1.6 Arbeiten Sie zu zweit. Fragen Sie nach der Uhrzeit.**
**Antworten Sie mit der umgangssprachlichen Uhrzeit und mit der offiziellen.**

**1.7 Hören Sie die Kassette und notieren Sie die Uhrzeiten.**

1

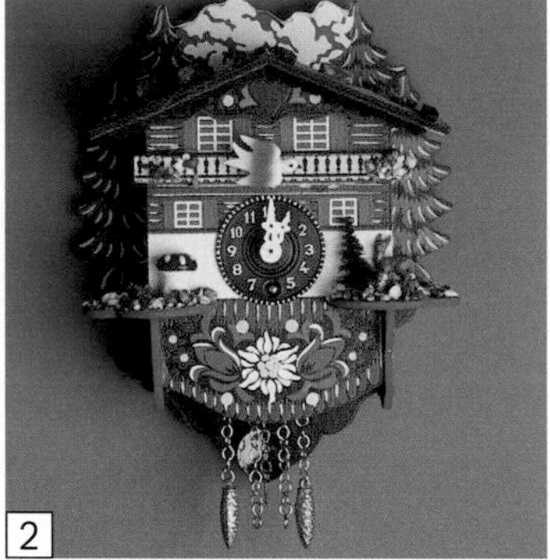
2

3

4

5

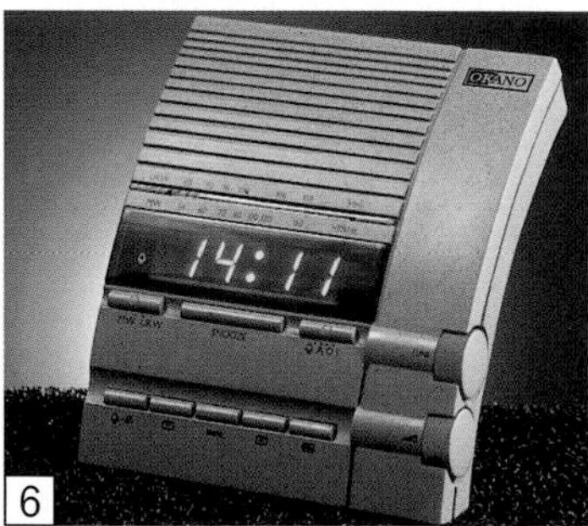

6

7

8

## 2 Zeitangaben machen

2.1 **Hören Sie die Kassette und ergänzen Sie bitte die Dialoge mit diesen Wörtern.**

von ... bis   wie   Viertel vor   Viertel nach   halb   wann   nach   um

**DIALOG 1**

Frau Buarque: Guten Abend. ___________ spät ist es denn?

Frau Chaptal: Genau ___________ sieben.

**DIALOG 2**

– ___________ beginnen denn die Filme?

+ „Das Piano“ beginnt ___________ Punkt acht, „Die Ehe der Maria Braun“ um ___________ elf.

**DIALOG 3**

– Mal sehen ..., ja, um ___________ nach acht läuft „Ein Fall für zwei“.

+ Der ist sicher spannend. Aber ___________ ist der Film zu Ende?

– Um Viertel ___________ neun.

+ Gut, das geht. Ich stehe nämlich ___________ halb sechs schon wieder auf ...

**DIALOG 4**

– Aber ist das Restaurant heute offen?

+ Ja, es ist ___________ 17 Uhr ___________ 5 Uhr morgens geöffnet.

– Prima.

2.2 **Verabredungen – Wählen Sie eine Dialoggrafik aus. Schreiben Sie zu zweit einen Dialog und spielen Sie ihn. Sie können auch Aufgabe 2.3 machen.**

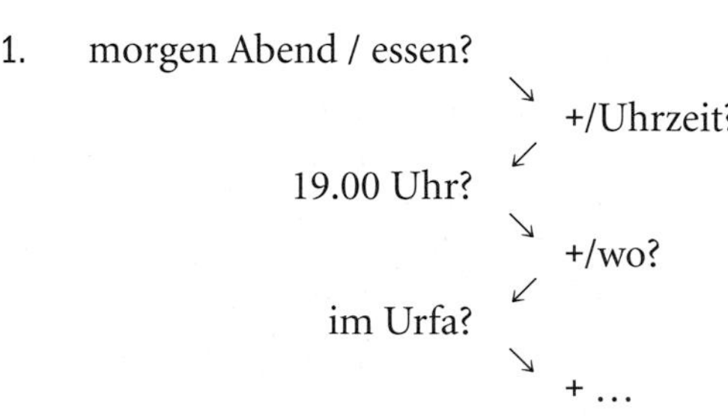


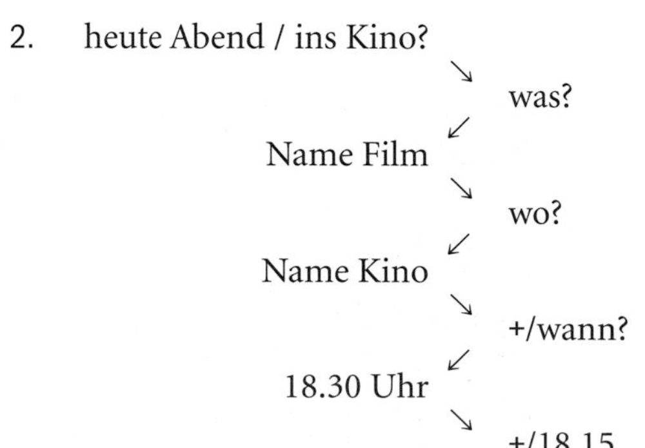

**2.3** **Dialogvarianten – Verbinden Sie die Dialogelemente zu einem Dialog. Es gibt mehrere Möglichkeiten. Kontrollieren Sie mit der Kassette.**

Hallo Doris, ich gehe heute Abend aus. Kommst du mit?

| | | | |
|---|---|---|---|
| Ja, gerne. Wann denn? | Wohin denn? | Hm, um wie viel Uhr? | Heute, das geht leider nicht. |
| Zum Beispiel ins Kino. | Um acht. | Und morgen? | Um elf. |
| Geht es auch etwas später? | Was läuft denn? | Das ist zu spät. | Morgen ist o.k. |
| „Die Farbe Rot" im Odeon um 21 Uhr. | Ja, um halb neun. | Gut, dann bis morgen. | Und um zehn? |
| Prima, ich komme. | O.k. Also, bis später. | Gut, dann bis bald. | Alles klar. Tschüs! |

**2.4** **Was passt zusammen? Ordnen Sie bitte die Zeitangaben zu.**

☐ Es ist kurz vor halb eins.
☐ Es ist kurz nach zwölf.
☐ Es ist gleich zwölf.
☐ Es ist Punkt zwölf. / Es ist genau zwölf.

1 2 3 4

**2.5** **Schreiben Sie bitte die Zeitangaben.**

6.55 Fünf vor sieben.
Kurz vor sieben.

7.05 ______

14.25 ______

22.45 ______

23.00 ______

0.15 ______

1.05 ______

2.25 ______

## 3 Die Woche

**3.1 Hören und singen Sie das Lied.**

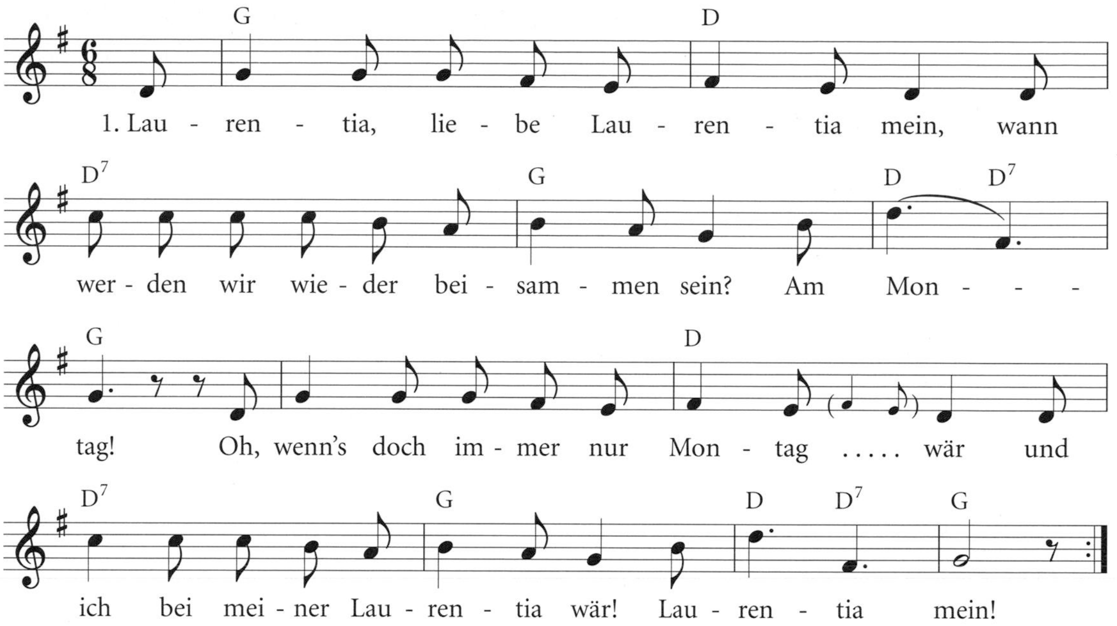

G D
1. Lau - ren - tia, lie - be Lau - ren - tia mein, wann
D7 G D D7
wer - den wir wie - der bei - sam - men sein? Am Mon - - -
G D
tag! Oh, wenn's doch im - mer nur Mon - tag ..... wär und
D7 G D D7 G
ich bei mei - ner Lau - ren - tia wär! Lau - ren - tia mein!

2. Strophe

Laurentia, liebe Laurentia mein, wann werden wir wieder beisammen sein?
Am Dienstag.
Oh, wenn's doch immer nur Montag, Dienstag wär und ich bei meiner Laurentia wär!
Laurentia mein!
…

7. Strophe

Laurentia, liebe Laurentia mein, wann werden wir wieder beisammen sein?
Am Sonntag.
Oh, wenn's doch immer nur Montag, Dienstag, Mittwoch, Donnerstag, Freitag, Samstag, Sonntag wär und ich bei meiner Laurentia wär!
Laurentia mein!

Montag
Dienstag
Mittwoch
Donnerstag
Freitag
Samstag
Sonntag

3.2 Hören Sie die Kassette und notieren Sie die Wochentage.

Mo Di Mi Do Fr Sa So

| Klaus ............ | | Eva ............ | | Marie ............ | |
|---|---|---|---|---|---|
| arbeiten | Mo | arbeiten | _____ | telefonieren | _____ |
| telefonieren | _____ | telefonieren | _____ | lesen | _____ |
| lesen | _____ | Hausaufgaben | _____ | Disco | _____ |
| Briefe | _____ | lesen | _____ | Kino | _____ |
| Theater | _____ | Disco | _____ | Gitarre | _____ |
| Freundin | _____ | Englisch | _____ | Freund | _____ |
| schlafen | _____ | | | Briefe | _____ |

3.3 Was machen Sie am Montag, Dienstag, ...? Schreiben Sie und machen Sie Interviews im Kurs.

## 4 Einladungen

4.1 Lesen Sie bitte den Notizzettel. Welche Informationen fehlen?

!?
Hallo, Kevin!
Ich habe die neue Wohnung!!
Nächste Woche ziehe ich ein.
Am Samstag findet die
Einweihungsparty statt.
Kommst Du? Ich ruf noch
mal an! Tschüs Heiner.

4.2 Kevin hört den Anrufbeantworter ab. Welcher Anruf ist von Heiner? Notieren Sie bitte.

Anruf ________________

4.3 **Welche neuen Informationen gibt Heiner?**

Adresse: ______________________________ Uhrzeit: ______________

4.4 **Hören Sie die Kassette noch einmal und ordnen Sie die Sätze zu.**

| | |
|---|---|
| Petra hat Geburtstag. | Sie bringt Kuchen mit. |
| Erika ist in Köln. | Er sagt die Unterrichtsstunde ab. |
| Herr Greiner fährt weg. | Er kommt heute abend mit in die Disco. |
| Die Mutter von Kevin kommt vorbei. | Sie lädt Kevin zur Geburtstagsparty ein. |
| Bert ruft an. | Sie kommt morgen um 23 Uhr zurück. |

## 5 Trennbare Verben

5.1 **Suchen Sie diese Verben in 1.1–4.4 und schreiben Sie die Sätze ins Heft.**

1. ausfallen
2. anfangen
3. anrufen
4. mitkommen
5. wegfahren
6. zurückkommen
7. aufstehen
8. einladen
9. mitbringen
10. absagen
11. ausgehen
12. vorbeikommen
13. stattfinden
14. einziehen

1. Heute fällt der Unterricht aus.

5.2 **Hören Sie die Kassette und markieren Sie den Wortakzent bei den Verben in 5.1. Erkennen Sie die Regel?**

Beispiel: ausfallen

5.3 **Schreiben Sie fünf Sätze aus diesen Elementen:**

| | | | |
|---|---|---|---|
| Ich | fahren | am Wochenende | an |
| Mutter | kommt | Kuchen | aus |
| Der Kurs | lade | die Kursleiterin | ein |
| Wir | bringt | heute Abend | mit |
| Sie | gehe | das Buch | vor |
| Herr Greiner | rufen | lesen | weg |
| Petra | fängt | morgen | zurück |

## 6 Einladungsdialoge

jemanden einladen

Wir machen am Freitag ein Fest. Kommen Sie auch?
Ich mache am Freitag eine Party. Kommst du auch?
Wir gehen am Freitag abend aus. Haben Sie Zeit?
Ich gehe heute Abend ins Kino. Hast du Zeit?

| zusagen | ? | absagen |
|---|---|---|
| Ja, sehr gern.<br>Klar. Ich komme gern. | Ja, vielleicht.<br>Ich weiß noch nicht.<br>Ich rufe noch an. | Danke für die Einladung, aber das geht leider nicht.<br>Am Freitag kann ich leider nicht.<br>Tut mir leid, ich kann nicht. |

**6.1** **Hier sind zwei Aufgaben zu Dialogen. Wählen Sie eine aus. Aufgabe A ist etwas leichter. Kontrollieren Sie mit der Kassette.**

A
**Ordnen Sie bitte den Dialog und lesen Sie vor.**

– Hallo, Petra. Danke für die Einladung. Wann ist die Party?
– Ja klar, aber ich komme etwas später.
– O.k., um wie viel Uhr?
+ Ja, gut. Tschüs, Kevin.
+ Um acht. Kommst du?
+ Am Freitagabend.

B
**Hier sind zwei Dialoge durcheinander. Ordnen Sie bitte und lesen Sie vor.**

– Erst um 22 Uhr.
– Nach Freiburg.
– Am Sonntagabend, um acht.
– Wohin?
– Ja, warum?
– Am Freitagnachmittag, um 3 Uhr.
– Um wie viel Uhr fängt der Film an?
– Wir rufen heute Abend noch an, o.k.?
– Hast du am Freitag Zeit?
– Ja, gern. Wann fahren wir weg?
– Und wann kommen wir zurück?
– Um 22 Uhr? Klar, das geht.
– Kommst du mit ins Kino?
– Kommt ihr am Wochenende mit?

BERND EICHINGER ZEIGT
TIL SCHWEIGER
KATJA RIEMANN
JOACHIM KRÓL
DER BEWEGTE MANN
NACH DEN COMICS »DER BEWEGTE MANN« UND »PRETTY BABY« VON RALF KÖNIG
EINE KOMÖDIE VON SÖNKE WORTMANN
SPÄTVORSTELLUNG 22 UHR

**Hier sind die Anfänge der Dialoge.**

**DIALOG 1:** – Hast du am Freitag Zeit?
**DIALOG 2:** – Kommt ihr am Wochenende mit?

**6.2** **Das Einladungsspiel – Ihre Lehrerin / Ihr Lehrer hat Karten für dieses Spiel.**

**INFO**

Pünktlichkeit: In den deutschsprachigen Ländern ist es unhöflich, wenn man zu einer Verabredung zu spät kommt. Als Maximum werden 15 Minuten noch akzeptiert. Wie pünktlich man sein muss, hängt von der Situation ab. Junge Leute sind lockerer als die ältere Generation. Bei einer Einladung zum Essen wird eher Pünktlichkeit erwartet als bei einer Party. Bei beruflichen Terminen muss man absolut pünktlich sein.

Einladungen absagen: Wenn man zu einer Einladung nicht kommt, muss man absagen und die Absage begründen (z. B. Terminprobleme).

# EINHEIT 10: VERWANDTSCHAFT

........ *die Familie vorstellen*
........ *Familie in Deutschland und im eigenen Land*
........ *ein Foto beschreiben*
........ *Positionsangaben machen*
........ *Possessivbegleiter im Nominativ*

## 1 Familie Finger

**1.1 Hannelore spricht mit Jorge, einem ausländischen Freund, über ihre Familie. Schauen Sie das Foto an und hören Sie die Kassette. Wer steht wo? Schreiben Sie die Vornamen der Familienmitglieder und sprechen Sie über das Foto.**

Hinten links steht der Onkel von Hannelore.

Hinten in der Mitte, das ist die Mutter von Hannelore.

Großeltern:
Großmutter/Großvater (Oma/Opa)
Eltern:
Mutter/Vater; (Ehe)mann/(Ehe)frau
Tante/Onkel
Kinder:
Tochter/Sohn; Schwester/Bruder
Cousine/Cousin
Schwiegertochter/Schwiegersohn
Schwägerin/Schwager
Nichte/Neffe
Enkel:
Enkelin/Enkel

Hannelore Walter Hilde Florian Franziska Liesel Katharina Willi Renate Else

hinten links ____________________

hinten in der Mitte ____________________

hinten rechts ____________________

vorne links ____________________

vorne in der Mitte ____________________

vorne rechts ____________________

hinten links | hinten in der Mitte | hinten rechts

vorne links | vorne in der Mitte | vorne rechts

**1.2 Hören Sie die Kassette noch einmal.**
**Lesen Sie mit und markieren Sie die Verwandtschaftsbezeichnungen im Text.**

– Sag mal, Hannelore, ist das deine Familie?
+ Ja, das ist meine Familie. Mein Vater hat da Geburtstag. Er ist jetzt 80 Jahre alt. Der rote Pullover da vorne, das bin ich. Also, da vorne, das sind meine Kinder. Mein Sohn Florian. Er ist schon in der Schule, in Klasse vier. Dann kommen rechts meine Töchter Franziska und Katharina. Hinter Katharina steht meine Schwester. Sie heißt Renate, ist 45 Jahre alt und Sekretärin in Edingen. Das liegt bei Heidelberg. Ihre Tochter Kerstin ist nicht da.
– Und ihr Mann?
+ Der lebt jetzt in Norddeutschland. Sie sind geschieden. Neben Renate stehen mein Vater Walter und Hilde, meine Mutter. Dann kommt ihre Schwester Liesel, sie ist schon 82. Ganz links stehen meine Tante Else und mein Onkel Willi. Sie wohnen in Mannheim. Meine Kinder sind oft bei den Großeltern. Sie lieben Oma und Opa.
– Hast du noch mehr Verwandte, Hannelore?
+ Oh ja. Wir sind eine große Familie. Mein Onkel z.B. hat drei Kinder, meine Tante Liesel einen Sohn und meine Tante Lotte eine Tochter. Ich habe also – warte, lass mich zählen – fünf Cousins und Cousinen. Die haben wieder zusammen zehn Kinder.
– In Deutschland ist das eine große Familie?
+ Ja, sehr groß, warum fragst du?
– Ja, weißt du, bei uns ist das eine kleine Familie. Ich zeige dir mal ein Foto, da siehst du dann fast 100 Personen. Alles Verwandte. Hast du so ein Foto für mich?

**1.3 Das ist ein Teil von Hannelores Familie aus ihrer Perspektive.**
**Ergänzen Sie bitte die Verwandtschaftsbezeichnungen.**

Walter ⚭ Hilde

__________ __________

Bernd ○○ Renate — Klaus ⚭ Hannelore

Schwager __________ __________ ich

Kerstin — Florian — Katharina — Franziska

Nichte __________ __________ __________

**1.4 Das ist ein Teil der Familie aus der Perspektive von Hilde.**
**Ergänzen Sie bitte die Verwandtschaftsbezeichnungen.**

Walter ⚭ Hilde

__________ ich

Bernd ○○ Renate — Klaus ⚭ Hannelore

__________ __________ __________ Tochter

Kerstin — Florian — Katharina — Franziska

__________ __________ __________ __________

## 2 Possessivbegleiter im Nominativ

**2.1** **Hannelore schickt Jorge das Foto. Sie beschreibt es noch einmal kurz.**

Lieber Jorge,

hier ist das Foto. Noch einmal kurz die Beschreibung: Das ist unsere Familie beim 80. Geburtstag von Papa. Ganz hinten ist unser Haus, d.h. der Eingang. Vorne stehen ich, mein Sohn und meine zwei Töchter. Hinten rechts ist Renate. Ihre Tochter Kerstin und ihr Mann sind nicht auf dem Bild. Links neben Renate stehen unsere Eltern. Links neben Hilde stehen ihre Geschwister, die Schwester Liesel und der Bruder Willi. Daneben, ganz links, seine Frau Else.

C 55
C 56

**2.2** **Schreiben Sie die Possessivbegleiter in die Tabelle. Kontrollieren Sie mit dem Lernerhandbuch.**

| *Personalpronomen* | *Possessivbegleiter Singular* | | | *Plural* |
|---|---|---|---|---|
| ______ | der Bruder | das Kind | die Schwester | die Brüder/Kinder/Schwestern |
| ich | ______ | mein | meine | meine Brüder/Kinder/Schwestern |
| du | ______ | ______ | deine | ______ |
| er | sein | ______ | ______ | ______ |
| es | sein | ______ | ______ | ______ |
| ______ | ihr | ______ | ______ | ______ |
| ______ | unser | ______ | ______ | ______ |
| ______ | euer | ______ | eure | ______ |
| sie | ______ | ______ | ihre | ______ |
| Sie | Ihr | ______ | Ihre | ______ |

**2.3** **Mein Leben. Schreiben Sie bitte den Text weiter.**

Mein Leben
Mein Leben, das ist meine Familie, meine Eltern, mein Bruder … mein Beruf, meine … Das ist auch …

**2.4** **Tauschen Sie Ihre Texte im Kurs und sprechen Sie über Ihre Nachbarin / Ihren Nachbarn.**

**2.5** **„Unser Leben" – Können Sie dazu auch einen Text schreiben?**

**2.6** **Ein Rätsel: Wer ist das? Ergänzen Sie bitte die Possessivbegleiter und notieren Sie die Namen.**

| | |
|---|---|
| 1. „ Mein Bruder heißt Florian und ________ Schwester Katharina." | 1. Franziska |
| 2. „ ________ Schwester ist die Frau von Walter." | 2. ________ |
| 3. „Wir sind drei Kinder. ________ Großeltern heißen Hilde und Walter." | 3. ________ |
| 4. „Seht mal, Kinder, das ist ________ Großmutter." | 4. ________ |
| 5. Sie hat eine Tochter. ________ Eltern heißen Hilde und Walter. | 5. ________ |
| 6. ________ Schwager ist 80 Jahre alt. | 6. ________ |
| 7. ________ Schwägerinnen heißen Liesel und Hilde. | 7. ________ |
| 8. „Wir sind über 40 und ________ Vater ist schon 80." | 8. ________ |

**2.7** **Wie beschreiben Florian oder Renate das Familienfoto auf Seite 64?**

Florian: Hinten in der Mitte, das ist mein Großvater.
Renate: Hinten in der Mitte steht mein Vater.

**2.8** **Erklären Sie nun Ihr Familienfoto.**

Ganz hinten sind …

Gleich hinter Tante …, das ist …

Meine Tante steht links neben …

Ganz vorne, das sind …

**2.9** **Das Mein-dein-Spiel**

1. Jeder Kursteilnehmer / jede Kursteilnehmerin legt drei persönliche Gegenstände unter ein Tuch (Uhr, Ring, Kuli, ...).
2. Sammeln Sie die Wörter für alle Gegenstände an der Tafel.
3. Jetzt beginnt das Spiel. Ziehen Sie einen Gegenstand hervor. Raten Sie: Wem gehört er?

Was heißt … auf Deutsch?

Ist das deine Uhr?
Nein, das ist nicht meine Uhr, das ist ihre Uhr.
Ja, das ist meine Uhr. Vielen Dank!

## 3 Thema „Familie" – Bilder und Texte

**3.1 Familie – Was ist das? Betrachten Sie die Fotos. Arbeiten Sie zuerst zu zweit. Sammeln Sie dann Ihre Ergebnisse in der Klasse.**

Vater + Mutter + Kind

Vater + Mutter + Verwandte

Kollegen

Mutter + Kind

Freunde

Ex-Frau/-Mann

...

**3.2** **Lesen Sie die Texte und markieren Sie alle Zahlen und Zahlwörter. Was verstehen Sie? Die Informationen am Rand helfen Ihnen.**

**Familie in Deutschland heute: Vier Abschnitte aus einer Zeitungsreportage.**

### Verliebt, verlobt, verheiratet – geschieden

Jede dritte Ehe wird heute geschieden, elf Prozent aller Kinder im Westen und im Osten gar 19 Prozent wachsen bei nur einem Elternteil auf, meist bei der Mutter. Über die Hälfte aller Familien hat nur noch ein Kind, knapp drei Prozent schaffen es, vier Kinder in die Welt zu setzen. Ein Drittel der Leute zwischen 20 und 40 Jahren lebt allein.

%

1/3

Ostdeutschland = Ex-DDR

### Ostdeutschland – Westdeutschland

Nur 18 Prozent der Ostdeutschen (West: 37 %) waren laut einer Studie des Münchner Jugendinstituts 1990/1991 kinderlos. „Kinder wurden eben einfach geboren", sagt eine berufstätige Mutter aus Ostberlin. Statistisch: „Man braucht die Familie zum Glücklichsein", meinten 84 Prozent der Ostdeutschen 1991, im Westen nur 69 Prozent. Seit 1989 aber hat sich die Zahl der Geburten im Osten fast halbiert. Kinder in die Welt zu setzen erfordert Sicherheiten, die nun von Staat und Markt sabotiert werden. Mit den Sicherheiten schwinden jedoch auch Zwänge, die alte Nische Familie muss nicht mehr Zufluchtsort sein: Geheiratet wird im Osten um fast zwei Drittel weniger als vor 1989.

keine Kinder

–50 %

–2/3

### Deutschland im Jahr 1900

Um 1900 leben vier bis fünf Menschen in einer Wohnung (im Schnitt heute kaum mehr als zwei). Ein Vater-Mutter-Kind-Idyll ist das nicht. Oft leben auch noch andere Menschen mit in der – meistens – sehr kleinen Wohnung.

Ø Durchschnitt

### Die traditionelle Familie

Es gibt sie, die traditionelle Familie. Wenn auch mit abnehmender Tendenz in den Städten. Aber in ländlichen Regionen wachsen über 90 Prozent der Kinder bei verheirateten Eltern auf. In Deutschland wird tendenziell zweierlei Leben gelebt, Variante A mit Kindern in ländlichen Gebieten, Variante B ohne Kinder in den Städten.

immer weniger

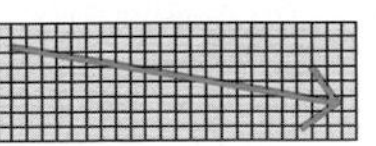

3.3 **Machen Sie eine Tabelle.**

| Ostdeutschland | Westdeutschland |
|---|---|
| keine Kinder 18 % | keine Kinder 37 % |

3.4 **Was gehört zusammen? Notieren Sie bitte.**

18 %
37 %
1900
Seit 1989
1991
1/3
3 %

keine Kinder — 50 % — kein Idyll
4–5 Menschen — eine Wohnung — heute
Zahl der Geburten — – 50 % — Zahl der Ehen — – 2/3
das Glücklichsein — Familie + Kinder — 84 %
Ehen — geschieden — Westen
4 Kinder — Ostdeutschland — 1 Kind

18 % / keine Kinder / Ostdeutschland / heute

______________________________

______________________________

______________________________

______________________________

______________________________

______________________________

3.5 **Sprechen Sie in der Muttersprache über diese Zahlen. Wie ist das bei Ihnen?**

## 4 Wörter systematisch lernen

4.1 **Lernen Sie die Familienwörter in Paaren. Ergänzen Sie bitte die fehlenden Wörter.**

1. Vater und ________________
2. ________________ und Schwester
3. Onkel und ________________
4. ________________ und Großmutter
5. Schwager und ________________
6. ________________ und Kinder
7. Ehefrau und ________________
8. ________________ und Ex-Frau

4.2 **Machen Sie zu zweit selbst eine Aufgabe wie 4.1 und tauschen Sie die Aufgaben im Kurs.**

| 1. Adjektive | 2. Verben | 3. Himmelsrichtungen |
|---|---|---|
| leicht und schwer<br>schnell und … | hören und … | Süden und … |

# EINHEIT 11: KLEIDUNG UND FARBEN

........ *Kleidungsstücke und Farben benennen*
........ *symbolische Bedeutungen von Farben*
........ welcher/dieser *im Nominativ*

## 1 Ein buntes Familienfoto

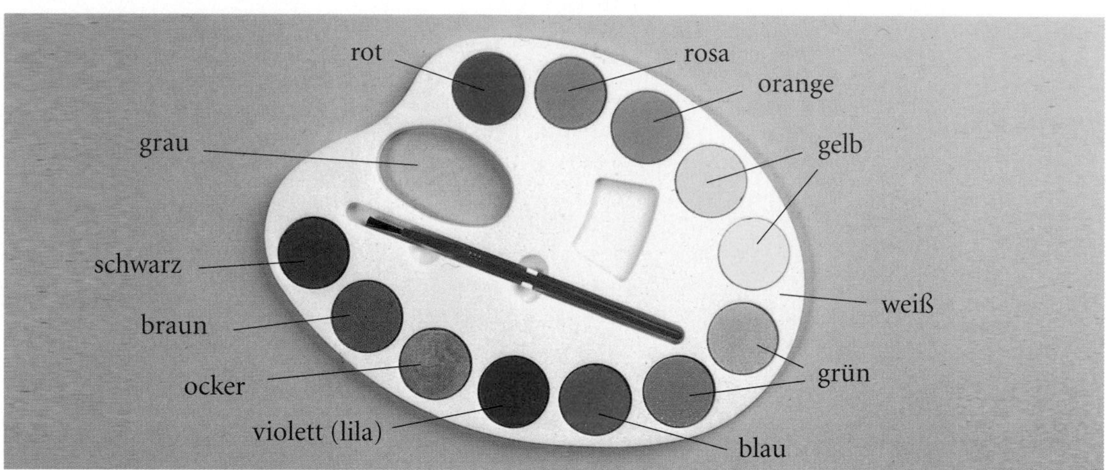


**1.1** Florian bemalt das Familienfoto. Ergänzen Sie die Farben und Kleidungsstücke auf Seite 73.

| Else | | Willi | | Hannelore | |
|---|---|---|---|---|---|
| die Bluse | rot | der Hut | ______ | der Pullover | ______ |
| der Rock | ______ | das Jackett | ______ | ______ | |
| die Strümpfe | ______ | das Hemd | ______ | ______ | |
| ______ | | die Hose | ______ | ______ | |
| ______ | | der Schuh | ______ | ______ | |

**1.2** **Beschreiben Sie nun bitte Hilde, Walter, Renate und die Kinder.**

Walter: die Krawatte / rot; das Hemd / ______

______

______

______

______

______

______

______

______

______

______

______

______

**1.3** **Wie macht man diese Farben?**

| | | | |
|---|---|---|---|
| grau | schwarz und weiß | orange | ______ |
| hellblau | ______ | hellrot | ______ |
| dunkelblau | ______ | dunkelrot | ______ |
| rosa | ______ | braun | ______ |
| grün | ______ | lila | ______ |

1.4 **Farben im Kurs – Sehen Sie sich die anderen Kursteilnehmerinnen und Kursteilnehmer drei Minuten genau an. Schließen Sie die Augen. Eine/r lässt die Augen offen und fragt:**

Wie ist die Bluse von …?

Welche Farbe hat das Hemd von …?

1.5 **Augenfarben im Kurs – Schauen Sie Ihrem Nachbarn / Ihrer Nachbarin in die Augen. Welche Augenfarbe hat er/sie?**

Schau mir in die Augen, Kleines!

## 2 *Welcher – dieser* im Nominativ

2.1 **Zeigen Sie Gegenstände im Kurs. Sprechen Sie miteinander.**

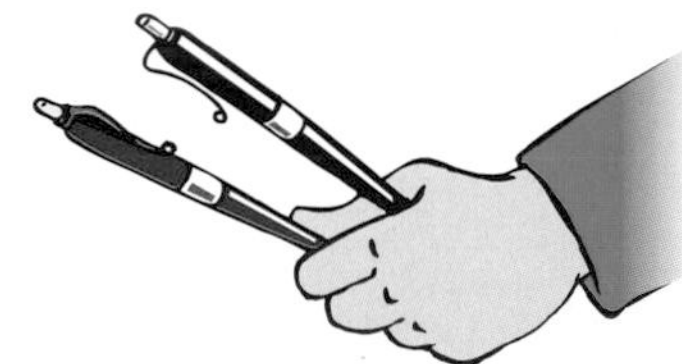

| | | |
|---|---|---|
| der Kuli | – Welcher Kuli ist schwarz? | + Dieser. |
| das Buch | – Welches Buch ist das Deutschbuch? | + Dieses. |
| die Tasche | – Welche Tasche ist blau? | + Diese. |

2.2 **Testen Sie Ihr Weltwissen!**

Welcher Turm steht in Berlin?

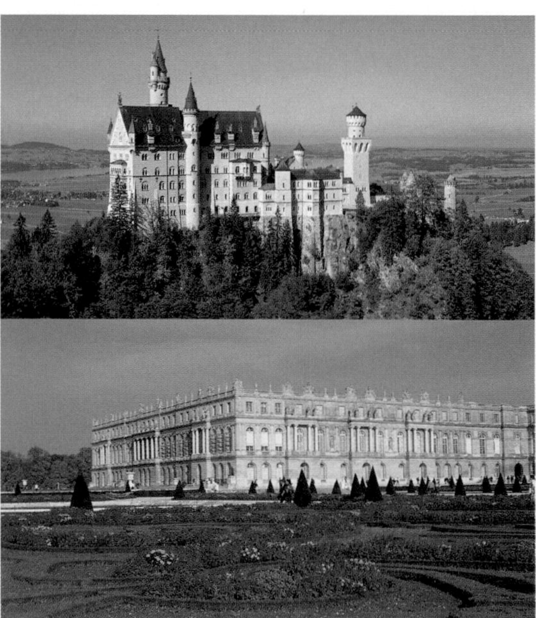

Welches Schloss ist bayrisch?

Welches Haus steht in Wien?

Welcher Autor ist aus Deutschland?

Welche Münze ist aus der Schweiz?

Welche Kirche steht in Köln?

C 44
C 52

**2.3 Füllen Sie bitte die Tabelle aus.**

| der ........ | das ........ | die ........ | *Plural:* die ........ |
|---|---|---|---|
| welcher | | | |
| dieser | | | |

## 3 Farben interkulturell

**3.1 So sagt man auf Deutsch. Ordnen Sie die Bilder den Sätzen zu.**

- ☐ blau wie das Meer
- ☐ rot wie die Liebe
- ☐ weiß wie der Schnee
- ☐ schwarz wie die Nacht
- ☐ grün wie das Gras

- ☐ grün vor Neid
- ☐ rot vor Zorn

- ☐ Er sieht alles rosa.
- ☐ Sie sieht alles schwarz.
- ☐ Er fährt schwarz.
- ☐ Sie macht blau.
- ☐ Er ist blau.

**3.2 Wie sagt man das bei Ihnen?**

**3.3 Ein Cartoon: Du schwarz – ich weiß**

## 4 Ein Volkslied: Grün, grün, grün sind alle meine Kleider

**4.1** **Betrachten Sie die Zeichnungen und hören Sie das Lied.**

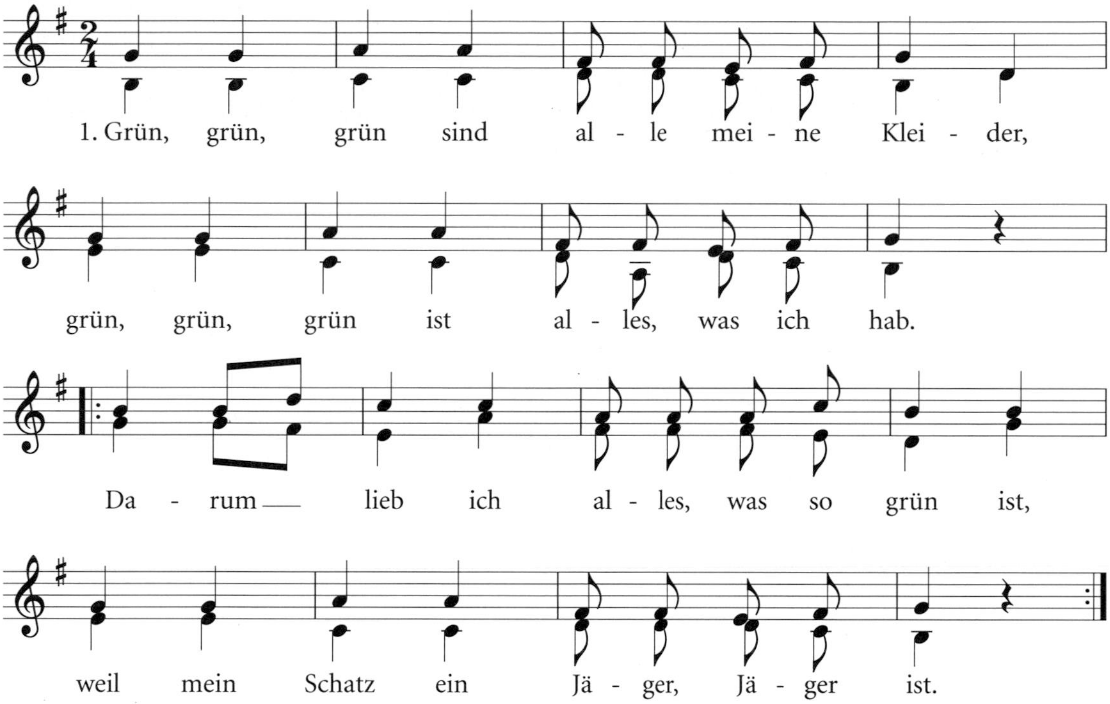

1. Grün, grün, grün sind al - le mei - ne Klei - der,
grün, grün, grün ist al - les, was ich hab.
Da - rum lieb ich al - les, was so grün ist,
weil mein Schatz ein Jä - ger, Jä - ger ist.

2.
Weiß, weiß, weiß sind alle meine Kleider, […]
weil mein Schatz ein Müller, Müller ist.

3.
Blau, blau, blau sind alle meine Kleider, […]
weil mein Schatz ein Färber, Färber ist.

4.
Bunt, bunt, bunt sind alle meine Kleider, […]
weil mein Schatz ein Maler, Maler ist.

5.
Schwarz, schwarz, schwarz sind alle meine Kleider, […]
weil mein Schatz ein Schornsteinfeger, Schornsteinfeger ist.

**4.2** **Können Sie noch mehr Strophen zu dem Lied schreiben? Versuchen Sie es.**

# EINHEIT 12: LEBENSMITTEL EINKAUFEN

........ *im Lebensmittelgeschäft etwas verlangen*
........ *sagen, was man mag / nicht mag*
........ *Mengen und Preisangaben*
........ *Vergleiche mit* gern, lieber, am liebsten
........ *Verb* mögen
........ *systematisch Wortschatz lernen*

## 1 Mengen- und Preisangaben

1.1 Sehen Sie sich die Collage an. Welche Produkte kennen Sie, welche nicht?

g = Gramm
kg = Kilogramm
l = Liter
ml = Milliliter

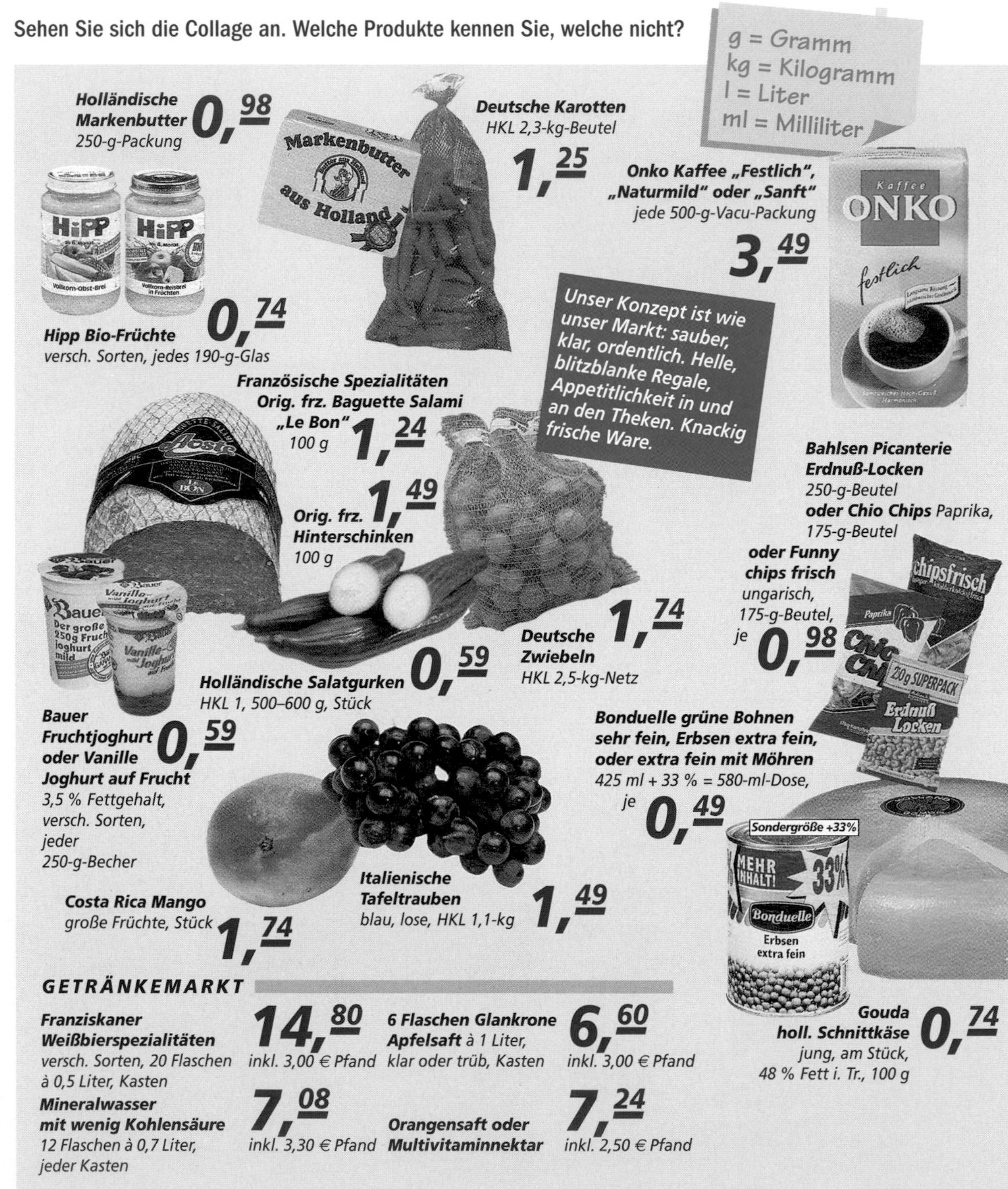

Holländische Markenbutter 250-g-Packung 0,98
Markenbutter aus Holland
Deutsche Karotten HKL 2,3-kg-Beutel 1,25
Onko Kaffee „Festlich", „Naturmild" oder „Sanft" jede 500-g-Vacu-Packung 3,49
ONKO
Hipp Bio-Früchte versch. Sorten, jedes 190-g-Glas 0,74
Unser Konzept ist wie unser Markt: sauber, klar, ordentlich. Helle, blitzblanke Regale, Appetitlichkeit in und an den Theken. Knackig frische Ware.
Französische Spezialitäten Orig. frz. Baguette Salami „Le Bon" 100 g 1,24
Orig. frz. Hinterschinken 100 g 1,49
Bahlsen Picanterie Erdnuß-Locken 250-g-Beutel oder Chio Chips Paprika, 175-g-Beutel oder Funny chips frisch ungarisch, 175-g-Beutel, je 0,98
Deutsche Zwiebeln HKL 2,5-kg-Netz 1,74
Holländische Salatgurken HKL 1, 500–600 g, Stück 0,59
Bauer Fruchtjoghurt oder Vanille Joghurt auf Frucht 3,5 % Fettgehalt, versch. Sorten, jeder 250-g-Becher 0,59
Bonduelle grüne Bohnen sehr fein, Erbsen extra fein, oder extra fein mit Möhren 425 ml + 33 % = 580-ml-Dose, je 0,49
Sondergröße +33%
MEHR INHALT! 33%
Bonduelle Erbsen extra fein
Costa Rica Mango große Früchte, Stück 1,74
Italienische Tafeltrauben blau, lose, HKL 1,1-kg 1,49
GETRÄNKEMARKT
Franziskaner Weißbierspezialitäten versch. Sorten, 20 Flaschen à 0,5 Liter, Kasten 14,80 inkl. 3,00 € Pfand
6 Flaschen Glankrone Apfelsaft à 1 Liter, klar oder trüb, Kasten 6,60 inkl. 3,00 € Pfand
Gouda holl. Schnittkäse jung, am Stück, 48 % Fett i. Tr., 100 g 0,74
Mineralwasser mit wenig Kohlensäure 12 Flaschen à 0,7 Liter, jeder Kasten 7,08 inkl. 3,30 € Pfand
Orangensaft oder Multivitaminnektar 7,24 inkl. 2,50 € Pfand

A 11

**1.2** **Machen Sie eine Tabelle im Heft.**

| Produkt | Mengenangabe | Preis |
|---|---|---|
| Apfelsaft | Kasten | 6,60 |
| Butter | 250 Gramm | |

B 15.1
B 15.2

**1.3** **Was gehört zusammen? Ordnen Sie zu und lesen Sie vor.**

Ich möchte eine Tafel Schokolade.

Eine Tafel Schokolade, bitte.

Geben Sie mir bitte eine Tafel Schokolade.

| | | |
|---|---|---|
| Ich möchte<br>Geben Sie mir<br>Ich hätte gern<br>Ich brauche | eine Packung<br>drei Tafeln<br>einen Kasten<br>eine Flasche<br>einen Beutel<br>ein Glas<br>eine Dose<br>einen Becher<br>einen Liter<br>ein Kilo(gramm)<br>ein Pfund (= 500 Gramm)<br>100 Gramm | Apfelsaft.<br>Joghurt.<br>Schokolade.<br>Konfitüre/Marmelade.<br>Mineralwasser.<br>Erbsen.<br>Zwiebeln.<br>Kaffee.<br>Chips.<br>Gouda-Käse.<br>Milch.<br>Bier.<br>Karotten.<br>Salami.<br>Kartoffeln. |

## 2 Einkaufen

**2.1** **Hören Sie die Kassette und kreuzen Sie an. Was kauft Frau Müller?**

- ☐ Tomaten
- ☐ Milch
- ☐ Bananen
- ☐ Schokolade
- ☐ Joghurt
- ☐ Öl
- ☐ Gouda-Käse
- ☐ Kartoffeln
- ☐ Broccoli
- ☐ Eier
- ☐ Kaffee
- ☐ Quark
- ☐ Chips

**2.2 Hier ist der Dialog. Ergänzen Sie bitte. Kontrollieren Sie mit der Kassette.**

Frau Müller: Guten Tag.

Verkäufer: Guten Tag. Sie _wünschen_ ?

Frau Müller: Ich hätte ________________ zwei Liter Milch.

Verkäufer: Ja. Noch etwas?

Frau Müller: Und ein ________________ Kartoffeln.

Verkäufer: Tut mir leid, heute haben wir leider ________________ Kartoffeln.

Frau Müller: Hm, ja, ________________ Sie mir ein Kilo Broccoli.

Verkäufer: Gut. Noch etwas?

Frau Müller: Ja, ich brauche noch Öl.

Verkäufer: Wie viel?

Frau Müller: Ach, geben Sie mir gleich zwei ________________ .

Verkäufer: Olivenöl oder Sonnenblumenöl?

Frau Müller: Olivenöl, ________________ .

Und ________________ Eier.

Verkäufer: Gut. Ist das alles?

Frau Müller: Nein, ich brauche noch drei ________________ Schokolade.

Verkäufer: Welche Marke?

Frau Müller: „Milka". Ach ja, und noch ein ________________ Kaffee.

Verkäufer: Gerne.

Frau Müller: Das ist alles. Das heißt, ________________ noch zwei Beutel Chips. Dann habe ich wirklich alles.

**2.3 Schreiben Sie einen Einkaufszettel mit drei Sachen.**
**Üben Sie dann Einkaufsdialoge. Der Dialogbaukasten hilft.**

B 15.2

| fragen, was jemand möchte | im Lebensmittelgeschäft etwas verlangen |
|---|---|
| Sie wünschen, bitte?<br>Ja, bitte? | Ein Kilo Trauben, bitte.<br>Geben Sie mir bitte …<br>Ich möchte …<br>Ich hätte gern …<br>Haben Sie … da? |
| Noch etwas? | Ja, ich brauche noch …<br>Nein, das ist alles. |
| Ist das alles? | Nein, ich brauche noch … |

**2.4 Lebensmittel in Ihrem Land. Machen Sie eine Liste mit den zehn wichtigsten Lebensmitteln. Arbeiten Sie mit dem Wörterbuch. Wie heißen diese Lebensmittel auf Deutsch?**

## 3 Lieblingsessen

**3.1** Kennen Sie diese Lebensmittel und Speisen? Ordnen Sie bitte die Bilder den Namen zu.

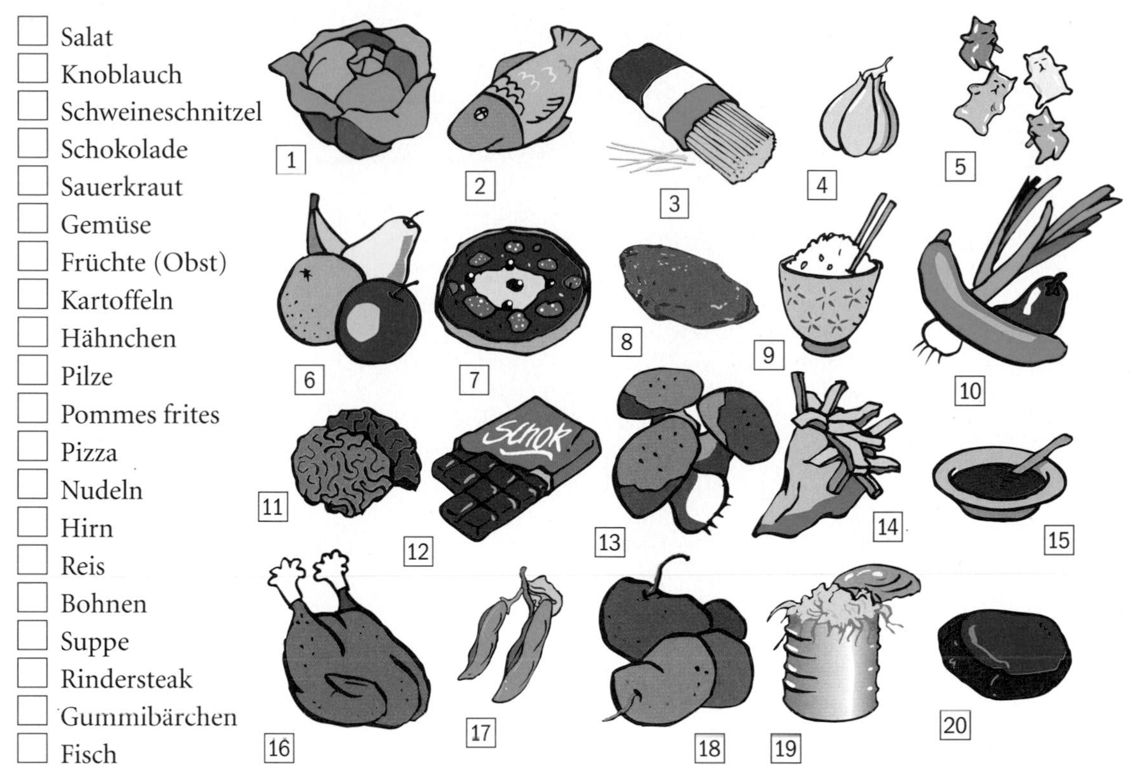


- ☐ Salat
- ☐ Knoblauch
- ☐ Schweineschnitzel
- ☐ Schokolade
- ☐ Sauerkraut
- ☐ Gemüse
- ☐ Früchte (Obst)
- ☐ Kartoffeln
- ☐ Hähnchen
- ☐ Pilze
- ☐ Pommes frites
- ☐ Pizza
- ☐ Nudeln
- ☐ Hirn
- ☐ Reis
- ☐ Bohnen
- ☐ Suppe
- ☐ Rindersteak
- ☐ Gummibärchen
- ☐ Fisch

**3.2** Was essen Kinder gern? Was mögen sie nicht? Sammeln Sie Hypothesen im Kurs.
Ordnen Sie die Lebensmittel und Speisen aus 3.1 in einer Tabelle im Heft.

| Was Kinder gerne essen: | Was Kinder nicht gern essen: |
|---|---|

**3.3** Der Zeitungsartikel gibt Informationen über das Lieblingsessen von Kindern in Deutschland. Was mögen sie gern oder nicht gern? Unterstreichen Sie alle Wörter für Speisen in dem Artikel. Machen Sie eine „Hitliste". Vergleichen Sie mit Ihren Hypothesen von 3.2.

### Was Kinder mögen: Am liebsten Pommes

Hamburg (AP). Jetzt wissen es alle: Kinder essen am liebsten Pommes frites. Das Magazin «Eltern» hat 2110 Schülerinnen und Schüler im Alter von 6 bis 14 Jahren gefragt, was sie am liebsten essen und was sie nicht mögen. An erster Stelle stehen Pommes frites. An zweiter Stelle folgen Spaghetti. Danach kommen auf den Plätzen 3 und 4 Pizza und Hamburger. Auf Platz 5 stehen Süßigkeiten (Schokolade, Gummibärchen, Eis und Kuchen). Hähnchen sind auf Platz 6. Der Appetitkiller Nummer 1 ist Leber. Danach folgen auf der Negativ-Liste Knoblauch, Hirn und Haferbrei. So wie Tanja (11) sagen viele: „Pommes in der Tüte und ein großes Eis, das sind meine Favoriten." Frank (12) sagt: „Ich habe drei Hits: Pizza, Hamburger und Spaghetti."

## 4 *Gern – lieber – am liebsten*

**4.1 Ergänzen Sie bitte die Sätze.**

Vergleiche

Kinder essen ____________ Pizza.

Ich esse ____________ Spaghetti als Pizza.

Meine Kinder essen ____________ Pommes frites.

C 91 **4.2 Bilden Sie nun Vergleichssätze zur Hitliste in 3.3.**

**4.3 Partnerinterview: Fragen Sie, was Ihr/e Partner/in (nicht) gern isst. Machen Sie Notizen. Der Dialogbaukasten hilft.**

fragen, was jemand gern mag/isst/trinkt

| | |
|---|---|
| Wie finden Sie / findest du | Rindersteak? |
| Mögen Sie / Magst du | Pizza? |
| Essen Sie gern / Isst du gern | Sauerkraut? |
| Trinken Sie gern / Trinkst du gern | Bier? |



sagen, was man (nicht) gern mag/isst/trinkt

| | |
|---|---|
| Das | mag ich sehr. |
| Pizza | finde ich super. |
| Sauerkraut | esse/trinke ich (sehr) gern. |
| Bier | kenne ich nicht. |
| | mag ich gar nicht. |
| | finde ich scheußlich. |
| | esse/trinke ich nicht (gern). |

C 27.2 **4.4** Mögen – **Ergänzen Sie die Tabelle. Die Formen finden Sie in 3.3 und 4.3.**

*Infinitiv:* mögen

| | *Singular* | | *Plural* | |
|---|---|---|---|---|
| *1. Person* | ich | ______ | wir | mögen |
| *2. Person* | du | ______ | ihr | mögt |
| *3. Person* | er/es/sie | mag | sie | ______ |

**4.5 Berichten Sie jetzt im Kurs, was Ihr/e Partner/in gern oder nicht gern isst.**

Natalie mag keine Äpfel. Sie isst lieber Karotten.

Erkan isst gern Gemüse. Er isst am liebsten Käse.

Miriam isst gern Spaghetti. Kartoffeln isst sie nicht gern.

## 5 Systematisch Wortschatz lernen

5.1 In dieser Einheit sind viele neue Wörter. Ordnen Sie den Wortschatz nach folgenden Kategorien und schreiben Sie auch Wörter aus anderen Einheiten dazu. Machen Sie Listen im Heft.

| 1. Packungen | 2. Essen | 3. Farben | 4. Artikel |
|---|---|---|---|
| die Dose, … | Apfel | gelb | der Salat |
| | | die Banane, … | der Saft |
| Mengenangaben | Trinken | grün, rot, … | … |
| 500 g, … | Apfelsaft | | |

**LERNTIPP** Neue Wörter mit alten verbinden.

Denken Sie auch an Ihre Lernkartei!

5.2 Das Wörternetz: Nehmen Sie ein großes Blatt Papier und schreiben Sie alle Wörter zum Thema „Lebensmittel“ auf, wie im Beispiel.

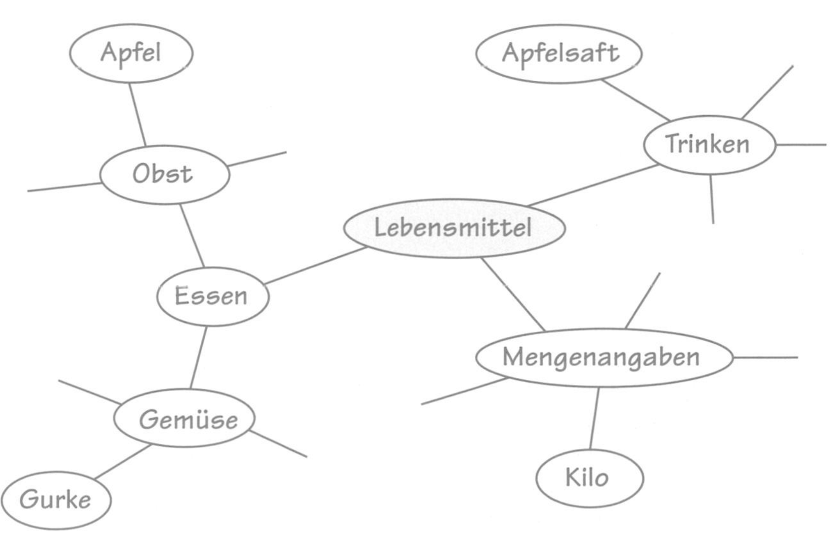


5.3 Wie heißt der Lerntipp?

**LERNTIPP** Wörter immer in ______________________ lernen.

# EINHEIT 13: ESSEN IM RESTAURANT

........ *eine Speisekarte lesen*
........ *im Restaurant auswählen und bestellen*
........ *sagen, wie man das Essen findet*
........ *zwei literarische Texte vergleichen*
........ *Graduierung mit* zu

## 1 Die Speisekarte

**1.1 Hören Sie die Kassette und vergleichen Sie mit dem Bild.**

**1.2 Lesen Sie nun bitte die Sätze und ordnen Sie sie den Personen im Bild zu.**

1. ☐ Ja bitte, Sie wünschen?
2. ☐ Hören Sie, dieses Steak ist nicht durch.
3. ☐ Hm, der Knochen ist super!
4. ☐ Guten Appetit!
5. ☐ Achtung!
6. ☐ Herr Ober, wir möchten bestellen!
7. ☐ Hm ja, ich glaube, ich nehme das Wiener Schnitzel.
8. ☐ Hm, jetzt habe ich einen Bärenhunger.
9. ☐ Vati, ich möchte noch ein Eis, ein Schokoladeneis.
10. ☐ Und für mich noch ein Bier, bitte.
11. ☐ Du, diese Suppe ist mir zu salzig.

1.3 Lesen Sie die Speisekarte. Was verstehen Sie? Markieren Sie die Speisen und Getränke.

# *Zum grünen Baum*

## TAGESKARTE

| | | |
|---|---|---|
| Vorspeisen | *Tomaten mit Mozzarella dazu frisches Basilikum und Baguette* | 7,50 |
| | *Original Parmaschinken mit Käsecreme und Sechskornbrot* | 8,50 |
| | *Rinderbouillon mit Markklößchen* | 3,50 |
| | *Tomatensuppe mit Sahnehäubchen* | 3,75 |
| | *Großer Salatteller vom Salatbüfett* | 6,75 |
| Hauptgerichte | *Wiener Schnitzel mit Pommes frites oder Kartoffeln und Salat* | 11,80 |
| | *Rinderfiletsteak (250 g) mit Pommes frites oder Folienkartoffel* | 20,00 |
| | *Schweinebraten mit Kartoffelpüree, Rahmsoße und Nudeln* | 9,50 |
| | *Rippchen mit Sauerkraut und Kartoffelpüree* | 10,20 |
| Für den kleinen Hunger | *Schweizer Wurstsalat mit Brot* | 6,50 |
| | *Geröstete Knödel mit Speck und Ei, dazu Salate* | 6,25 |
| | *Gemüsepfanne mit Broccoli, Zucchini, Paprika und Kartoffeln* | 8,20 |
| Nachspeisen | *Vanilleeis mit Schokoladensoße und Sahne* | 3,75 |
| | *Birne Hélène* | 4,80 |
| | *Gemischtes Eis (div. Sorten)* | 3,10 |
| Getränke | *Weldebräu Export oder Pils vom Faß 0,4 l* | 2,75 |
| | *Cola, Fanta, Sprite 0,3 l* | 1,50 |
| | *Apfelsaft 0,3 l* | 1,50 |
| | *Mineralwasser 0,3 l* | 1,50 |

*(Beachten Sie bitte auch unsere Weinkarte)*

*Alle Preise inkl. Bedienungsgeld und 16 % Mehrwertsteuer*

**Inh. Egon Straub,**
**Grenzhöfer Straße 48,**
**68535 Edingen-Neckarhausen,**
**Tel.: 0 62 03 / 8 75 64 / Fax: 0 62 03 / 8 93 21**

Öffnungszeiten **Dienstag–Sonntag 11–15 und 18–24 Uhr.**
**Montags Ruhetag**

1.4 Hören Sie bitte den Dialog von der Kassette. Vergleichen Sie mit der Speisekarte. Markieren Sie die Speisen und Getränke, die Sie hören.

**1.5 Lesen Sie jetzt den Dialog zu zweit.**

– Hm, ich habe einen Bärenhunger.
+ Was nimmst du? Vielleicht ein Wiener Schnitzel?
– Ich habe Lust auf Schweinebraten.
+ Mit Kartoffelknödel und Soße? Das mag ich nicht.
– Und das Filetsteak mit Folienkartoffel oder Pommes frites? Magst du das?
+ 20 Euro! Das finde ich zu teuer.
– Wie wär's mit Wurstsalat mit Brot?
+ Ja, ich glaube, das nehme ich. Und ein Bier.
– O.k., und ich nehme den Schweinebraten.
+ Herr Ober! …

Bärenhunger ↘
↙ ?/Wiener Schnitzel
–/Schweinebraten ↘
↙ Kartoffelknödel + Soße/–
Filetsteak? ↘
↙ 20 Euro / zu teuer
Wurstsalat? ↘
↙ +/Bier
+/Schweinebraten ↘
Herr Ober, …!

**1.6 Vergleichen Sie den Dialog mit der Dialoggrafik rechts. Decken Sie dann den Text zu und spielen Sie den Dialog mit der Dialoggrafik.**

**1.7 Diese Ausdrücke beschreiben Speisen. Welcher Ausdruck passt zu welcher Speise auf der Speisekarte? Sagen Sie Ihre Meinung zu den Speisen.**

zu teuer
zu salzig
zu viel
zu wenig
zu durch / nicht durch
zu fett
zu süß
zu scharf

scheußlich
sehr gut
sehr gesund
prima
ausgezeichnet

Bouillonsuppe ist mir zu salzig.

Filetsteak mit Folienkartoffel? Das ist mir zu viel.

Ich habe Lust auf gemischtes Eis mit Sahne.

Schweinebraten mag ich nicht.

**1.8 Arbeiten Sie mit der Speisekarte auf Seite 85. Spielen Sie. Der Dialogbaukasten hilft.**

| im Restaurant<br>über das Essen sprechen | einen Vorschlag machen /<br>sagen, was man möchte |
|---|---|
| Was essen/trinken wir?<br>Was nehmen/bestellen wir? | Wie wär's mit …?<br>Nehmen wir …? |
| Was isst/trinkst du?<br>Was nimmst/bestellst du? | Ich habe Lust auf …<br>Ich möchte …<br>Ich nehme<br>Ich bestelle |

## 2 Die Bestellung

**2.1 Hören Sie bitte die Kassette. Welches Foto passt zu welchem Dialog? Was wird bestellt?**

**2.2 Hören Sie bitte die Kassette und lesen Sie mit.**

+ Herr Ober!
△ Ja bitte.
+ Wir möchten bestellen.
△ Was hätten Sie denn gern?
+ Ich möchte Wurstsalat mit Brot.
– Und ich Schweinebraten.
△ Und was möchten Sie trinken?
+ Ich trinke ein Bier.
– Und bringen Sie mir ein Mineralwasser, bitte.

**2.3 Zeichnen Sie eine Dialoggrafik zu Dialog 2.2.**

**2.4 Spielen Sie den Dialog mit der Dialoggrafik und dem Dialogbaukasten.**

| nach den Wünschen fragen | etwas bestellen |
|---|---|
| Ja bitte?<br>Sie wünschen?<br><br>Was hätten Sie gern?<br>möchten Sie?<br>möchten Sie essen?<br>möchten Sie trinken? | Schweinebraten, bitte.<br>Wir hätten gerne …<br>Ich hätte gern …<br>Bringen Sie mir/uns …<br>Haben Sie …? |

**2.5 Szene: Spielen Sie zu dritt „Im Restaurant". Die Dialogbaukästen in 1.8 und 2.4 helfen.**

## 3 Gesund essen früher und heute

3.1 **Betrachten Sie die Bilder und bringen Sie sie in eine sinnvolle Reihenfolge. Lesen Sie dann das Gedicht und kontrollieren Sie Ihre Ergebnisse.**

### Die Geschichte vom Suppenkasper

Der Kasper, der war kerngesund,
ein dicker Bub und kugelrund.
Er hatte Backen rot und frisch;
die Suppe aß er hübsch bei Tisch.
Doch einmal fing er an zu schrein:
„Ich esse keine Suppe! Nein!
Ich esse meine Suppe nicht!
Nein, meine Suppe ess ich nicht!"

Am nächsten Tag – ja sieh nur her –,
da war er schon viel magerer.
Da fing er wieder an zu schrein:
„Ich esse keine Suppe! Nein!
Ich esse meine Suppe nicht!
Nein, meine Suppe ess ich nicht!"

Am dritten Tag, o weh und ach,
wie ist der Kasper dünn und schwach!
Doch als die Suppe kam herein,
gleich fing er wieder an zu schrein:
„Ich esse keine Suppe! Nein!
Ich esse meine Suppe nicht!
Nein, meine Suppe ess ich nicht!"

Am vierten Tage endlich gar,
der Kasper wie ein Fädchen war.
Er wog vielleicht ein halbes Lot –
und war am fünften Tage tot.

**INFO**

**Dieses Gedicht ist von Heinrich Hoffmann. Er lebte von 1809 bis 1894 in Frankfurt am Main. Er war Arzt und behandelte viele arme Patienten kostenlos. In seiner Freizeit war er auch Kinderbuchautor. Diese Geschichte ist aus dem Buch „Der Struwwelpeter". Das Buch hat er für seine Kinder geschrieben.**

 3.2 **Hören Sie die beiden Texte und lesen Sie mit. Schauen Sie die Bilder an. Vergleichen Sie.**

Der Kasper, der war kerngesund,
war sportlich fit und gar nicht rund.
Sein Müsli aß er hübsch bei Tisch,
Äpfel, Nüsse immer frisch.
Doch einmal fing er an zu schrein:
„Ich esse heut kein Müsli, nein!
Ich will kein Müsli auf den Teller.
Ich fahr heut in den Pommes-Keller."

Im nächsten Jahr, da seht nur her,
da war er schon ganz dick und schwer.
Und immer noch hört man ihn schrein:
„Nein, nein, kein Müsli, Müsli nein!
Ich schieb mir lieber Pommes rein."

Und bald danach im nächsten Jahr,
der Kasper wie 'ne Kugel war.
Und öfter noch hört man ihn laut:
„Pommes sind in, Müsli ist out!"

Er wog 'ne halbe Tonne fast
und keine Hose ihm mehr passt.
Zu viel Fett und zu viel Butter,
ach, wie weint die arme Mutter!
Zu viel Pommes, zu viel Käse,
zu viel Ketchup, Mayonnaise.

Und sein Herz, früher topfit,
macht das Fressen nicht mehr mit.

3.3 **Gibt es in den beiden Gedichten Wörter, die Sie lernen wollen? Schreiben Sie Wörterkärtchen.**

3.4 **Erinnern Sie sich an das Wörternetz aus Einheit 12? Machen Sie jetzt bitte ein Wörternetz zum Thema „Essen im Restaurant".**

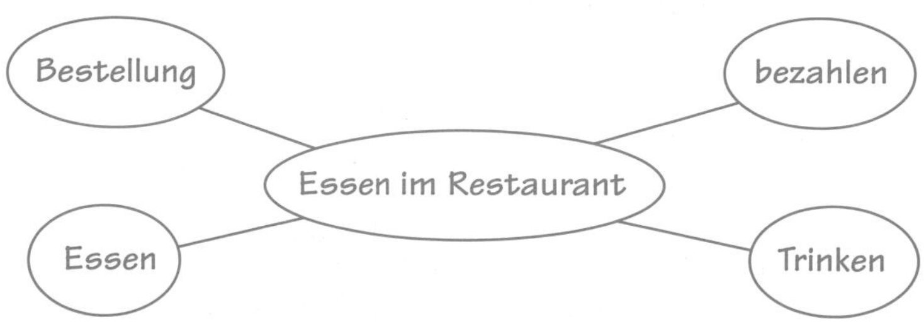

# EINHEIT 14: SPRACHE IM KURS

........ *etwas nachfragen*
........ *um etwas bitten*
........ *Akkusativergänzung*
........ *Artikel, Demonstrativ- und Possessivbegleiter im Akkusativ*
........ *Personalpronomen im Akkusativ*
........ *mit Sprache kreativ umgehen*

## 1 Verständigung im Unterricht

**1.1** **Schauen Sie das Bild an. Kennen Sie die Situation?**

| sagen, dass man etwas nicht versteht | um Erklärung bitten |
|---|---|
| Wie bitte? | Was ist das …? |
| Bitte? | Was heißt das auf Spanisch / …? |
| Das verstehe ich nicht. | Wie sagt man … auf Deutsch? |
| Ich verstehe Sie nicht. | Erklären Sie das bitte noch einmal. |

**1.2** **Hören Sie nun die Kassette zweimal und ordnen Sie die passenden Sätze den Situationen zu. Es gibt mehrere Möglichkeiten.**

Situation

☐ Wie bitte?
☐ Das verstehe ich nicht.
☐ Ich verstehe Sie nicht.
☐ Was heißt das auf …?
☐ Wie sagt man … auf Deutsch?
☐ Erklären Sie das bitte noch einmal.
☐ Buchstabieren Sie das bitte.

**1.3 Unterrichtsmaterial? – Was kennen Sie schon? Ordnen Sie bitte zu. Zwei Gegenstände sind nicht auf dem Foto. Welche?**

- ☐ das Deutschbuch
- ☐ das Heft
- ☐ der Kuli
- ☐ der Bleistift
- ☐ der Ordner
- ☐ das Papier
- ☐ das Lineal
- ☐ das Frühstücksbrot
- ☐ der Marker
- ☐ die Tasche
- ☐ der Schirm
- ☐ der Schreibblock
- ☐ das Lernerhandbuch
- ☐ der Taschenrechner
- ☐ das Wörterbuch
- ☐ der Filzstift
- ☐ der Klebstoff
- ☐ die Schere
- ☐ der Tesafilm
- ☐ der Rotwein
- ☐ der Spitzer
- ☐ die Brille
- ☐ die Armbanduhr

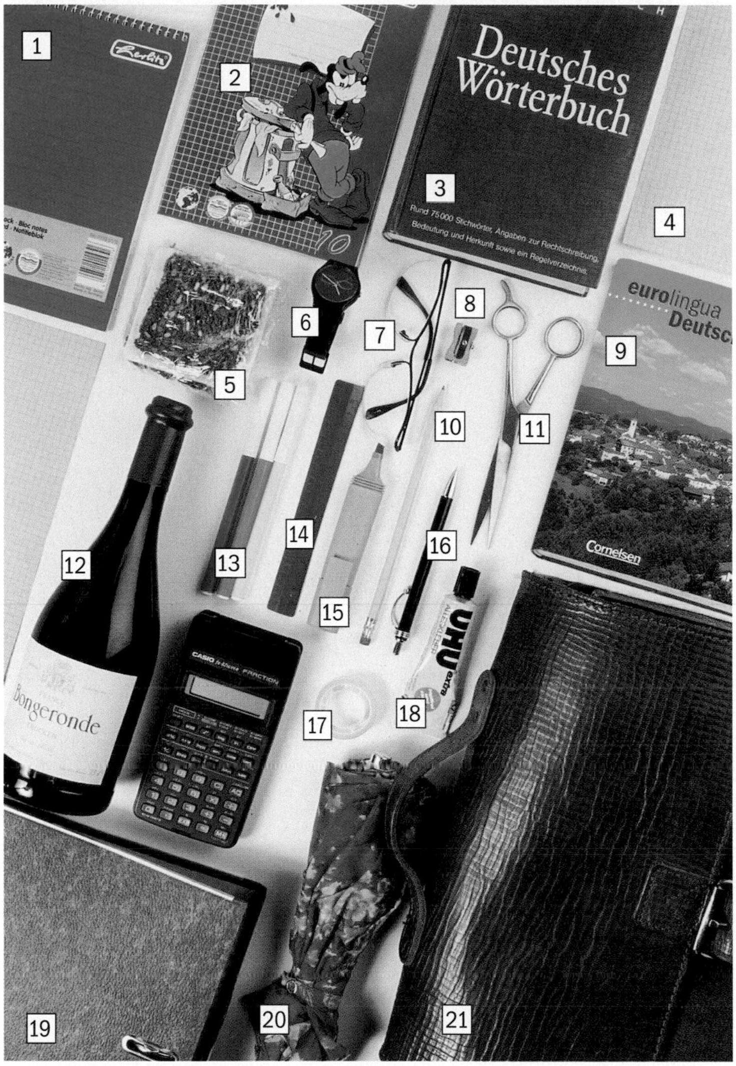

1 2 3 4 5 6 7 8 9 10 11 12 13 14 15 16 17 18 19 20 21

**1.4 Was braucht man im Kurs? – Legen Sie viele Gegenstände auf den Tisch. Fragen Sie nach dem deutschen Wort. Machen Sie eine Liste im Heft.**

| Deutsch | Ihre Sprache (z.B. Englisch) |
|---|---|
| der Ordner | file |

**1.5 Decken Sie die Sachen mit einem Tuch zu. Erinnern Sie sich? Notieren Sie die Nomen mit dem unbestimmten Artikel.**

ein Ordner

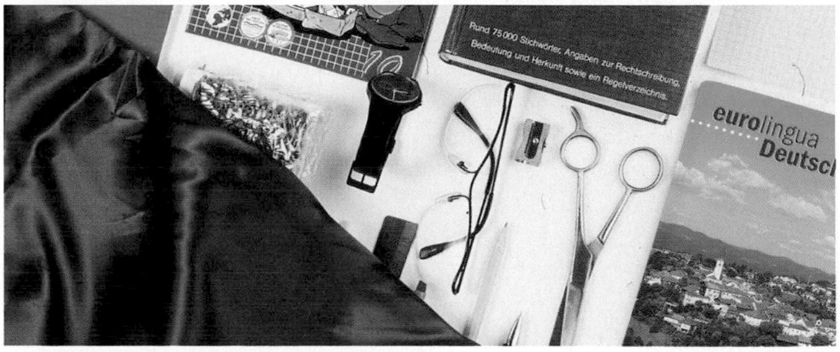

## 2 Akkusativergänzung

**2.1** A 15.4 **Wiederholung –**
**Diese Sätze kennen Sie.**
**Markieren Sie bitte die Verben ⬭ und die Nominativergänzungen ▭.**

| | | |
|---|---|---|
| [Ich] | (heiße) | Michael Koenig. |
| Klaus Meier | fährt | jedes Jahr nach Österreich. |
| Arbeiten | Sie | bei Schering? |
| Wo | arbeitet | Petra Meier? |

**2.2 Diese Sätze sind nicht vollständig. Ergänzen Sie sie bitte.**

1. Ich möchte ein ______________________ .
2. Geben Sie mir bitte einen ______________________ .
3. Ich hätte gern eine ______________________ .

**2.3 Schreiben Sie die Sätze aus 2.2 in die Markierung.**

| | | | |
|---|---|---|---|
| *Nominativ (N)* | | | *Akkusativ (A)* |
| [Ich] | (möchte) | | [ein Bier.] |
| | *Nominativ (N)* | | *Akkusativ (A)* |
| ( ) | [ ] | mir bitte | [ ] |
| *Nominativ (N)* | | | *Akkusativ (A)* |
| [ ] | ( ) | gern | [ ] |

**Viele Verben brauchen eine Nominativergänzung und eine Akkusativergänzung.**

**2.4 Markieren Sie bitte die Verben und die Ergänzungen.**

| | | | |
|---|---|---|---|
| 1. | [Ich] | (brauche) | [einen Bleistift.] |
| 2. | Herr Koenig | schreibt | einen Brief. |
| 3. | Verstehst | du | das? |
| 4. | Ihr | hört | den Dialog. |
| 5. | Verstehen | Sie | diese Aufgabe? |
| 6. | Wir | brauchen | eine Pause. |

## 3 *Den, einen, diesen* – Artikel und Demonstrativbegleiter im Akkusativ

C 41
C 42

**3.1 Markieren Sie in der Tabelle die Unterschiede zwischen Nominativ und Akkusativ.**

| | *Nominativ* | *Akkusativ* | Beispiel | |
|---|---|---|---|---|
| *bestimmter Artikel* | der Text<br>das Buch<br>die Schere<br>die Texte /… | den Text<br>das Buch<br>die Schere<br>die Texte /… | Ich brauche<br><br><br>Ich brauche | den Text.<br>das Buch.<br>die Schere.<br>die Texte / … |
| *unbestimmter Artikel* | ein Text<br>ein Buch<br>eine Schere<br>Texte | einen Text<br>ein Buch<br>eine Schere<br>Texte | Ich habe<br><br><br>Ich habe | einen Text.<br>ein Buch.<br>eine Schere.<br>Texte. |
| *Demonstrativbegleiter*<br>dieser | dieser Text<br>dieses Buch<br>diese Schere<br>diese Texte / … | diesen Text<br>dieses Buch<br>diese Schere<br>diese Texte/… | Ich kenne<br><br><br>Ich kenne | diesen Text.<br>dieses Buch.<br>diese Schere.<br>diese Texte. |

**3.2 Ergänzen Sie nun bitte die Regel.**

Akkusativ und Nominativ sind fast immer gleich. Es gibt nur eine Ausnahme: maskuline Nomen im Singular.

Vor maskulinen Nomen im Akkusativ Singular heißt

– der bestimmte Artikel: *den*

– der unbestimmte Artikel: ______

– der Demonstrativbegleiter: ______

**3.3 Üben Sie Akkusativergänzungen. Ergänzen Sie bitte die bestimmten Artikel im Nominativ in der linken Spalte und die Akkusativformen in der rechten Spalte.**

1. *das* Wörterbuch — Ich brauche e______ Wörterbuch.
2. ______ Kuli — Geben Sie mir bitte e______ Kuli.
3. ______ Text — Wer liest d______ Text vor?
4. ______ Regel — Ergänzen Sie bitte dies______ Regel.
5. ______ Kassette — Haben Sie d______ Kassetten zu Hause?
6. ______ Heft — Ich habe d______ Heft vergessen.
7. ______ Schere — Hast du e______ Schere dabei?
8. ______ Schnitzel — Ich möchte d______ Schnitzel mit Pommes frites.
9. ______ Tomatensuppe — Bringen Sie mir bitte e______ Tomatensuppe.
10. ______ Wein — Möchtest du auch e______ Wein dazu?

**3.4 Schreiben Sie drei Lückensätze wie in 3.3 für Ihre Nachbarin / Ihren Nachbarn. Sie/Er ergänzt dann die Sätze.**

## 4 Um etwas bitten

**4.1 Schauen Sie sich die Zeichnung an.**
**Hören Sie die Fragen von der Kassette und schreiben Sie sie in die Sprechblasen.**

1. ______________________________

3. ______________________________

2. ______________________________

**4.2 Hören Sie nun die Dialoge. Wer bekommt, was sie/er möchte?** DIALOG 1 ☐ DIALOG 2 ☐ DIALOG 3 ☐

**4.3 Spielen Sie Dialoge zu Bild 1–4. Der Dialogbaukasten hilft.**

B 4.1
B 8.2

eurolingua Deutsch 1

DAS OXFORD SCHULWÖRTERBUCH

1. 2. 3. 4.

jemanden um etwas bitten

| | | | |
|---|---|---|---|
| Verzeihung,<br>Entschuldigung, | haben Sie (vielleicht)<br>hast du | einen Radiergummi<br>ein Bier<br>eine Schere | (für mich)? |

| + eine Bitte erfüllen | – eine Bitte nicht erfüllen | |
|---|---|---|
| Ja, hier bitte.<br>Klar.<br>Gern. | Tut mir leid, ich habe | keinen (Radiergummi).<br>keins / kein Buch.<br>keine (Schere). |

## 5 *Kein* und die Possessivbegleiter im Akkusativ

**5.1 Wiederholung – Wählen Sie einen Satzanfang aus. Schreiben Sie so viele Akkusativergänzungen wie möglich dazu.**

Ich lese die Zeitung / ein Buch / den Satz / diese Aufgabe / den Text / die Namenliste / ...

| | |
|---|---|
| Ich brauche ... | Er macht ... |
| Du kaufst ... | Wir nehmen ... |
| Wir hören ... | Bringen Sie mir ... |
| Ihr esst ... | Er schreibt ... |
| Sie verstehen ... | Ich hätte gern ... |

5.2 **Der NEIN-Typ**
**Hören Sie zu und lesen Sie mit.**

Ich habe kein Glück. Ich habe kein Geld, keinen Computer und keine Freundin. Ich habe nur meinen Job, meine Wohnung und meinen Fernseher. Und meine Probleme.
Aber du, du hast auch Probleme. Du hast jetzt meine Freundin und ihren Computer und mein Geld. Deine Probleme möchte ich auch nicht haben!

5.3 **Lesen Sie den Text nun laut. Achten Sie auf die Intonation.**

C 49

5.4 Kein **im Akkusativ – Im Text von 5.2 finden Sie** kein **in verschiedenen Akkusativergänzungen.**
**Machen Sie eine Tabelle mit** kein **im Nominativ und Akkusativ. Markieren Sie die Unterschiede.**

| *Maskulinum* | *Neutrum* | *Femininum* | *Plural* |
|---|---|---|---|
| Ich habe | Ich habe | Ich habe | Wer hat |
| ______ Computer. | ______ Glück. | ______ Freundin. | ______ Probleme? |

C 55
C 56

5.5 **Possessivbegleiter im Nominativ und Akkusativ.**
**Vergleichen Sie die Sätze. Was fällt Ihnen auf?**

Mein Bleistift, mein Buch und meine Kassette sind weg.

– Er hat meinen Bleistift, mein Buch und meine Kassette.
\+ Nein, sie hat deinen Bleistift, dein Buch und deine Kassette.
△ Das stimmt doch gar nicht. Das sind ihr Bleistift, ihr Buch und ihre Kassette.
Sie hat immer ihren Bleistift, ihr Buch und ihre Kassette dabei!

5.6 **Füllen Sie diese Lücken aus.**

1. Ich sehe morgen meinen______ Vater.
2. Besuchst du d__________ Onkel?
3. Jorge trinkt s__________ Tee.
4. Fabiane liebt i__________ Giovanni.
5. Mario liebt s__________ Hund.
6. Wann schreiben wir u__________ Test?
7. Ihr lest e__________ Dialog.
8. Die Fischers hören i__________ Kassetten.

C 56

5.7 **Schlagen Sie die vollständige Tabelle im Lernerhandbuch nach.**

**5.8 Selbstevaluation**
**Ergänzen Sie die Endungen, wo sie fehlen.**

1. – Haben Sie ein*e*____ Zeitung für mich?
   + Tut mir leid, ich habe kein_____ .
2. – Hast du vielleicht ein_____ Blatt für mich?
   + Klar, hier bitte.
3. – Hast du auch ein_____ Banane für mich?
   + Nein, ich habe nur ein_____ .
4. – Hast du kein_____ Fernseher zu Hause?
   + Nein, ich habe kein_____ .
5. – Entschuldigung, hast du ein_____ Bleistift für mich?
   + Nein, ich habe kein_____ .
6. – Entschuldigung, ich brauche ein_____ Blatt.
   + Hier bitte.
7. – Haben Sie ein_____ Kassette für mich?
   + Nein, tut mir leid, ich habe kein_____ .
8. – Hast du ein_____ Kuli für mich?
   + Nein, aber ich habe ein_____ Bleistift.
9. – Entschuldigung, ich brauche ein_____ Radiergummi.
   + Tut mir leid, ich habe kein_____ .
10. – Haben Sie ein_____ Schere?
    + Ja, hier ist ein_____ Schere.
11. – Hast du ein_____ Lernerhandbuch?
    + Ja, hier bitte.
12. – Hast du ein_____ Kassettenrecorder?
    + Ja, ich habe ein_____ zu Hause.

**5.9** Schreiben Sie selber einen ähnlichen Text über den „NEIN-Typ“. Lesen Sie ihn im Kurs vor.

## 6 Sprachspiele

C 54

**6.1 Personalpronomen im Akkusativ – Eine Grammatiktabelle als Gedicht**

**Kurt Marti spielt mit den Pronomen. In der Umgangssprache gibt es auf Deutsch „duzen“ und „siezen“, die anderen Wörter hat Marti erfunden.**

**Umgangsformen**

Mich ichze ich
Dich duze ich
Ihn erze ich
Sie sieze ich
Es esze ich
Uns wirze ich
Euch ihrze ich
Sie sieze ich

Ich halte mich an die Regeln

Kurt Marti

Sie?
Du?

**6.2** **Ein Gedicht zum Selbermachen – Wählen Sie einige Verben aus und schreiben Sie das Gedicht weiter.**

sehen
verstehen
lieben
kennen
hassen
vergessen
...

Ich sehe dich _______ . Du siehst mich nicht.

Ich höre __________ . Er ...

...

Ich ... sie alle,

aber ... mich nicht.

**6.3** **Liebeskummer – Lesen Sie bitte den Brief und ergänzen Sie die Personalpronomen im Akkusativ.**

*Mannheim, 1.11. 2000*

*Lieber Giovanni!*

*Wo bist du? Ich brauche d__________! Liebst du m__________ denn noch? Komm bitte nach Hause. Ich bin nicht glücklich. Liebst du m__________ oder liebst du s__________, diese Hélène? Denk an m__________ und an d__________; denk an u__________ beide. Wir lieben u__________ doch, oder? Oder liebt ihr e__________? Ich kann e__________ nicht glauben.*

*Liebe Grüße, deine Fabiane*

**6.4** **Schreiben Sie Ihre Antwort auf den Brief. Der Briefbaukasten hilft.**

Ich liebe dich auch.
Ich brauche dich so sehr.
Bald, vielleicht schon morgen, bin ich bei dir.
Wir gehen dann nie wieder auseinander.
Liebst du mich auch wirklich?
Ohne dich bin ich nicht glücklich.
Vergiss mich nicht.
Ich denke nur an dich.

Es ist aus.
Ich brauche dich nicht mehr.
Hélène ist meine Traumfrau.
Ich denke nur an sie. Tag und Nacht.
Wir lieben uns sehr.
Das ist mein Leben.
Vergiss mich.

**6.5** **Lesen Sie das Gedicht und sprechen Sie darüber in der Muttersprache.**

### Trauriger Abzählreim

Ich liebe dich
Du liebst mich nicht
Ich bin die Nacht
Du bist das Licht
Ich bin der Schmerz
Du bist das Glück
Drum schaue nie zu mir zurück
Ich weiß und fühl es bitterlich
Du liebst mich nicht
Ich liebe dich

Ernst Ginsberg

# EINHEIT 15: LEBENSLÄUFE

........ *biographische Angaben machen*
........ *von der eigenen Vergangenheit erzählen*
........ *regelmäßige Verben: Perfekt mit* haben
........ sein *und* haben *im Präteritum*
........ *Jahreszahlen*

## 1 Name: Mehmet Güler

**1.1 Lesen Sie bitte das Formular. Was ist anders als in Ihrem Land?**

Eingangsstempel

**ANMELDUNG**

Rechtsgrundlage für die Erhebung der nachfolgend aufgeführten Daten ist § 5 in Verbindung mit § 4 des Meldegesetzes vom 11. April 1983 (GBl. S. 117).

Bitte lesen Sie vor dem Ausfüllen die Erläuterungen auf der Rückseite der Anmeldebestätigung. Die in einen Kreis gesetzten Ziffern beziehen sich auf diese Erläuterungen.

für amtliche Vermerke

| **Neue Wohnung** Tag des Einzugs: 27. 3. 85 | Gemeindekennzahl ❹ | Gemeindekennzahl | **Bisherige Wohnung** ❺ Nicht ausfüllen, wenn bisherige Wohnung beibehalten wird. |
|---|---|---|---|
| PLZ, Gemeinde 70563 Stuttgart | | PLZ, Gemeinde | |
| Gemeindeteil, Straße, Hausnummer, Wohnungsnummer Gartenstr. 12 | | Straße, Hausnummer, Wohnungsnummer | |
| Wohnungsgeber ❻ (Namen und Anschrift) Eugen Hägele | | Bundesland (bei Zuzug aus dem Ausland: Staat angeben) | |

Zu lfd. Nr. | **Nur ausfüllen, wenn die unten aufgeführten Personen neben der neuen Wohnung noch weitere Wohnungen im Bundesgebiet haben.**
PLZ, Gemeinde, Straße, Hausnummer ❼

Für Verheiratete, die nicht dauernd getrennt leben: **Welche Wohnung wird von der Familie vorwiegend benutzt?**
bisher: | künftig:

Für alle übrigen Personen: **Welche Wohnung wird vorwiegend benutzt?**
bisher: | künftig:

**Die Anmeldung bezieht sich auf folgende Personen:**

| Lfd. Nr. | Familiennamen (ggf. auch abweichende Geburtsnamen) | Vornamen (Rufnamen unterstreichen) | | Geburtsdatum Tag \| Monat \| Jahr | Hier keine Einträge |
|---|---|---|---|---|---|
| | | 1 | | 2 | |
| 1 | | | ☐ männl. ☐ weibl. | | |
| 2 | | | ☐ männl. ☐ weibl. | | |
| 3 | | | ☐ männl. ☐ weibl. | | |
| 4 | | | ☐ männl. ☐ weibl. | | |
| 5 | | | ☐ männl. ☐ weibl. | | |

| Lfd. Nr. | Geburtsort (Gemeinde, Kreis; falls Ausland, auch Staat angeben) | led.* verh.* verw.* gesch.* | Familien-Stand *seit Tag Monat Jahr | Religions-gesellsch. | erwerbs-tätig | Beruf ❽ | Staats-angehörig-keit(en) ❾ |
|---|---|---|---|---|---|---|---|
| | 3 | 4 | 5 | 6 | 7 | 8 | 9 |
| 1 | | | | | ja nein | | |
| 2 | | | | | ja nein | | |
| 3 | | | | | ja nein | | |
| 4 | | | | | ja nein | | |
| 5 | | | | | ja nein | | |

| Zu Lfd. Nr. | Ort der Eheschließung | Wurde Fam.-Buch angelegt? ❿ | Zu Lfd. Nr. | Anschrift am 1. September 1939 ⓫ |
|---|---|---|---|---|
| | 10 | 11 | | |
| | | ja | | |
| | | j | | |

| Lfd. Nr. | Haben Sie schon früher hier gewohnt | ☐P Personalausweis ☐V Vorläufiger Personalausweis ☐R Reisepaß/Paßersatz Ausstell… |
|---|---|---|
| | 13 | 14 |
| 1 | ja nein | |

Bitte in Druckschrift kräftig durchschreiben. Nachdruck verboten!
0578 Behördenvordruck 78306 Radolfzell, Postfach 1640, Telefon 0 77 32 / 80 09 0 und 80 09 192 - 194 Telefax 0 77 32 / 80 09 198

Abkürzungen im Formular:

led. ledig (nicht verheiratet)
verh. verheiratet
verw. verwitwet (der Ehemann / die Ehefrau ist tot)
gesch. geschieden

**1.2** **Hören Sie jetzt die Kassette und ergänzen Sie das Formular so weit wie möglich.**

**1.3** **Lesen Sie jetzt bitte den Text und ergänzen Sie weitere Informationen im Formular.**

Mein Name ist Mehmet Güler. Ich bin jetzt 50, und Nurtin, meine Frau, ist 44 Jahre alt. Ich bin aus der Türkei. Ich habe früher in Sorgun gelebt. Wir waren fünf Kinder. Vier Brüder und eine Schwester. Mein Vater war Bauer. Meine Frau kommt auch aus Sorgun. Wir haben dort 1972 geheiratet. Wir haben eine Tochter, Melahat, und einen Sohn, Esat. Melahat ist 24, Esat ist 22. Von 1973 bis 1980 haben wir in Izmir gewohnt. Seit 1981 leben wir in Deutschland. Ich bin Mechaniker und habe drei Jahre in Kassel bei VW gearbeitet. Meine Frau war zu Hause und hat den Haushalt gemacht. Dann war ich ein Jahr arbeitslos und meine Frau hat als Verkäuferin gearbeitet. Seit 1985 arbeite ich in Stuttgart. Jetzt wohnen wir in einer kleinen Wohnung in der Gartenstraße 12. Ich arbeite bei Bosch. Esat arbeitet auch bei uns in der Firma. Er ist Mechaniker. Melahat und Esat haben gut Deutsch gelernt. Melahat lebt in Kassel. Sie hat das Abitur gemacht. Dann hat sie Kunst studiert. 1992 haben wir in der Türkei ein Haus gekauft, direkt am Meer. Dort treffen wir uns manchmal mit unserer Familie.

**1.4** **Die folgenden Sätze sind falsch. Sagen Sie, was richtig ist.**

Mehmet ist aus Istanbul.

Das stimmt nicht.
Er ist aus Sorgun.

1. Mehmet ist aus Istanbul.
2. Mehmet hat zwei Schwestern.
3. Sein Vater war Mechaniker.
4. Mehmet und Nurtin haben 1970 geheiratet.
5. Von 1972 bis 1985 haben sie in Izmir gewohnt.
6. Seit 1985 leben sie in Deutschland.
7. Mehmet hat fünf Jahre bei VW gearbeitet.
8. Seine Frau hat nichts gemacht.
9. Familie Güler hat 1995 ein Haus gekauft.
10. Melahat und Esat sprechen kein Deutsch.
11. Esat hat Kunst studiert.
12. Esat arbeitet bei VW in Kassel.

**INFO**

**In der Bundesrepublik leben heute etwa zwei Millionen Menschen türkischer Herkunft. Die ersten türkischen Arbeiter und Arbeiterinnen kamen Ende der 60er-Jahre nach Deutschland. In dieser Zeit suchte die Wirtschaft dringend Arbeitskräfte. Viele der ehemaligen „Gastarbeiter" sind heute auf Dauer Bürger der Bundesrepublik, obwohl ihnen der deutsche Staat die volle Staatsbürgerschaft bisher verweigert. Die Kinder der türkischen Immigranten sind oft in der Bundesrepublik geboren. Sie gehen auf deutsche Schulen und sprechen Deutsch so gut wie Türkisch oder besser. Viele Menschen fordern heute die Änderung des deutschen „Staatsbürgerschaftsrechts", damit die türkischen Mitbürger sich voll in das gesellschaftliche Leben der Bundesrepublik integrieren können, wenn sie das wollen. In vielen Städten sind die türkischen Geschäfte und Restaurants heute ein fester Bestandteil des Alltags.**

## 2 Vergangenheit: Perfekt und Präteritum

C 19.2

**2.1 Mehmet Güler spricht über seine Vergangenheit.**

Wenn man über die Vergangenheit spricht, steht das Verb in einer anderen Zeitform. In der Umgangssprache verwendet man im Deutschen meistens das Perfekt. Bei sein und haben verwendet man meistens das Präteritum (siehe 4.).

| *Perfekt* | *Präsens* |
|---|---|
| Ich habe bei VW gearbeitet. | Ich arbeite jetzt bei Bosch. |
| *Präteritum* | *Präsens* |
| Mein Vater war Bauer. | Ich bin Mechaniker. |

**2.2 Suchen Sie im Text 1.3 die Vergangenheitsformen und notieren Sie sie im Heft.**

| Perfekt | Präteritum von „sein" |
|---|---|
| ich habe ... gelebt | wir waren |

## 3 Regelmäßige Verben: Perfekt mit *haben*

C 24

**3.1 Infinitiv, Präsens und Partizip II – Lesen Sie bitte die Sätze.**

| leben | Wir leben in Stuttgart. | Wir haben in Sorgun gelebt. |
|---|---|---|
| *Infinitiv* | *Präsens* | *Partizip II* |

**3.2 Sammeln Sie nun die Partizip-II-Formen an der Tafel und schreiben Sie die Infinitive daneben.**



**3.3 Ergänzen Sie bitte die Regel.**

C 24

*Regelmäßige Verben* bilden das *Partizip II* meistens so:

__________ + *Verbstamm* + __________

**LERNTIPP** Das Partizip II ist leicht: vorne ge-, hinten -(e)t, das reicht.

**3.4 Im Text 1.3 funktioniert ein Partizip II anders. Wie heißt der Infinitiv?**

C 25.1

**3.5 Das Partizip II bei den trennbaren Verben – Lesen Sie die Sätze. Welche Regel unten ist richtig? Kreuzen Sie an.**

1. Der Unterricht hat schon an**ge**fangen.
2. Die Lehrerin hat den Text zweimal vor**ge**lesen.
3. Die Kursteilnehmer haben eigene Texte mit**ge**bracht.
4. Frau Westphal hat an**ge**rufen.
5. Sie hat den Termin ab**ge**sagt.
6. Ich habe die richtige Regel an**ge**kreuzt.

☐ Bei trennbaren Verben steht ge- immer vor dem Verb.

☐ Bei trennbaren Verben steht -ge- immer vor dem Verbstamm.

C 24

**3.6 Wo steht das Partizip II im Satz? Lesen Sie die Sätze und kreuzen Sie im Lerntipp an.**

1. Ich habe in Brasilien gelebt.
2. Meine Frau hat dort an der Schule gearbeitet.

**LERNTIPP** Das Partizip kann man leicht finden. Im Hauptsatz steht es immer

☐ vorne.
☐ in der Mitte.
☐ hinten.

**3.7 Machen Sie aus den Wörtern Sätze.**

1. Ich / in / gelebt / habe / Österreich
2. Tochter / Seine / studiert / hat / Kassel / in
3. Frau / Seine / gemacht / den / Haushalt / hat
4. Kinder / gelernt / Ihre / haben / Deutsch

**3.8 Erweitern Sie die Sätze in 3.7 mit folgenden Elementen:**

drei Jahre, in Kassel, ein Semester, seit 1994, …

*Ich habe drei Jahre …*

C 24

**3.9 Zusammenfassung – Schreiben Sie Ihre eigene Grammatiktabelle.**

| | | | | |
|---|---|---|---|---|
| leben | Ich | *habe* | in Italien | *gelebt.* |
| wohnen | Du | ______ | in Zürich | ______ ? |
| arbeiten | Peter | ______ | bei Hoechst | ______ . |
| kaufen | Das Kind | ______ | Schokolade | ______ . |
| machen | Maria | ______ | Urlaub | ______ . |
| lernen | Wir | ______ | Deutsch | ______ . |
| fragen | Warum | ______ | ihr mich nicht | ______ ? |
| studieren | Melahat | ______ | Kunst | ______ . |
| fotografieren | Nurtin | ______ | Mehmet | ______ . |

3.10 Melahat schreibt an ihre alte Schulfreundin Lisa in München.
Setzen Sie die passenden Verben aus 3.9 in den Text ein.

Kassel, 3. 4. 96

Liebe Lisa,

wie geht es Dir? Mir geht es gut. Die Arbeit im Museum macht mir Spaß. Ich __________ ja lange an der Universität __________, aber es war der richtige Weg.

Vor ein paar Tagen war Stefan hier. Erinnerst Du dich noch an ihn, „den schönen Stefan"?

Er __________ sich jetzt ein Haus in Kaufungen __________.

Er ist verheiratet und hat zwei Kinder. Tja ...

Petra wohnt jetzt übrigens auch in München. Früher __________ sie in Hamburg __________.

Sie __________ dort bei IBM __________. Jetzt hat sie einen Job bei Siemens.

Sie __________ mich __________, wie es dir geht.

Ansonsten ist bei mir alles in Ordnung. Ich __________ viel __________.

Zum Teil 10 bis 12 Stunden am Tag. Aber jetzt ist es etwas weniger. Im Mai fahre ich in Urlaub.

Auf dem Weg komme ich nach München. Bist Du im Mai zu Hause?

Alles Liebe

Deine Melahat

## 4 Die Verben *sein* und *haben* im Präteritum

4.1 Lesen Sie bitte diesen Text und ergänzen Sie dann die Tabelle.

C 19.2
C 19.3
C 19.4

Mehmet erzählt von seiner Kindheit:
„Meine Großeltern waren Bauern und hatten acht Kinder. Mein Vater war auch Bauer und hatte fünf Kinder. Meine Eltern hatten immer viel Arbeit und waren oft nicht zu Hause. Wir Kinder waren oft allein, aber wir hatten viele Freunde. Ich hatte einen besonders guten Freund, Erkan. Manchmal war ich den ganzen Tag mit ihm zusammen. Seine Eltern hatten ein großes Haus mit Garten. Dort habe ich am liebsten gespielt."

| | | Präsens | | Präteritum | |
|---|---|---|---|---|---|
| *Infinitiv* | | sein | haben | sein | haben |
| *Singular* | ich | ______ | ______ | ______ | ______ |
| | du | ______ | ______ | warst | hattest |
| | er/es/sie | ______ | ______ | ______ | ______ |
| *Plural* | wir | ______ | ______ | ______ | ______ |
| | ihr | ______ | ______ | wart | hattet |
| | sie/Sie | ______ | ______ | ______ | ______ |

**4.2 Setzen Sie die richtigen Formen von** sein **und** haben **ein: Präsens oder Präteritum**

1. Gestern ____________ ich im Konzert. ____________ ihr auch da?
2. Du ____________ aus Deutschland? Da ____________ wir 1989.
3. Meine Großeltern ____________ sieben Kinder. Wir ____________ zu zweit zu Hause, nur meine Schwester und ich. Ich ____________ noch keine Kinder.
4. + Sie sehen sehr gut aus, Herr Hug. ____________ Sie in Italien?
   – Nein, ich ____________ in Griechenland. Es ____________ sehr schön.
5. + ____________ Sie Herr Meier?
   – Nein, ich ____________ Herr Ernst.
6. + ____________ Sie verheiratet?
   – Nein, aber ich ____________ verheiratet.
7. + Wir ____________ keinen Apfelsaft mehr!
   – Nein? Gestern ____________ wir noch fünf Flaschen.
8. Ein Jahr lang ____________ ich keine Arbeit. Es ____________ scheußlich!

..., sie haben gestern abend vergessen mich auszuschalten ...!"

## 5 Daten der Geschichte: Berühmte Personen und historische Jahreszahlen

**5.1** Hören Sie die Kassette und machen Sie Notizen.
Wie heißen die drei Personen?

1. ______________________
2. ______________________
3. ______________________

**LERNTIPP** So liest man Jahreszahlen:

1833: 18 hundert 33
1950: 19 hundert 50
2001: 2 tausend 1
2010: 2 tausend 10

**5.2** Hören Sie nun die Kassette noch einmal. Wann haben diese Personen gelebt?

1. ______________ 2. ______________ 3. ______________

**5.3** Ein Quiz zur Weltgeschichte: Was war wann?

1492 1517 1789
1969 1914 1933
1945 1989

☐ ________ Ende der DDR

☐ ________ Martin Luther/Reformation

☐ ________ Mondlandung

☐ ________ Hitlers Machtergreifung

☐ ________ Französische Revolution

☐ ________ „Entdeckung" Amerikas

☐ ________ Ende des Zweiten Weltkriegs

☐ ________ Anfang des Ersten Weltkriegs

☐ Charlie Chaplin

☐ Wolfgang Amadeus Mozart

☐ Carl Benz

☐ Ludwig van Beethoven

1 2 3 4 5 6 7 8 9 10 11 12

## 6 Über die eigene Vergangenheit sprechen

**6.1** **Partnerinterview – Suchen Sie sich einen Partner / eine Partnerin. Stellen Sie Fragen zu seiner/ihrer Biographie und notieren Sie die Antworten. Der Dialogbaukasten hilft.**

Aussagen über die eigene Vergangenheit machen

| | | | |
|---|---|---|---|
| 1979 | habe ich | Alfred | geheiratet. |
| Von 1985 bis 1990 | haben wir | in Graz | gelebt. |
| Drei Jahre (lang) | | in Bremen | gewohnt. |
| 1987 | | Mercedes | gearbeitet. |
| Früher | | Englisch | studiert. |
| Dann/Danach | war ich | in München. | |
| Von 1994 bis 95 | hatte ich | keine Arbeit. | |
| Seit 1993 | leben wir | in Deutschland. | |

| Beispiele für Fragen | | Antworten |
|---|---|---|
| Woher kommst du / kommen Sie? | → | Aus ... |
| Wo hast du / haben Sie von 19.. bis 19.. gelebt? | → | In ... |
| Wo hast du / haben Sie gearbeitet? | → | In/Bei ... |
| Wo hast du / haben Sie 19.. gewohnt? | → | In ... |
| Wo hast du / haben Sie 19.. Urlaub gemacht? | → | In ... |
| Wo hast du / haben Sie Deutsch gelernt? | → | In/Bei ... |
| Was hast du / haben Sie 19.. gemacht? | → | ... |
| Wie lange hast du / haben Sie in ... gearbeitet? | → | ... Jahre. |
| Wann hast du / haben Sie geheiratet? | → | ... |
| Von wann bis wann warst du / waren Sie ...? | → | Von ... bis ... |
| Hattest du / Hatten Sie 1989 schon Kinder? | → | Nein/Ja, ... |
| Seit wann leben Sie in ...? | → | Seit 19.. |

**6.2** **Berichten Sie im Kurs über das Interview.**

Herr Askari kommt aus Ägypten. Seit 1995 lebt er in Deutschland. Er hat ...

**6.3** **Schreiben Sie vier richtige und eine falsche Aussage über sich auf. Lesen Sie die Aussagen vor. Wer findet die falsche Aussage?**

**6.4** **Hier sind Antworten. Fragen Sie nach den unterstrichenen Satzteilen. Es gibt mehrere Möglichkeiten.**

1. 1981 (war ich in Südamerika).
2. 1988.
3. Ich habe zwei Jahre Spanisch gelernt.
4. In Zürich.
5. Von 1975 bis 1977 war ich arbeitslos.
6. Von 1979 bis 1983 habe ich in Spanien gelebt.
7. Ich habe geheiratet.
8. Von 1986 bis 1990.
9. Fünf Jahre.
10. Bei der BASF.

*1. Wann warst du in Südamerika?*

**6.5** **Welche anderen Fragen können Sie zu den Antworten in 6.4 stellen?**

*Was haben Sie von 1979 bis 1983 gemacht?*
*Wo waren Sie ...?*

## 7 Emigrantinnen und Emigranten

**7.1** **Sehen Sie sich die Texte unten kurz an. Was für Texte sind das: Zeitung, Lehrbuch, Roman, Lexikon?**

**7.2** **Wer war was? Ordnen Sie zu und kontrollieren Sie mit den Texten.**

In der Zeit des Nationalsozialismus (1933–45) haben viele Menschen Deutschland verlassen. Was haben sie gemacht?

| | |
|---|---|
| Anna Seghers | war Schriftsteller. |
| Else Lasker-Schüler | war Physiker. |
| Thomas Mann | war Schriftstellerin. |
| Albert Einstein | war Dichterin. |

**Mann, Thomas,** Schriftsteller, geb. in Lübeck 6.6.1875, gest. in Zürich 12.8.1955. Stammte aus einer wohlhabenden Lübecker Kaufmannsfamilie; lebte seit 1893 in München (1896–98 mit seinem Bruder Heinrich in Italien); begann seine schriftstellerische Tätigkeit 1894 als Mitarbeiter des „Simplizissimus". Verheiratet seit 1905 mit Katja Pringsheim; emigrierte 1933 in die Schweiz, 1939 in die USA. M. kehrte 1952 nach Europa zurück und lebte seitdem in der Schweiz. M., der zu den bedeutendsten Erzählern dt. Sprache im 20. Jh. zählt, setzte die Erzähltechnik der großen Erzähler des 19. Jh. fort. In seinem Roman „Buddenbrooks" (1901) schildert er, z.T. autobiographisch, den Zerfall einer Lübecker Kaufmannsfamilie. Die neue ge... Wirklichkeit, neue moral. Vorstellun... nichts wissenden ...

**Lasker-Schüler, Else,** Schriftstellerin und Dichterin, geb. in Wuppertal-Elberfeld 11.2.1869, gest. in Jerusalem 22.1.1945, expressionistische Lyrikerin; 1894–99 verheiratet mit dem Arzt Berthold Lasker, 1901–11 mit H. Walden, war u.a. Freundin von P. Hille, Th. Däubler, G. Trakl, G. Benn. Emigrierte 1933 über Zürich nach Jerusalem. Vorläuferin, Repräsentantin und Überwinderin des literar. Expressionismus. Schrieb Lyrik, Dramen(versuche) und Erzählungen; ihr dichterisches Werk ist Fluchtversuch vor einem ... Dichtung un...

**Seghers, Anna,** geb. in Mainz 19.11.1900, gest. in Berlin (DDR) 1.6.1983, dt. Schriftstellerin. 1928 Eintritt in die KPD, 1933 Emigration (Frankreich, Spanien, Mexiko); ab 1947 in Berlin (DDR), Präs. des Schriftstellerverbandes der DDR 1952–78. Ihr Werk ist gekennzeichnet durch knappe, konzentrierte Darstellung aktueller sozialrevolutionärer Kämpfe und des antifaschistischen Widerstandes aus der Perspektive psychisch unkomplizierter Menschen im Stil der Neuen Sachlichkeit, später des sozialistischen Realismus. Weltruhm erlangte S. mit ihren Exilromanen „Das siebte Kreuz" (1942) und „Transit" (... 1948), auch Essays was immer hier ... schl...

**Einstein, Albert,** geb. in Ulm 14.3.1879, gest. in Princeton (N. J.) 18.4.1955, in München aufgewachsen, dt. Physiker (ab 1901 schweizer., ab 1940 amerik. Staatsbürgerschaft); Begründer der Relativitätstheorie. E. wurde 1909 als Prof. an die Universität Zürich berufen, ging 1911 nach Prag, 1912 zurück nach Zürich und wurde 1913 in Berlin Direktor des Kaiser-Wilhelm-Instituts für Physik. E. emigrierte 1933 in die USA und wirkte bis zu seinem Tod am „Institute for Advanced Studies" in Princeton.
In der Abfolge der …

**7.3** Suchen Sie nach weiteren Informationen in den Lexikonartikeln. Machen Sie eine Tabelle. Stellen Sie dann die Personen vor.

| Name | Wohnorte | Lebensdauer |
|---|---|---|

Else Lasker-Schüler hat von 1869 bis 1945 gelebt.
Sie war Dichterin …

**7.4** Auch diese Menschen sind vor den Nationalsozialisten aus Deutschland geflohen: Willy Brandt, Marlene Dietrich, George Grosz. Suchen Sie Informationen und notieren Sie einige Stichwörter auf Deutsch.

Stützen der Gesellschaft, 1926

# EINHEIT 16: ORIENTIERUNG

........ *nach dem Weg fragen / den Weg beschreiben*
........ *Präpositionen mit Akkusativ* über, entlang
........ *Präpositionen mit Dativ* (bis ...) zu, an (... vorbei), in
........ *zusammengesetzte Nomen*
........ *Ordinalzahlen bis 3.*

## 1 Nach dem Weg fragen / einen Weg beschreiben

**1.1 Sehen Sie sich die Karte genau an. Hören Sie die Dialoge. Schreiben Sie die Straßennamen und Gebäude unten in die Karte.**

| | |
|---|---|
| Kantstraße | die Post |
| Sophienstraße | die Telefonzelle |
| Bahnhofstraße | die Touristeninformation |

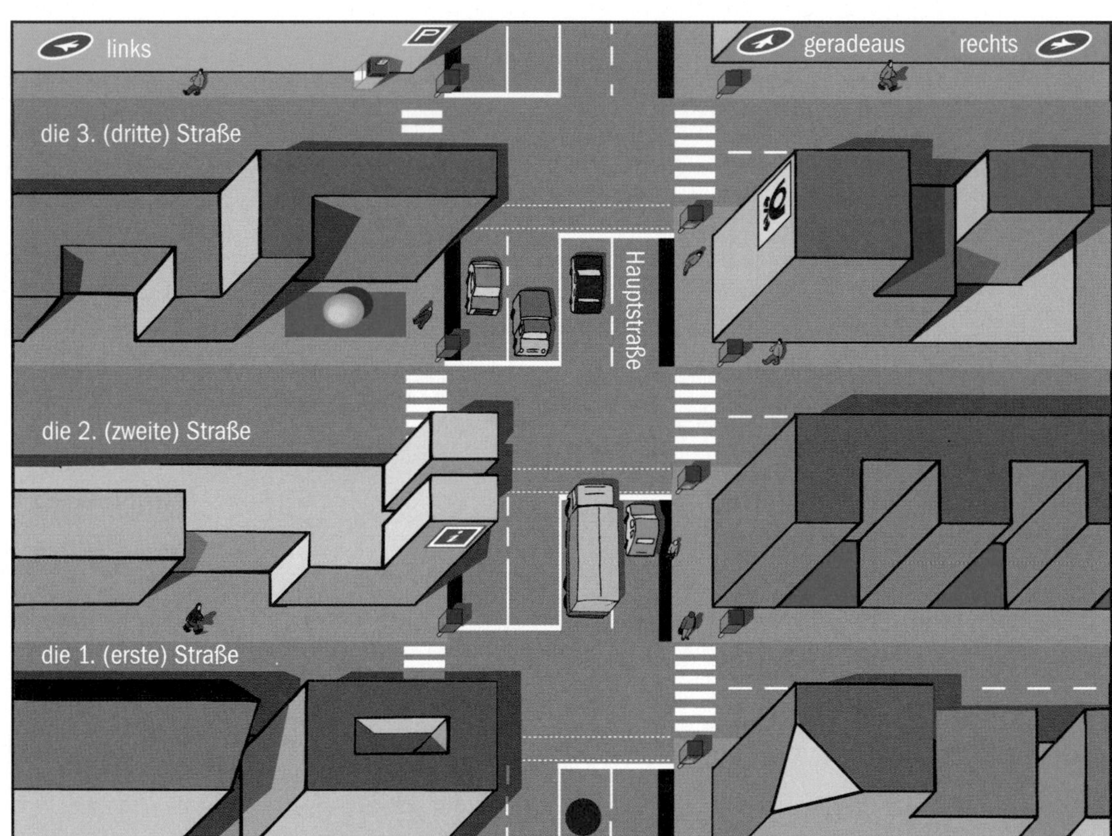


\+ Entschuldigung, ich suche die Post, bitte.
– Die Post? Gehen Sie hier geradeaus bis zur Sophienstraße. An der dritten Kreuzung rechts. Die Post ist gleich das erste Gebäude an der Ecke.

\+ Wo ist hier die Touristeninformation bitte?
– Gehen Sie hier über die Kantstraße. Die Touristeninformation ist gleich hier drüben links. An der Ecke Kantstraße/Hauptstraße.

\+ Entschuldigung, wo finde ich ein Telefon?
– Telefon? Telefon? Ah ja! Gehen Sie geradeaus, die Hauptstraße entlang. Über die Kantstraße und über die Bahnhofstraße bis zur Sophienstraße. Die Telefonzelle steht vor dem Parkhaus.

▸ ◂ 1.2 **Lesen Sie die Dialoge zu zweit.**

▸ ◂ 1.3 **Tragen Sie folgende Gebäude in die Karte ein und spielen Sie dann zu zweit „Wegbeschreibungen".**

das Museum

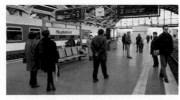

der Bahnhof

der Supermarkt

die Apotheke

das Krankenhaus

das Hotel am Zoo

nach dem Weg fragen ..........................................................................

| | | |
|---|---|---|
| Entschuldigung, | wo ist hier | der Bahnhof, bitte? |
| Verzeihung, | wie finde ich | den Bahnhof, bitte? |
| | ich suche | die Post, bitte. |

..........................................................................

## 2 Orientierungsspiel

**Für Wegbeschreibungen brauchen Sie** *Präpositionen.*

2.1 **Präpositionen** über, entlang **mit Akkusativ. Ergänzen Sie bitte den Artikel.**

1. die Brücke — Fahren Sie über ________ Alte Brücke.
2. der Platz — Gehen Sie über ________ Domplatz.
3. die Straße — Fahren Sie ________ Berliner Straße entlang.
4. die Gasse — Gehen Sie ________ Fahrgasse entlang.

2.2 **Sie bekommen Weg- und Zielkarten. Legen Sie Wege und spielen Sie Wegbeschreibungen.**

\+ Entschuldigen Sie, wo ist die Post?

– Also, gehen Sie über die Kreuzung, dann geradeaus, dann links …

## 3 Frankfurt am Main

3.1 Betrachten Sie den Ausschnitt aus dem Stadtplan. Er zeigt das alte Zentrum von Frankfurt. Was fällt Ihnen auf? Was ist anders als bei Städten in Ihrem Land?

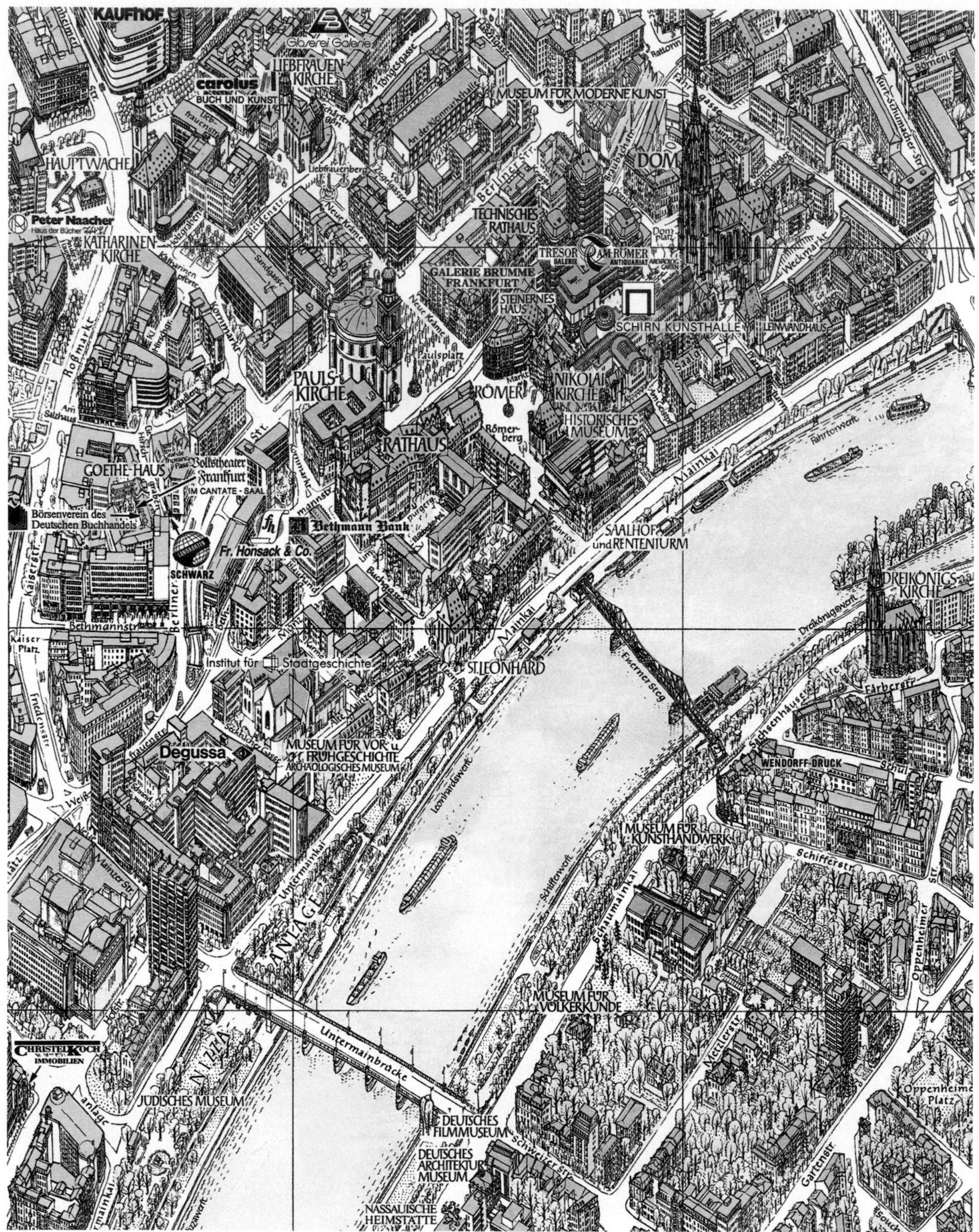


3.2 Stadtplan – Hören Sie die Kassette und vergleichen Sie mit dem Stadtplan.

1. Wo stehen der Mann und die Frau?
2. Wo will die Frau hin?

**3.3** **Hören und lesen Sie nun den Dialog und zeichnen Sie den Weg ein.**

- – Entschuldigung, ist das hier die Paulskirche?
- \+ Nein, das ist der Dom.
- – Der Dom? Und wie komme ich bitte zur Paulskirche?
- \+ Hm, lassen Sie mich nachdenken, also, am besten gehen Sie hier über den Domplatz und dann die Domstraße entlang bis zur Braubachstraße.
- – Domplatz, Domstraße bis Braubachstraße und dann?
- \+ Über die Braubachstraße am Museum für moderne Kunst vorbei bis zur Berliner Straße.
- – Berliner Straße, o.k.
- \+ Dann gehen Sie links die Berliner Straße entlang. Noch etwa 200 Meter und Sie stehen vor der Paulskirche.

C 30

**3.4** **Artikel von zusammengesetzten Nomen.**

| **Auf dem Stadtplan finden Sie zusammengesetzte Nomen.** | der Römer**berg** | **Wie heißen die Artikel von** Berg, Haus, Gasse**?** |
|---|---|---|
| | das Rat**haus** | |
| | die Ziegel**gasse** | **Wie heißen die Artikel von** Römer, Rat, Ziegel**?** |

**Arbeiten Sie bitte mit dem Wörterbuch. Kreuzen Sie dann bitte in der Regel das richtige Wort an.**

Bei zusammengesetzten Nomen bestimmt das ☐ erste ☐ letzte Nomen den Artikel.

**3.5** **Sammeln Sie zu zweit zusammengesetzte Nomen aus den Einheiten 1–15. Wer hat in einer Minute die meisten Nomen mit dem richtigen Artikel?**

das Wörterbuch
die Telefonnummer

INFO

**Frankfurt am Main (637 000 Einwohner) ist die größte Stadt im Bundesland Hessen. Frankfurt ist der wichtigste Banken-, Versicherungs-, und Börsenort in Deutschland. Die Stadt hat auch den größten Flughafen der Bundesrepublik. Heute bestimmen die Hochhäuser der Banken das Bild der Stadt. Daneben gibt es aber auch historische Gebäude. Frankfurt hat in der deutschen Geschichte oft eine wichtige Rolle gespielt. Im Dom wurden einige deutsche Kaiser gekrönt. In der Paulskirche fand 1848/49 die erste deutsche Nationalversammlung statt. Das war der erste (erfolglose) Versuch, Deutschland zu einem demokratischen Staat zu machen. Frankfurt ist auch der Geburtsort Goethes (1749). Seit 1240 ist Frankfurt Messestadt. Weltweit berühmt ist die Frankfurter Buchmesse, die jedes Jahr im Oktober stattfindet. Die Stadt ist auch weltbekannt für ihre Museen und Kunstgalerien.**

## 4 Präpositionen mit Dativ: *(bis) zu* und *an ... (vorbei)*

B 21
C 80

**4.1 Suchen Sie in den Dialogen 1.1 und 3.3 die Präpositionen *zu* und *an*. Ergänzen Sie die Formen.**

(bis) zum ______ Domplatz ________ Dom vorbei

(bis) ________ Museum ________ Rathaus vorbei

(bis) ________ Braubachstraße ________ Ampel

| | | zu + *Dativ* | an + *Dativ* |
|---|---|---|---|
| *maskulinum* | der Platz | zu dem Platz<br>zum Platz | an dem Platz<br>am Platz |
| *neutrum* | das Haus | zu dem Haus<br>zum Haus | an dem Haus<br>am Haus |
| *femininum* | die Straße | zu der Straße<br>zur Straße | an der Straße |

**4.2 Ergänzen Sie die Wegbeschreibungen, vergleichen Sie mit dem Stadtplan und lesen Sie vor.**

1. Fahren Sie die ______ Ziegelgasse ________ und dann links in die Berliner Straße.
2. Fahren Sie drei Stationen mit der Straßenbahn Linie 12, dann kommen Sie direkt ________ Historischen Museum.
3. Fahren Sie ________ ________ Ampel vorbei und dann gleich links. Da ist das Parkhaus.
4. Fahren Sie mit der U-Bahn bis ________ Hauptbahnhof. Da ist die Touristeninformation.
5. Gehen Sie ________ ________ Kunsthalle vorbei, dann 100 Meter und Sie sind ________ Dom.
6. Gehen Sie über ________ Untermainbrücke, dann kommen Sie ______ Deutschen Filmmuseum.
7. Gehen Sie ________ ________ Nikolaikirche vorbei und dann über ________ Römerberg. Dann sind Sie ________ ________ Paulskirche.

**4.3 Wählen Sie eine Situation aus. Üben Sie zu zweit einen Dialog. Der Dialogbaukasten hilft Ihnen. Spielen Sie den Dialog vor.**

1. Sie sind an der Paulskirche und möchten zur „Schirn Kunsthalle".
2. Sie sind am „Museum für moderne Kunst" und suchen das „Historische Museum".
3. Sie sind an der Ecke Fahrgasse/Braubachstraße und suchen die Nikolaikirche.
4. ...

nach dem Weg fragen

| | | | |
|---|---|---|---|
| Entschuldigung,<br>Verzeihung, | wie komme ich<br>wo geht es hier | zum ...,<br>zur ... | bitte? |
| | ich möchte | | bitte. |

## 5 Orientierung im Sprachinstitut

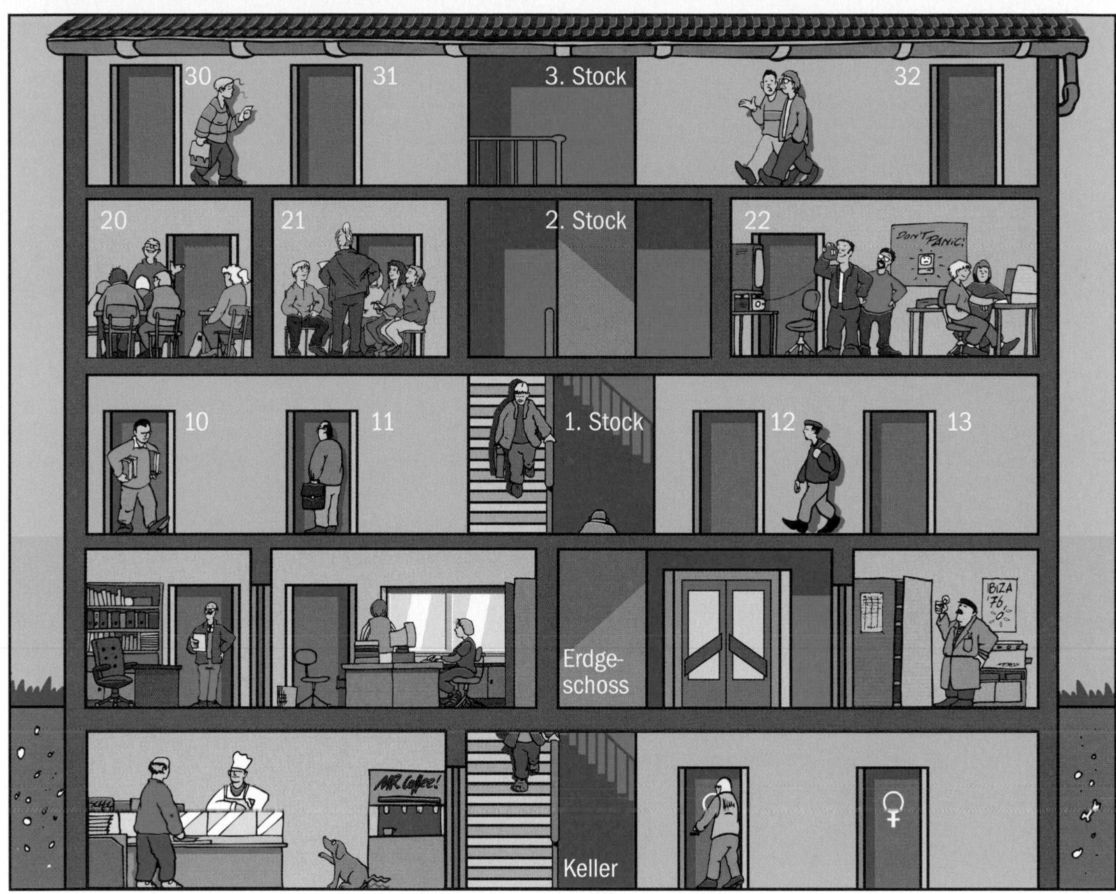


**5.1 Wo ist was in diesem Sprachinstitut? Arbeiten Sie mit dem Dialogbaukasten.**

| nach dem Weg fragen | | den Weg beschreiben | |
|---|---|---|---|
| Entschuldigung, wo ist hier | der Direktor?<br>das Lehrerzimmer?<br>die Toilette? | Gehen Sie | die Treppe runter/hoch …<br>geradeaus …<br>… und dann links/rechts. |
| ich suche | den Direktor.<br>Frau Weißling.<br>das Sekretariat. | Das Lehrerzimmer ist | im ersten Stock.<br>gleich hier rechts.<br>im Raum 11. |
| wie komme ich | zum Computerraum?<br>zum Lehrerzimmer?<br>zur Cafeteria? | | Keine Ahnung.<br>Das weiß ich leider auch nicht. |

**5.2 Fragen Sie nach Räumen in Ihrem Sprachinstitut.**

Entschuldigen Sie, ich suche den Raum Nr. 23.

Hier geradeaus und dann links.

Das ist im zweiten Stock.

# *Option* 2: WIEDERHOLUNG

........ *ein Spiel, ein Lied, Grammatikspiele, Intonation, Wortschatzaufgaben, Dialoge, Gedichte*

## 1 Das Spinnennetz (Wiederholungsspiel)

**Spielregeln:**

1. Sie können mit zwei bis sechs Spielern spielen.
2. Sie brauchen Spielfiguren, einen Würfel, Bleistift und Papier.
3. Es darf nur den Linien entlang gezogen werden.
4. Der Anfang: Spieler 1 würfelt und sucht sich ein Feld aus, das er mit seiner Würfelzahl erreichen kann (z. B. mit einer 2 vom Zentrum nach Feld 11). Er löst die Aufgabe, die zu dem Feld gehört. Richtig? Er bekommt Punkte (z.B. Feld 11 = plus 11 Punkte). Falsch? Er verliert Punkte (Feld 11 = minus 11 Punkte).
5. Die Aufgabe wird gestrichen, d.h., kein anderer Spieler bekommt auf diesem Feld Punkte.
6. Dann kommt Spieler 2 dran usw.
7. Kommt ein Spieler auf ein Feld, das schon besetzt ist, dann wirft er den anderen raus. Der muss zurück zur Spinne.
8. Das Ende: Wer nach 20 Minuten die meisten Punkte hat, hat gewonnen. Oder: Wenn der erste Spieler 250 Punkte hat, endet das Spiel.

**TIPP**: Sie können dieses Spiel mehr als einmal spielen. Sie können auch eigene Aufgaben zum Spiel schreiben.

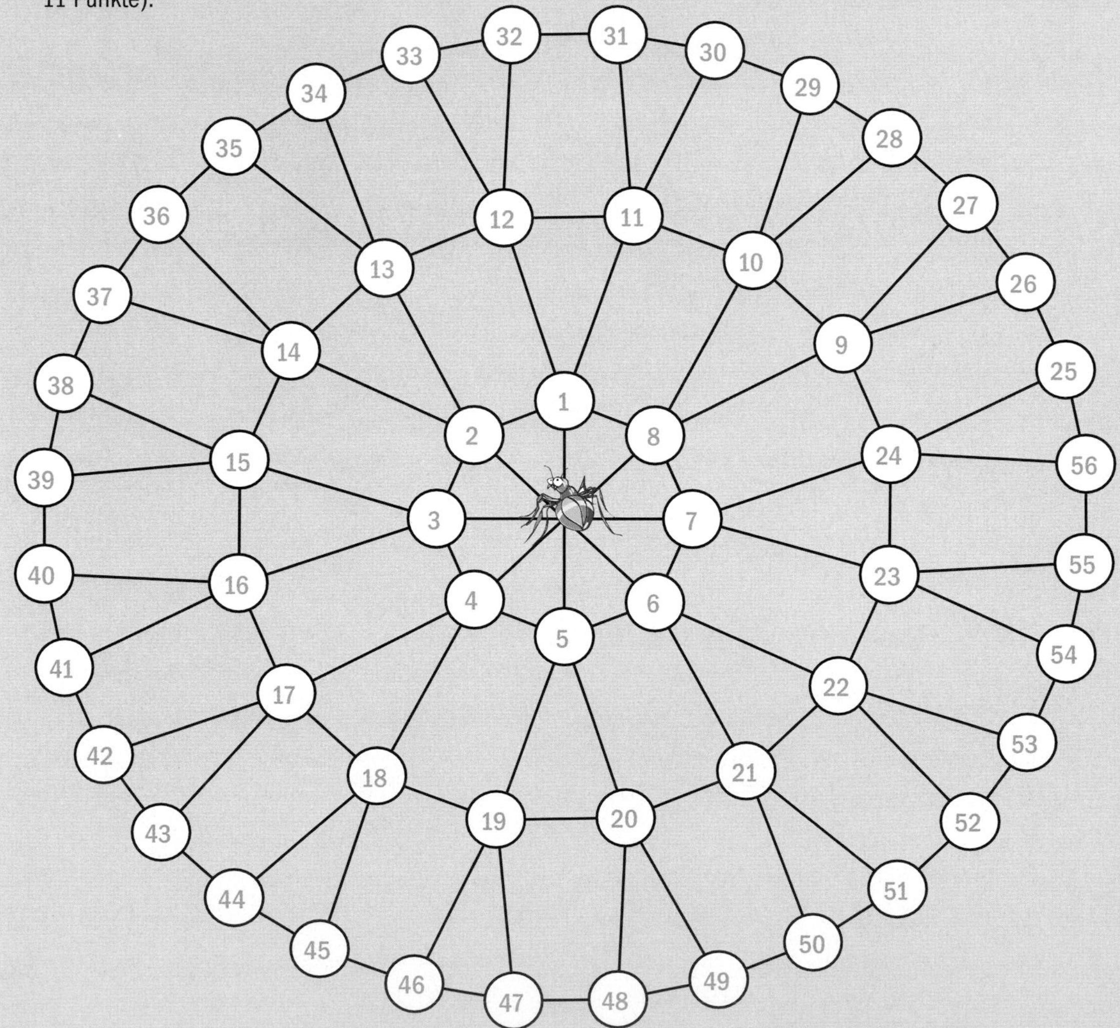

**Aufgaben:**

1. Wie heißen Sie?
2. Wo wohnen Sie?
3. Nennen Sie Ihre Telefonnummer.
4. Buchstabieren Sie Ihren Namen.
5. Was sagen Sie?: + Guten Tag, wie geht's? – …
6. Was sagen Sie?: + Auf Wiedersehen. – …
7. Sprechen Sie Chinesisch?
8. Sprechen Sie nicht Deutsch?
9. Wie heißt der Oberbegriff?: Vater, Mutter, Kinder
10. Wie heißt der Oberbegriff?

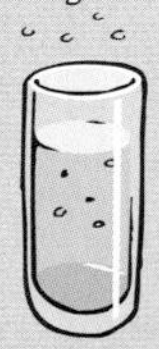

11. Wie heißt das Gegenteil?: schnell – …, lang – …, rot – …
12. Wie viel Uhr ist es jetzt?
13. Welchen Wochentag haben wir heute?
14. An welchem Wochentag haben Sie dieses Jahr Geburtstag?
15. Sie laden zu einer Party ein. Was sagen Sie?
16. Ein Freund macht eine Party. Sie kommen nicht. Was sagen Sie?
17. Sie brauchen ein Blatt Papier. Was sagen Sie?
18. Sie wissen nicht, wann der Kurs beginnt. Was sagen Sie?
19. Nennen Sie 4 Kleidungsstücke.

20. Wie heißen der Artikel und der Plural?: Buch, Bleistift, Computer
21. Wie heißt der Plural?: der Enkel, die Tochter, die Großmutter
22. Konjugieren Sie das Verb sein.
23. Konjugieren Sie das Verb haben.
24. Konjugieren Sie das Verb verstehen.
25. Sie haben Hunger. Bestellen Sie ein Mittagessen.
26. Sie sind im Café. + Was möchten Sie? – …
27. Was essen Sie gerne?
28. Was haben Sie 1986, 1990, 1996 gemacht?
29. Schule: von wann bis wann? Ich …
30. Wie heißt der Satz?: ich / 1987 / leben / in …
31. Wie heißt der Satz?: Mehmet Güler / von 1973 bis 1980 / Izmir / wohnen
32. Wie heißt der Satz im Präteritum?: Mein Vater / Lehrer / sein
33. Wie heißt das Partizip II?: leben, studieren, lernen, vorlesen, anfangen
34. Wie heißt das Partizip II?: kaufen, fotografieren, anrufen, arbeiten
35. Landeskunde – Was bedeuten diese Jahreszahlen?: 1933, 1945, 1989
36. Landeskunde – Wer war was?: Ludwig van Beethoven, Thomas Mann, Albert Einstein
37. Landeskunde – Wie heißen die Hauptstädte der deutschsprachigen Länder?
38. Landeskunde – Im Restaurant: wie viel Trinkgeld?
39. Landeskunde – Nennen Sie vier Nachbarländer von Deutschland.
40. Frankfurt – Ein Stichwort passt nicht: Flughafen, Buchmesse, Banken, Römer, Hafen
41. Grammatikwörter – Wie heißt die Wortart?: mich, dich, sie, euch, …
42. Grammatikwörter – Wie heißen die Wortarten?: schön, laufen, in
43. Grammatikwörter – Wie heißt die Ergänzung?: Er hat <u>ein Fahrrad</u>.
44. Grammatikwörter – Wie heißt die Ergänzung?: <u>Mein Freund</u> ist aus Frankreich.
45. Grammatik: Wo steht im Aussagesatz das Verb?
46. Wegbeschreibung – Ergänzen Sie die Präpositionen: Gehen Sie hier … die Brücke, dann die Museumsgasse … . Das Theater ist … der Museumsgasse … der Post.
47. Sie sind im „Tante-Emma-Laden" und brauchen fünf Dinge: Ich hätte gern …

48. Thema Essen: 10 Substantive mit Artikel und zwei Verben.
49. Was hat Ihre Nachbarin / Ihr Nachbar an?
50. Thema Verwandtschaft: 10 Wörter
51. Geben Sie mir bitte 1 Kilo Äpfel, 200 g …, 1 l … und 1 Tafel … .
52. Ich hätte gern 1 Pfund Karotten, ein … Marmelade und … Joghurt.
53. Nennen Sie drei Lerntipps.
54. Im Restaurant – Das Essen war nicht gut: Die Suppe war zu …, das Steak … und das Eis …
55. In Ihrem Sprachinstitut: Entschuldigung, wie komme ich zum Lehrerzimmer? …
56. Vor Ihrem Sprachinstitut: Verzeihung, wie komme ich zur Post, bitte? …

## 2 Rio Reiser: Montag

**2.1** **Betrachten Sie die Zeichnungen und beschreiben Sie die Situation.**

**2.2** **Hören Sie das Lied und machen Sie dann zu zweit ein Assoziogramm.**

**2.3** **Hören Sie nun das Lied und bringen Sie die Zeichnungen in die richtige Reihenfolge. Ein Bild passt nicht zum Lied.**

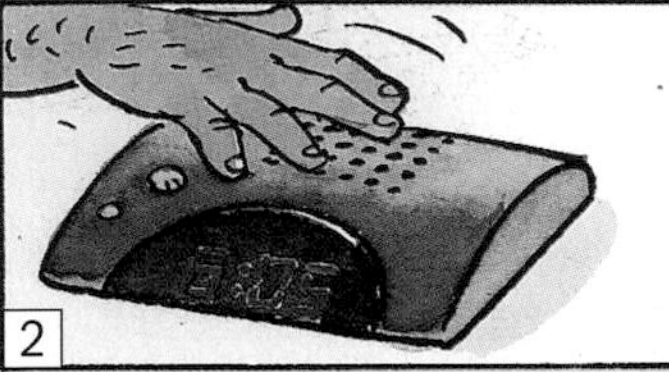


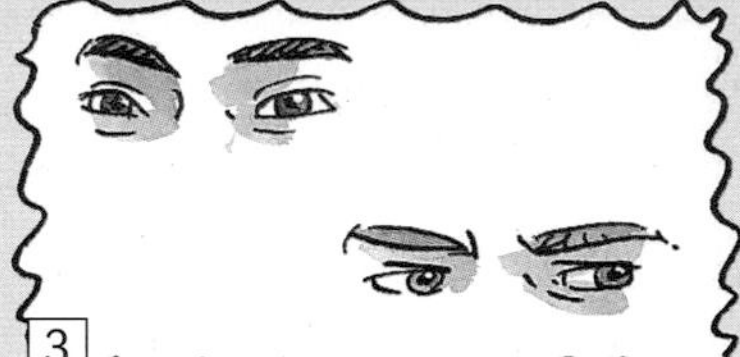

Ich hab geschlafen, hab geträumt.
Da war die Sonne, war der Strand.
Jetzt bin ich wach; was soll ich bloß
um fünf nach sechs in diesem Land?

Ich schau mich um, und was erblick ich
an meiner Wand? Bedrucktes Blatt.
Ich dreh mich weg, und plötzlich weiß ich,
daß dieser Wisch Bedeutung hat.

's Montag. (Ich weiß, was das heißt.)
's Montag. (Wochenende vorbei.)
's Montag. (Nix Neues, ich weiß.)
's Montag. (Und der Freitag ist weit.)

Da war noch was in meinem Traum.
War wohl 'n Mensch oder was war's?
Auf jeden Fall zwei blaue Augen;
oder war'n's braune oder was?

Auf jeden Fall war's
ganz, ganz wichtig.
Es ging ums Leben oder so.
Ich muss das alles
noch mal durchdenken.
Da sagt der Mann
im Radio:

Refrain

Soll ich mal ganz
ehrlich sagen, was ich denke?
Ich weiß gar nicht genau, ob ich das brauch.
Ich mein diesen Tag, der nach dem Sonntag kommt.
Ich glaub, den lass ich heute besser aus.

Refrain

**2.4** **Lesen Sie den Liedtext und hören Sie das Lied noch einmal. Bei einigen Wörtern fehlen Buchstaben. Welche?**

**2.5** **Ergänzen Sie den Satz:**

In der gesprochenen Sprache fällt in der 1. Person Singular das _________ oft weg.

## 3 Tischtennis

**Spielregeln:**

1. Arbeiten Sie in zwei Gruppen.
2. Sie haben 15 Minuten Zeit. Schreiben Sie 10 Aufgaben zu den Einheiten 1–16.

Beispiele:
- Grammatik: Wie heißt der Artikel von Klassenzimmer?
- Informationen aus dem Buch: Wie heißt die Tochter von Mehmet Güler?
- Landeskunde: Wo steht die Semper-Oper?
- Definitionen: Es ist rund und rot. / Es ist rot und süß.
- Wortschatz: Was ist das Gegenteil von schnell?

3. Jede Gruppe legt eine Münze auf ihr Feld.

4. Gruppe 1 stellt die erste Frage.
Gruppe 2 antwortet richtig. Gruppe 2 bekommt den Aufschlag, d.h., Gruppe 2 stellt die nächste Frage.
Gruppe 2 antwortet falsch: Der Ball fliegt zu Gruppe 2 ins Feld. Gruppe 1 fragt weiter. Gruppe 2 antwortet wieder falsch: 1:0 für Gruppe 1.

5. Wer zuerst 10 Punkte hat, gewinnt.

**TIPP:** Sie können dieses Spiel immer wieder mit ganz verschiedenen Aufgaben spielen.

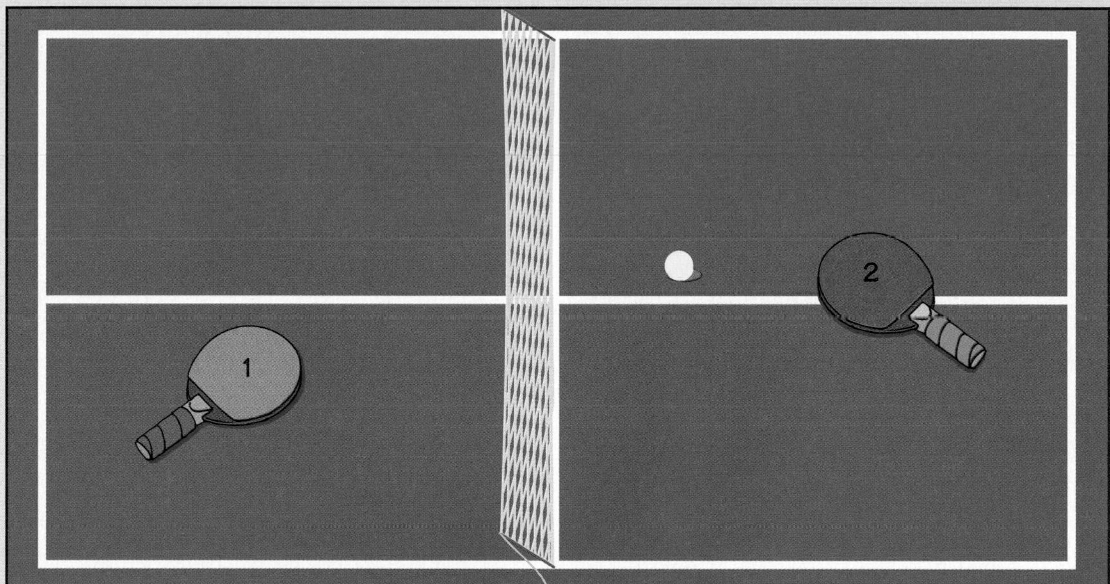


## 4 Intonation

4.1 **Wortakzent – Hören Sie die Kassette und markieren Sie.**

Speisekarte Vorspeise Tomatensuppe Hauptgericht Schweinebraten Sauerkraut Kartoffelpüree Getränke Weißwein Nachspeisen Schokoladeneis

4.2 **Wortakzent – langer (_) oder kurzer ( • ) Vokal? Hören Sie 4.1 noch einmal und markieren Sie genauer.**

4.3 **Wortakzent – kurzer oder langer Vokal? Markieren Sie und kontrollieren Sie danach mit der Kassette.**

Bluse Rock Strümpfe Hemd Krawatte Schuh Pullover Hose

4.4 **Sie haben 30 Sekunden Zeit. Ergänzen Sie die Artikel in 4.1 und 4.3.**

**4.5 Satzakzent – Hören Sie die Kassette. Welche Markierung ist richtig?**

1. [a] Entschuldigung, <u>wie</u> komme ich zur Bahnhofstraße?
   [b] Entschuldigung, wie komme ich zur <u>Bahnhofstraße</u>?
   [c] Entschuldigung, wie <u>komme</u> ich zur Bahnhofstraße?
2. [a] <u>Haben</u> Sie noch Milch da?
   [b] Haben Sie noch Milch <u>da</u>?
   [c] Haben Sie noch <u>Milch</u> da?
3. [a] + Lernt Ihr hier <u>Deutsch</u>? – Ich <u>lerne</u> Deutsch. Aber Petra lernt <u>Chinesisch</u>.
   [b] + Lernt Ihr hier <u>Deutsch</u>? – <u>Ich</u> lerne Deutsch. Aber Petra lernt <u>Chinesisch</u>.
   [c] + Lernt Ihr hier <u>Deutsch</u>? – Ich lerne <u>Deutsch</u>. Aber <u>Petra</u> lernt Chinesisch.

## 5 Wörter

### 5.1 Artikel-Gymnastik

1. Jeder schreibt auf einen kleinen Zettel zwei bis drei Nomen ohne Artikel.
2. Die Zettel werden eingesammelt.
3. Der Kurs wird in drei Gruppen geteilt: der-Gruppe, das-Gruppe, die-Gruppe.
4. Eine Kursteilnehmerin oder ein Kursteilnehmer liest die Nomen vor.
5. Die Gruppe mit dem passenden Artikel steht auf.
6. Wer beim falschen Artikel aufsteht, scheidet aus.
7. Die Gruppe, die am Ende die meisten Kursteilnehmer hat, hat gewonnen.

### 5.2 Nomen und Verben – Was passt zusammen? Es gibt viele Möglichkeiten. Schreiben Sie jeweils ein Beispiel.

| | | | |
|---|---|---|---|
| der Brief | das Spiel | bestellen | machen |
| der Einkaufszettel | das Telefon | besuchen | markieren |
| der Kaffee | die Sprache | einladen | schreiben |
| der Text | die Familie | erzählen | spielen |
| das Bild | die Hausaufgabe | essen | trinken |
| das Mineralwasser | die Speisekarte | hören | vergessen |
| das Museum | die Geschichte | kaufen | wiederholen |
| das Problem | die Rechnung | lesen | anschauen |

*der Brief – lesen, schreiben, vergessen*

*Ich habe den Brief zu Hause vergessen.*

### 5.3 Hier sind horizontal und vertikal Wörter versteckt. 18 davon gehören zu drei Gruppen. Finden Sie die Wörter und geben Sie jeder Gruppe einen Namen.

| | | | | | | | | | | | | | |
|---|---|---|---|---|---|---|---|---|---|---|---|---|---|
| E | R | G | Ä | N | Z | U | N | G | L | A | X | C | H |
| M | A | Y | D | A | T | I | V | H | G | L | A | S | O |
| B | A | O | M | B | R | O | T | A | F | E | L | I | N |
| A | P | F | E | L | P | F | U | N | D | L | A | H | Y |
| N | A | K | K | U | S | A | T | I | V | L | T | D | O |
| A | K | U | X | K | Ä | S | E | H | K | I | L | O | H |
| N | O | M | I | N | A | T | I | V | Z | T | O | S | R |
| E | G | Y | V | E | R | B | U | T | T | E | R | E | X |
| G | R | A | M | M | O | Z | B | I | E | R | E | W | A |

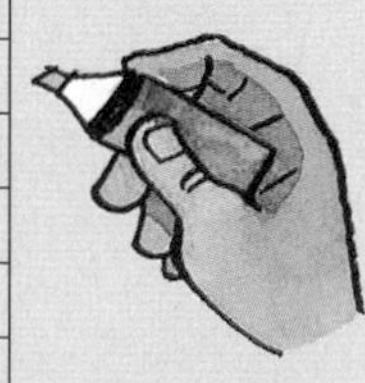

5.4 **Nehmen Sie ein großes Blatt Papier und machen Sie ein Wörternetz zum Thema „Deutschunterricht".**

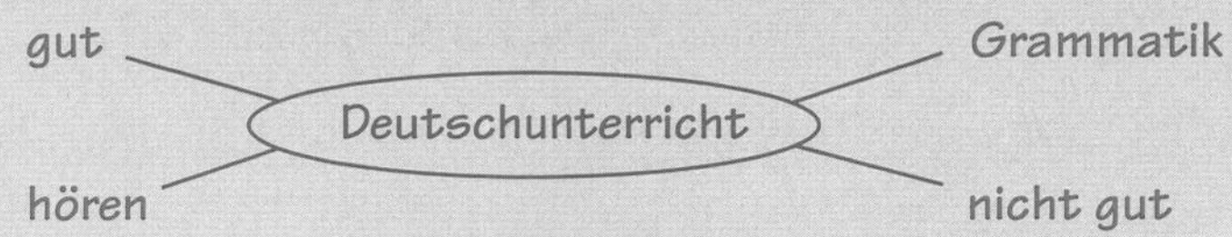


5.5 **Mit den folgenden Wörtern können Sie einige Lerntipps zum Wörterlernen und einen zum Lesen schreiben. Wie viele finden Sie? Viele Wörter können Sie mehrmals verwenden.**

| | | | | | |
|---|---|---|---|---|---|
| Nomen | immer | Bildern | dem | verbinden | Artikel |
| lernen | Lesen | Pluralform | Wörter | in Wortgruppen | vor |
| Kontext | Neue | alten | Hypothesen | mit | der |

## 6 Dialoge

6.1 **Wählen Sie eine Dialoggrafik aus, schreiben Sie den Dialog und üben Sie ihn. Oder machen Sie 6.2. Die Aufgabe 6.2 ist einfacher.**

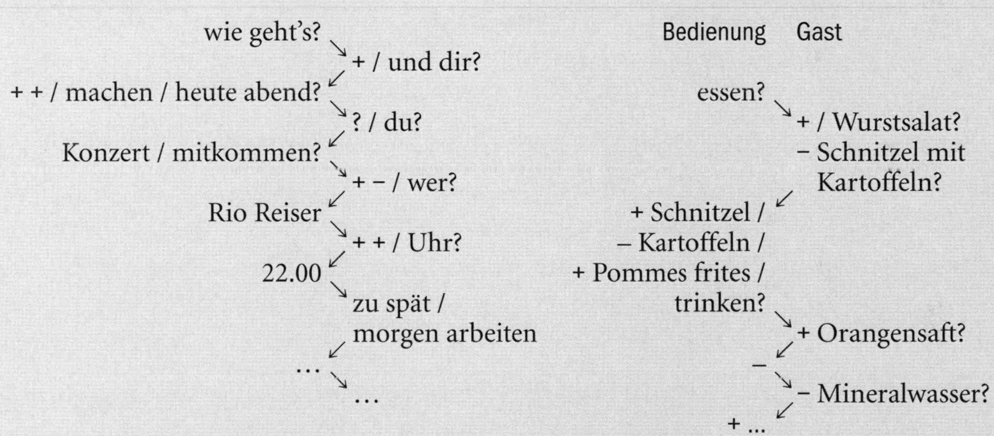


6.2 **Hier sind zwei Dialoge durcheinander. Ordnen Sie sie bitte. Kontrollieren Sie mit der Kassette.**

- ☐ Super, danke! Was machst du heute abend?
- ☐ Ich weiß noch nicht, und du?
- ☐ Hallo, Anja, wie geht's?
- ☐ Rio Reiser.
- ☐ Danke, gut, und dir?
- ☐ Ich gehe ins Konzert.
- ☐ Um zehn.
- ☐ Und zu trinken?
- ☐ Gut, dann nehme ich das.
- ☐ Möchten Sie etwas essen?
- ☐ Einen Orangensaft, bitte.
- ☐ Also o.k., ich komm mit.
- ☐ Wer spielt?
- ☐ Ach komm … das eine Mal geht das doch.
- ☐ Haben wir nicht.
- ☐ Ja, selbstverständlich.
- ☐ Schnitzel ja, aber nur mit Pommes frites.
- ☐ Haben Sie Mineralwasser?
- ☐ Ja, ich hätte gerne einen Wurstsalat.
- ☐ Mhm, also, was nehme ich dann? Äh, haben Sie Schnitzel mit Kartoffeln?
- ☐ Zehn Uhr erst? Das ist zu spät! Ich muss morgen arbeiten.
- ☐ Super! Ich komme mit. Wann fängt das Konzert an?
- ☐ Tut mir leid, Wurstsalat haben wir heute nicht.

## 7 Leseecke: Gedichte von Ernst Jandl

Ernst Jandl wurde am 1.8.1925 in Wien geboren. Er ist einer der wichtigsten Vertreter des „experimentellen Gedichts“ bzw. der „Konkreten Poesie“. Jandl spielt mit den Inhalten und den Formen der Sprache. Genauso wichtig wie das Wort ist für ihn, wie es auf dem Papier steht (Schrift, Grafik) und wie es gesprochen wird (Intonation).

**Was kann man mit den Gedichten machen?**

Neun Hinweise:

1. lesen
2. die Bilder den Gedichten zuordnen
3. laut lesen
4. zu Hause (laut) lesen
5. im Kurs gemeinsam lesen und variieren
6. Fragen stellen
7. in der Muttersprache darüber sprechen
8. eigene Gedichte schreiben oder Bilder malen
9. nichts, wenn Sie diese Gedichte nicht mögen

1

sieben weltwunder

und das wievielte bin ich?
und das wievielte bist du?
und das wievielte ist die kuh?
und das wievielte ist der uhu?
und das wievielte ist das känguruh?
und das wievielte ist der marabu?
und wieviele bleiben übrig
wenn es den marabu und das känguruh und den uhu
und die kuh und dich und mich
einmal nicht mehr gibt?

2

bericht

was sich den ganzen tag so tut
was sich das ganze jahr so tut
was sich die ganze zeit so tut
was sich halt so tut
was sich halt den ganzen tag so tut
was sich halt das ganze jahr so tut
was sich halt die ganze zeit so tut
halt was sich so tut
halt was sich den ganzen tag so tut
halt was sich das ganze jahr so tut
halt was sich die ganze zeit so tut
was sich so tut halt
was sich den ganzen tag so tut halt
was sich das ganze jahr so tut halt
was sich die ganze zeit so tut halt

3

| 1944 | 1945 |
|---|---|
| krieg | krieg |
| krieg | krieg |
| krieg | krieg |
| krieg | krieg |
| krieg | mai |
| krieg | |
| krieg | |
| krieg | |
| krieg | |
| krieg | |
| krieg | |
| krieg | |

4

nein

nein

nein

nein

nein

nein

nein

(beantwortung
von sieben nicht
gestellten fragen)

5

sieben kinder

wieviele kinder haben sie eigentlich? – sieben
zwei von der ersten frau
zwei von der zweiten frau
zwei von der dritten frau
und eins
ein ganz kleins
von mir selber

6

familienfoto

der vater hält sich gerade
die mutter hält sich gerade
der sohn hält sich gerade
der sohn hält sich gerade
der sohn hält sich gerade
der sohn hält sich gerade
der sohn hält sich gerade
die tochter hält sich gerade
die tochter hält sich gerade

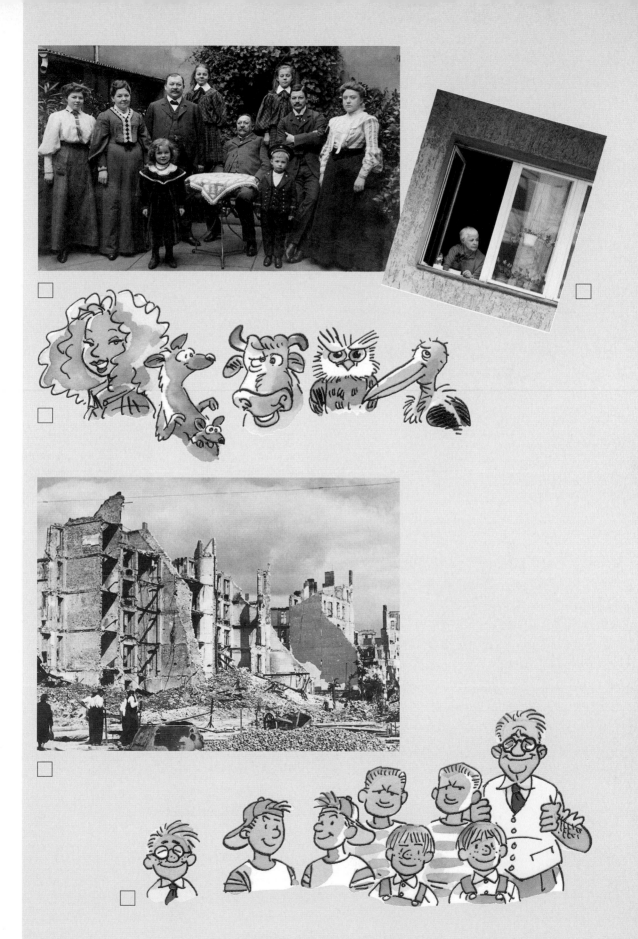

# EINHEIT 17: KALENDER, FESTE, FEIERTAGE

........ *nach Daten fragen / Daten angeben*
........ *Feste und Feiertage*
........ *Glückwünsche*
........ *Ordinalzahlen*

## 1 Das Jahr hat 4 Jahreszeiten, 12 Monate, 52 Wochen und 365 Tage

| | JANUAR | | | | |
|---|---|---|---|---|---|
| Woche | 1 | 2 | 3 | 4 | 5 |
| Mo | | 6 | 13 | 20 | 27 |
| Di | | 7 | 14 | 21 | 28 |
| Mi | 1 | 8 | 15 | 22 | 29 |
| Do | 2 | 9 | 16 | 23 | 30 |
| Fr | 3 | 10 | 17 | 24 | 31 |
| Sa | 4 | 11 | 18 | 25 | |
| So | 5 | 12 | 19 | 26 | |

Jetzt fängt das schöne Frühjahr an,
und alles fängt zu blühen an
auf grüner Heid und überall. …
Volkslied

Der Wonnemonat Mai.
Spruch

| | MÄRZ | | | | | |
|---|---|---|---|---|---|---|
| Woche | 9 | 10 | 11 | 12 | 13 | 14 |
| Mo | | 3 | 10 | 17 | 24 | 31 |
| Di | | 4 | 11 | 18 | 25 | |
| Mi | | 5 | 12 | 19 | 26 | |
| Do | | 6 | 13 | 20 | 27 | |
| Fr | | 7 | 14 | 21 | 28 | |
| Sa | 1 | 8 | 15 | 22 | 29 | |
| So | 2 | 9 | 16 | 23 | 30 | |

| | MAI | | | | |
|---|---|---|---|---|---|
| Woche | 18 | 19 | 20 | 21 | 22 |
| Mo | | 5 | 12 | 19 | 26 |
| Di | | 6 | 13 | 20 | 27 |
| Mi | | 7 | 14 | 21 | 28 |
| Do | 1 | 8 | 15 | 22 | 29 |
| Fr | 2 | 9 | 16 | 23 | 30 |
| Sa | 3 | 10 | 17 | 24 | 31 |
| So | 4 | 11 | 18 | 25 | |

Im Sommer fallen die
dicken Leute auf,
im Winter die dünnen.
Walter Benjamin

| | FEBRUAR | | | | |
|---|---|---|---|---|---|
| Woche | 5 | 6 | 7 | 8 | 9 |
| Mo | | 3 | 10 | 17 | 24 |
| Di | | 4 | 11 | 18 | 25 |
| Mi | | 5 | 12 | 19 | 26 |
| Do | | 6 | 13 | 20 | 27 |
| Fr | | 7 | 14 | 21 | 28 |
| Sa | 1 | 8 | 15 | 22 | |
| So | 2 | 9 | 16 | 23 | |

Die Frühjahrsmode –
luftig, leicht und lustig
Werbetext

| | APRIL | | | | |
|---|---|---|---|---|---|
| Woche | 14 | 15 | 16 | 17 | 18 |
| Mo | | 7 | 14 | 21 | 28 |
| Di | 1 | 8 | 15 | 22 | 29 |
| Mi | 2 | 9 | 16 | 23 | 30 |
| Do | 3 | 10 | 17 | 24 | |
| Fr | 4 | 11 | 18 | 25 | |
| Sa | 5 | 12 | 19 | 26 | |
| So | 6 | 13 | 20 | 27 | |

Fastnacht in Basel

Im April, im April macht das
Wetter, was es will. Spruch

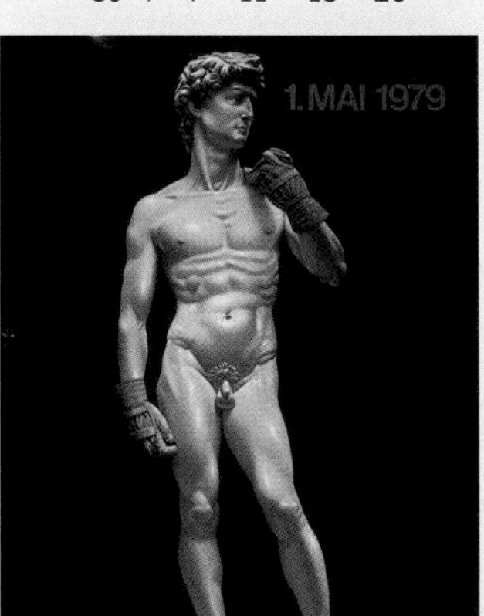

1. MAI 1979
KULTUR FÜR ALLE
ARBEIT FÜR ALLE


1. Mai: Tag der Arbeit

Osterkorb mit Süßigkeiten

FAUST: Vom Eise befreit
sind Strom und Bäche
Durch des Frühlings hol-
den, belebenden Blick;
Im Tale grünet
Hoffnungsglück;
Der alte Winter in seiner
Schwäche,
Zog sich in rauhe Berge
zurück.
J.W. v. Goethe

Wenn nass und kalt der Juni war,
verdirbt er meist das ganze Jahr.
Bauernregel

Regnet's im Mai,
ist der April vorbei.
Spruch

| | JUNI | | | | | |
|---|---|---|---|---|---|---|
| Woche | 22 | 23 | 24 | 25 | 26 | 27 |
| Mo | | 2 | 9 | 16 | 23 | 30 |
| Di | | 3 | 10 | 17 | 24 | |
| Mi | | 4 | 11 | 18 | 25 | |
| Do | | 5 | 12 | 19 | 26 | |
| Fr | | 6 | 13 | 20 | 27 | |
| Sa | | 7 | 14 | 21 | 28 | |
| So | 1 | 8 | 15 | 22 | 29 | |

Jetzt kommt die fünfte Jahreszeit: Urlaub total, Sonne satt! Werbetext

| | JULI | | | | |
|---|---|---|---|---|---|
| Woche | 27 | 28 | 29 | 30 | 31 |
| Mo | | 7 | 14 | 21 | 28 |
| Di | 1 | 8 | 15 | 22 | 29 |
| Mi | 2 | 9 | 16 | 23 | 30 |
| Do | 3 | 10 | 17 | 24 | 31 |
| Fr | 4 | 11 | 18 | 25 | |
| Sa | 5 | 12 | 19 | 26 | |
| So | 6 | 13 | 20 | 27 | |

Das ist der Herbst: der – bricht dir noch das Herz.
Friedrich Nietzsche

| | OKTOBER | | | | |
|---|---|---|---|---|---|
| Woche | 40 | 41 | 42 | 43 | 44 |
| Mo | | 6 | 13 | 20 | 27 |
| Di | | 7 | 14 | 21 | 28 |
| Mi | 1 | 8 | 15 | 22 | 29 |
| Do | 2 | 9 | 16 | 23 | 30 |
| Fr | 3 | 10 | 17 | 24 | 31 |
| Sa | 4 | 11 | 18 | 25 | |
| So | 5 | 12 | 19 | 26 | |

Es war eine Mutter, die hatte vier Kinder, den Frühling, den Sommer, den Herbst und den Winter. ...
Volkslied

| | DEZEMBER | | | | |
|---|---|---|---|---|---|
| Woche | 49 | 50 | 51 | 52 | 53 |
| Mo | 1 | 8 | 15 | 22 | 29 |
| Di | 2 | 9 | 16 | 23 | 30 |
| Mi | 3 | 10 | 17 | 24 | 31 |
| Do | 4 | 11 | 18 | 25 | |
| Fr | 5 | 12 | 19 | 26 | |
| Sa | 6 | 13 | 20 | 27 | |
| So | 7 | 14 | 21 | 28 | |

... in unserem Lande ist es sehr frostig und feucht, unser Sommer ist nur ein grün angestrichener Winter, sogar die Sonne muss bei uns eine Jacke von Flanell tragen.
Heinrich Heine

Oktoberfest in München

Weihnachtsbaum mit Schmuck

| | AUGUST | | | | |
|---|---|---|---|---|---|
| Woche | 31 | 32 | 33 | 34 | 35 |
| Mo | | 4 | 11 | 18 | 25 |
| Di | | 5 | 12 | 19 | 26 |
| Mi | | 6 | 13 | 20 | 27 |
| Do | | 7 | 14 | 21 | 28 |
| Fr | 1 | 8 | 15 | 22 | 29 |
| Sa | 2 | 9 | 16 | 23 | 30 |
| So | 3 | 10 | 17 | 24 | 31 |

3. Oktober: Tag der Deutschen Einheit

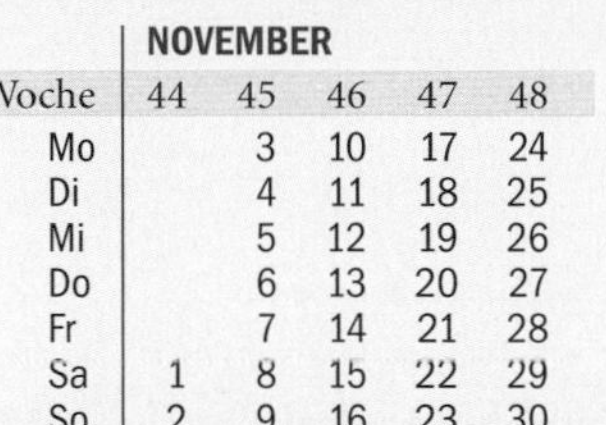

Feuerwerk zum neuen Jahr

Ist der schöne August gewichen, kommen die Herrn mit „r" geschlichen.
Spruch

| | SEPTEMBER | | | | |
|---|---|---|---|---|---|
| Woche | 36 | 37 | 38 | 39 | 40 |
| Mo | 1 | 8 | 15 | 22 | 29 |
| Di | 2 | 9 | 16 | 23 | 30 |
| Mi | 3 | 10 | 17 | 24 | |
| Do | 4 | 11 | 18 | 25 | |
| Fr | 5 | 12 | 19 | 26 | |
| Sa | 6 | 13 | 20 | 27 | |
| So | 7 | 14 | 21 | 28 | |

| | NOVEMBER | | | | |
|---|---|---|---|---|---|
| Woche | 44 | 45 | 46 | 47 | 48 |
| Mo | | 3 | 10 | 17 | 24 |
| Di | | 4 | 11 | 18 | 25 |
| Mi | | 5 | 12 | 19 | 26 |
| Do | | 6 | 13 | 20 | 27 |
| Fr | | 7 | 14 | 21 | 28 |
| Sa | 1 | 8 | 15 | 22 | 29 |
| So | 2 | 9 | 16 | 23 | 30 |

Durchschnittstemperaturen von Hamburg

| **MONAT** | 1 | 2 | 3 | 4 | 5 | 6 | 7 | 8 | 9 | 10 | 11 | 12 |
|---|---|---|---|---|---|---|---|---|---|---|---|---|
| Temperatur | 1 | 2 | 5 | 7 | 12 | 16 | 20 | 18 | 13 | 10 | 7 | 3 |

**1.1 Sammeln Sie bitte die Monatsnamen und Jahreszeiten aus der Collage an der Tafel.**

**1.2 Auf der Kassette sind einige Ausschnitte aus Liedern zu den Jahreszeiten. Welches Lied gefällt Ihnen am besten? Gibt es in Ihrer Sprache Lieder zu den Jahreszeiten?**

**1.3 In welchem Monat ...? – Wer findet die Antworten zuerst? Die Collage hilft.**

1. Welche Monate haben 31 Tage?
2. Welche Monate haben 30 Tage?
3. Welcher Monat hat 28/29 Tage?
4. Welche Monate haben ein „r" am Ende?
5. Wann macht das Wetter, was es will?

## 2 Ordinalzahlen und Daten

**2.1** Für Datumsangaben brauchen Sie die Ordinalzahlen.

Einige Ordinalzahlen sind unregelmäßig.
Sie sind in der Tabelle markiert.

> **LERNTIPP** Von 2. (zwei**te**) bis 19. (neunzehn**te**) enden die Ordinalzahlen auf **-te(n)**, ab 20. (zwanzig**ste**) immer auf **-ste(n)**.

B 25
C 76
Anhang 1

**2.2** Daten angeben – Ergänzen Sie bitte die Tabelle.

| Datum | + Welches Datum ist heute?<br>– Heute ist | + Wann kommst du?<br>– Ich komme |
|---|---|---|
| 1. 1. | der **erste** Januar | am ersten Januar |
| 2. 2. | der zweite ______ | am zweiten ______ |
| 3. 3. | der **dritte** ______ | am dritten ______ |
| 4. 4. | der vier______ | am ______ |
| 5. 5. | ______ | ______ |
| 6. 6. | ______ | ______ |
| 7. 7. | der **siebte** ______ | ______ |
| 8. 8. | ______ | ______ |
| 9. 9. | ______ | ______ |
| 10.10. | ______ | ______ |
| 20.11. | der zwanzig**ste** ______ | ______ |
| 31.12. | der einund______ | ______ |

Ich komme am ersten Ersten.

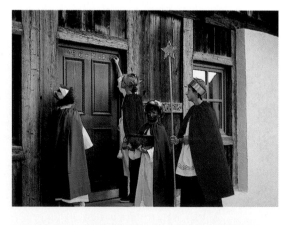

**INFO**

In den deutschsprachigen Ländern gibt es relativ viele Feiertage (10–16 Tage pro Jahr). An diesen Tagen sind die Geschäfte geschlossen und die Firmen arbeiten nicht. Die meisten Feiertage sind kirchliche Festtage, wie z.B. der „Karfreitag“, das ist der Freitag vor Ostern, oder „Heilige Drei Könige“, das ist der 6. Januar (s. Foto). Staatliche Feiertage sind z.B. in Deutschland der „Tag der Deutschen Einheit“ am 3. Oktober, in Österreich der „Nationalfeiertag“ am 26. Oktober und in der Schweiz die „Bundesfeier“ am 1. August.
An Weihnachten gibt es in Deutschland und Österreich und in einigen Kantonen der Schweiz zwei Feiertage (25. und 26. 12.). Auch am Ostermontag und Pfingstmontag wird nicht gearbeitet.
Viele Feiertage gibt es nur in bestimmten Regionen. So feiert man z.B. „Heilige Drei Könige“ nur in mehrheitlich katholischen Regionen und der „Karfreitag“ ist in ganz Deutschland Feiertag, aber nicht in Österreich und in der Schweiz nur in den protestantischen Kantonen.

**2.3 Arbeiten Sie mit der Collage auf Seite 122/123, einem Kalender und dem Dialogbaukasten. Fragen Sie sich gegenseitig: Wann ist was?**

| nach dem Datum fragen | | das Datum / den Wochentag nennen |
|---|---|---|
| Der Wievielte<br>Welches Datum<br>Welcher Tag<br>… | ist heute? | Heute? Der dreißigste September.<br>Heute haben wir den dreißigsten Mai.<br>Heute ist Montag. |
| Wann<br>Am Wievielten | hast du Geburtstag?<br>ist das Konzert?<br>ist dieses Jahr Ostern? | Nächste Woche am Dienstag.<br>Am einunddreißigsten Oktober.<br>Am 8. und 9. April. |

Am Dienstag? Was ist das für ein Datum?

Der siebzehnte.

Am Vierten? Was ist das für ein Wochentag?

Ein Samstag.

Am Wievielten ist der Fastnachtsumzug?

Wann beginnt …?

Wann ist das Weihnachtskonzert?

Wann hast du …?

**2.4 Fragen Sie sich gegenseitig nach Feiertagen in Ihrem Land.**

Hast du keine passende Kleidung?

**2.5 Hören Sie die Kassette und notieren Sie die Daten.**

der Geburtstag von Margot ____________________

der Tag der Deutschen Einheit ____________________

der Test ____________________

die Semesterferien ____________________

**2.6 Hören Sie die Kassette. Notieren Sie Daten und Uhrzeiten.**

Bus ____________________

Kinoprogramm ____________________

____________________

____________________

Ausgehen ____________________

Peter ____________________

Party ____________________

Familie Müller:

wegfahren ____________________,

zurückkommen ____________________

Hochzeit ____________________

Anruf ____________________

Radio ____________________

**Die Veranstalterinnen**

**Freitag, 23.9.94, 20 Uhr**
Parktheater Bensheim
*JANGO EDWARDS*
Live-Show "Classics"

**Mittwoch, 28.9.94, 20 Uhr**
Parktheater Bensheim
*REINER KRÖHNERT*
"Reiner flog übers Kuckucksnest"

**Mittwoch, 12.10.94, 20 Uhr**
Kongreßhalle Darmstadt
*LISA FITZ*
One-Women-Kabarett-Show "Heil"

**Freitag, 14.10.94, 20 Uhr**
Parktheater Bensheim
*AXEL ZWINGENBERGER*
*Solo*
Boogie Woogie Piano

**Mittwoch, 26.10.94, 20 Uhr**
Parktheater Bensheim
*DIETER THOMAS und HENDRIKE VON SYDOW*
vom Frankfurter Fronttheater mit ihrem neuen Programm "Ex und Mob"

**Freitag, 11.11.94, 20 Uhr**
Parktheater Bensheim
STEWART & ROSS
"Write or Wrong" US-Comedy-Show der Extraklasse

**Dienstag, 15.11.94, 20 Uhr**
Parktheater Bensheim
*THE JACKSON SINGERS*
Gospel & Spiritual-Songs

**Donnerstag, 1.12.94, 20 Uhr**
*HANNS DIETER HÜSCH*
"Ein neues Kapitel"

**Freitag, 9.12.94, 20 Uhr**
Stadthalle Heidelberg
*KONSTANTIN WECKER*
(zusätzl. Vvk.: Tourist-Information, Kaiserring 10-16, Mannheim, Tel. 0621/101011)

**Montag, 9.1.95, 20 Uhr**
Parktheater Bensheim
*UNITED JAZZ + ROCK ENSEMBLE*
20 Jahre United Jubiläums-Tournee 1994/95

Vorverkauf:
Schmuckhaus, Am Rinnentor 6, Bensheim, Tel.: 06251/64699 und Info-Stand Luisencenter, Darmstadt, Tel.: 06151/20228

*Mittwoch ab 21 Uhr*
***Salsa y Merengue***
*Eintritt frei*

*Donnerstag ab 21 Uhr*
***Reggae-Night:***
*Lady Night*
*(für Damen Eintitt frei)*

*Freitag: ab 21 Uhr*
***Salsa und Reggae***

*Samstag ab 21 Uhr*
***Salsa y Merengue***
*mit DJ Luis*

**Regelmäßig Tanzkurse bei *ANGEL***
**INFOS unter *HD/840391***
***Mittwochs 14-tägig Schnupperkurse von 21 - 22 Uhr***

## Video-Kamera-Seminare
**mit dem Buchautor Bernd Wilkens**

**Anfänger-Seminare: Fr. 14. 10. + Mi. 23. 11. + Di. 13. 12.**
Es wird Ihnen bei diesen Veranstaltungen alles Wissenswerte über Camcorder, Zubehör, Aufnahme, Schnitt und Vertonung demonstriert.
Die Vorführung erfolgt an Geräten der unterschiedlichsten Marken, sowie an realistischen Beispielen aus dem Alltag eines jeden Videofilmers.
Die Zahl der Teilnehmer ist begrenzt, melden Sie sich daher gegen Zahlung einer Anmeldegebühr in Höhe von DM 20,– schnellstmöglich zu einem der oben angegebenen Termine an.

**GREDEL**
***TV-HIFI-VIDEO-TELEKOM***
***Schwetzinger Str.22 · 68782 Brühl · Tel. 06202/71870 · Fax 06202/77634***

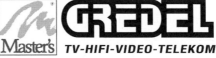

## Premieren im September

***1.9.*** ***Zimmer frei***
*Theater Alte Werkstatt Frankenthal*

***3.9.*** ***Rose und Regen. Schwert und Wunde. Ein Sommernachtstraum***
*von William Shakespeare, für Jugendliche ab 14 Jahren, Schnawwl/Kulturzentrum Alte Feuerwache Mannheim*

***10.9.*** ***Der Raub der Sabinerinnen***
*Schauspiel von Franz und Paul von Schönthan, Nationaltheater Mannheim*

***11.9.*** ***Ein Winter unterm Tisch***
*Schauspiel von Roland Topor, Nationaltheater Mannheim*

***16.9.*** ***Iphigenie auf Tauris***
*Schauspiel von Johann Wolfgang von Goethe, Nationaltheater Mannheim*

***16.9.*** ***Geschichten aus dem Wienerwald***
*von Ödön von Horváth, Theaterinitiative Ladenburg, „Pflastermühle" des Jugendzentrums „die Kiste", Wallstadterstr., Ladenburg*

***18.9.*** ***Nebensache***
*von Gitte Kath und Jakob Mendel, für Menschen ab 5 Jahren, Schnawwl/Kulturzentrum Alte Feuerwache Mannheim*

***22.9.*** ***Eine Mittsommernachts-Sex-Komödie***
*von Woody Allen, PiPaPo-Kellertheater Bensheim, Wambolter Hof*

***24.9.*** ***Notre-Dame-des-Fleurs***
*Tanztheater frei nach dem gleichnamigen Roman von Jean Genet, Hinterhofbühne Theaterhaus TiG7, Mannheim*

***25.9.*** ***Der Rosenkavalier***
*Oper von Richard Strauss, Theater der Stadt Heidelberg*

KULTURZENTRUM TOLLHAUS
SCHLACHTHAUSSTRASSE 1 • KARLSRUHE

9.9. **DIE RATTEN**
Das Berliner Obdachlosentheater nagt an Beckett

10.9. **PETER SPIELBAUER**
Clown, Akrobat oder Psycho-Philosoph

15.9. **GREGOR LAWATSCH**
"Der letzte Schrei"
Solo eines Nichtwählers für die schweigende Mehrheit

17.9. **RICHARD ROGLER**
"Finish"

22.9.- 24.9. **URAUFFÜHRUNG IM TOLLHAUS**
**COLLEGE OF HEARTS**
HONKA HE - Das Musical zum Thema Mobbing

25.9. Knitting Factory Presents:
Silent Films/Loud Music 1
**SAMM BENNETT - COCO THE CLOWN**
Der New Yorker Schlagzeuger trifft auf eine der ältesten Zeichentrickfiguren

28.9.- 30.9. **MARCUS JEROCH**
"Worthe Ater - Skurril-virtuose Jonglage mit Worten, Sätzen und Silben, Hüten, Büchern und Bällen

**Vorschau:**
2.10.- 8.10. **KONDOM DES GRAUENS** - Die Puppenshow
3.10. **HOOTERS** (Festhalle Durlach)
14.10. **HANNES WADER**

Vorverkauf an allen bekannten Stellen
Kartenservice: Tel. (0721) 606092 · Fax (0721) 9640520

**3.1** **Einen Veranstaltungskalender auswerten – Sie haben viel Zeit für Kultur in diesem Monat. Machen Sie sich einen Monatsplan mithilfe der Veranstaltungshinweise. Berichten Sie dann der Klasse.**

| Wer?/Was? | Wo? | Wann? |
| --- | --- | --- |

**3.2** **Notieren Sie je fünf Fragen zu den Veranstaltungshinweisen. Fragen Sie sich gegenseitig.**

Um wie viel Uhr beginnt …?

Wann fängt … an?

Wann und wo spielen?

Am … um … im …

**3.3** **Sie hören Ausschnitte aus einem Radioprogramm. Kreuzen Sie bitte an.**

**Wie heißt die Radiostation?**

☐ HR 3 (Hessischer Rundfunk, 3. Programm)

☐ SDR 3 (Süddeutscher Rundfunk, 3. Programm)

☐ NDR 3 (Norddeutscher Rundfunk, 3. Programm)

hessischer rundfunk
hr

mdr 1
RADIO SACHSEN

SDR 3. Radio für den wilden Süden.

ANTENNE
BRANDENBURG

NDR 3

**3.4** **Hören Sie Ausschnitt 1 noch einmal und kreuzen Sie bitte an.**

1. Der Veranstaltungshinweis ist für

☐ eine Theaterveranstaltung.
☐ eine Musikveranstaltung.
☐ eine Discoparty.

2. Die Veranstaltung

☐ findet am 14. Mai ab 20 Uhr statt.
☐ findet am 14. Juni ab 21 Uhr statt.
☐ findet am 4. Juni ab 21 Uhr statt.

**3.5** **Hören Sie nun Ausschnitt 2 noch einmal und kreuzen Sie bitte an.**

1. Wie viel Uhr ist es?

☐ 11 vor 12
☐ 12 vor 11
☐ kurz vor Mitternacht

2. Die Hinweise sind

☐ für das Wochenende.
☐ für den Abend.

3. Es gibt Hinweise auf

☐ Musikveranstaltungen.
☐ eine Kabarettveranstaltung.
☐ Theaterveranstaltungen.
☐ Kinofilme.

4. Die Veranstaltungen beginnen um

☐ 20.00 Uhr ☐ 21.00 Uhr
☐ 20.15 Uhr ☐ 22.00 Uhr
☐ 20.30 Uhr

## 4 Herzlichen Glückwunsch

B 3.2
B 3.3

**4.1 Geburtstagsgratulation – Hören Sie die Kassette. Kennen Sie die Geburtstagslieder?**

Zum Geburtstag viel Glück
Zum Geburtstag viel Glück
Zum Geburtstag liebe Petra
Zum Geburtstag viel Glück.

Viel Glück und viel Segen
Auf all deinen Wegen
Gesundheit und Wohlstand
Sei auch mit dabei.

**4.2 Hören Sie den Dialog und fragen Sie dann weiter in der Klasse.**

\+ Michael, wann hast du Geburtstag?
– Im Oktober. Am 10. 10. Und du, Jean?
Δ Im April. Am 21. 4. Und du, Mario?
· Im ...

**INFO**

Der Geburtstag ist für die meisten Menschen in den deutschsprachigen Ländern ein wichtiger Tag. Viele Leute machen eine Geburtstagsfeier. Man lädt Verwandte und Freunde ein. Am Nachmittag gibt es Kaffee und Kuchen. Oft gibt es später noch Abendessen. Viele beginnen die Feier erst am Abend. Dann gibt es immer etwas zu essen und zu trinken, z.B. Salate, Käse und Wurst. Es kann aber auch ein warmes Essen sein.
Kindergeburtstage beginnen um 15 Uhr und gehen bis etwa 18 oder 19 Uhr. Es gibt ein Programm mit Geburtstagsspielen. Jugendliche und junge Erwachsene machen eine „Geburtstagsparty". Es kommen die Freunde und Freundinnen. Man hört Musik, tanzt, redet miteinander. Bei den Älteren werden die runden Geburtstage ( 40, 50, ...) groß gefeiert.
Die Geburtstagsgäste bringen Geschenke mit. Bei jungen Leuten bringt oft auch jeder etwas zu essen und zu trinken mit und man organisiert die Party zusammen.
In einigen katholischen Regionen feiert man auch den „Namenstag". Das ist der Festtag des (katholischen) Heiligen, von dem man seinen Namen hat.

Zu Deinem 9. Geburtstag

am 9. 9. 99 wünschen Dir,
lieber Nils, alles Gute

Deine Mama,
Kevin, Justine, Oma und Opa,
Alice, Sascha, Michael

## 5 Familienanzeigen

**5.1 Lesen Sie die Anzeigen und ordnen Sie sie den Kategorien zu:**

- ☐ Geburt
- ☐ Tod
- ☐ Liebe
- ☐ Hochzeit
- ☐ Geburtstag
- ☐ Sonstiges

1
Mein geliebter Engel!
Dankbar bin ich auch Dir und treu mir in ihr, dieser Liebe, die zählt.
Dein Engel
P.S. Ich war letzte Woche erkältet.
2
Aller guten Dinge sind 3.
Bei uns sind es seit dem 1. 10. 95 4!
Er ist da, gesund und so süß:
Tobias
Gewicht 4290 g und 61 cm groß
Wir sind glücklich:
Sabine und Michael Schlüter mit Philipp, Tonio und Alex,
sowie Oma Heidemarie Brecht und Patentante Elke May.
Wir danken dem OP-Team im Klinikum MA für die lebensrettende Operation sowie den Hebammen und Stationen: Intensiv, F 7, F 4 für die liebevolle Betreuung.
3
Hallo, Spatz
alles Gute zum Geburtstag
Dein Bärle
und unser Frosch
4
Wir trauern um meinen Vater, Großva
Urgroßvater, Herrn
Wilhelm Müller
*8. Januar 1915 †26. Oktober 1995
Friedrich Müller und
Frau Marianne
Thomas und Gudrun Müller
und Urenkel
68623 Lampertheim
Hegelstraße 8
Die Beerdigung findet am Freitag, dem 2. November 1995, um 14 Uhr auf dem Waldfriedho
im Lampertheim-Neuschloss statt.
6
Wir beginnen unseren gemeinsamen Lebensweg
Ute Johann
Markus Evers
Die Trauung findet am 1. Oktober 1995 um 12.00 Uhr in
Heidelberg-Zieg
n in der Klosterkirche Stift Neuburg statt.
5
Hallo Susanne!
Viel Erfolg
bei der Wohnungssuche!
Bernhard
Zur bestandenen PRÜFUNG herzlichen Glückwunsch!
FRÖHLICHE OSTERN!


**5.2 Welche Sätze passen zu welchen Anzeigen oder Karten?**

„Alles Gute für Euch und das Baby!"
„Herzlichen Glückwunsch! Wir wünschen Euch viele glückliche Jahre zusammen!"
„Alles, alles Gute, vor allem Erfolg im Beruf, Gesundheit und Zufriedenheit!"
„Herzliches Beileid."
„Jetzt beginnt für Euch ein neues Leben. Dazu wünschen wir viel Freude und gute Nerven."

**5.3 Diskutieren Sie in der Muttersprache:**
**Was ist bei Ihnen gleich?**
**Was ist anders?**
**Wann gratuliert man, wann nicht?**

Alles Gute zum neuen Jahr!

Frohe Weihnachten!

Frohe Ostern!

Herzlichen Glückwunsch zum Examen!
Viel Erfolg für die Zukunft!

# EINHEIT 18: AUFFORDERUNGEN, BITTEN, RATSCHLÄGE

........ *zu etwas auffordern*
........ *um etwas bitten*
........ *jemandem einen Rat geben*
........ *Unterrichtskommunikation*
........ *Imperativ*

## 1 Aufforderungen und Bitten

1.1 Sehen Sie sich die Collage an. Wie viele Imperative finden Sie?

**1.2** **Hier sind die Sprechblasen vertauscht.**
**Ordnen Sie die Texte den passenden Zeichnungen zu und lesen Sie vor.**

1. Komm, gehen wir schlafen!
2. Bitte reden Sie doch leise!
3. Seid endlich ruhig!
4. Los, gib das Geld!
5. Hol sofort ein Bier!
6. Gib den Revolver her!

a ☐ b ☐ c ☐ d ☐ e ☐ f ☐

**1.3** **Imperative (formelle Anrede) – Sammeln Sie die Imperativsätze, die Sie schon kennen.**

Arbeiten Sie zu zweit. Lesen Sie bitte den Dialog.

C 20.5
C 99

**1.4** **Vergleichen Sie: Wo steht das Verb? Wo steht die Nominativergänzung?**

Formelle Anrede

| | | | | | | | |
|---|---|---|---|---|---|---|---|
| *Aussagesatz:* | Sie | hören | den Dialog. | Sie | lesen | den Text | vor. |
| *Imperativsatz:* | Hören | Sie | den Dialog. | Lesen | Sie | den Text | vor. |

**1.5** **Wer sagt was im Kurs? Markieren Sie bitte (L = Lehrer/in, K = Kursteilnehmer/in).**

| | L | K | |
|---|---|---|---|
| 1. | ☐ | ☐ | Bitte schreiben Sie den Satz an die Tafel. |
| 2. | ☒ | ☒ | Wie heißt das auf Deutsch? |
| 3. | ☐ | ☐ | Wiederholen Sie das bitte. |
| 4. | ☐ | ☐ | Bitte noch einmal. |
| 5. | ☐ | ☐ | Erklär mir doch mal die Aufgabe. |
| 6. | ☐ | ☐ | Weißt du, was ein Aussagesatz ist? |
| 7. | ☐ | ☐ | Entschuldigung, ich verstehe das nicht. |
| 8. | ☐ | ☐ | Sprechen Sie bitte etwas lauter. |
| 9. | ☐ | ☐ | Erklären Sie das bitte noch einmal. |
| 10. | ☐ | ☐ | Schlagen Sie bitte das Buch auf. |
| 11. | ☐ | ☐ | Langsamer bitte! |
| 12. | ☐ | ☐ | Gib mir mal dein Heft. |
| 13. | ☐ | ☐ | Machen Sie bitte das Buch zu und hören Sie die Kassette. |

**TIPP** **Aufforderungen und Bitten klingen im Deutschen mit dem Wort** bitte **freundlicher und höflicher: Bitte benutzen Sie** bitte.

## 2 Guter Rat ist teuer (Imperativ 2. Person Singular)

**2.1 Thema „Essen", Thema „Lernen" – Welche Sätze passen zusammen? Ordnen Sie bitte zu und lesen Sie vor.**

1. ☐ Ich weiß die Regel nicht mehr.
2. ☐ Ich esse so gern Süßigkeiten.
3. ☐ Ich habe Durst.
4. ☐ Ich habe Angst vor dem Test.
5. ☐ Ich bin immer müde.
6. ☐ Pommes frites mag ich nicht.
7. ☐ Was heißt „Liebe" auf Polnisch?
8. ☐ Ich habe einen Bärenhunger.
9. ☐ Ich verstehe den Text nicht.
10. ☐ Ich kann einfach die neuen Wörter nicht behalten.

a Iss doch einen Salat.
b Schlag doch im Lernerhandbuch nach.
c Trink doch ein Mineralwasser!
d Mach dir doch eine Lernkartei.
e Iss lieber einen Apfel, das ist gesünder.
f Frag doch Sandra.
g Du, dann lern doch mit uns zusammen.
h Dann schlaf doch einmal aus.
i Markiere im Text zuerst alles, was du verstehst.
j Dann nimm doch ein Steak mit Pommes frites.

**2.2 Unterstreichen Sie in Aufgabe 2.1 die Imperativformen und machen Sie dann eine Tabelle im Heft.**

C 20.5

| Infinitiv | 2. Person Singular | Imperativ (2. Person Singular) |
|---|---|---|
| 1. nehmen | du nimmst | Nimm! |
| 2. nachschlagen | du schlägst nach | ______ |
| 3. trinken | ______ | ______ |

**2.3 Arbeiten Sie zu zweit. Schreiben Sie ein Problem und einen Ratschlag auf je einen Zettel. Sammeln Sie die Zettel im Kurs, mischen Sie die Zettel und verteilen Sie sie. Wer findet zu seinem Problem als Erster den passenden Ratschlag?**

Ich habe Hunger.
Essen Sie doch einen Wurstsalat.
Ich brauche mehr Geld
Spiel doch mal Lotto

C 20.5

**2.4 Imperativ (2. Person Plural) – Dieser Text ist aus einem Deutschbuch für Jugendliche. Lesen Sie bitte und markieren Sie die Imperative.**

Lassen Sie sofort den Mann in Ruhe!

***Video hilft beim Deutschlernen***

1. Möglichkeit:

Schaut euch einen Videofilm an. Schaltet das Bild aus, hört nur den Ton. Stellt euch vor, was man auf dem Bild sehen könnte. Notiert eure Vermutungen.
Seht den Film noch einmal an. Jetzt mit Bild. Vergleicht eure Vermutungen.

2. Möglichkeit:

Schaut euch den Film zuerst mit Bild, aber ohne Ton an. Was sagen die Leute? Schreibt wieder eure Vermutungen auf und vergleicht dann mit dem Originalton von der Videokassette.

**2.5 Vergleichen Sie den Aussagesatz und den Imperativsatz im Beispiel. Ergänzen Sie dann die Tabelle.**

Ihr (hört) jetzt die Kassette. (Hört) jetzt die Kassette.

C 20.5
C 25.1

**2.6 Lesen Sie das Beispiel. Ergänzen Sie dann die Tabelle.**

| *Infinitiv* | *2. Person Plural* | *Imperativ (2. Person Plural)* |
|---|---|---|
| nehmen | ihr nehmt | Nehmt … |
| nachschlagen | ihr schlagt nach | |
| trinken | | |
| spielen | | |
| essen | | |
| aufhören | | |
| mitkommen | | |
| vorlesen | | |

Lern doch lieber schwimmen.

## 3 Vater und Sohn – Eine Bildergeschichte von e.o. plauen

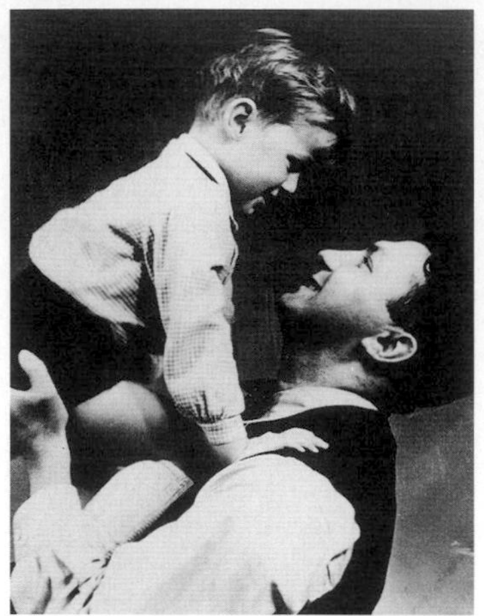

Wer war „e.o. plauen"?

Sein richtiger Name war Erich Ohser. Ab 1933 hatte er das Pseudonym „e.o. plauen". Er zeichnete Karikaturen u.a. für die „Neue Leipziger Zeitung" und die Zeitung der Sozialdemokratischen Partei Deutschlands, den „Vorwärts". Noch heute ist e.o. plauen in Deutschland für seine Geschichten von „Vater und Sohn" bekannt.
Die Nationalsozialisten verhafteten Plauen. 1944 beging er im Gefängnis Selbstmord.

**3.1** Ordnen Sie die Bilder.
Vergleichen Sie Ihre Ergebnisse.

a

b

c

d

e

f

**3.2** Ordnen Sie jetzt den Text und lesen Sie Ihre Geschichte vor.

1. ☐ Der Vater sieht das Buch. Es ist sehr interessant.
2. ☐ Der Vater sitzt am Tisch. Die Mutter bringt das Essen.
   Die Kartoffeln sind heiß. Aber wo ist Fritz? „Geh und ruf Fritz zum Essen", sagt die Mutter.
3. ☐ Fritz ist wütend. Er macht die Tür auf und …
4. ☐ Fritz ist in seinem Zimmer. Er liest ein Buch. Der Vater sagt: „Komm, Fritz, wir essen."
   Fritz ist traurig.
5. ☐ Die Mutter sagt: „Geh und hol den Vater. Die Kartoffeln sind schon kalt."
6. ☐ Fritz und seine Mutter sitzen am Tisch, aber jetzt ist der Vater nicht da.

## 4 „Wo ist die Neideckstraße?“

**4.1** **Betrachten Sie den Plan und hören Sie die Kassette. Was meinen Sie: Findet die Frau die „Neideckstraße“?**

**4.2** **Hören Sie die Kassette noch einmal. Markieren Sie im Plan: Welchen Weg beschreibt der Mann beim ersten, zweiten und dritten Mal?**

**4.3** **Lesen Sie jetzt bitte den Text und kontrollieren Sie Ihre Ergebnisse aus 4.2.**

*Alfons Schweiggert*

**Begegnung mit einem Mann, der nur in Befehlen reden kann**

„Entschuldigen Sie bitte. Ich habe eine Frage.“
„Fragen Sie!“
„Wo ist die Neideckstraße?“
„Gehen Sie die Straße hinunter! Biegen Sie die erste Straße nach rechts ein! Gehen Sie die dritte Straße links! Das ist die Neideckstraße!“
„Vielen Dank für Ihre freundliche Auskunft und …“
„Hören Sie auf zu reden! Vergessen Sie lieber nicht, wie Sie gehen müssen!“
„Da haben Sie Recht.“
„Merken Sie sich! Die Straße hinunter! Erste links! Dritte rechts! Gehen Sie los!“
„Eben haben Sie aber gesagt: Erste rechts, dritte links!“
„Widersprechen Sie mir nicht! Geradeaus! Dritte rechts! Erste links!“
„Jetzt sagen Sie schon wieder etwas anderes.“
„Tun Sie, was ich Ihnen sage! Geradeaus! Erste rechts! Dritte links!“
„Jetzt kenne ich mich gar nicht mehr aus! Wie soll ich denn nun gehen? Erste links? Dritte rechts? Oder: Dritte rechts? Erste links? Oder: Erste rechts? Dritte links? Oder wie?“
„Lassen Sie mich in Ruhe! Gehen Sie!“

**4.4** **Hören Sie nun den ersten Teil des Dialogs noch einmal. Was hat sich geändert?**

**4.5** **Lesen Sie den Dialog zu zweit. Variieren Sie den „Ton“!**

**4.6** **Variieren Sie bitte den Dialog. Wählen Sie eine Aufgabe aus.**

1. Der Mann spricht mit einem Kind.
2. Der Mann spricht mit zwei Kindern.
3. Der Mann ist freundlich und mag keine Befehle.

# EINHEIT 19: GESCHENKE

........ *über Geschenke sprechen*
........ *um Erlaubnis bitten*
........ *um Hilfe bitten*
........ *etwas erlauben/verbieten*
........ *einen Vorschlag machen / einen Rat geben*
........ *Modalverben:* müssen, können, dürfen
........ *Satzklammer: Modalverb und Infinitiv*
........ *Antworten auf verneinte Entscheidungsfragen:* Doch *und* Nein

## 1 Was schenkt man, was schenkt man nicht?

**1.1 Geschenkideen – Gute Idee? Schlechte Idee? Was meinen Sie?**

Ein Hemd kann man schenken. Das ist eine gute Idee.

Einen Besen kann man nicht schenken. Das ist keine gute Idee.

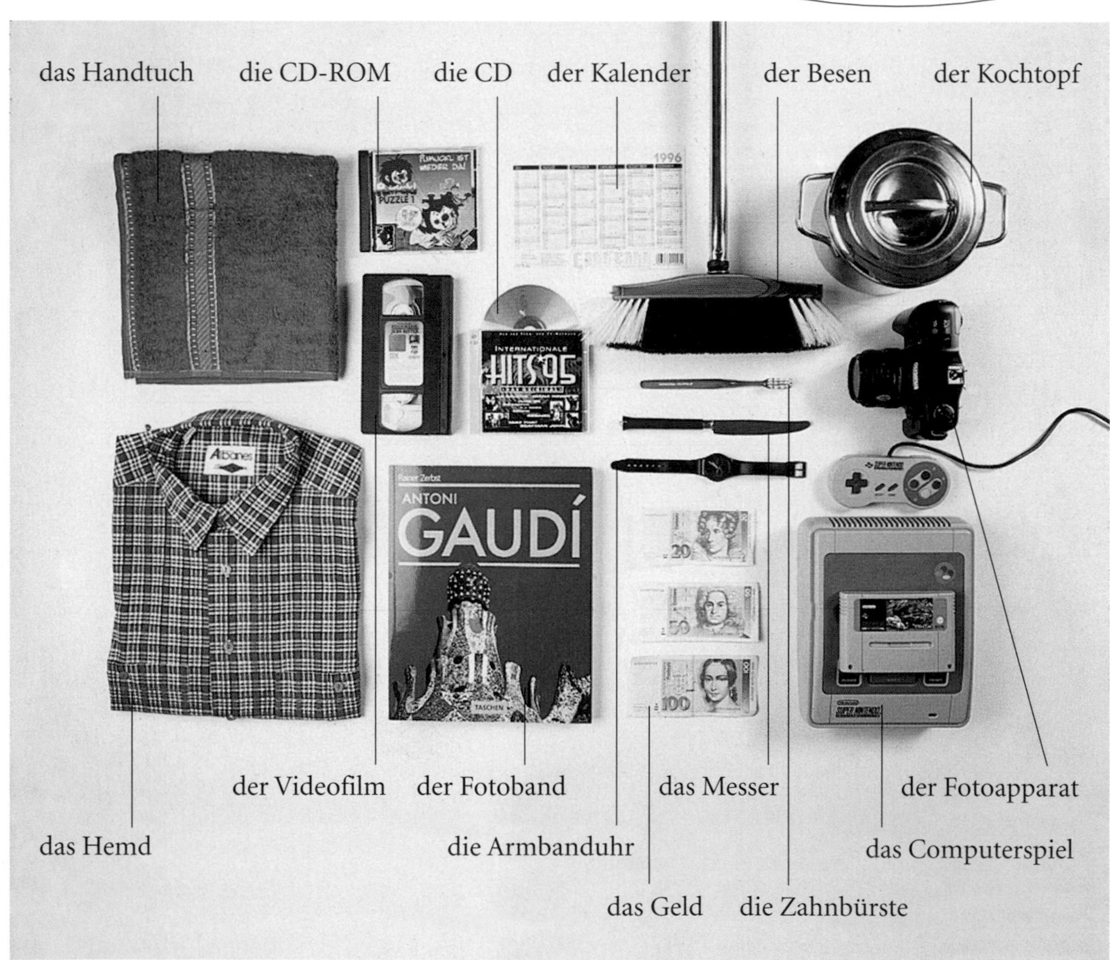


**1.2 Arbeiten Sie mit dem Wörterbuch. Sammeln Sie Geschenkideen.**

**1.3** **Ordnen Sie Ihre Geschenkideen. Was kann man wann schenken?**

- zum Geburtstag
- zur Hochzeit
- zu Weihnachten
- …
- bei einem Besuch bei Verwandten
- bei einem Besuch bei Freunden

Geld zum Geburtstag? Das kann man nicht machen!
Geld zum Geburtstag? Bei uns ist das normal.
Bei uns in China schenkt man keine Blumen.

**1.4** **Laura und Paul suchen ein Geburtstagsgeschenk für Pauls Bruder. Hören Sie die Kassette. Welche Sätze sind richtig?**

1. Pauls Bruder wohnt in den USA.
2. Er hat im November Geburtstag.
3. Laura schlägt ein Computerspiel als Geschenk vor.
4. Paul möchte einen Kalender oder einen Fotoband kaufen.
5. Bei „Prinz“ gibt es Bücher, Kalender und Lebensmittel.

**1.5** **Hören Sie jetzt die Kassette noch einmal und schreiben Sie den Dialog ins Heft.**

\+ Oder vielleicht einen Kalender. Ich habe bei „Prinz“ tolle Kalender gesehen. Kunstkalender und Städtekalender.
\+ Sag mal, hast du schon ein Geburtstagsgeschenk für deinen Bruder gekauft?
\+ Schon, aber wir müssen das Geschenk ja in die USA schicken. Ein Päckchen dauert normal acht Wochen. Luftpost ist zu teuer!
\+ Vielleicht ein Buch, einen Fotoband?
– Gute Idee! Ich gehe da morgen mal hin. Die haben ja auch Bücher und CDs.
– Hm …
– Nein, wieso? Er hat doch erst im November Geburtstag. Jetzt ist Ende August!
– Stimmt, du hast recht. Hast du eine Idee, was wir schenken können?

**1.6** **Lesen Sie bitte den Dialog zu zweit. Achten Sie auf die Intonation.**

**1.7** **Variieren Sie den Dialog, z. B.:**

Bruder → Schwester
USA → Spanien
ein Kalender → eine Bluse

## 2 Dialoge im Medien-Kaufhaus

**2.1 Welche Dialogteile passen zusammen? Es gibt zwei Möglichkeiten:**

**A Schwerer:**
**Ordnen Sie zu und kontrollieren Sie mit der Kassette.**

**B Leichter:**
**Hören Sie die Kassette und ordnen Sie zu.**

1. ☐ + Mein Sohn ist 14 und mag „Techno". Haben Sie da was?
2. ☐ + Können Sie mir helfen? Ich suche ein Geschenk für einen 40-Jährigen. Er interessiert sich eigentlich nur für seinen Beruf.
3. ☐ + Entschuldigung, kannst du mir helfen? Ich suche ein Buch für meine Freundin. Sie kocht gerne und sie interessiert sich für Asien.
4. ☐ + Meine Tochter interessiert sich für Fotografie.
5. ☐ + Wo finde ich die Kalender, bitte?
6. ☐ + Haben Sie auch Geschenkpapier?
7. ☐ + Mein Sohn ist Computer-Freak. Gibt es etwas Neues, was er sicher noch nicht hat? Es darf etwas mehr kosten.
8. ☐ + Haben Sie auch Spielfilme auf Video?
9. ☐ + Entschuldigung, ich suche etwas für eine 60-jährige Dame. Sie hört gern klassische Musik. Was können Sie mir denn da empfehlen?
10. ☐ + Dürfen wir diese CD-ROM mal am Computer ausprobieren?

a – Wie wäre es mit einem Buch über Psychologie? Ich habe hier ein interessantes Buch, „Die Kunst, unglücklich zu sein".

b – Hat er schon die neue CD von K2, „Der Berg ruft"?

c – Da habe ich etwas für Sie: „Anne-Sophie Mutter spielt Mozarts Violinkonzerte". Wie viel möchten Sie denn ausgeben?

d – Dieser Fotoband hier ist sehr schön, aber etwas teuer.

e – Computerprogramme und CD-ROMs haben wir im Untergeschoss. Sie können gleich hier die Rolltreppe benutzen.

f – Gerade gestern haben wir dieses Kochbuch bekommen: „Die japanische Küche". Du kannst es gerne mal ansehen.

g – Ja, im zweiten Stock, gleich links neben der Rolltreppe.

h – Kunstkalender? Im ersten Stock bei Kunst/Design.

i – Die Geschenkpapier-Boutique finden Sie vor dem Ausgang links.

j – Ja, klar dürft ihr das.

**2.2 Wählen Sie zwei Dialoge aus und variieren Sie sie. Spielen Sie bitte die Dialoge.**

## 3 Ein Geschenk verschicken

**3.1 Betrachten Sie die Abbildungen und hören Sie den Dialog. Was ist richtig? Kreuzen Sie bitte an und lesen Sie die Sätze vor.**

1. Eine Frau ist
   - ☐ im Postamt.
   - ☐ auf dem Bahnhof.

2. Sie möchte
   - ☐ einen Brief verschicken.
   - ☐ ein Päckchen und ein Paket verschicken.

**Postpakete**

| Gewicht | 1 | 2 |
|---|---|---|
| bis 4 kg | 14,57 EUR | 23,78 E |
| über 4 bis 8 kg | 18,66 EUR | 29,91 I |
| über 8 bis 12 kg | 22,75 EUR | 36,05 |
| über 12 bis 20 kg | 30,93 EUR | 48,32 |

* Zone 1 = EU + Polen, Schweiz, Slowakei, Tsche...
Zone 2 = Rest Europa
Zone 3 = Nordamerika, Nordafrika, Naher Osten (Welt Zone 1)
Zone 4 = Rest Welt (Welt Zone 2)
Die detaillierte Zuordnung des einzelnen Landes zu seiner Entgeltzone entnehmen Sie bitte den Seiten 70–71.

**Zollinhaltserklärung**
Déclaration en douane
2 Gegebenenfalls Bezugnummer des Absenders
Eventuellement numéro de référence de l'expéditeur
4 Ankreuzen, wenn es sich handelt/Faire une croix s'i...
☐ um ein Geschenk / d'un cadeau
☐ um Warenmuster / d'échantillons de m...
☐ um Schriftstücke ohne Han... / de documents sans vale...
5 Der Unterzeichnete bes... sind und daß diese Sendu... stimmungen der Post verbo... dans la présente déclarati... dangereux interdit par la rég...

Paketkarte Ausland CP 2 und Aufschriftzettel 1)
ECONOMY PAKET
♦ Die preiswerte Alternative für Ihren Paketversand in alle Welt

4 Basis-produkte am Beispiel Brief

| | | |
|---|---|---|
| **Standardbrief** | Gewicht: bis 20 g*; Größe: bis 23,5 x 12,5 cm (B6/DL)*; Dicke: bis 0,5 cm* | 0,56 EUR |
| **Kompaktbrief** | Gewicht: bis 50 g; Größe: bis 23,5 x 12,5 cm (B6/DL); Dicke: bis 1 cm | 1,12 EUR |
| **Großbrief** | Gewicht: bis 500 g; Größe: bis 35,3 x 25,0 cm (B4); Dicke: bis 2 cm | 1,53 EUR |
| **Maxibrief** | Gewicht: bis 1000 g; Größe: bis 35,3 x 25,0 cm (B4); Dicke: bis 5 cm | 2,25 EUR |

* wie bisher

**Briefdienst Ausland**

| Europabrief* | Schnellster Beförderungsweg (Land oder Luft) |
|---|---|
| Standardbrief | 0,56 EUR |
| Kompaktbrief | 1,12 EUR |
| Maxibrief international | |
| bis 50 g | 1,53 EUR |
| über 50 bis 100 g | 2,56 EUR |
| über 100 bis 250 g | 4,09 EUR |
| über 250 bis 500 g | 6,14 EUR |
| über 500 bis 750 g | 8,18 EUR |
| über 750 bis 1.000 g | 10,23 EUR |
| über 1.000 bis 1.500 g | 14,32 EUR |
| über 1.500 bis 2.000 g | 18,41 EUR |
| **Weltbrief**** | Luftbeförderung |
| Aerogramm (bis 5 g)*** | 1,02 EUR |
| Standardbrief | 1,53 EUR |
| Kompaktbrief | 2,05 EUR |
| Maxibrief international | |
| bis 50 g | 3,07 EUR |
| über 50 bis 100 g | 3,11 EUR |
| über 100 bis 250 g | 8,18 EUR |
| über 250 bis 500 g | 12,27 EUR |
| über 500 bis 750 g | 16,36 EUR |
| über 750 bis 1.000 g | 20,45 EUR |
| über 1.000 bis 1.500 g | 28,63 EUR |
| über 1.500 bis 2.000 g | 36,81 EUR |

**3.2 Hören Sie die Kassette noch einmal und ergänzen Sie den Dialog mit den Sätzen aus dem Kasten.**

+ So. Ist das richtig?
+ Alles per Schiff bitte.
+ Ich möchte diese Pakete in die USA schicken. Kann ich sie bei Ihnen aufgeben?
+ Es sind nur Geschenke, ein Kalender, Bücher und CDs.

\+ ______________________________
– Ja. Das eine geht als Päckchen. Für das Paket brauchen Sie eine Paketkarte.
\+ Was ist das?
– Ich gebe Ihnen eine. Die müssen Sie ausfüllen. Und Sie müssen noch eine Zollerklärung haben. Da schreiben Sie, was in den Paketen ist.

\+ ______________________________
– Schreiben Sie das. Das reicht.

\+ ______________________________
– Nur Ihr Absender fehlt noch.
\+ Ach ja. Danke.
– Also, das Paket wiegt 2,5 kg, das kostet 26,84 Euro. Das Päckchen wiegt 800 g, das kostet 7,67 Euro per Schiff oder per Luftpost 19,89 Euro.

\+ ______________________________

**3.3 Lesen Sie den Dialog und variieren Sie ihn.**

**3.4** **Schreiben Sie einen Dialog nach der Dialoggrafik.**

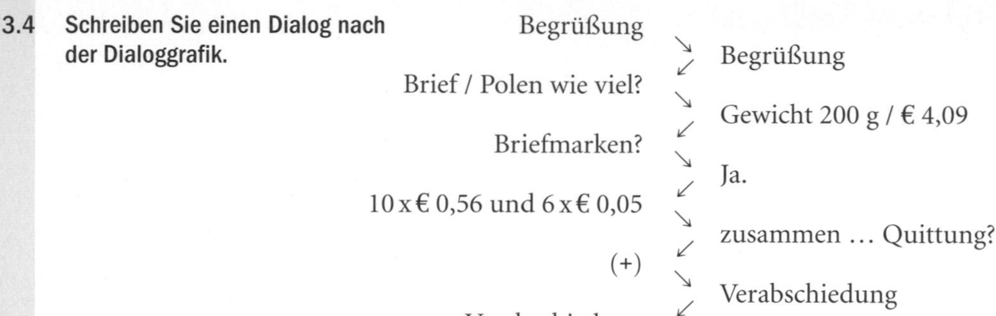


**3.5** **Spielen Sie Dialoge auf dem Postamt.**

## 4 Modalverben *dürfen, können, müssen*

C 27.2

**4.1** **Modalverben haben viele Bedeutungen. In der Tabelle sehen Sie die wichtigsten. Wie sagt man das in Ihrer Sprache? Vergleichen Sie bitte.**

| *Modalverb* | *Bedeutung* | *Beispiel* |
|---|---|---|
| können | Möglichkeit | Du kannst doch einen Kalender kaufen. |
| | Fähigkeit | Ihr könnt schon viel auf Deutsch sagen. |
| | Erlaubnis | Können wir die CD am Computer ansehen? |
| müssen | Anweisung | Sie müssen die Paketkarte ausfüllen. |
| | Notwendigkeit | Sie müssen in den dritten Stock fahren. |
| dürfen | Erlaubnis | Dürfen wir die CD-ROM am Computer ansehen? |
| | Verbot | Ihr dürft die CD nicht alleine ansehen. |

**4.2** **Und Sie? Was dürfen, müssen und können Sie? Schreiben Sie je drei Sätze, tauschen Sie sie mit Ihrem Nachbarn / Ihrer Nachbarin. Er/Sie stellt Sie dann vor.**

aufstehen
arbeiten
im Bett bleiben
lange schlafen
die Kinder zur Schule bringen
lesen
ins Kino gehen
Musik hören
…

**4.3** **Modalverben mit Verneinung: Lesen Sie die Beispiele und schreiben Sie je einen Satz zu den Bildern.**

| | *Bedeutung* | *Beispiele* |
|---|---|---|
| nicht können | Unmöglichkeit | Du kannst hier nichts lernen.<br>Man kann bei „Prinz“ keinen Fernseher kaufen. |
| | Unfähigkeit | Ich kann nicht Gitarre spielen. |
| nicht müssen | Freiwilligkeit | Du musst diese Aufgabe nicht machen.<br>Du musst deinen Bruder nicht anrufen. |
| nicht dürfen | Verbot | Sie dürfen hier nicht fahren. |



**4.4** **Schilder – Was kann, muss, darf man hier (nicht) tun?**

parken
anhalten
rechts abbiegen
geradeaus fahren
weiterfahren
30 fahren
auf die Toilette gehen
schwimmen
essen
übernachten



C 27.2 **4.5** **Formen: Sehen Sie bitte die Dialoge dieser Einheit noch einmal an und ergänzen Sie dann die Tabelle.**

| | dürfen | können | müssen |
|---|---|---|---|
| ich | darf | | |
| du | | | |
| er/es/sie | darf | kann | muss |
| wir | | | |
| ihr | | könnt | müsst |
| sie/Sie | | | |

**4.6** **Ergänzen Sie bitte die Modalverben in den Dialogen.**

1. + _______________ ich mir das Buch ansehen? (dürfen)

   – Ja klar _______________ du das. Ich mache es auf. (dürfen)

2. + _______________ Sie mir bitte helfen? (können) Ich _______________ ein Geschenk für meinen Mann kaufen und weiß nicht, was. (müssen)

   – Wie teuer _______________ es denn sein? (dürfen)

3. Halt, ihr _______________ den Computer nicht allein anschalten. (dürfen)

   Das _______________ ich machen. (müssen)

4. + Bis morgen _______________ ich die Geschenke für meine Eltern abschicken und ich _______________ einfach nichts finden. (müssen) (können)

   – Da _______________ du dich aber beeilen. (müssen)

5. + _______________ du uns sagen, wo wir die Techno-CDs finden? (können)

   – Ihr _______________ mit der Rolltreppe in den zweiten Stock fahren. (müssen)

## 5 Der Satz-Express: Modalverb und Infinitiv

**5.1** **Zeichnen Sie den Satz-Express ins Heft. Schreiben Sie die Sätze in die Grafik, wie im Beispiel vorgegeben.**

C 97

Darf ich mir das Buch ansehen?
Können Sie mir bitte helfen?
Ich muss ein Geschenk für meinen Mann kaufen.
Ihr dürft den Computer nicht allein anschalten.
Das muss ich machen.
Bis morgen muss ich die Geschenke für meine Eltern abschicken.
Da musst du dich aber beeilen.
Kannst du uns sagen, wo wir die Techno-CDs finden?
Ihr müsst mit der Rolltreppe in den zweiten Stock fahren.

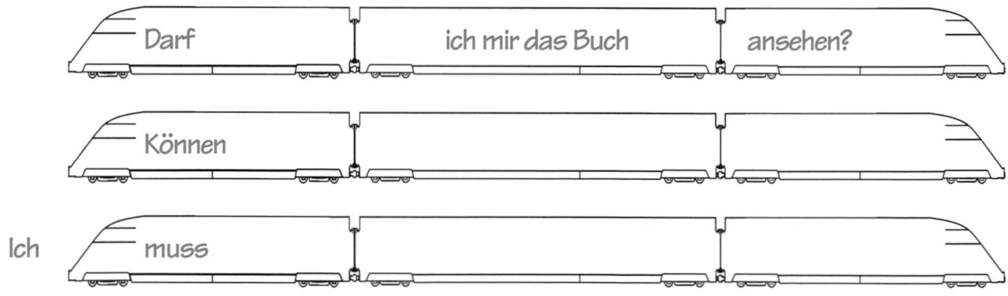
Darf
ich mir das Buch
ansehen?
Können
Ich
muss

**5.2** **Können Sie diese Sätze jetzt schreiben? Sie müssen auf die Satzstellung achten. Der Satz-Express in 5.1 kann Ihnen helfen.**

1. können / helfen / ich / Ihnen / ?
2. müssen / abschicken / ich / die Geschenke
3. nicht / dürfen / benutzen / ihr / das Telefon / allein
4. können / bezahlen / Sie / an der Kasse im ersten Stock
5. dürfen / fernsehen / du / heute / bis 9 Uhr
6. müssen / einkaufen / die Geschenke / morgen / wir

## 6 *Ja oder Doch?*

C 98 **6.1** **Lesen Sie die Dialoge und schauen Sie sich die Fragen und die Antworten an.**
**Wann antwortet man mit** Ja **und wann mit** Doch**? Ergänzen Sie bitte die Regel.**

\+ Nie kann ich richtig ausschlafen.
– Musst du morgen arbeiten?
\+ Ja!

\+ Ach wie schön! Morgen kann ich lange schlafen.
– Musst du morgen nicht arbeiten?
\+ Doch, aber ich muss erst um zehn Uhr anfangen.

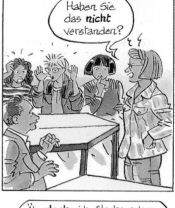

| Frage | Antwort + | – |
|---|---|---|
| Hast du den Kalender gekauft? | Ja | Nein |
| Hast du noch **keinen** Kalender gekauft? | **Doch** | Nein |

**6.2** **Ergänzen Sie die Regel:**

| | + | – |
|---|---|---|
| Fragen ohne Verneinung: | Ja | |
| Fragen mit Verneinung: | | |

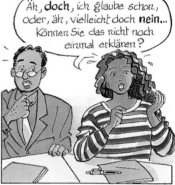

**6.3** **Hören Sie die Kassette und markieren Sie das betonte Wort.**

1. Kaufen Sie keine Geschenke zum Geburtstag?
2. Was, Sie haben keinen Fernseher?
3. Waren Sie noch nie im Kino?
4. Lernen Sie nicht Deutsch?
5. Müssen Sie morgen nicht arbeiten?
6. Dürfen Sie auch am Sonntag nicht lange schlafen?

**6.4** **Sie hören zehn Fragen. Reagieren Sie mit** Ja, Nein **oder** Doch.

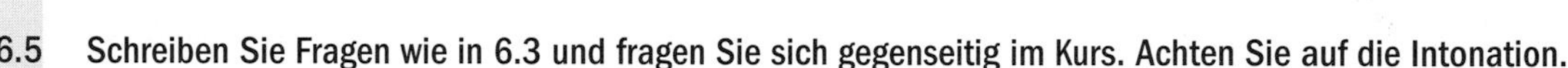

**6.5** **Schreiben Sie Fragen wie in 6.3 und fragen Sie sich gegenseitig im Kurs. Achten Sie auf die Intonation.**

## 7 Wörternetz

**7.1** **Machen Sie Wörternetze zu den Themen dieser Einheit.**

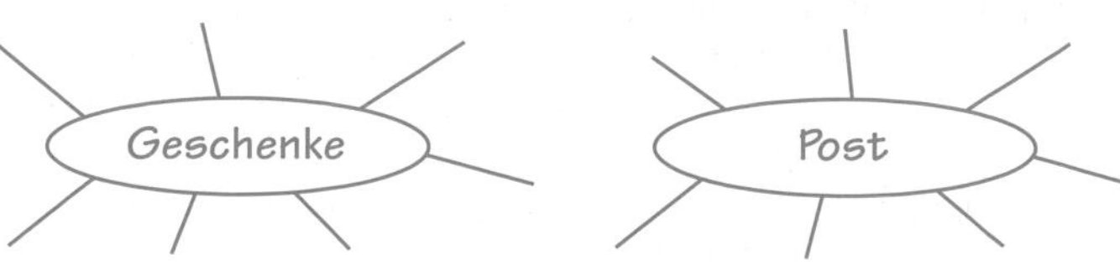

# EINHEIT 20: GESCHMACKSSACHEN

........ *sagen, wie man etwas findet*
........ *Zusammenfassung: Stellung der Satzglieder im Aussage-, Imperativ- und Fragesatz*
........ *Frequenzadverbien*
........ *Wiederholung: Adjektive in prädikativer Stellung*
........ *Textsorten erkennen*
........ *einen Hörtext systematisch erarbeiten*
........ *einen literarischen Text lesen*

## 1 Interview mit Frau Min

**„Radio Rhein-Neckar" hat eine Reportage über ausländische Mitbürger in Mannheim gemacht. Frau Min aus Singapur lebt seit zwei Jahren in Mannheim. Im Interview spricht sie über ihre Freizeit und über ihre Kurse in der Volkshochschule. Sie sagt, was sie mag und was sie nicht gut findet.**

**1.1 Vorbereitung auf den Hörtext. – In der Liste rechts finden Sie Wörter und Ausdrücke, die Frau Min verwendet. Lesen Sie die Liste. Schlagen Sie unbekannte Wörter im Wörterbuch nach.**

Wie findet Frau Min …

| + | – | | + | – | |
|---|---|---|---|---|---|
| ☐ | ☐ | das Leben in Mannheim? | ☐ | ☐ | den Schnee? |
| ☐ | ☐ | die Menschen in der Stadt? | ☐ | ☐ | das Skifahren? |
| ☐ | ☐ | die Ausländerfeindlichkeit? | ☐ | ☐ | den Tourismus? |
| ☐ | ☐ | die Sprache / den Dialekt? | ☐ | ☐ | Französisch? |
| ☐ | ☐ | die Arbeit zu Hause? | ☐ | ☐ | die Grammatik? |
| ☐ | ☐ | die Kinder? | ☐ | ☐ | die Dialogspiele? |
| ☐ | ☐ | die Berge? | ☐ | ☐ | Jazztanz? |

**1.2 Hören Sie jetzt das Interview. Über welche Themen spricht Frau Min? Welche Fotos passen zum Interview?**

1

2

3

4

5

6

**1.3 Hören Sie jetzt das Interview noch einmal. Kreuzen Sie in der Liste in 1.1 an, was Frau Min positiv bzw. negativ findet.**

## 2 Sagen, wie man etwas findet

2.1 **Hören Sie die Musikausschnitte auf der Kassette. Wie finden Sie die Musik? Nehmen Sie den Dialogbaukasten und die Adjektive im Kasten zu Hilfe.**

| fragen, wie jemand etwas findet | | sagen, wie man etwas findet |
|---|---|---|
| Wie finden Sie / findest du | Jazz? | Ich finde Jazz super. |
| Mögen Sie / Magst du | Popmusik? | Ich mag Popmusik (sehr). |
| Gefällt Ihnen / Gefällt dir | Klassik? | Klassik gefällt mir (gut). |
| | Volksmusik? | |
| | ... | Ich finde Jazz langweilig. |
| | | Ich mag Popmusik gar nicht. |
| | | Klassik gefällt mir überhaupt nicht. |

|  |  |  |
|---|---|---|
| hervorragend<br>ausgezeichnet<br>sehr gut<br>herrlich<br>phantastisch | (ganz) gut<br>(ganz) interessant<br>(ganz) schön<br>nicht schlecht | nicht gut<br>langweilig<br>schlecht<br>scheußlich |
| toll<br>super<br>spitze | okay | ätzend |

## 3 Was lesen Sie und was lesen Sie gern?

**3.1 Hier finden Sie Ausschnitte aus Büchern und anderen Texten. Ordnen Sie bitte zu.**

☐ Brief

☐ Kochrezept

☐ Western

☐ Zeitungsnotiz

☐ Liebesroman

☐ Drama

☐ Reiseführer

☐ Sachbuch

☐ Gedicht

[1]
**„Fritze" bringt bald wieder Hitze**

**München.** (dpa) Der Hochsommer in Deutschland gönnt sich nur eine kleine Verschnaufpause: Von Donnerstag an pumpt das Hitze-Hoch „Fritz" neue Heißluft ins Land, so die Meteorologen. Zum Wochenende werden wieder schweißtreibende Temperaturen bis 30 Grad erwar... kann aber in aller Kühle ... Schon gester

[2]
**Kartoffelklöße pfälzisch**

1000 g Kartoffeln, Salz
3 Brötchen
1/2 l Milch, 1 Ei
1 Bund Petersilie
30 g Butter

Die pfälzische Küche ist durch die französische Küche stark beeinflusst. Aber diese Klöße sind urpfälzisch. Hoorige Knepp nennt der Pfälzer sie. Kartoffeln schälen, waschen und in einer Schüssel mit kaltem gesalzenem ...

[3]
schaute in ihre strahlenden Augen, und plötzlich war ihm klar: Er liebte sie. Unterdessen war die Sonne untergegangen. Der Himmel war über dem Horizont orangerot verfärbt. Er küsste sie, zuerst auf die Stirn, dann auf den Mund. Ein wunderbares Gefühl erfasste

[4]
Ein neues Lied, ein besseres Lied,
O Freunde, will ich Euch dichten!
Wir wollen hier auf Erden schon
Das Himmelreich errichten.

Wir wollen auf Erden glücklich sein,
Und wollen nicht mehr darben;
Verschlemmen soll nicht der faule Bauch,
Was fleißige Hände erwarben.

[5]
Das 1850 gegründete **Goethemuseum** ist direkt mit dem Goethehaus verbunden. In vierzehn Räumen werden neben Dokumenten zu Goethes Leben Gemälde von Frankfurter und anderen Malern der Goethezeit gezeigt. Un... weit der Goethe-Kultstätten kan... man in Liesel Christs Volkstheat... den ›Faust‹ auf Hessisch erleb... (s. S. 56).

**Öffnungszeiten Goethehaus Goethemuseum:** Über Sor... ausstellungen sollte man sich vora... formieren, Anschrift: Großer Hirschgr... ben 23, ✆ 28 28 24; April–Sept. Mo–Sa 9–16, So 10–13 Uhr.

[6]
Von jeder Datei, jedem Programm, jedem Ordner, sogar von Festplatten oder anderen Speicher-Medien können sogenannte Alias oder Doppelgänger erstellt werden. Unter dem Ablage-Menü findet sich der entsprechende Befehl.

Programme

QuarkXPress®

[7]
Als Jake aus dem Saloon kam und in die helle Sonne trat, war er einen Moment lang wie blind. Der heiße Sand wehte durch die Straßen von Sonora. Es war schon fast eins. Jake vergewisserte sich, ob seine Pistole noch an

[8]
*Echingen, 16.11.*

*Lieber Holger,*
*jetzt habe ich Dir schon wieder drei Monate nicht ge*

[9]
STRASSE

*Faust. Margarete vorübergehend.*

FAUST: Mein schönes Fräulein, darf ich's wagen,
Mein Arm und Geleit Ihr anzutragen?
MARGARETE: Bin weder Fräulein weder schön,
Kann ohngeleit' nach Hause gehn.

*Sie macht sich los und ab.*

FAUST: Das ist ein herrlich schönes Kind!
Die hat was in mir angezündt.
Sie ist so sitt- und tugendreich
Und etwas schnippisch doch zugleich.
Der Lippen Rot, der Wangen Licht,

**3.2 Haben Sie alle Texte richtig zugeordnet? Welche Wörter und Signale in den Texten haben Ihnen geholfen? Notieren Sie bitte im Heft.**

| Brief | Drama | Gedicht | Kochrezept |
|---|---|---|---|
| | FAUST: ... | | |

**3.3** **Was lesen Sie täglich, oft, manchmal, selten, nie? Betrachten Sie die Collage und kreuzen Sie an.**

| | täglich | oft | manchmal | selten | nie |
|---|---|---|---|---|---|
| Brief | | | | | |
| Drama | | | | | |
| Gedicht | | | | | |
| Kochrezept | | | | | |
| Roman | | | | | |
| Krimi | | | | | |
| Reiseliteratur | | | | | |
| Sachbuch | | | | | |
| Zeitung/Zeitschrift | | | | | |
| | | | | | |

**3.4** **Berichten Sie über Ihre Liste im Kurs.**

Die Zeitung lese ich täglich.

Ich lese nie Gedichte.

**3.5** **Was lesen Sie am liebsten? Was mögen Sie überhaupt nicht? Schreiben Sie Ihre persönliche Hitliste. Diskutieren Sie in der Klasse und machen Sie eine gemeinsame Hitliste für Ihren Kurs.**

**3.6** **Was bedeuten die Wörter** Leseratte **und** Bücherwurm**? Können Sie eine Definition auf Deutsch schreiben?**

Le~~seratte~~ / Bücherwurm / Buch / ~~Eine~~ ... ~~oder~~ ein ... / lesen / viele

Eine Leseratte oder ______________________________

______________________________

**3.7** **Lesen in Deutschland – Lesen Sie die Statistik und den Text. Wer liest viel, wer liest wenig?**

Von je 100 Buchlesern lesen:
89 Unterhaltung
86 Ratgeber
80 Sachbücher
68 Nachschlagewerke
48 Wissenschaftliche Bücher
41 Bildbände
26 Kinder- und Jugendbücher


Die richtigen Leseratten findet man in den neuen Bundesländern. Nach einer Umfrage der „Stiftung Lesen" greifen mehr als die Hälfte der Ostdeutschen täglich oder mehrmals wöchentlich zum Buch, aber nur ein Drittel der Westdeutschen. Nie in ein Buch dagegen schauen 23 Prozent der Westdeutschen, aber nur 8 Prozent der Ostdeutschen. Den größten Leserkreis haben belletristische und Ratgeberbücher. Bei den westdeutschen Bücherlesern steht die Unterhaltungsliteratur ganz oben auf der Liste: Vor allem Krimis, Liebesromane und Satirisches werden dabei bevorzugt.

## 4 Stellung der Satzglieder

**4.1 Wiederholung: Markieren Sie bitte in der Tabelle die Verben und die Nominativergänzungen.**

C 94

| | Position 1 | Position 2 | | |
|---|---|---|---|---|
| *Aussagesatz* | Die meisten Menschen | lesen | | gerne Zeitung. |
| *W-Frage* | Warum | lesen | Sie | keine Krimis? |
| *Ja/Nein-Frage* | | Lesen | Sie | Romane? |
| *Imperativsatz* | | Lesen | Sie | diesen Brief! |

**Können Sie die Regeln ergänzen?**

**Regel 1:** Aussagesatz und W-Frage: Das Verb steht immer auf Position ______________________.

**Regel 2:** Imperativsatz und Ja/Nein-Frage: Der Satz beginnt mit dem ______________________.

**4.2 Hören Sie bitte die Kassette und markieren Sie die betonten Wörter. Was ändert sich?**

1. Wie findest du den Deutschkurs? — Ich finde den Deutschkurs gut.
   Den Deutschkurs finde ich gut.
2. Was liest du am liebsten? — Ich lese am liebsten Romane.
   Am liebsten lese ich Romane.
   Romane lese ich am liebsten.
3. Mögen Sie Klassik? — Ich mag Klassik sehr.
   Klassik mag ich sehr.
4. Was können Sie auf Deutsch lesen? — Zeitungsnotizen kann ich auf Deutsch lesen.
   Ich kann Zeitungsnotizen auf Deutsch lesen.
   Auf Deutsch kann ich Zeitungsnotizen lesen.

Besonders betonte Informationen stehen im Deutschen auf Position 1.

**4.3 Schreiben Sie die Sätze aus 4.2 in eine Tabelle im Heft und markieren Sie die Verben in Position 2 und die Nominativergänzung.**

| | Position 1 | Position 2 | |
|---|---|---|---|
| 1. | Ich | finde | den Deutschkurs gut. |
| | Den Deutschkurs | finde | ich gut. |
| 2. | | | |

4.4 **Schreiben oder zeichnen Sie jede/jeder fünf Karten mit Stichworten. Ziehen Sie eine Karte und fragen Sie jemanden, wie sie/er das findet.**

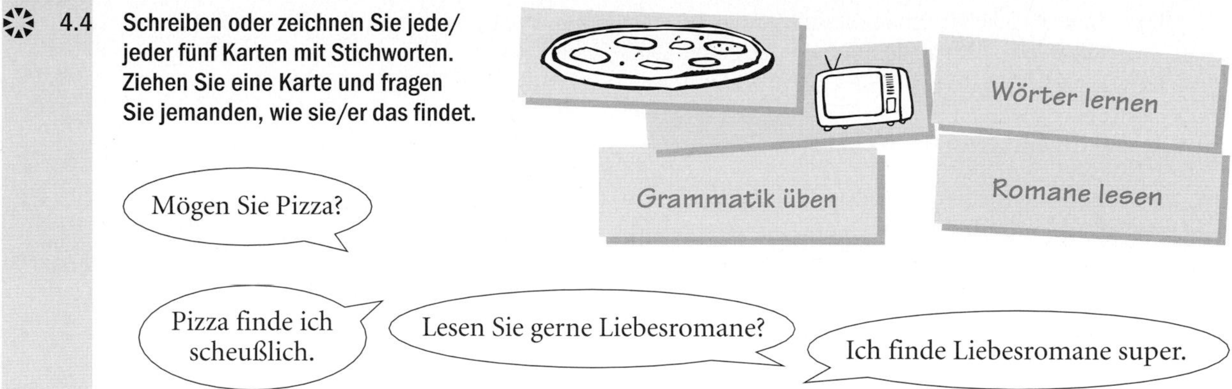

Wörter lernen
Grammatik üben
Romane lesen
Mögen Sie Pizza?
Pizza finde ich scheußlich.
Lesen Sie gerne Liebesromane?
Ich finde Liebesromane super.

## 5 Ein literarischer Text: „Nur für einen Tag“

5.1 **Schauen Sie zuerst die Zeichnung an. Welche Aussagen sind richtig? Kreuzen Sie bitte an.**

1. ☐ Der Mann ist Lehrer.
2. ☐ Das ist kein Lehrer.
3. ☐ Das ist ein Vater.
4. ☐ Er spielt Schüler.
5. ☐ Der Mann will wissen: Was machen die Schüler?
6. ☐ Vater und Sohn sind hier in der Schule. Das ist ein Elternabend.

5.2 **Das ist eine Geschichte für Kinder. Sie heißt „Nur für einen Tag“. Warum? Sammeln Sie Ihre Vermutungen im Kurs.**

5.3 **Lesen Sie jetzt bitte die Geschichte.**

GEBRÜDER-GRIMM-SCHULE steht über der Eingangstür. Papa geht hinein und eine Treppe hoch, dann nach links einen langen Flur entlang. An der vierten Tür rechts steht KLASSE 2b. Papa klopft an.

„Herein!“ Vorsichtig öffnet Papa die Tür. Die anderen sind alle schon da. Vorne an der Tafel steht Frau Kleinlein, die Lehrerin. „Nanu“, sagt sie und schaut auf die Uhr. „Der Bus hatte Verspätung“, entschuldigt sich Papa. „Schon gut“, sagt Frau Kleinlein. „Du bist neu bei uns, nicht wahr?“ „Ja“, sagt Papa. „Ich heiße Herbert, und Anna kommt heute nicht.“ „Schön, Herbert, dann setz dich mal hinten hin, neben Sebastian.“

In der ersten Stunde ist Mathematik. Das macht Papa Spaß. Er meldet sich dauernd. „Richtig, Herbert“, sagt Frau Kleinlein jedes Mal, wenn er etwas weiß. „Mannomann!“, stöhnt Sebastian. In der zweiten Stunde ist Deutsch. Das findet Papa langweilig. Er passt nicht mehr auf. Und er kann auch nicht so lange still sitzen. „Herbert, hörst du nicht?!“, sagt Frau Kleinlein schon zum zweiten Mal. Papa erschrickt. Er war mit seinen Gedanken ganz weit weg. „Du hörst ja gar nicht zu!“, schimpft Frau Kleinlein. „So hat das natürlich keinen Zweck. Du musst schon aufpassen!“ Dann stellt sie sich genau hinter Papa. „Und zappel nicht so rum!“ Sie lässt Papa keine Ruhe. Er möchte gern etwas sagen. Aber Frau Kleinlein guckt ganz streng und legt den Finger auf den Mund.

5.4 **Thema „Schule": Ordnen Sie die Wörter aus dem Text in Gruppen. Klären Sie wichtige unbekannte Wörter mit dem Wörterbuch.**

| Schulfächer | Was tun Lehrer/innen und Schüler/innen? | andere Wörter zum Thema „Schule" |
|---|---|---|
| Mathematik ______ | ______ | ______ |

5.5 **Einen Text zusammenfassen: Ergänzen Sie bitte die Sätze und schreiben Sie dann aus den Sätzen eine Zusammenfassung des Textes.**

1. Sie lässt Herbert keine ______ .
2. Herbert ist der Vater von Anna ______ .
3. Frau Kleinlein ______: „Du musst aufpassen."
4. Er geht für einen Tag in die ______ .
5. ______ mag er nicht.
6. Aber der Bus hat ______ .
7. ______ macht Herbert Spaß.
8. Herbert entschuldigt ______ .
9. Frau Kleinlein ist seine ______ .
10. Er ______ neben ______ .

Herbert ist der Vater von Anna.
Er geht für

Morgen ist Elternabend im ganz kleinen Kreis. Nur du und mein Lehrer.
Null Bock



5.6 **Thesen zum Text. Was meinen Sie? Markieren Sie mit**
**+ (Ich stimme zu.) oder**
**– (Ich stimme nicht zu.).**
**Begründen Sie Ihre Meinung mit Sätzen aus dem Text.**

Der Text sagt:

1. ☐ Schüler/in sein ist nicht so leicht.
2. ☐ Die Lehrer/innen verstehen ihre Schüler nicht.
3. ☐ Lehrer/in sein ist schön.
4. ☐ Lernen macht immer Spaß.
5. ☐ Unterricht kann auch langweilig sein.
6. ☐ Lehrer/innen reden viel und hören nicht zu.
7. ☐ Eltern müssen auch einmal im Unterricht sitzen. Dann können sie Ihre Kinder besser verstehen.

5.7 **Wie finden Sie die Geschichte? Ist sie interessant für Kinder? Ist sie auch für Erwachsene noch interessant?**

# EINHEIT 21: HÖHER, SCHNELLER, WEITER

........ *Vermutungen äußern*
........ *Maß- und Gewichtsangaben machen*
........ *vergleichen*
........ *Abkürzungen für Maß- und Gewichtseinheiten*
........ *Komparation mit* wie *und* als
........ *Komparativ und Superlativ*

## 1 Wie alt? Wie groß? Wie schwer?

**1.1 Wie alt ist diese Frau?**

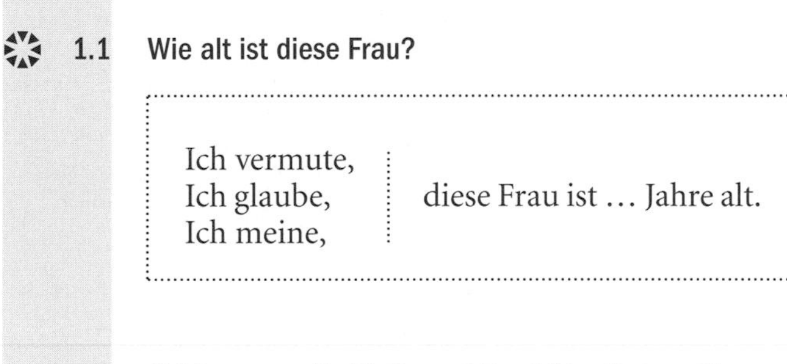
Ich vermute,
Ich glaube,
Ich meine,
diese Frau ist … Jahre alt.

**1.2 Abkürzungen für Maße und Gewichte. Ordnen Sie zu. Welche Abkürzung passt zu welchem Maß/Gewicht?**

| | | | |
|---|---|---|---|
| 1 m | 8 l | ☐ Millimeter | ☐ Stundenkilometer |
| 2 mm | 9 kg | ☐ Sekunde | ☐ Meter |
| 3 cm | 10 min | ☐ Gramm | 7 Stunde |
| 4 km | 11 g | ☐ Quadratmeter | ☐ Stunde |
| 5 km/h | 12 Std. | ☐ Zentimeter | ☐ Liter |
| 6 °C | 13 sec | ☐ Minute | ☐ Grad Celsius |
| 7 h | 14 $m^2$ | ☐ Kilogramm | ☐ Kilometer |

**1.3 Schreiben Sie die Maße aus 1.2 in den richtigen Kasten. Was passt in keine Kategorie?**

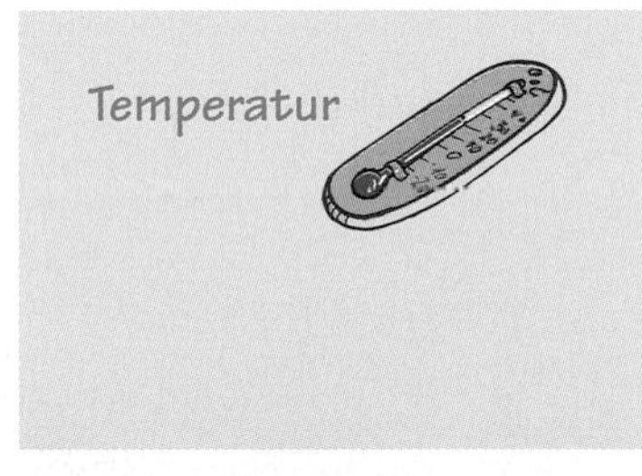


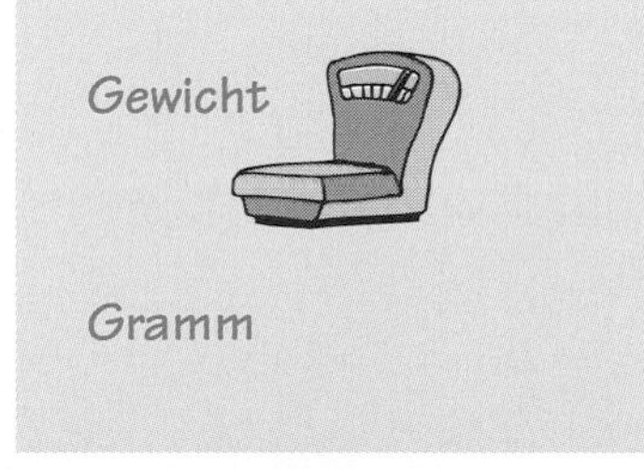


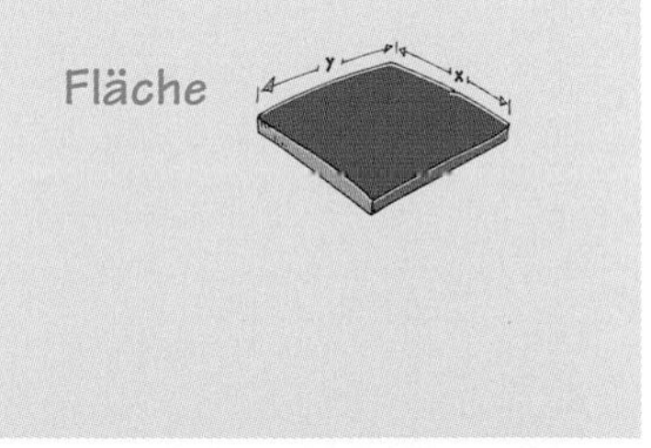

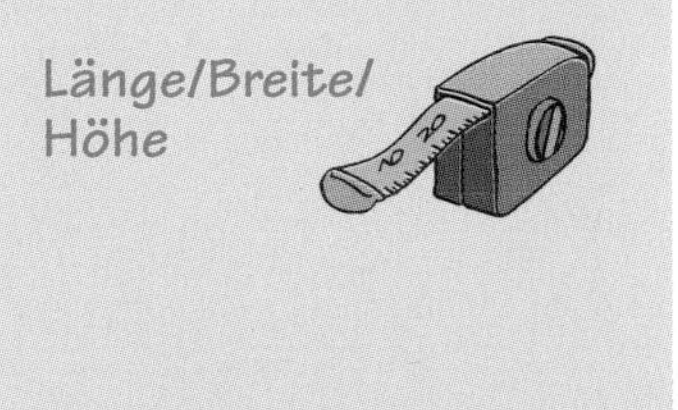

**1.4 Ratespiel: Wie hoch, wie breit, wie schwer, ...? – Können Sie die Sätze ergänzen?**

| | | | | | |
|---|---|---|---|---|---|
| Größe | Der/die Kursleiter/in | ist | ______ | Zentimeter | groß. |
| Gewicht | Ein Basketball | ist | ______ | Gramm | schwer. |
| Temperatur | Das Blut von Menschen | ______ | ______ | Grad | warm. |
| Höhe | Der Eiffelturm | ______ | ______ | Meter | hoch. |
| Breite | Der Suezkanal | ______ | ______ | Meter | breit. |
| Tiefe | Der Titicacasee | ______ | ______ | Meter | tief. |
| Länge | Die Chinesische Mauer | ______ | ______ | Kilometer | lang. |
| Fläche | Die USA | ______ | ______ | Quadratkilometer | groß. |
| Inhalt | In dieser Magnum-Flasche | sind | ______ | Liter Sekt. | |

MOTU Chandé 3 Liter

## 2 Zahlen über Deutschland, Österreich und die Schweiz

**2.1 Lesen Sie bitte die folgenden Informationen und ergänzen Sie die Maßeinheiten. Welche Information gehört zu welchem Land? Ordnen Sie zu.**

1. A CH D Von Norden nach Süden ist dieses Land 876 km lang.
2. A CH D In Berlin ist es im Januar durchschnittlich −0,7 ______ kalt.
3. A CH D Die Donau ist 647 ______ lang.
4. A CH D Die Zugspitze ist 2962 ______ hoch.
5. A CH D Der Bodensee ist 538,5 ______ groß und bis zu 252 ______ tief.
6. A CH D Wien hat eine Fläche von 415 ______ .
7. A CH D In Luzern ist es im Juni durchschnittlich 18,2 ______ warm.
8. A CH D Der Bodensee liegt 345 ______ über dem Meeresspiegel.
9. A CH D Die Grenze Schweiz/Deutschland ist 362,5 ______ lang.

Zugspitze

Donau bei Wien

Grenzübergang D/CH bei Konstanz

Wasserburg am Bodensee

Mäuseturm bei Bingen am Rhein

Kapellenbrücke in Luzern

10. [A] [CH] [D] Deutschland ist 357 050, die Schweiz 41 293 und Österreich 83 858 _______ groß.

11. [A] [CH] [D] Der Rhein hat eine Länge von 865 _______ von der Quelle bis zur Mündung.

12. [A] [CH] [D] Von Berlin nach Wien braucht man mit dem Flugzeug eine _______ .

13. [A] [CH] [D] Der Intercity-Express braucht von Hamburg nach Frankfurt (535 _______) drei _______ und 38 _______. Er fährt bis zu 280 _______ schnell.

Blick über Wien mit dem Stephansdom

Menschen vor dem Brandenburger Tor in Berlin

**2.2** **Machen Sie ein Quiz für Ihr Land / Ihre Region wie in 2.1.**

Wie lang/hoch/breit ist ...?
Wie kalt/warm ist es in ... im ...?
Wie lange braucht man von ... bis...?
Wie groß ist ...?

## 3 Vergleichen

3.1 **Schauen Sie die Bilder an und hören Sie zu. Achten Sie auf die Intonation.**

+ Ist das dein Fahrrad?
– Gefällt es dir? Es hat 28 Gänge! Mehr als ein Rennrad.

+ Super! Wie lange hast du das schon?
– Äh, ich fahre damit schneller in die Stadt als die Straßenbahn!

+ Wie teuer war es denn?
– 2000,–! Ein Sonderangebot, ist billiger als ein Moped.

△ Kannst du bitte zur Seite gehen? Ich möchte wegfahren.

3.2 **Üben Sie nun die Szene zu dritt ein. Achten Sie auf die Intonation.**

3.3 **Füllen Sie die Lücken aus. Nehmen Sie den Dialog von 3.1 zu Hilfe.**

C 70
C 71
C 72

1. Ein Tourenrad hat sieben Gänge. Dieses Rad hat ________________ Gänge **als** ein Tourenrad. Es hat 21 Gänge.

2. Autos fahren schnell, aber dieser Zug fährt ________________ **als** die meisten Autos.

3. Fahrräder sind billiger als Autos, aber dieses Fahrrad ist ________________ **als** ein kleines Auto. Es kostet 12 000 Euro.

C 70
C 71
C 72

## 3.4 **Komparation mit** als

| *Adjektiv* | *Komparativ* |
|---|---|
| | mit -er |
| schnell | ______ |
| ______ | langsamer |
| ______ | schöner |
| billig | ______ |
| klein | ______ |
| | mit Umlaut + -er |
| kurz | kürzer |
| ______ | älter |
| lang | ______ |
| kalt | ______ |
| | unregelmäßig |
| gut | besser |
| viel | ______ |
| gern | ______ |
| | höher |

Du bist ja viel dicker als ich.

Lieber dick und intelligent als dünn und doof.

## 3.5 **Erinnern Sie sich an den „Nein-Typ"? Er jammert mal wieder, aber sein Freund sagt, dass es ihm noch viel schlechter geht.**

Mir geht es schlecht.
Ich bin alt.
Ich bin klein und hässlich.
Ich finde alles langweilig.
Ich verdiene zu wenig.
Mein Fahrrad ist alt.
Mein Haus ist kalt.
Mein Hund ist krank.
Mein Fernseher hat nur drei Programme.
…

Mir geht es schlecht.
Mir geht es noch viel schlechter als dir!

**3.6 Komparation mit** wie **und** als **– Lesen Sie die Beispiele und lösen Sie dann die Aufgaben in 3.7.**

A = B  A ist genauso lang wie B.

A > B  A ist länger als B.

**3.7 Beantworten Sie diese Fragen im Kurs. Messen Sie erst nachher nach.**

1. Welche Figur ist größer als die anderen: A, B oder C?

2. Welcher Punkt ist größer: A oder B?

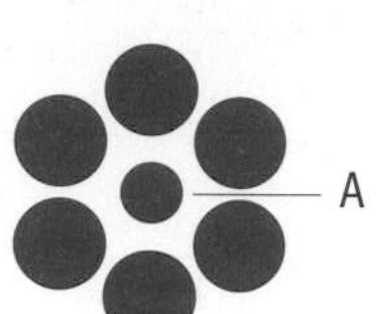


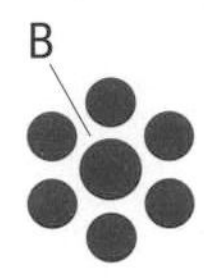


3. Welche Strecke ist länger: A oder B?

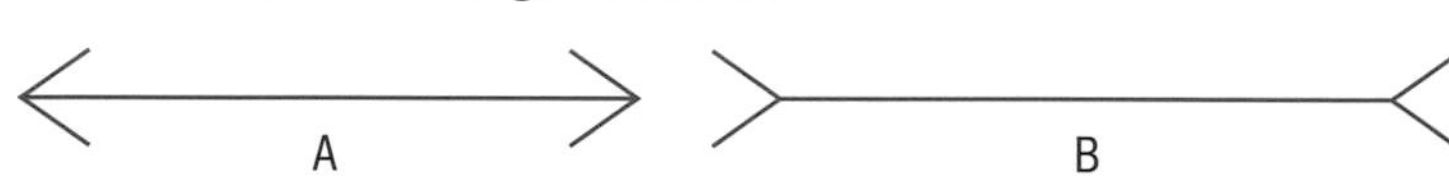


4. Welche Strecke ist kürzer: AC oder BC?

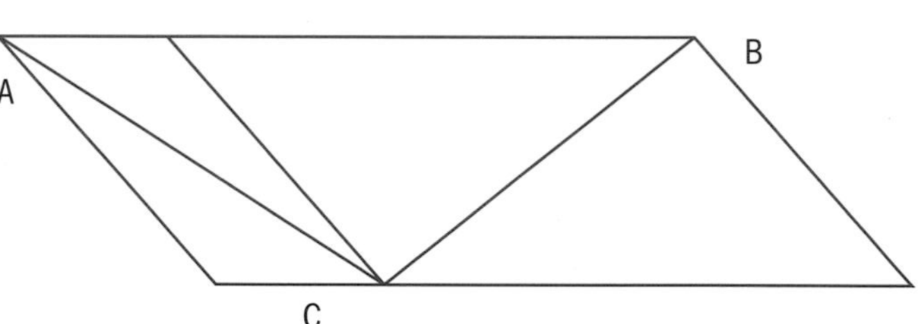


**3.8 Vergleiche Tier und Mensch – Lesen Sie diesen Text. Verstehen Sie das?**

Wer fleißig ist wie eine Biene,
stark ist wie ein Bär,
arbeitet wie ein Pferd,
abends müde wie ein Hund ist,
der sollte mal zum Tierarzt gehen,
denn vielleicht ist er ein Esel.
SUMM! BRUMM! WIEHER! WAU! IA!


**3.9 Schreiben Sie Vergleiche mit** wie **oder** als:

1. Ich bin oft müde ________ ein Hund.
2. Herr Schneider verdient mehr Geld ________ Herr Larson.
3. Mein Sohn hat Hunger ________ ein Wolf.
4. Ihre Tochter ist schon genauso groß ________ sie.
5. Razor Ramon ist so stark ________ ein Bär.

6. Mein Hund wiegt mehr _______ ich.

7. Michaela Prinz ist fleißig _______ eine Biene.

8. Seine Tochter spricht besser Deutsch _______ er.

**3.10** **Gibt es solche Vergleiche auch in Ihrer Sprache? Können Sie sie ins Deutsche übersetzen?**

## 4 Rekorde

**4.1** **Ein Wettbewerb: Wer kann es am besten? Machen Sie diese Spiele im Kurs.**

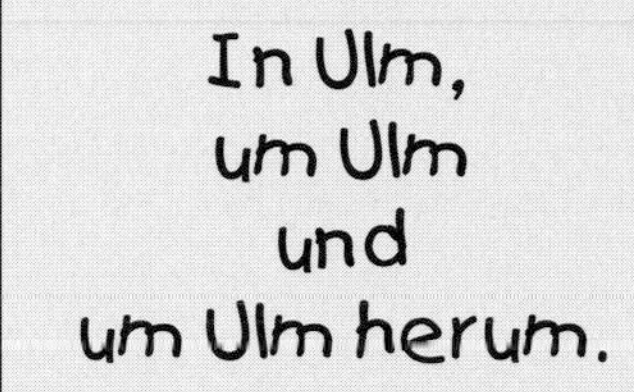

1 Wer kommt am weitesten? Nehmen Sie ein Streichholz und legen Sie es auf den Tisch. Blasen Sie.

2 Wer kann diesen Satz am schnellsten ohne Fehler sprechen?

3 Wer pfeift am längsten? Pfeifen Sie einen Ton, so lang Sie können.

4 Wer schätzt am genausten? Schließen Sie die Augen. Ihr/e Kursleiter/in sagt: „Los!" Sagen Sie: „Stopp!", wenn Sie glauben, dass eine Minute vorbei ist.

5 Wer findet die meisten Wörter? Nehmen Sie einen Buchstaben. Sie haben eine Minute Zeit. Schreiben Sie deutsche Wörter auf, die mit diesem Buchstaben beginnen.

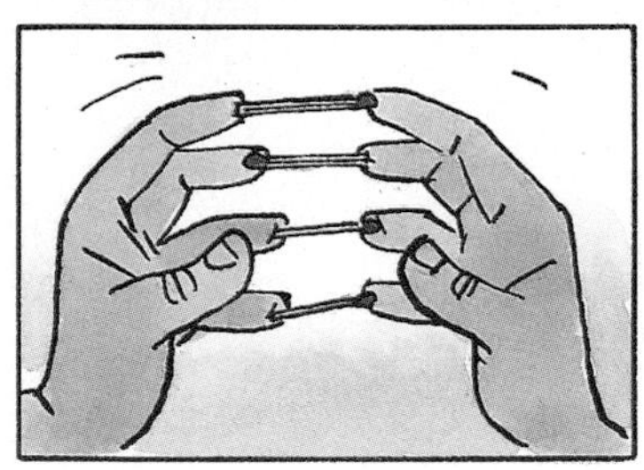

6 Wer kann es am schnellsten? Nehmen Sie vier Streichhölzer so in die Finger, wie es das Bild zeigt.

7 Wer kommt am nächsten? Zeichnen Sie eine Linie auf den Boden. Gehen Sie hinter die Linie. Ihr/e Kursleiter/in wirft die erste Münze. Werfen Sie Ihre Münze so nah wie möglich an die erste.

4.2 **Diese Adjektive kennen Sie. Machen Sie eine Tabelle im Heft, wie im Beispiel vorgegeben.**

~~schnell~~ interessant hoch viel gern bunt langsam aktiv ~~gut~~ stark langweilig genau freundlich laut attraktiv nah unregelmäßig ~~kurz~~ alt teuer leicht systematisch

| Adjektiv | Komparativ | Superlativ |
|---|---|---|
| | regelmäßig | |
| schnell | schneller | am schnellsten |
| | mit Umlaut | |
| kurz | kürzer | am kürzesten |
| | unregelmäßig | |
| gut | besser | am besten |

## 5 Rekorde, Rekorde: ein Quiz

5.1 **Schreiben Sie zuerst die Fragen. Ordnen Sie dann die Antworten den Fragen zu. Sie brauchen nicht alle Wörter zu verstehen. Nehmen Sie die Maßangaben zu Hilfe.**

1. ☐ Welche Insel ist am größten (groß)?
2. ☐ Welche Uhr geht ________ (genau)?
3. ☐ Welche Armee ist ________ (klein)?
4. ☐ Welche Milch ist ________ (teuer)?
5. ☐ Welcher Ortsname ist ________ (kurz)?
6. ☐ Welche Bäume werden ________ (alt)?
7. ☐ Welcher Berg ist ________ (hoch)?
8. ☐ Welcher Mensch war ________ (schwer)?
9. ☐ Welches Insekt ist ________ (laut)?
10. ☐ Welches Tennismatch dauerte ________ (lang)?

a Die von San Marino: 11 Männer
b Grönland (2 175 000 km$^2$)
c Die Zikade
d Mount Everest (Nepal): 8848 m
e Jon Brower Minnoch (1941–83) 635 kg
f Y (ein Dorf in Frankreich)
g Mäusemilch: 1 l kostet 20 000 Euro
h Boris Becker – John McEnroe (25. Juli 1987 in Hartford USA), 6 Stunden 39 Minuten
i Kalifornische Mammutbäume: über 4000 Jahre
j Atomuhren wie z.B. die in Braunschweig: 1 sec Abweichung in 5 Mio. Jahren

5.2 **Können Sie auch Rätselfragen schreiben? Lesen Sie die folgenden Texte und schreiben Sie dazu Fragen.**

| | |
|---|---|
| Welcher Buchtitel ... | Wie schwer ... |
| Welches ... | Wie breit ... |
| Welche ... | Wieviel ... |

**Das größte Buch** ist das *Superbuch,* das 2,74 x 3,07 m misst und 252,6 kg wiegt. Es besteht aus 300 Seiten und erschien 1976 in Denver, Colorado (USA). Es steht jetzt in einem New Yorker Museum. Zum Umblättern der Seiten ist ein Elektromotor erforderlich.
In der Kuthodaw-Pagode bei Mandalay in Myanma (früher Burma) sind 729 jeweils 1,5 x 1,06 m große Marmortafeln mit sämtlichen buddhistischen Schriften aufbewahrt. Das Marmor-Buch ist in den Jahren 1860–68 entstanden. Sehen lassen können sich auch die Ausmaße eines Riesenfolianten, den der Verleger Privat in der südwestfranzösischen Stadt Toulouse vorgestellt hat. Der Toulouser Architekt Pascal Merz hat mit seinen „Compagnons du devoir" das 3 x 4 m große, 34 Seiten starke, deren jede 200 kg wiegt, Großbuch gefertigt. Es steht auf einem 25 m² großen Sockel, kann nur aufrecht gelesen werden. Bei einem Gesamtgewicht

**Den nach der Anzahl der Wörter längsten Brief** schrieb bisher der Engländer Alan Foreman aus Erith, Kent (GB), ab 3. Januar 1982 an seine Frau Janet. Am 25. Januar 1984 wurde das 1 402 344 Wörter umfassende Papier der Post anvertraut.

**Der kleinste Atlas der Welt** befindet sich in der Universitätsbibliothek Rostock. Der 1831 in Rostock gefertigte Etui-Atlas mit 26 farbigen Kartenabbildungen, der 67 x 68 mm misst, wurde 1985 als ledergebundenes Minibuch neu aufgelegt.

**Die kürzeste Korrespondenz** war die zwischen dem französischen Dichter Victor Hugo (1802–85) und seinen Verlegern Hurst und Blackett im Jahr 1862. Der Schriftsteller war im Urlaub und wollte wissen, wie sich sein neuer Roman *Les Misérables* (Die Elenden) verkaufte. Er schrieb „?", die Antwort war „!".

**Das kleinste Kochbuch** *Was isst und trinkt man in Tirol* enthält auf 214 Seiten 50 Rezepte Tiroler Tellergerichte. Verfasst hat es Josef Theiner (*1911), Gastwirt und Koch aus Terlan (Südtirol). Das Mini-Buch mit den Maßen 20 x 20 mm (Buchblock 19 x 19 mm) ist im März 1984 in 200 ledergebundenen Exemplaren in Bozen gedruckt worden, enthält zusätzlich 7 Fotos, ist mit einem Inhaltsverzeichnis der Speisen und Vorwort versehen und soll „ein gewisses Band der Verbundenheit zwischen Wirt und Bewirteten weben".

**Die älteste gedruckte Bibel der Welt** ist die *Gutenberg-Bibel* von 1455.
Die von der katholischen Kirche auf dem Trientiner Konzil 1546 für authentisch erklärte Bibelübersetzung, die *Vulgata,* wurde seit 383 n. Chr. auf Geheiß des Papstes Damasus I. vom hl. Hieronymus (347–420) verfasst. Sie fußt auf der älteren, altlateinischen *Itala.*

# EINHEIT 22: FREIZEIT UND FERIEN

........ *eine Statistik verstehen*
........ *über Freizeitinteressen sprechen*
........ *sagen, wo man ist/war*
........ *sagen, wohin man geht*
........ *Präpositionen* in *und* auf *mit Akkusativ oder Dativ*
........ *Modalverben* mögen (ich möchte) *und* wollen
........ *Nomen: Genitiv Plural*

## 1 Ein Zeitungsbericht über Freizeitbeschäftigungen in Österreich

**1.1 Lesen Sie bitte den Text. Welche der Bilder haben etwas mit dem Text zu tun? Kreuzen Sie bitte an.**

### „Nur kein Stress!"

***„Statistisches Jahrbuch" gibt Einblicke in die Freizeitgestaltung der Österreicher und Österreicherinnen***

Bücherlesen gehört sicher nicht zu den liebsten Beschäftigungen der 7,9 Millionen Österreicher und Österreicherinnen. Wie das „Statistische Jahrbuch", das seit heute in seiner neuen Ausgabe vorliegt, feststellt, lesen 42,6 % nie, und nur 12,3 % verbringen mehr als vier Stunden pro Woche mit einem Buch vor der Nase. Dafür sind sie aber fleißige Zeitungsleser. 74,7 % haben eine Tageszeitung und immerhin noch 39,2 % lesen regelmäßig eine Wochenzeitung. Dagegen sind Comics, zumindest bei den über 15-Jährigen, gar nicht so beliebt, wie man vielleicht denken sollte: Ganze 2,5 % entspannen sich häufiger mit einem Comic. Im Alpenland liebt man das Theater. Immerhin 30 % gehen wenigstens einmal pro Jahr ins Theater und die gleiche Anzahl geht auch mal in eine Ausstellung. Oper und Operette sind dagegen weniger beliebt, als man denkt. 83,6 % haben noch nie eine Oper gesehen. Überraschend ist, dass etwa die gleiche Zahl (83,7 %) nie zu Rock-Konzerten geht. Ins Kino gehen immerhin 30,5 % der Österreicher und Österreicherinnen ab und zu einmal. Aber 67,7 % machen auch das nicht. Die fleißigsten Kinogänger sind die 20- bis 29-Jährigen. Über 56 % dieser Altersgruppe gehen ins Kino. Aber was macht die Mehrheit der Österreicher dann in der Freizeit? Sie treiben z.B. Sport. Knapp 40 % sind Mitglieder in einem Sportverein; z.B. 255 000 in Fußballclubs und 143 000 in Skivereinen.

Anhang 1.2

**1.2 Bruchteile und Relationen: Lesen Sie die Beispiele.**

100 %
hundert Prozent
alle

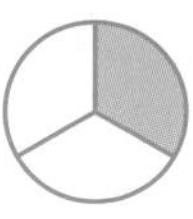

33,3 %
dreiunddreißig Komma drei Prozent
ein Drittel

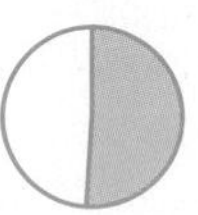

51 %
einundfünfzig Prozent
mehr als die Hälfte
ungefähr die Hälfte

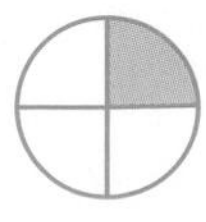

24,6 %
vierundzwanzig Komma sechs Prozent
weniger als ein Viertel
fast ein Viertel

**1.3 Was passt zusammen? Ordnen Sie die Zahlen und Wörter zu.**

1/5 1/10 1/3 25 % 49,2 % 76 % 1/2 50 % 1/6

ein Fünftel fünfundzwanzig Prozent ein Zehntel ein Drittel
neunundvierzig Komma zwei Prozent fast die Hälfte
ungefähr die Hälfte sechsundsiebzig Prozent
mehr als drei Viertel die Hälfte fünfzig Prozent
ein Sechstel ein Viertel sechzehn Komma sechs Prozent

C 36

**1.4 Lesen Sie bitte diese Sätze.**

1. **Die** Österreicher treiben Sport.
2. Vierzig Prozent **der** Österreicher treiben Sport.

**In Satz 2 finden Sie einen neuen Kasus: den** *Genitiv.*

| *Nominativ Singular* | *Nominativ Plural* | *Genitiv Plural* |
|---|---|---|
| der Jugendliche | **die** Jugendlichen | Über die Hälfte **der** Jugendlichen ... |
| das Buch | **die** Bücher | Zwei Drittel **der** Bücher ... |
| die Zeitung | **die** Zeitungen | Fast ein Viertel **der** Zeitungen ... |

**Regel:** Der bestimmte Artikel heißt im *Genitiv Plural* der.

**1.5 Lesen Sie jetzt den Zeitungsbericht noch einmal und ergänzen Sie dann die folgenden Sätze.**

- Fast drei Viertel der Österreicherinnen und Österreicher haben ...
- Etwa ein Drittel gehen ...
- Über die Hälfte der Jugendlichen sehen ...
- Über 80 Prozent ...
- 40 Prozent sind ...
- ...

**1.6 Welche Ihrer Meinung nach wichtigen Freizeitbeschäftigungen stehen nicht im Text?**

**1.7 Was machen Sie in Ihrer Freizeit am liebsten? Sammeln Sie an der Tafel und machen Sie eine Kursstatistik.**

**1.8 Sie hören ein Diktat zum Text in 1.1. Schreiben Sie mit. Tauschen Sie danach die Diktate und markieren Sie die Fehler. Besprechen Sie die Fehler zu zweit oder in der Gruppe.**

2.1 Notieren Sie die Freizeitaktivitäten aus der Collage.

stadtmagazin TERMINE
18.–31. DEZEMBER
KABARETT
„SOLCHE MÄNNER HAT DAS LAND" – GEORG SCHRAMM
Vindobona, 20, Wallensteinplatz 6, Tel. 332 42 31. Bis 21. (20.00)
THEATER
„SIEBZEHN UND VIER" VERSUCH ÜBER DIE UNMÖGLICHKEIT, THEATER ZU MACHEN. VON UND MIT ERWIN PIPLITS
Odeon, 2, Taborstraße 10, Tel. 214 55 62. Tägl. außer Mo (20.00)
DIVERSES
„DIE PIEP-SHOW" DIVINA KOMÖDIE. COLLAGE AUS ELEMENTEN VON TALK-SHOWS, MUSIK UND INFORMATION
WUK-Bühne, 9, Währinger
„MORNING GLORY – SEVEN AGES – MAD UNDERTAKERS"
Rockhaus, 20, Adalbert-Stifter-Straße 73, Tel. 332 46 41. (20.00)
TANZ
„IRA BERNSTEIN" STEPTANZ-SHOW
Star Club, 16, Schuhmeierplatz 17–18, Tel. 492 12 57. (20.30)
LESUNG
„WEISSAGUNG – PETER HANDKE" UND „DIE HUMANISTEN – ERNST JANDL"
Theater Gruppe 80, 6, Gumpendorfer Straße 67, Tel. 586 52 22. (20.00)
BALL
„GALANACHT DER WIENER GASTRONOMIE"
Parkhotel Schönbrunn, 13,
MAD UNDERTAKERS
Drei Nachwuchsbands bekommen im Rockhaus die Chance, um die Marshall Trophy zu kämpfen. Der Beste und Härteste wird gewinnen.
„ALL STAR BLUES BAND FEAT. HELI DEINBOEK"
Querfeld, 1, Maysedergasse 5, Tel. 513 08 81-16. (20.00)
„CHRIS BARBER JAZZ & BLUES BAND"
Star Club, 16, Schuhmeierplatz 17–18, Tel. 492 12 57. (20.30)
„MARSHALL AUSTRIAN BAND CONTEST"
Rockhaus, 20, Adalbert-Stifter-Straße 73, Tel. 332 46 41. (19.00)
So 22
KONZERT
„TAVERNER CHOIR, CONSORT & PLAYERS" GEISTLICHE HYMNEN UND WELTLICHE ODEN VON HENRY PURCELL
Konzerthaus, 3, Lothringerstraße 20, Tel. 712 12 11. (19.30)
„CARTE BLANCHE"
IMAX FILMFESTIVAL
Neue Filmhighlights auf der 400 m²-Leinwand bietet das Festival vom 8. bis 23. April:
Wiener Spaziergänge
Walks in Vienna
passeggiate guidate
promenades conférence
Mai 1995
Praterfreuden für Jung und Alt
Wien
CAFÉ RESTAURANT
WALZERSCHIFF JOHANN STRAUSS
ORIGINAL WIENER WALZER-SHOW
Täglich 20.30 und 22.00 Uhr (außer Montag)
A-1010 Wien, Schwedenplatz / Donaukanal (Abgang Marienbrücke)
Tel.: 0222 / 533 93 67
Siehe Plan II 6
Wiener MOZART Konzerte in historischen Kostümen
Mai bis Oktober Mittwoch, Freitag & Samstag um 20.15 Uhr
Buchung: Tel. 713 99 51-0
Preise: S 450,- / 370,- / 290,-
Konzertsäle: WIENER KONZERTHAUS, AUSTRIA CENTER, HOFBURG, THEATER AN DER WIEN
Erleben Sie eine Aufführung wie zur Zeit Mozarts!

Badespaß hat in Wien Tradition

INFO

Wien ist die Hauptstadt der Republik Österreich. Es ist die größte und sowohl ökonomisch als auch kulturell wichtigste Stadt des Landes. Die Stadt hat ungefähr 1,5 Millionen Einwohner. Sie ist eine der wenigen Metropolen der Welt, die heute weniger Einwohner hat als am Beginn des 20. Jahrhunderts (1910: 2 Millionen). Für den deutschsprachigen und mittel-osteuropäischen Raum hat Wien immer eine wichtige Rolle gespielt. Bis 1806 war sie die Hauptstadt des „Heiligen Römischen Reiches Deutscher Nation" und bis 1918 Hauptstadt der Doppel-Monarchie Österreich-Ungarn. Heute haben wichtige internationale Organisationen ihren Sitz in Wien. Die lange und bedeutende Geschichte der Stadt findet sich in ihren Gebäuden und insbesondere in den Museen wieder. Weltberühmt sind z. B. der Stephansdom, die Hofburg und das Kunsthistorische Museum. Das deutschsprachige Theater, die bildende Kunst und die klassische Musik sind ohne Wien nicht denkbar. Einige von vielen sind der Komponist Wolfgang Amadeus Mozart, der Schriftsteller Robert Musil und der Maler Friedensreich Hundertwasser. In Wien arbeiteten auch Sigmund Freud und viele der anderen Väter und Mütter der Psychoanalyse, bis sie vor den Nationalsozialisten ins Ausland fliehen mussten.

2.2 **Sprechen Sie über Ihre Freizeitinteressen. Der Dialogbaukasten und die Wörter im Kasten helfen Ihnen.**

| nach Interessen fragen | | Freizeitinteressen angeben | | |
|---|---|---|---|---|
| Was machst du / machen Sie | abends?<br>in deiner/Ihrer Freizeit?<br>am Wochenende? | Ich gehe<br>Ich fahre<br>Ich spiele<br>Ich mache | am liebsten<br>(sehr) gern<br>oft<br>manchmal | ins Kino.<br>tanzen.<br>ans Meer.<br>in die Berge.<br>Gitarre.<br>Tennis.<br>gar nichts. |

wandern spazieren gehen einkaufen gehen reisen
ins Museum gehen lesen Briefe schreiben
mit Freunden telefonieren essen gehen zum Fußballspiel gehen
lange schlafen Musik hören ins Konzert gehen …

2.3 **Ein Spiel in Gruppen: Ziehen Sie vier Karten. Notieren Sie für sich, was Sie am liebsten machen. Die anderen müssen raten, welche Reihenfolge Sie gewählt haben.**

2.4 **Sie sind ein Wochenende in Wien? Was wollen Sie machen? Arbeiten Sie mit der Collage.**

## 3 Wünschen und wollen

3.1 **Ein ungewöhnlicher Ausflug: Schauen Sie das Bild an und hören Sie die Kassette.**

**3.2** **Vergleichen Sie bitte die beiden Sätze. Was ist freundlicher?**

Ich will nicht allein Rollschuh fahren.
Ich möchte nicht allein Rollschuh fahren.

„Ich möchte …" ist freundlicher/höflicher als „Ich will …".

C 19.1
C 27.2
Anhang 3

**3.3** **Ergänzen Sie bitte die Konjugationstabellen.**

| | mögen ........ | wollen ........ |
|---|---|---|
| ich | | |
| du | möchtest | willst |
| er, es, sie | | |
| wir | möchten | wollen |
| ihr | möchtet | wollt |
| sie/Sie | | |

## 4 Verabredungen

**4.1** **Sie hören drei Dialoge. Über welche Vorschläge für Freizeitaktivitäten und Termine sprechen die Leute? Ordnen Sie die Zeichnungen den Dialogen zu. Notieren Sie so viele Informationen wie möglich.**

1. ______________________

2. ______________________

3. ______________________

4. ______________________

5. ______________________

6. ______________________

**4.2** **Ordnen Sie jetzt bitte die Dialoge 1 und 2. Üben Sie einen Dialog zu zweit.**

**DIALOG 1** ..........................................

- Wir können in die Disco gehen.
- O.k.
- Hast du am Samstagabend Zeit?
- Um 11.00 Uhr vor dem „Arena".
- Tanzen? Ja, das finde ich toll. Wann treffen wir uns?
- Warum?

**DIALOG 2** ..........................................

- Essen? Hm, ich habe wenig Hunger.
- Möchtest du was essen gehen? Pizza zum Beispiel.
- Was machst du heute nach der Arbeit?
- Ja, das ist besser.
- Ich weiß noch nicht.
- Wir können auch nur etwas trinken im „Café Mozart".

**4.3** **DIALOG 3** ..........................

**Hören Sie nun Dialog 3 noch einmal und schreiben Sie ihn weiter.**

\+ Hallo, Martina
\- Hallo, Ben.
\+ Sag mal, wollen wir am Wochenende was zusammen machen?
\- Klar. Was denn?
\+ Wollen wir vielleicht schwimmen gehen?
\- Aber nein, das Wasser ist mir noch viel zu kalt.
\+ Und wie wär's mit Kino?
\- Ach, nicht schon wieder, ich hab keine Lust.
\+ Und wandern?
\- Hm, vielleicht, aber …

**4.4** **Wiederholung: Redemittel zum Thema „Verabredungen" sammeln. Machen Sie eine Liste an der Tafel.**

| Vorschläge machen | einen Vorschlag ablehnen | einen Vorschlag annehmen |
|---|---|---|
| Möchtest du was essen gehen? | Ich habe keinen Hunger. | Ja, das finde ich toll! |

**4.5** **Eine Wunschwoche: Machen Sie eine eigene Übung.**

**Stellen Sie sich vor, Sie haben eine Woche ganz für sich. Sie können alles tun, was Sie gern möchten. Planen Sie Ihre Wunschwoche mit einem Wochenkalender. Wählen Sie dann einen Partner / eine Partnerin. Fragen Sie, was Sie zusammen machen wollen. Verabreden Sie sich mit Tag und genauer Uhrzeit. Benutzen Sie Ihren Wochenkalender.**

| | Montag | Dienstag | Mittwoch | Donnerstag | Freitag | Samstag | Sonntag |
|---|---|---|---|---|---|---|---|
| 8–9 | | | | | | schlafen | schlafen |
| 9–10 | | | | Bibliothek | | schlafen | schlafen |
| 10–11 | | Tennis | | | | schlafen | schlafen |
| 11–12 | | | | | | schwimmen | |
| 12–13 | | | | | | | |
| 13–14 | | | | | | | |
| 14–15 | | | | | | | |
| 15–16 | | | Garten | | | | Tennis |
| 16–17 | Deutschkurs | | | Kino | Deutschkurs | | |
| 17–18 | Deutschkurs | | | Kino | Deutschkurs | | |

## 5 Wo waren Sie gestern?

5.1 Schauen Sie sich die Zeichnung genau an. Wo sind die Leute? Was machen Sie?

5.2 Wer ist wer? Hören Sie jetzt die Kassette. Wie heißen die Leute auf dem Bild? Schreiben Sie die Buchstaben zu den Personen.

a Kommissar

b Herr Mauz

c Frau Frank

d Herr Frank

e Frau Tritsch

f Frau Bien

g Herr Dürr

h Herr Bahr

i Herr Blaß

j Herr Predümo

k Herr Busch

1 ☐ 2 ☐ 3 ☐ 4 ☐ 5 ☐ 6 ☐ 7 ☐ 8 ☐ 9 ☐ 10 ☐ 11 ☐

5.3 Hören Sie die Kassette noch einmal. Notieren Sie, wo die Leute am Freitagabend waren.

Herr Mauz – Volkshochschule

**5.4** **Wer war wo? Ergänzen Sie die Sätze mit diesen Informationen:**

im Theater · im Büro · im Restaurant · im Park · bei ihrer Freundin · in der Kirche · in der Volkshochschule · in der Disco · beim Boxen · auf dem Fußballplatz



1. Herr Mauz war ____________________
2. Frau Frank war ____________________
3. Herr Frank war ____________________
4. Frau Tritsch war ____________________
5. Frau Bien war ____________________
6. Herr Dürr war ____________________
7. Herr Bahr war ____________________
8. Herr Blaß war ____________________
9. Herr Predümo war ____________________
10. Herr Busch war ____________________

**5.5** **Wer hat nicht die Wahrheit gesagt?**

## 6 Präpositionen *in, auf, an* mit Akkusativ oder Dativ

C 81

**6.1** **Lesen Sie bitte und sammeln Sie im Kurs weitere Beispiele für Fragen und Antworten.**

| Frage | Antwort | |
|---|---|---|
| **Wohin** gehen Sie? | In **den** Park. | (der Park) |
| | Ins (In **das**) Kino. | (das Kino) |
| | In **die** Kneipe. | (die Kneipe) |
| **Wohin** fahren Sie? | Ans (An **das**) Meer. | |
| | In **die** Berge. | |
| | Auf **die** Zugspitze. | |

**Regel:** Ziel (Frage wohin): *Präposition* in, an, auf + *Akkusativ*

B 21
C 81

**6.2** **Lesen Sie bitte, sammeln Sie weitere Beispiele für Fragen und Antworten und ergänzen Sie die Regel.**

| Frage | Antwort | |
|---|---|---|
| Wo waren Sie? | Auf **dem** Markt. | (der Markt) |
| | **Im** (In **dem**) Kino. | (das Kino) |
| | In **der** Volkshochschule. | (die Volkshochschule) |
| | Am Meer. | |
| | In den Bergen. | |

**Regel:** Ort (Frage: ________): ____________________ + ____________________

**6.3** **Ergänzen Sie die Tabelle. Die Beispiele in 6.1 und 6.2 helfen Ihnen.**

| | **Wohin** gehen Sie? | **Wo** sind Sie? |
|---|---|---|
| **der** Park | ______ Park. | Im ______ Park. |
| **das** Büro | ______ Büro. | ______ Büro. |
| **die** Schule | ______ Schule. | ______ Schule. |
| **die** Berge | ______ Berge. | ______ Bergen. |

**6.4** **Ergänzen Sie die Sätze mit** in, an, auf **oder** um **und dem passenden Artikel, falls notwendig.**

1. – Wo wohnen Sie? + ______ Michael-Vesper-Straße.
2. Das Konzert beginnt ______ 20.30 Uhr. Bitte kommt pünktlich!
3. – Was machst du morgen? + Ich gehe ______ Büro, wie immer.
4. – Im Urlaub bin ich am liebsten ______ Meer oder ______ Bergen.
   + Ich fahre im Urlaub immer ______ Meer.
5. ______ Marktplatz gibt es heute eine Theatervorstellung.
6. – Wohin gehst du? + ______ Bett. Ich bin müde.
7. – Und was machst du morgen? + Ich gehe ______ Tennisplatz.

**6.5** **Spielen Sie die Dialoge nach den Dialoggrafiken. Auf der Kassette finden Sie Beispiele.**

1. Freitag / Kino? ↘
   ↙ – / Disco
   + / 11 Uhr? ↘
   ↙ – / 10 Uhr
   +

2. Samstag / Tennisplatz? ↘
   ↙ + / 10 Uhr
   treffen Tennisplatz? ↘
   ↙ – / Kaffee / vorher trinken
   +

3. nach Hause gehen / wann? ↘
   11 Uhr spätestens / zu Hause sein

4. parken / hier / wo? ↘
   ↙ Parkhaus / Kunststraße
   wie hinkommen? ↘
   2. Ampel rechts / über / Kreuzung / Parkhaus / Ecke

## 7 Ländernamen und Präpositionen

**7.1 Wiederholung: Wie heißen die Länder der Europäischen Union? Schreiben Sie die Ländernamen zu den Autokennzeichen ins Heft.**

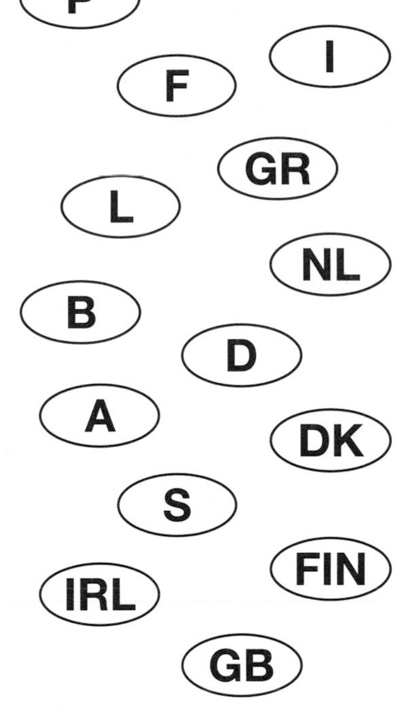


| **Wohin** fahren Sie in den nächsten Ferien? | **Wo** waren Sie in den letzten Ferien? |
|---|---|
| Ländernamen ohne Artikel | |
| Wir fahren | Wir waren |
| nach Frankreich | in Frankreich |
| nach Dänemark | in Dänemark |
| nach Griechenland | |
| … | |
| Ländernamen mit Artikel | |
| in die USA | in den USA |
| in die Türkei | in der Türkei |
| in den Sudan | im Sudan |
| in die Schweiz | … |
| in die Niederlande | |
| in den Libanon | |
| … | |

**7.2 Und Sie? Wo waren Sie in den letzten Ferien? Wohin möchten gerne fahren? Erzählen Sie.**

**7.3 Ergänzen Sie die Sätze. Nehmen Sie die Tabelle oben zu Hilfe.**

1. + Fährst du am Wochenende ______________ Deutschland?

   – Nein, ich fahre ______________ Österreich.

2. + Wohin fahren Sie in die Ferien?

   – ______________ Niederlande. Und Sie?

   + ______________ Italien, ______________ Venedig.

3. + In welche Länder möchtest du gern reisen?

   – Hm, ______________ Brasilien, ______________ Japan,

   ______________ Türkei, ______________ China,

   ______________ Ägypten und ___auf___ die Seychellen.

4. + Wollen Sie einmal ein Dorf ohne Autos sehen? Dann gehen

   Sie ______________ Schweiz. In Zermatt gibt es keine Autos.

Zermatt

# EINHEIT 23: SPORT

........ *über Sport sprechen*
........ *über persönliche Interessen sprechen*
........ *Zeitangaben im Satz*
........ *Verben mit Reflexivpronomen*
........ *Verben mit Präpositionen*
........ *Fragen mit Präpositionen* worüber, über wen, …
........ *ein Wortfeld selbst erarbeiten*
........ *mit dem Wörterbuch arbeiten*

## 1 Sportarten

**1.1 Ein Wortfeld selbst erarbeiten: Kennen Sie diese Sportarten? Ordnen Sie zu. Kontrollieren Sie mit der Kassette.**

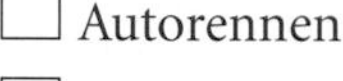
☐ Autorennen

☐ Fußball

☐ Radfahren

☐ Squash

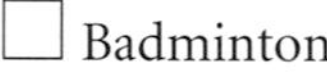
☐ Badminton

☐ Golf

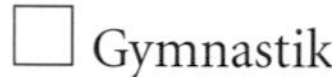
☐ Gymnastik

☐ Tennis

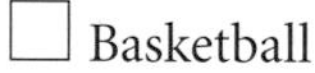
☐ Basketball

☐ Handball

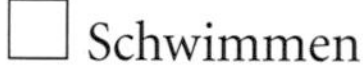
☐ Schwimmen

☐ Volleyball

☐ Turnen

☐ Joggen

☐ Skifahren

☐ Windsurfing

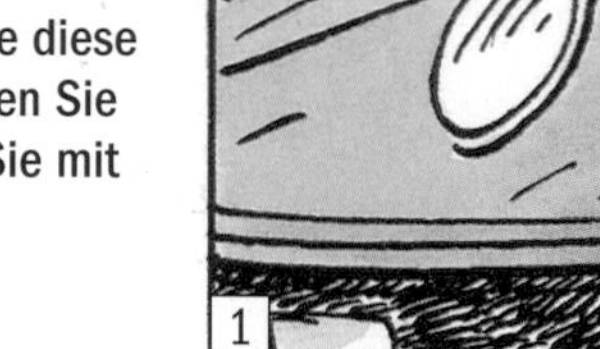
1

2

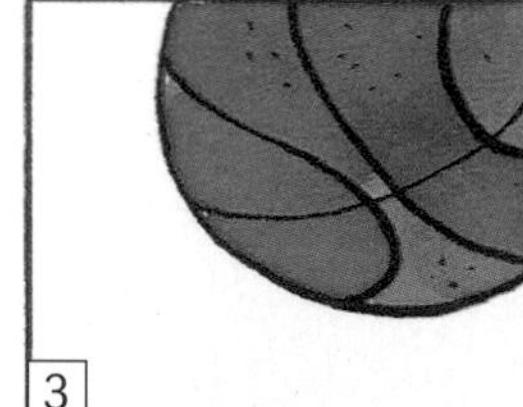
3

4

5

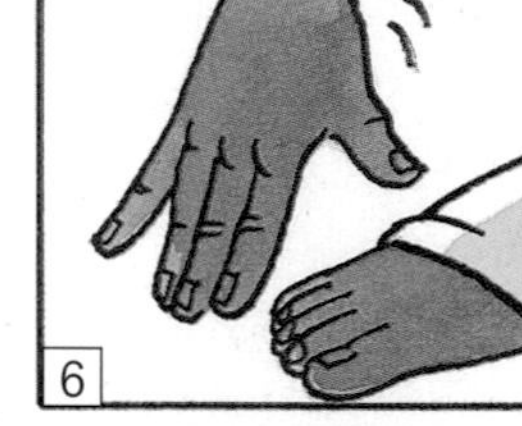
6

7

8

9

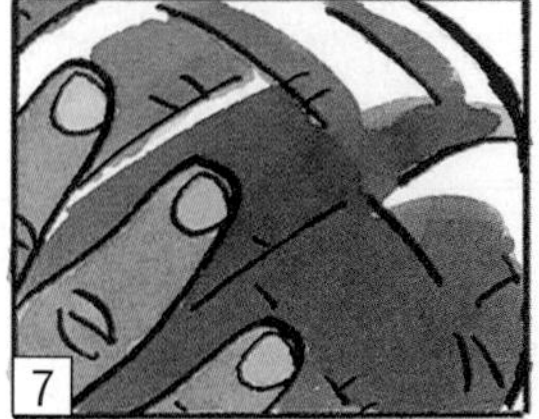
10

11

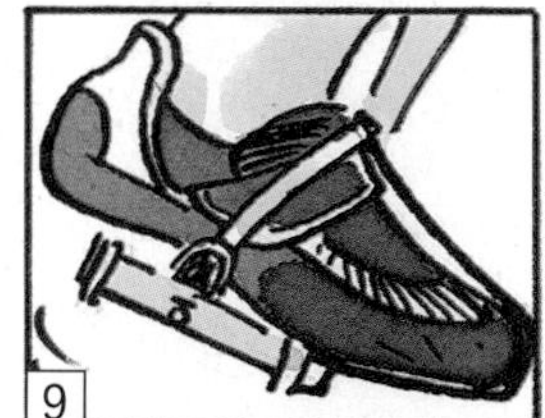
12

13

14

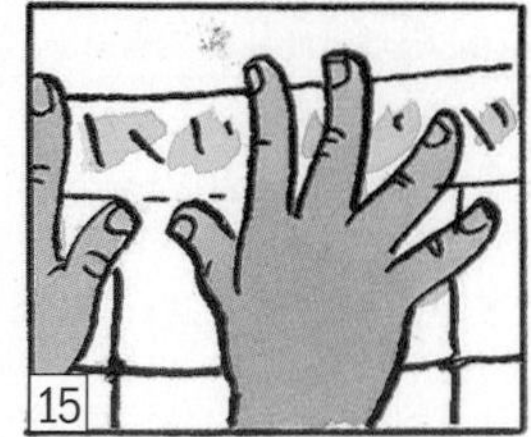
15

16

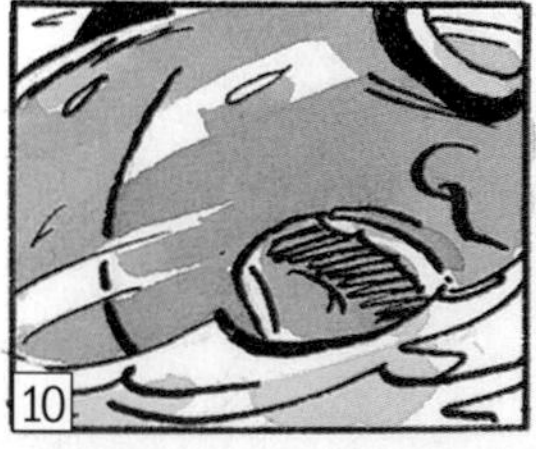
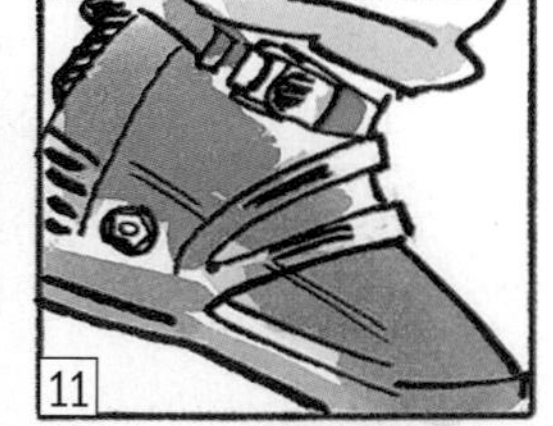

**1.2** **Hören Sie die Kassette. Welche Sportarten sind das? Notieren Sie bitte.**

**1.3** Spielen **und** machen, ... – **Schauen Sie sich die Übersicht an.**

spielen: Fußball, Handball, Schach, Karten (z.B. Skat) ...
machen: Gymnastik, Bodybuilding, Windsurfing, ...
laufen: Ski, Schlittschuh, Rollschuh
treiben: Sport
fahren: Ski, Schlittschuh, Rollschuh, Rad, Formel 1, ...

**Manche Sportarten haben ein eigenes Verb:**

joggen, laufen, surfen, schwimmen, boxen, ...

**1.4** **Interessieren Sie sich für Sport? Treiben Sie Sport?**
**Betrachten Sie die Karikatur, lesen und hören Sie den Text. Sprechen Sie darüber.**

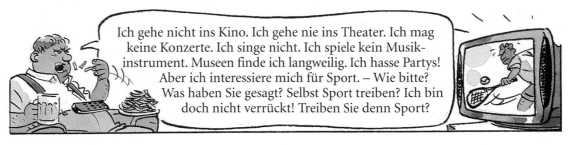

Ich gehe nicht ins Kino. Ich gehe nie ins Theater. Ich mag keine Konzerte. Ich singe nicht. Ich spiele kein Musikinstrument. Museen finde ich langweilig. Ich hasse Partys! Aber ich interessiere mich für Sport. – Wie bitte? Was haben Sie gesagt? Selbst Sport treiben? Ich bin doch nicht verrückt! Treiben Sie denn Sport?

**1.5** **Was sagt der „Ja-Typ"? Schreiben Sie einen Text nach dem Modell von 1.4.**

**1.6** **Fragen Sie die anderen Kursteilnehmer/innen. Machen Sie Notizen und berichten Sie.**

\+ Fabiane, interessierst du dich für Sport?
– Ja, ich interessiere mich für Fußball und für, äh, was heißt „athletics" auf Deutsch?
\+ Leichtathletik.
– Danke. Also, ich interessiere mich für Fußball und Leichtathletik.
\+ Treibst du auch Sport?
– Ja, ich laufe gern Ski und ich gehe oft schwimmen.

– Herr Askari, interessieren Sie sich für Sport?
\+ ...

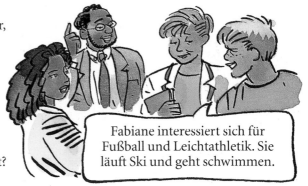

Fabiane interessiert sich für Fußball und Leichtathletik. Sie läuft Ski und geht schwimmen.

**1.7** **Ergänzen Sie bitte die Dialoge mit den Verben aus 1.3.**

1. + Wollen wir heute abend Tennis ____________________?

   – Tut mir leid, ich ____________________ Gymnastik im Turnverein.

2. + Kommst du am Samstag mit zum Fußball?

   – Ich weiß nicht, wer ____________________ denn?

3. + ____________________ du jeden Morgen?

   – Ja, mindestens drei Kilometer, am Wochenende laufe ich manchmal auch zehn.

## 2 Zeitangaben verstehen

2.1 Lesen Sie den Text.

**Marianne, 23 Jahre, Sportstudentin**

Marianne treibt sehr viel Sport. Sie macht „Triathlon". Das ist zuerst Schwimmen, dann Radfahren und zum Schluss Laufen. Im Studium muss sie auch andere Sportarten lernen, z.B. Basketball, Leichtathletik und Tanz.

2.2 Hören Sie die Kassette. Vergleichen Sie mit dem Wochenkalender von Marianne. Im Wochenkalender sind drei Termine falsch. Markieren Sie sie.

| | Montag | Dienstag | Mittwoch | Donnerstag | Freitag | Samstag | Sonntag |
|---|---|---|---|---|---|---|---|
| 8–9 | | schwimmen | | | schwimmen | | |
| 9–10 | laufen | | laufen | laufen | | laufen | schwimmen |
| 10–11 | | | | | | | |
| 11–12 | | | | | Volleyball | | |
| 12–13 | | | Leicht- | | Volleyball | | |
| 13–14 | | | athletik | | | | |
| 14–15 | | | | | | | |
| 15–16 | | | | | | | |
| 16–17 | Basketball | | | Handball | | Rad fahren | Rad fahren |
| 17–18 | Basketball | | | Handball | | | |
| 18–19 | | tanzen | | | | | |
| 19–20 | | Sauna | | | | | |

## 3 Zeitangaben im Satz

C 93

3.1 Sehen Sie sich die Tabelle an.

| Position 1 | Position 2 | | |
|---|---|---|---|
| Ich<br>*N* | treibe | Sport. | |
| Ich<br>*N* | treibe | jeden Morgen<br>*Zeitangabe* | Sport. |
| Jeden Morgen<br>*Zeitangabe* | treibe | ich | Sport.<br>*N* |

**Zeitangaben stehen im Aussagesatz oft auf Position 1 oder gleich nach dem Verb.**

**3.2 Schreiben Sie Sätze zu diesen Satzmodellen.**

1. Morgens ( ) [ ] .
2. Im Winter ( ) [ ] Ski.
3. Am Wochenende ( ) [ ] ans Meer.
4. ( ) [ ] am Wochenende ins Schwimmbad?
5. ( ) [ ] heute Abend?
6. Ja, [ ] ( ) heute Abend.
7. [ ] ( ) jeden Sonntag Fußball.

**3.3 Beschreiben Sie die Woche von Marianne.**
**Nehmen Sie den Wochenkalender und die Satzteile im Kasten zu Hilfe.**

| | |
|---|---|
| jeden Morgen<br>montags<br>am Mittwoch<br>um 10 Uhr<br>dienstags<br>Donnerstagvormittag<br>…<br>am Wochenende<br>am Dienstagabend | tanzen<br>laufen oder schwimmen<br>spielen/Basketball<br>laufen/Ski<br>machen/Leichtathletik<br>gehen/in die Sauna<br>spielen/Volleyball<br>spielen/Handball |

*Marianne läuft oder schwimmt jeden Morgen.*

**3.4 Etwas genauer sagen. Ergänzen Sie Ihre Sätze aus 3.3 mit den folgenden Angaben.**

eine Stunde
drei Kilometer
10 Minuten
um 10 Uhr
von 7 bis 8
2000 Meter
…

Jeden Morgen sehe ich mir im Fernsehen eine Stunde Gymnastik an.

*Marianne läuft jeden Morgen drei Kilometer.*

**3.5 Können Sie Aussagen wie in 3.4 auch über sich selbst machen?**

## 4 Verben mit Reflexivpronomen

**4.1 Wiederholung: Personalpronomen im Akkusativ.
Erinnern Sie sich?
Dann ergänzen Sie bitte das Gedicht von Kurt Marti.**

Kurt Marti

**Umgangsformen**

mich __________ ichze ich
__________ duze ich
__________ erze ich
__________ sieze ich
__________ esze ich
__________ wirze ich
__________ ihrze ich
__________ sieze ich

Ich halte mich an die Regeln

**4.2 Lesen Sie bitte diese Variation zu Kurt Martis Gedicht.
Markieren Sie die Unterschiede.**

**LERNTIPP** Reflexivpronomen sind einfach für dich; du merkst dir nur sich.

**Sehtest**

ich sehe mich
du siehst dich
er sieht sich
sie sieht sich
es sieht sich
wir sehen uns
ihr seht euch
sie sehen sich

Was sehen sie?

**4.3 Setzen Sie bitte die Reflexivpronomen ein.**

1. Ich habe __________ sehr über den Brief gefreut.
2. Wir interessieren __________ nicht für Politik.
3. Michael und Hermann freuen __________ auf den Urlaub.
4. Freut ihr __________ über das Baby?
5. Frau Müller, ärgern Sie __________ doch nicht so über das Wetter.
6. Margot unterhält __________ mit Erich über Politik.

►◄ 4.4 **Freude oder Ärger? Schreiben Sie Ihre Meinung zu den Bildern. Berichten Sie dann in der Klasse über Ihre Nachbarin / Ihren Nachbarn.**

## 5 Verben mit Präpositionen

C 83 Anhang 2.1

5.1 **Schauen Sie die Wörterbuchausschnitte an. Woran sehen Sie, dass diese Verben reflexiv gebraucht werden können?**

**in·ter·es·sie·ren**, *interessierte, hat interessiert;* Vt **1** ***j-d / etw. interessiert j-n*** j-d / etw. ist so, dass j-d mehr über ihn / darüber wissen möchte, j-d / etw. weckt j-s Interesse (1): *Am meisten interessieren mich alte Briefmarken* **2** ***j-n für etw. i.*** bewirken, daß j-d etw. haben möchte, an etw. teilnehmen möchte o. ä. <j-d für e-n Plan, ein Projekt i.>; Vr **3** ***sich für etw. i.*** etw. gern haben wollen, mehr üb[…] etw. wissen wollen, etw. gern tun wollen, *o. ä.* <sic[…] für Musik, für Sport, sich für den Preis e-r Reise i.[…] **4** ***sich für j-n i.*** mehr über j-n wissen wollen, j-[…] näher kennen lernen wollen *o. ä.: Es sieht so aus, als ob sich dein Bruder für meine Schwester interessiert*

**un·ter·hal·ten**[1]; *unterhält, unterhielt, hat unterhalten;* Vr **1** ***j-d unterhält sich mit j-m (über j-n / etw.) /*** <Personen> ***unterhalten sich (über j-n / etw.)*** zwei od. mehrere Personen sprechen miteinander (*bes* zum Vergnügen) über j-n / etw. <sich angeregt mit j-m u.>: *sich stundenlang mit einem Freund am Telefon u.; Können wir uns irgendwo ungestört* darüber *u.*, wie *wir das Geschäft abwickeln wollen?;* Vt **2** ***j-n / sich irgendwie u.*** j-n / sich so beschäftigen, dass die Zeit angenehm schnell verg[…] *Ich habe mich auf dem Fest sehr* […] *den Pausen wurde* […] *lten* **3** ***etw. u.*** ein

**är·gern**; *ärgerte, hat geärgert;* Vt **1** ***j-n ä.*** durch sein Verhalten bewirken, dass j-d Ärger empfindet: *seinen jüngeren Bruder ä.* ‖ NB: ↑ **necken**; Vr **2** ***sich (über j-n / etw.) ä.*** Ärger über j-n / etw. empfinden ≈ sich aufregen (3): *Der Lehrer ärgerte sich maßlos über seine frechen Schüler; Ich habe mich furchtbar* (darüber) *geärgert, dass du nicht zu meiner Party gekommen bist* **3** ***sich grün u. blau ä.; sich schwarz ä.*** *gespr.* sehr großen Ärger empfinden

5.2 **Markieren Sie nun bitte in 4.3 und 5.1 die Präpositionen und ergänzen Sie.**

sich ärgern: über ____________

sich freuen: ____________

sich interessieren: ____________

sich unterhalten: ____________

5.3 **Können Sie die Sätze mit diesen Präpositionen ergänzen?**

mit für über über über auf

1. Die Leute ärgern sich immer ____________ die Politiker.
2. Ich interessiere mich nicht ____________ Sport.
3. Am Donnerstag freut sich Frau Müller schon ____________ das Wochenende.
4. Ich möchte mich gern ____________ dir unterhalten.
5. Meine Mutter hat sich sehr ____________ die Blumen gefreut.
6. Bei uns unterhalten sich die Menschen oft ____________ das Essen.

**LERNTIPP Lernen Sie Verben immer mit den Präpositionen.**

5.4 **So können Sie sich Lernkarten zu diesem Thema machen:**

A 14

| Vorderseite | Rückseite |
|---|---|
| Ich interessiere mich ... dich. | für |

## 6 Fragen mit Präpositionen: *worüber, über wen, ...?*

6.1 **Präpositionen in Frage und Antwort: Lesen Sie die Sätze und markieren Sie die Präpositionen.**

- – Wofür interessieren Sie sich? + Für Sport, Politik und Heavymetal.
- – Für wen interessieren Sie sich? + Für Boris Becker, Nelson Mandela und „Metallica".
- – Worauf freuen Sie sich? + Auf das Ende der Kursstunde.
- – Auf wen freuen Sie sich? + Auf meinen Freund. Er holt mich ab.
- – Worüber ärgern Sie sich? + Über das Wetter, die Dummheit und die Politik.
- – Über wen ärgern Sie sich? + Über Rassisten!

6.2 **Lesen Sie die Sätze in 6.1 noch einmal und ergänzen Sie die Regel.**

Personen

Sachen

**Regel:**

Mit wofür, worauf und worüber fragt man nach ______________ .

Mit für wen, auf wen und über wen fragt man nach ______________ .

6.3 **Lesen Sie die Antworten und schreiben Sie dazu passende Fragen.**

1. Auf meinen Urlaub im August.
2. Über die Grammatik.
3. Für Jazz und klassische Musik.
4. Auf das nächste Wochenende.
5. Über Herrn Hug. Er ist so ein Schwein!
6. Über dumme und arrogante Menschen.
7. Auf meine Tochter. Sie besucht mich morgen.
8. Über den Sommer dieses Jahr.
9. Für den Umweltschutz. Ich bin bei Greenpeace.

5. Über wen ärgerst du dich denn so?

6.4 **Fragen Sie sich gegenseitig im Kurs. Machen Sie Notizen und berichten Sie.**

## 7 Gymnastik

**7.1** **Sehen Sie sich die Fotos an. Welche Freizeitbeschäftigung zeigen sie?**

**7.2** **Schreiben Sie zu jedem Bild einen Satz. Die Wörter im Kasten helfen Ihnen. Schlagen Sie unbekannte Wörter im Wörterbuch nach.**

mischen | sortieren | in die Karten sehen | enttäuscht sein
sich ärgern | einen Fehler machen | ausgeben

**7.3** **Hier sind die Texte zu den Bildern. Welcher Text gehört zu welchem Bild? Kontrollieren Sie mit der Kassette.**

a ☐ … und 12! Und wir haben das Drücken* vergessen!

b ☐ … und die andern haben nichts und wir haben das große Großmutterblatt: Grand mit vieren! Und wir spielen von oben. Und 1 und 2 und 3 und 4 und 5 und 6 und 7 und 8 und 9 und 10 und 11 …

c ☐ Liebe Sportsfreunde! Die neue Skatsaison steht vor der Tür – Zeit für unsere Kartenspielgymnastik – Musik, bitte!

d ☐ Und ärgern! Und ärgern! Scheißspiel!

e ☐ … und jetzt – ganz wichtig: und rechts und links und rechts und links …

f ☐ Erst kommt das Mischen – mischen – mischen …

g ☐ … und nun das Ausgeben – und 1 und 2 und 3 und ausgeben – und 1 und 2 und 3 und aufnehmen …

h ☐ … und sortieren …

*drücken: beim Skat nimmt der Spielmacher am Anfang zwei Karten auf und legt dann zwei Karten wieder weg.

**7.4** **Pantomime – Ein oder zwei Kursteilnehmer/innen zeigen eine Sportart ohne Worte. Die anderen müssen raten.**

# EINHEIT 24: ERZÄHLEN SIE DOCH

........ *erzählen, was passiert ist*
........ *einen Tagesablauf beschreiben*
........ *Perfekt mit* sein
........ *Partizip II der unregelmäßigen Verben*
........ *Intonation*
........ *einen Hörtext mit einem geschriebenen Text vergleichen*

## 1 Ein Traum

**1.1** **Schauen Sie sich die Zeichnung genau an. Nehmen Sie sich zwei Minuten Zeit. Achten Sie auch auf die Details.**

**1.2** **Schreiben Sie drei Vermutungen zu der Zeichnung auf.**

Beispiel:

Ich glaube, der Mann hat schlecht geschlafen.
Ich denke, er hat …

**1.3** **Hören Sie jetzt die Kassette. Was verstehen Sie? Machen Sie Notizen.**

**1.4** **Hören Sie die Kassette noch einmal und bringen Sie dann die Bilder in die richtige Reihenfolge. Kontrollieren Sie mit dem Text.**

+ Guten Morgen, Liebling, hast du gut geschlafen?
– Nein, ich habe einen Traum gehabt. Es war schrecklich.
+ Was hast du denn geträumt?
– Genau weiß ich das nicht mehr. Ich habe den Anfang vergessen. Aber dann … Ich habe Freunde getroffen. Wir waren in einem Restaurant und haben Steaks gegessen. Jeder drei Stück. Und Bier getrunken. Fünf. Es war sehr lustig. Aber auf einmal waren die Freunde weg und ich habe kein Geld mehr gehabt. Ich habe dann die ganze Nacht Teller abgewaschen. Plötzlich war ich wieder auf der Straße und habe „Laurentia" gesungen. Ein Hund hat auch mitgesungen. Ich glaube, ich habe ihn mitgenommen. Dann war alles vorbei.

**1.5** **Stimmen die Vermutungen, die Sie bei 1.2 aufgeschrieben haben?**

Beispiel:

Ich habe geschrieben, der Mann hat schlecht geschlafen. Das stimmt.

**1.6** **Was hat der Mann im Traum gemacht? Erzählen Sie bitte mit Hilfe der Bilder.**

## 2 Unregelmäßige Verben im Perfekt

C 24

**2.1** **Im Dialog in 1.4 finden Sie Partizipien II mit der Endung** -en. **Das sind Partizipien von unregelmäßigen Verben. Machen Sie eine Liste im Heft.**

| Infinitiv | Vokalwechsel | Partizip II |
|---|---|---|
| treffen | e → o | getroffen |
| schlafen | | geschlafen |

**Welche Verben sind regelmäßig? Welche Verben sind unregelmäßig? Das können Sie nicht am Infinitiv erkennen.**

**LERNTIPP** Verben immer gleich mit Partizip II lernen.

**2.2** **Sie hören von der Kassette 15 Partizip-II-Formen von Verben, die Sie schon kennen – regelmäßige und unregelmäßige. Schreiben Sie die Infinitive.**

**2.3** **Betrachten Sie die Bilder. Sie zeigen zwei Träume. Was fällt Ihnen zu den Bildern ein?**

**2.4** **Hier sind die zwei Träume zu den Bildern auf Seite 179. Aber die Sätze sind durcheinander. Können Sie sie ordnen? Kontrollieren Sie mit der Kassette.**

1. Ich habe einen Traum gehabt. Der war toll. Ich war auf einer Insel.
2. Den Rest habe ich vergessen, aber ich weiß, es war alles schön.
3. Ich habe schrecklich geträumt. Ich war auf einem Berg und es war dunkel.
4. Und plötzlich habe ich eine Frau getroffen. Sie war so schön. Die Augen so braun, die Haare so schwarz …
5. Es war heiß, der Himmel war blau. Ich habe Früchte und Fisch gegessen, Orangensaft und Wasser getrunken. Ich habe im Meer gebadet und am Strand geschlafen.
6. Ich habe den Weg nicht mehr gesehen. Ich habe mich auf den Boden gesetzt und gewartet.
7. Ich weiß noch, ich habe fast die ganze Nacht nicht geschlafen und am nächsten Morgen bin ich aufgewacht.
8. Abends habe ich Gitarre gespielt und sie hat gesungen wie ein Engel.
9. Die habe ich gegessen und dann war mir schlecht.
10. Wir waren den ganzen Tag zusammen und haben alles gemeinsam gemacht.
11. Ich habe Hunger bekommen, aber ich habe meinen Rucksack zu Hause vergessen. Ich hatte nur Gummibärchen dabei.

**Traum 1**

[1] [ ] [ ] [ ] [ ] [ ]

**Traum 2**

[ ] [ ] [ ] [ ] [ ]

**2.5** **Erfinden Sie zusammen einen Traum in der Klasse.**

1. Person: Du, ich habe einen Traum gehabt.
2. Person: Ich habe geträumt, ich war auf dem Weg zur Arbeit.
3. Person: …

**Sie können den Traum auch schreiben.**

Du, ich habe einen Traum gehabt.

Ich habe geträumt, ich war auf dem Weg zur Arbeit.

An einer Kreuzung habe ich …

C 25 **2.6** **Suchen Sie im Lernerhandbuch die Partizipien II der folgenden Verben und machen Sie eine Liste. Lernen Sie die Partizipien. Ergänzen Sie auch die Partizipien bei den Verben in Ihrer Lernkartei.**

beginnen bitten denken einladen geben helfen kennen pfeifen schließen schreiben tragen verstehen vergessen werfen

C 25.2 **2.7** **Verben mit** ver-, er-, …**: Schauen Sie im Lernerhandbuch nach. Wie heißt das Partizip II dieser Verben?**

besuchen, vergessen, ergänzen, gewinnen

**LERNTIPP** **Diese Verben müssen Sie auswendig lernen. Schreiben Sie sich Lernkärtchen dazu.**

## 3 Unglaublich – aber wahr

Frau Frank war Skifahren. Sie hatte einen Unfall. Sie hat sich das Bein gebrochen. Frau Braun und Frau Sommer unterhalten sich über Frau Frank. Frau Braun erzählt.

**3.1 Tratsch – Hören Sie den Dialog auf der Kassette. Machen Sie Notizen. Was haben Sie verstanden?**

**3.2 Hören Sie nun den ersten Teil noch einmal. Lesen Sie mit. Wir haben hier die Betonung für Sie markiert.**

Frau Braun: Haben Sie schon gehört? Frau Frank hat sich das Bein gebrochen.
Frau Sommer: Nein, wirklich? Wie ist denn das passiert?
Frau Braun: Also, Frau Frank ist doch am Montag in die Ferien gefahren. Aber nicht mit dem Auto, nein, geflogen ist sie! Von Frankfurt nach München geflogen!
Frau Sommer: Nein, wirklich?
Frau Braun: Ja, und dann hat sie in Garmisch-Partenkirchen ein Zimmer im Hotel genommen. Morgens ist sie immer erst um elf Uhr aufgestanden und dann hat sie mit dem Skilehrer gefrühstückt.
Frau Sommer: Nein, wirklich? Mit dem Skilehrer?

**3.3 Üben Sie nun den ersten Teil des Dialogs zu zweit. Achten Sie auf die Intonation.**

**3.4 Hören Sie jetzt den zweiten Teil des Dialogs mehrmals. Markieren Sie dann die Intonation wie in 3.2.**

Frau Braun: Ja, und dann ist es passiert!
Frau Sommer: Was denn?
Frau Braun: Na, der Unfall. Also, der Skilehrer und Frau Frank sind abends in eine Disco gegangen und haben getanzt.
Frau Sommer: Nein, so was!
Frau Braun: Aber ja doch! Man sagt, sie hat nur Augen für den Skilehrer gehabt. Sie hat eine Stufe nicht gesehen und bums, hat sie sich das Bein gebrochen.
Frau Sommer: Nein, wirklich? Das Bein?
Frau Braun: Ja, genauso ist es gewesen. Drei Tage ist sie noch im Hotel geblieben und ihr Skilehrer hat sie jeden Tag besucht, mit Blumen!
Frau Sommer: Und was hat ihr Mann gesagt?
Frau Braun: Ach der! Der weiß doch nichts. Frau Frank ist gestern zurückgekommen und hat erzählt, dass es ein Skiunfall war.
Frau Sommer: Unglaublich!
Frau Braun: Aber wahr!

**3.5 Üben Sie jetzt den ganzen Dialog zu zweit ein.
Übertreiben Sie ein bisschen mit Intonation, Gestik und Mimik.**

## 4 Perfekt mit *sein*

C 19.5
C 27.1

**4.1** **Manche Verben bilden das Perfekt mit** sein. **Im Text von 3.2 und 3.4 finden Sie acht davon. Suchen Sie sie heraus und machen Sie eine Liste.**

| *Infinitiv* | sein + *Partizip II* |
|---|---|
| passieren | ist passiert |

**Regeln:**

1. Perfekt mit sein: Verben der Ortsveränderung (z.B. gehen, fahren, fliegen, kommen) und die Verben bleiben, passieren und sein.
2. Alle anderen Verben: Perfekt mit haben.

**LERNTIPP Die meisten Verben bilden das Perfekt mit** haben. **Machen Sie sich eine eigene Liste mit den Verben mit** sein **und lernen Sie sie auswendig.**

**4.2** **Wie der Unfall wirklich war. – Schauen Sie sich die Bilder an. Erzählen Sie, was passiert ist.**

Beispiel: Herr und Frau Frank sind mit dem Auto in den Urlaub gefahren.

PENSION
ZIMMER FREI
41 €

- mit dem Auto fahren
- in einer Pension wohnen (Nacht: 41 Euro) 
- zusammen im Bett frühstükken / um 8 Uhr aufstehen 
- zusammen Ski fahren am Donnerstag / Frau Frank stürzen / Bein brechen 
- einen Tag im Krankenhaus bleiben 
- nach Hause fahren 

**4.3** Haben **oder** sein? **Kreuzen Sie bitte an.**

Ich bin heute morgen um 7 Uhr aufgestanden.

| haben | sein | |
|---|---|---|
| ☐ | ☐ | um 7 Uhr aufgestanden. |
| ☐ | ☐ | gekocht. |
| ☐ | ☐ | die Zeitung gelesen. |
| ☐ | ☐ | Karten gespielt. |
| ☐ | ☐ | Freunde getroffen. |
| ☐ | ☐ | ins Kino gegangen. |
| ☐ | ☐ | ferngesehen. |

| haben | sein | |
|---|---|---|
| ☐ | ☐ | gearbeitet. |
| ☐ | ☐ | zu Hause geblieben. |
| ☐ | ☐ | im Restaurant gegessen. |
| ☐ | ☐ | einen Ausflug gemacht. |
| ☐ | ☐ | mit dem Fahrrad gefahren. |
| ☐ | ☐ | in einer Kneipe gewesen. |

4.4 **Wer kann in fünf Minuten die meisten sinnvollen Sätze mit den Elementen aus 4.3 schreiben?**

*Gestern bin ich um 7 Uhr aufgestanden.*

4.5 **Kennen Sie „Stille Post"?**

## 5 Wochenende

5.1 **Lesen Sie zuerst den Text 1. Hören Sie dann den Dialog 1 von der Kassette. Markieren Sie im Text, was falsch ist. Sagen Sie, was wirklich passiert ist.**

Text 1: Frau Ludwig ist am Samstag mit ihrem Freund ins Kino gegangen. Danach haben sie in der Disco getanzt. Am Sonntag haben sie lange geschlafen. Nachmittags sind sie spazieren gegangen.

Frau Ludwig ist am Sonntag nicht spazieren gegangen. Sie hat Tennis gespielt.

**Machen Sie nun dasselbe mit den Texten 2 bis 5.**

Text 2: Erich ist am Samstag und Sonntag früh aufgestanden und hat im Garten gearbeitet. Abends hat er die Zeitung gelesen, ein Bier getrunken und ist früh ins Bett gegangen.

Text 3: Klaus hat seine Oma besucht. Dort hat er mit Karl gespielt. Die Oma hat ihnen zehn Mark geschenkt. Sie haben sich Pommes und Eis gekauft.

Text 4: Herr Martinez ist am Samstag um 7.00 Uhr aufgestanden. Er ist zum Markt gegangen und hat eingekauft. Nachmittags hat er Fußball gespielt und abends ist die ganze Mannschaft zum Essen gekommen.

Text 5: Eva ist am Samstag erst mittags aufgestanden und hat sich Kaffee gekocht. Dann ist sie wieder ins Bett gegangen und hat geschlafen. Am Sonntag hat sie nur ferngesehen.

5.2 **Interview – Was hat Ihr/e Partner/in am letzten Wochenende gemacht? Machen Sie Notizen und berichten Sie im Kurs.**

Was haben Sie Samstagabend gemacht, Frau Chaptal?

Samstagabend bin ich zu Hause gewesen. Mein Mann hat für uns gekocht.

Frau Chaptal ist Samstagabend zu Hause gewesen. Ihr Mann hat gekocht.

5.3 **Geräuschcollage – Schauen Sie sich die Zeichnungen an und hören Sie dann die Kassette. Was passiert zuerst? Was passiert danach? Bringen Sie die Bilder in die richtige Reihenfolge.**

**5.4 Was ist passiert? Erzählen Sie, was Sie gehört haben. Nehmen Sie die Wörter im Kasten zu Hilfe.**

Beispiel: Zuerst hat der Wecker geklingelt. Dann ist …

sich ins Bett legen | Zeitung lesen | Hörer abnehmen | Hände waschen | aufstehen | Zähne putzen | zurückkommen | weggehen | sich duschen | Apfel essen | Kaffee kochen | Wecker klingeln | Telefon klingeln | auf die Toilette gehen

**5.5 Was meinen Sie: Was hat die Person am Telefon gesagt?**

**5.6 Perfekt mit** sein **oder** haben: **Ergänzen Sie bitte die Sätze.**

KAFFEE

1.

+ Was ________ ihr letztes Wochenende ________ (machen)?

– Ach, eigentlich nichts, ________ (schlafen), ________ (frühstücken), Zeitung ________ (lesen), Mittag ________ (essen) und Kaffee ________ (trinken) und ferngesehen. Und ihr?

+ Wir ________ Müllers ________ (besuchen). Wir ________ ihnen im Garten ________ (helfen). Abends ________ wir dann Spaghetti ________ (kochen), über Politik ________ (diskutieren) und Karten ________ (spielen).

2.

+ Warum bist du heute so müde?

– Ach, weißt du, gestern ________ wir bei Sonja Geburtstag ________ (feiern). Das Fest ________ bis um zwei Uhr ________ (gehen). Dann ________ wir noch ________ (abwaschen) und ________ (aufräumen). Ich ________ erst um 4 Uhr morgens nach Hause ________ (kommen) und um 6 Uhr schon wieder ________ (aufstehen). Ich hatte doch heute einen wichtigen Termin in der Firma.

5.7 **Lebenssituationen – Wählen Sie eine Aufgabe aus.**

1. Vergleichen Sie Ihr Leben heute mit dem Leben früher.
2. Leben Sie in einem deutschsprachigen Land? Vergleichen Sie Ihr Leben hier und in Ihrer Heimat.
3. Alltag und Urlaub: Was ist anders?

Früher

Heute

**Schreiben Sie einen kurzen Text. Der Sprachbaukasten hilft Ihnen.**

| | | |
|---|---|---|
| Früher | aufstehen (müssen/können) | um … Uhr |
| Heute | frühstücken | … Stunden |
| Zu Hause | zur Arbeit / in die Universität / … gehen | nach der Arbeit |
| In Deutschland | mit dem Bus/Zug/Fahrrad/… fahren | am Wochenende |
| Im Alltag | arbeiten (müssen/können) | jeden Tag |
| Im Urlaub | in der Kantine / zu Hause / … essen | jeden Monat |
| | einkaufen | oft |
| | in ein Café / in ein Restaurant gehen | selten |
| | kochen | manchmal |
| | traurig sein | nie |
| | müde sein | … |

Früher und heute

Früher bin ich um 7 Uhr aufgestanden, habe gefrühstückt und bin um 7.30 Uhr mit dem Fahrrad in die Schule gefahren. Heute muss ich um 6 Uhr aufstehen. …

# *Option* 3: WIEDERHOLUNG

........ *Spiele, Dialoge, Wortschatzaufgaben, Grammatik, Intonation, ein Sketch, Lieder und Texte*

## 1 Eurolingua Deutsch 1 – eine Collage

1.1 Sehen Sie sich die Collage an. Was erkennen Sie? Wählen Sie einige Bildausschnitte aus und schreiben Sie dazu je einen oder zwei Sätze.

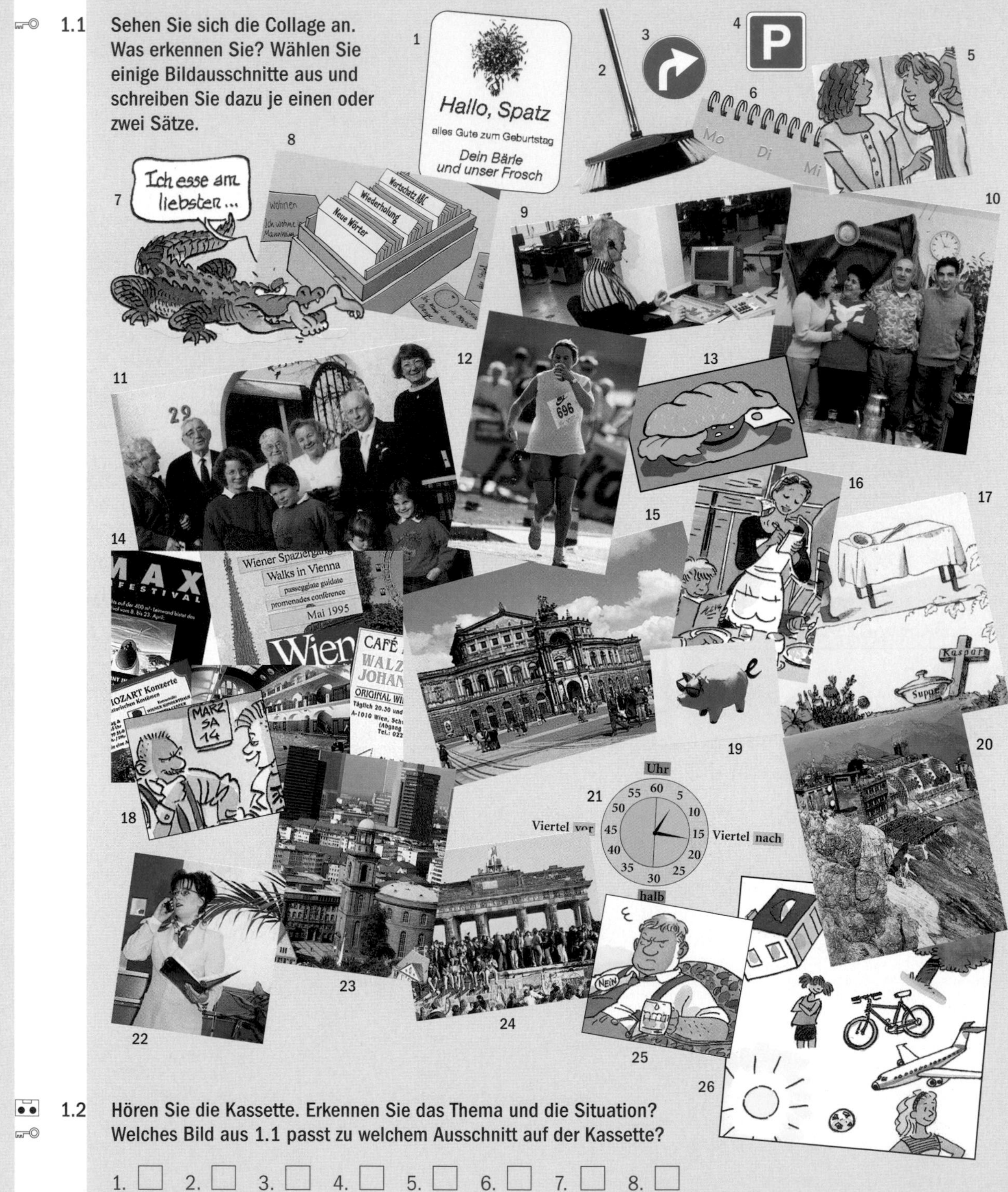


1.2 Hören Sie die Kassette. Erkennen Sie das Thema und die Situation? Welches Bild aus 1.1 passt zu welchem Ausschnitt auf der Kassette?

1. ☐ 2. ☐ 3. ☐ 4. ☐ 5. ☐ 6. ☐ 7. ☐ 8. ☐

## 2 Alles Käse – Wiederholungsspiel

**Mit diesem Spiel können Sie wiederholen, was Sie in eurolingua Deutsch 1 gelernt haben. Sie können sehen, was Sie schon wissen und was Sie noch üben müssen.**

**Vorbereitung**

- Sie brauchen für jeden Spieler eine Spielfigur (Münze).
- Ihre Lehrerin / Ihr Lehrer hat Grammatik-, Wortschatz- und Ereigniskarten.
- Sie können auch selbst Karten mit Aufgaben schreiben.

**Spielregeln**

1. Spielen Sie zu viert oder zu fünft.
2. Beginnen Sie beim Startfeld. Gehen Sie so schnell wie möglich zur Maus.
3. Sie dürfen Ihre Spielfigur in jeder Runde ein oder zwei Felder bewegen (vertikal oder horizontal).
4. Kommen Sie auf ein Ereignis-, Grammatik- oder Wortschatzfeld? Lösen Sie die Aufgabe auf der Karte.
   Richtig? Sie dürfen noch ein Feld weitergehen.
   Falsch? Sie müssen ein Feld zurückgehen.

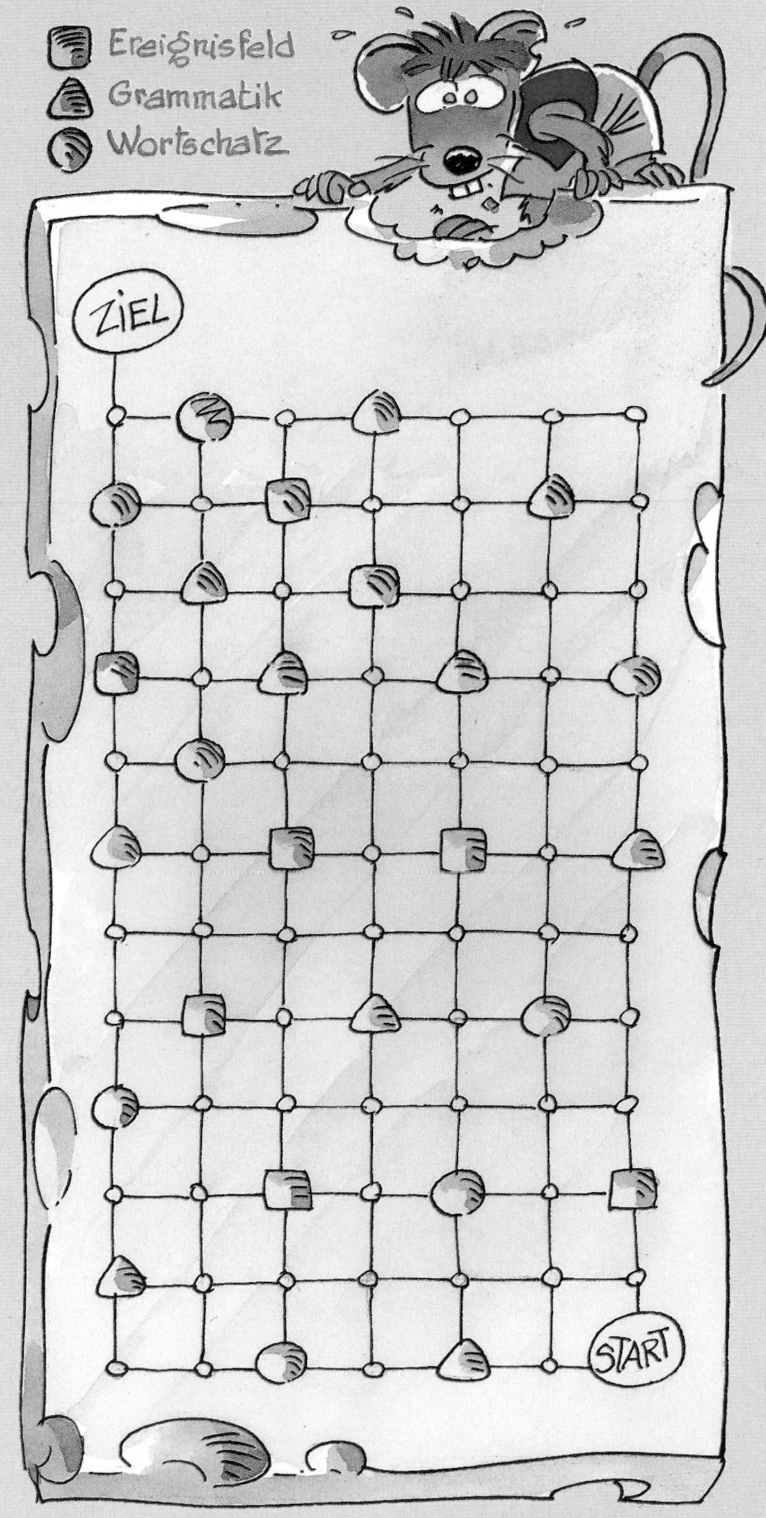


Nennen Sie fünf Kleidungsstücke.

Wie heißt das Partizip II von „träumen“?

Sie dürfen zwei Felder weitergehen.

## 3 An der Straßenbahnhaltestelle

Suchen Sie sich eine der Personen aus, geben Sie ihr einen Namen und schreiben Sie ihre „Biographie".

- Alter
- Beruf
- Familie
- Alltag
- Hobbys
- ...

- Woher kommt die Person gerade?
- Wohin fährt sie?
- Was hat die Person heute gemacht?
- Wie ist ihr Tagesablauf?
- Was macht sie gerne oder nicht gerne?
- ...

## 4 Bildergeschichte

4.1 Schauen Sie sich die Bildergeschichte an und hören Sie die Kassette.

4.2 Ein Bild fehlt. Wie sieht das Bild aus? Beschreiben Sie es oder zeichnen Sie.

4.3 Bereiten Sie den Sketch vor.

## 5 Haben Sie schon gehört?

5.1 **Flüstern Sie Ihrem Nachbarn einen Satz mit mindestens sechs Wörtern ins Ohr. Er/Sie flüstert diesen Satz weiter usw. Der/Die letzte sagt den Satz laut. Was kommt heraus?**

5.2 **Sketch – Lesen Sie den Text zuerst für sich. Hören Sie dann den ersten Abschnitt von der Kassette und üben Sie den Dialog mit Ihrem Partner / Ihrer Partnerin ein. Achten Sie auf die Intonation. Machen Sie dann dasselbe mit den Abschnitten 2 bis 4.**

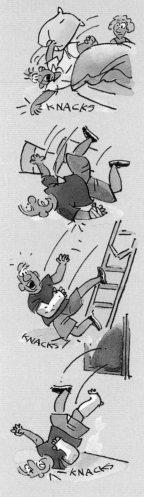

### Herrn Schipkes tragisches Ende

Personen: der erste, der zweite, der dritte, der vierte, der fünfte

Der erste zum zweiten: Haben Sie schon gehört?
Der zweite: Was denn?
Der erste: Die Sache mit Herrn Schipke?
Der zweite: Herr Schipke? Was ist denn mit ihm?
Der erste: Er ist gestern aus dem Bett gefallen.
Der zweite: Ach Gott!
Der erste: Und hat sich dabei die Hand gebrochen.
Der zweite: Nein, so was!

Der zweite zum dritten: Haben Sie schon gehört?
Der dritte: Nein! Was gibt es denn?
Der zweite: Sie kennen doch Herrn Schipke!
Der dritte: Natürlich kenne ich Herrn Schipke!
Der zweite: Stellen Sie sich vor, er ist gestern vom Stuhl gefallen.
Der dritte: Vom Stuhl gefallen?
Der zweite: Ja. Und hat sich dabei den Arm gebrochen.
Der dritte: Was Sie nicht sagen!

Der dritte zum vierten: Haben Sie schon gehört?
Der vierte: Nein. Was ist denn los?
Der dritte: Herr Schipke – Sie kennen ihn doch?
Der vierte: Natürlich. Ist ihm was passiert?
Der dritte: Das kann man wohl sagen!
Der vierte: Hoffentlich nichts Schlimmes?
Der dritte: Schlimm genug. Er ist auf eine Leiter gestiegen.
Der vierte: Auf eine Leiter? Warum denn?
Der dritte: Was weiß ich! Jedenfalls ist er heruntergefallen.
Der vierte: Das ist ja nicht möglich!
Der dritte: Doch! Und dabei hat er sich das Bein gebrochen.
Der vierte: Du lieber Gott, was für ein Pech!

Der vierte zum fünften: Haben Sie schon gehört?
Der fünfte: Nein. Was ist denn passiert?
Der vierte: Was – Sie wissen es noch nicht?
Der fünfte: Keine Ahnung!
Der vierte: Die Sache mit Herrn Schipke?
Der fünfte: Herr Schipke? Der Schipke von nebenan?
Der vierte: Genau der! Eine traurige Geschichte!
Der fünfte: So erzählen Sie doch!
Der vierte: Denken Sie nur: Er ist aus dem Fenster gefallen.
Der fünfte: Aber wie konnte denn das passieren?
Der vierte: Das frage ich mich auch.
Der fünfte: Ist er …?
Der vierte: Ja.
Der fünfte: Mein Gott!
Der vierte: Er hat sich den Hals gebrochen.
Der fünfte: Das ist ja entsetzlich.

5.3 **Bilden Sie jetzt Gruppen zu fünft. Üben Sie den Sketch ein. Lesen oder spielen Sie ihn dann der Klasse vor.**

# 6 Laute und Lieder

6.1 **Auf der Mauer, auf der Lauer ... – Hören Sie das Lied und singen Sie mit.**

Auf der Mau - er, auf der Lau - er sitzt 'ne klei - ne Wan - ze.
Sieh' ein - mal die Wan - ze an, wie die Wan - ze tan - zen kann!
Auf der Mau - er, auf der Lau - er sitzt 'ne klei - ne Wan - ze.


In der ersten Strophe singt man: „Wanze" und „tanzen".
In der zweiten Strophe singt man: „Wanz" und „tanz".
In der dritten Strophe singt man: „Wan" und „tan" …

In der letzten Strophe macht man an der Stelle von „Wanze" und „tanzen" eine Pause.

6.2 **Sehen Sie sich die Zeichnung an und sprechen Sie darüber.**

6.3 **Drei Appenzeller – Hören Sie das Lied und lesen Sie die zwei Strophen. Was passiert hier?**

Drei Appenzeller mit dem Kontrabass
sitzen auf der Straße und erzählen sich was.
Da kommt die Polizei, ei was ist denn das?
Drei Appenzeller mit dem Kontrabass.

Dru Uppunzullur mut dum Kuntrubuss
sutzun uf dur Strußu und urzuhlun such wus.
Du kummt du Puluzu, u wus ust dunn dus?
Dru Uppunzullur mut dum Kuntrubuss.

6.4 **Singen Sie zusammen das Lied.**

## 7 Hundert Wörter

**7.1 Hier sind 100 Wörter in alphabetischer Reihenfolge. Ordnen Sie sie in Gruppen. Wie? Das bestimmen Sie. Es gibt viele Möglichkeiten. Schreiben Sie Ihre Wortfelder auf ein großes Blatt. Hängen Sie die Blätter im Kursraum auf und vergleichen Sie die Ergebnisse.**

arbeiten
aufstehen
billig
Bleistift
breit
Buch
CD
Computer
Datum
Dialog
Drittel
duschen (sich)
ergänzen
Erster
erzählen
Fernseher
Fläche
fleißig
Foto
Freizeit
freuen (sich)
Frühling
frühstücken
Fußball

Geburtstag
Gedicht
Gewicht
Glückwunsch
Gramm
Gymnastik
Heft
helfen
Herbst
hoch
hören
Hotel
immer
Inhalt
interessant
interessieren (sich)
Jahreszeit
Juni
kalt
Kassettenrecorder
Kilo
Kilometer
Kino
klein
Konzert
Kursteilnehmer

lang
langsam
langweilig
laufen
Lehrerin
leicht
lernen
Lerntipp
lesen
Liter
manchmal
Meter
Mitternacht
mögen
Monat
Musik
nachschlagen
nie
oft
Prozent
Regel
reisen
Restaurant
Roman

scheußlich
schnell
schwer
sehr gut
Skat
spielen
Sport
Sprache
sprechen
Stunde
Tafel
teuer
Theater
tief
Turnen
vergessen
Videofilm
Viertel
vorlesen
warm
Weihnachten
wiegen
Woche
Zeit
Zeitschrift
Zeitung

**7.2 Können Sie Ihre Wortfelder mit weiteren Wörtern ergänzen?**

**7.3 Sie haben drei Minuten Zeit. Wie viele Nomen aus der Liste können Sie mit Artikel und Pluralform nennen?**

**7.4 Markieren Sie alle Verben in der Liste und schreiben Sie zehn Verben mit Partizip II ins Heft.**

**TEXT 1**

Für alle Menschen ist eines gleich: Der Tag hat immer nur 24 Stunden. Was der Einzelne daraus macht, wie er seine Zeit verbringt, das hängt in erster Linie von den Lebensumständen ab. Im Durchschnitt wenden Personen ab zwölf Jahren über die gesamte Woche täglich knapp vier Stunden für Bildung und Erwerbstätigkeit auf. Etwas mehr Zeit wird mit unbezahlter Arbeit für Haushalt und Familie verbracht. Ein Drittel seiner Zeit verschläft der „Durchschnittsmensch“, und mehr als zwei Stunden benötigt er für persönliche Dinge wie Anziehen, Körperpflege und Essen. Gut 20 Prozent des Tages – das sind rund fünf Stunden – nehmen Aktivitäten wie Mediennutzung, Gespräche, Kultur und Sport in Anspruch.

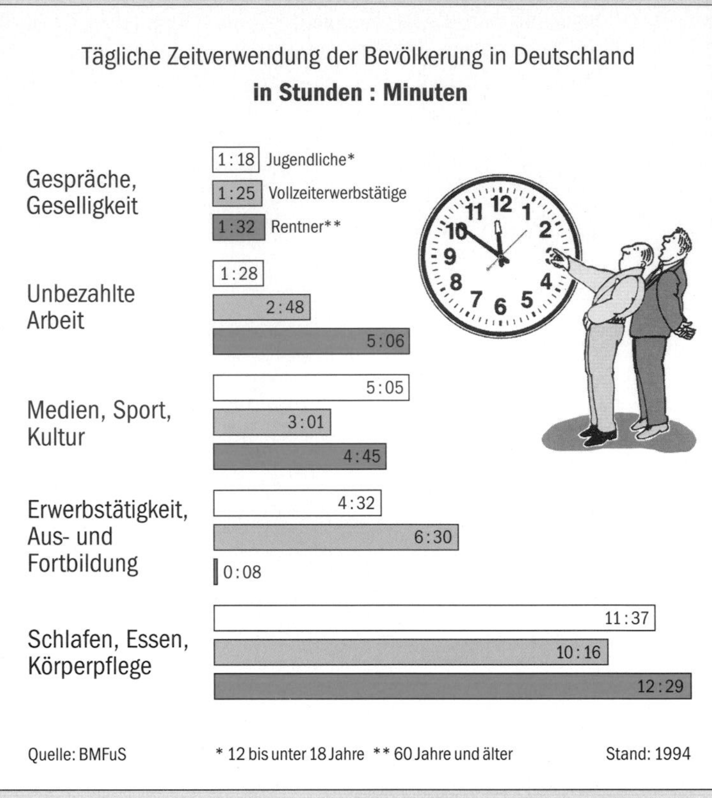


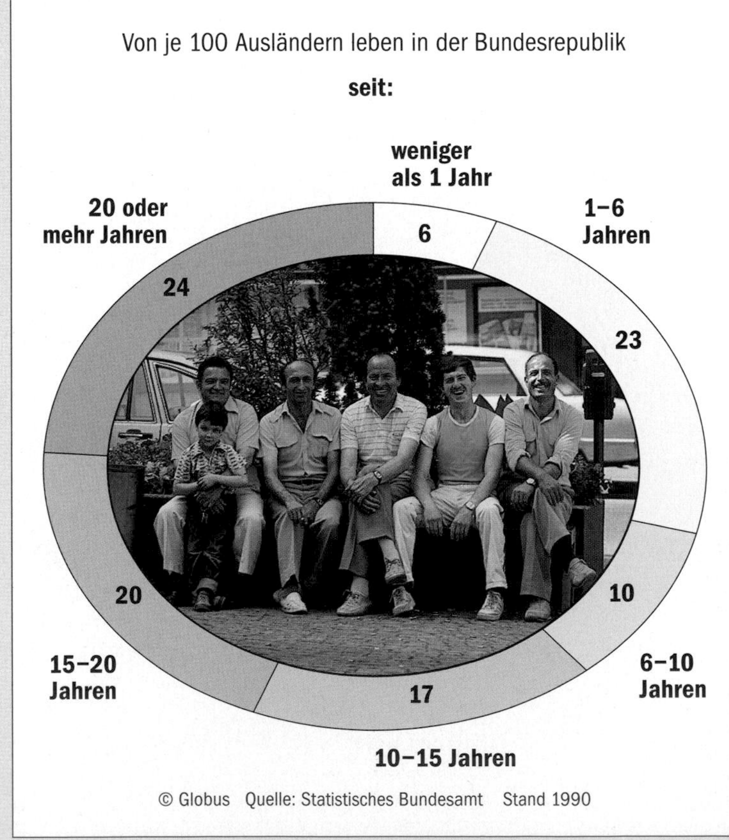


**TEXT 2**

Für viele der mehr als sechs Millionen Ausländer, die in der Bundesrepublik leben, ist Deutschland zu einer zweiten Heimat geworden. 61 von 100 Ausländern wohnen bereits seit über zehn Jahren in der Bundesrepublik; fast jeder vierte hat sein Geburtsland vor mehr als zwei Jahrzehnten verlassen. Als Gastarbeiter sind sie in den Sechzigerjahren zu uns gekommen, um hier einige Zeit Geld zu verdienen und dann mit den Ersparnissen zurückzukehren. Doch aus dem Aufenthalt auf Zeit wurde ein Aufenthalt auf Dauer. An Rückkehr denken viele nicht mehr. Sie haben Familie, die Kinder sind hier aufgewachsen und gehen zur Schule. Das Heimatland ihrer Eltern kennen viele nur noch von Urlaubsreisen.

**8.1 Lesen und bearbeiten Sie Text 1 oder Text 2.**

Aufgaben zu **TEXT 1**:

1. Welche Überschrift passt am besten?
   - Heimat in Deutschland
   - Jugendliche in Ost und West
   - Wo bleibt die Zeit?
2. Was steht im Text zu diesen Zahlen?:
   12, 1/3, 5, 20, 2
3. Schlagen Sie drei Ihrer Meinung nach wichtige Wörter im Wörterbuch nach.

Aufgaben zu **TEXT 2**:

1. Welche Überschrift passt am besten?
   - Heimat in Deutschland
   - Jugendliche in Ost und West
   - Wo bleibt die Zeit?
2. Was steht im Text zu diesen Zahlen und Wörtern?:
   6 , 61, 2, Familie, Urlaubsreisen
3. Schlagen Sie drei Ihrer Meinung nach wichtige Wörter im Wörterbuch nach.

**8.2 Tauschen Sie im Kurs Informationen über die Texte aus.**

**8.3 Lesen Sie das Gedicht und stellen Sie sich selbst und Ihrem Nachbarn / Ihrer Nachbarin Fragen. Die Sprechblasen helfen Ihnen.**

Karlhans Frank

**Du und ich**

Du bist anders als ich,
ich bin anders als du.
Gehen wir auf-
einander zu,
schauen uns an,
erzählen uns dann,
was du gut kannst,
was ich nicht kann,
was ich so treibe,
was du so machst,
worüber du weinst,
worüber du lachst,
ob du Angst spürst bei Nacht,
welche Sorgen ich trag,
welche Wünsche du hast,
welche Farben ich mag,
was traurig mich stimmt,
was Freude mir bringt,
wie wer was bei euch kocht,
wer was wie bei uns singt …
Und plötzlich erkennen wir
– waren wir blind? –
dass wir innen uns
äußerst ähnlich sind.

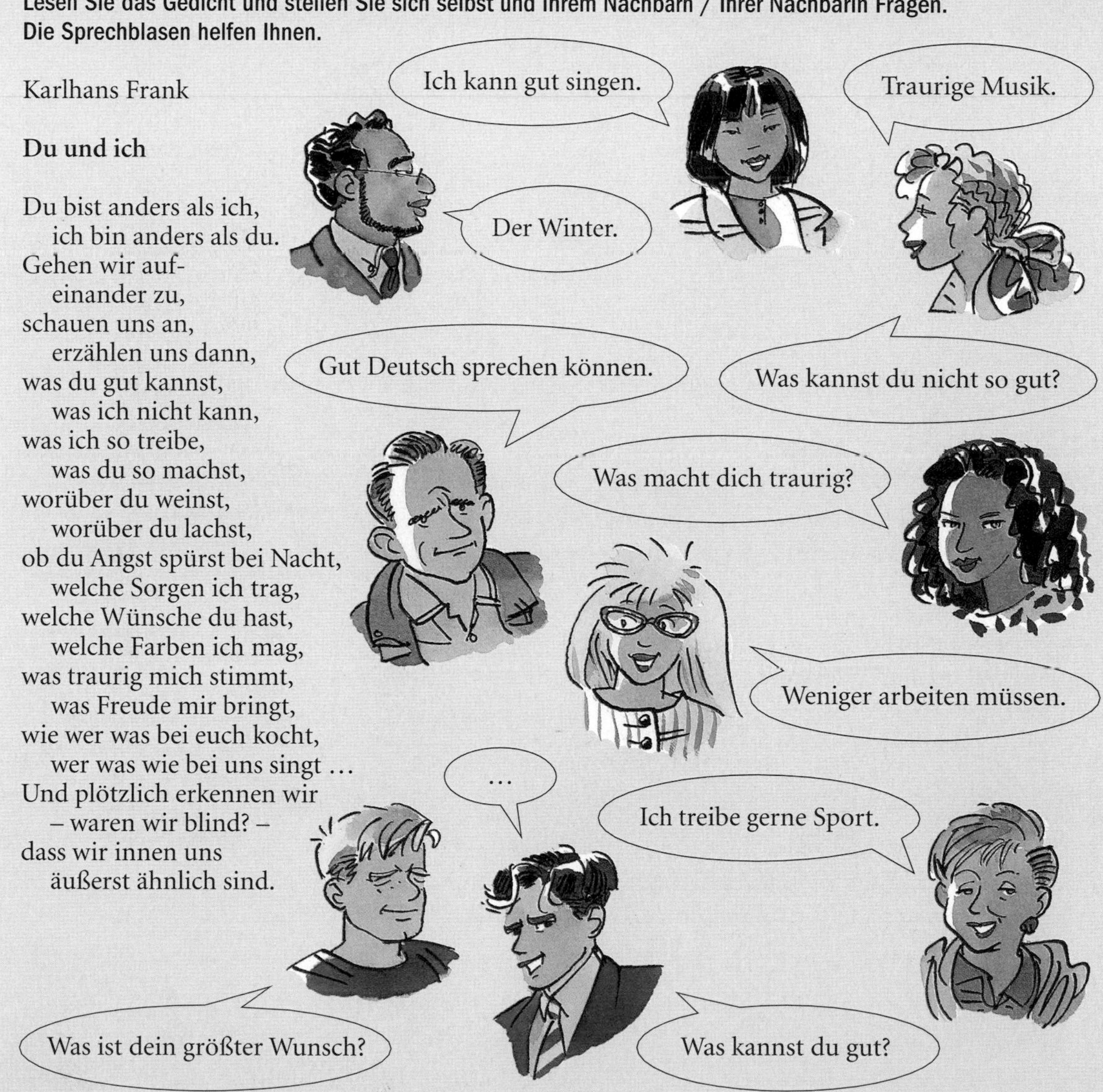

## 9 Eine Rock-Ballade – Münchner Freiheit: Solange man Träume noch leben kann

9.1 Betrachten Sie die beiden Bilder und hören Sie das Lied. Welches Bild passt besser zum Lied?

Münchner Freiheit

**Solange man Träume noch leben kann**

Ein Jahr ist schnell vorüber.
Wenn der Regen fällt, ein Meer voller
Fragen.
Ich steh dir gegenüber
in Erinnerung vergangener Tage.
Das große Ziel war viel zu weit,
für unsere Träume zu wenig Zeit.
Versuchen wir es wieder,
solange man Träume noch leben kann.

Ein Jahr ist schnell vorüber.
Wenn der Nebel kommt mit silbernem
Schweigen.
Du stehst mir gegenüber.
Und es fällt mir schwer,
die Liebe zu zeigen.
Das große Ziel war viel zu weit,
für unsere Träume zu wenig Zeit.
Du weißt genau,
dass irgendwann
einmal ein Wunder geschehen kann.
Versuchen wir es wieder,
solange man Träume noch leben kann.

Ich brauch dich.
Das weißt du.
Versuchen wir es wieder,
solange man Träume noch leben kann.

Das große Ziel war viel zu weit,
für unsere Träume zu wenig Zeit.
Du weißt genau,
dass irgendwann
einmal ein Wunder geschehen kann.

Versuchen wir es wieder,
solange man Träume noch leben kann.

## 10 Das war Eurolingua Deutsch 1 – Nachdenken über den Deutschkurs

**10.1 Schreiben Sie Aussagen über den Deutschkurs. Die Stichwörter helfen Ihnen.**

können – nicht können
hat viel Spaß gemacht –
hat wenig/keinen Spaß gemacht
mag ich – mag ich nicht
Probleme
... war am interessantesten /
am langweiligsten
... müssen wir mehr machen /
können wir weniger machen

**10.2 Sammeln und ordnen Sie die Aussagen und machen Sie ein Plakat für den Kursraum.**

Das können die meisten von uns

Das müssen wir mehr üben

Das macht vielen Spaß

Das macht vielen keinen Spaß

**10.3 Wählen Sie aus Ihrer Liste „Das müssen wir mehr üben" in 10.2 ein Thema aus und organisieren Sie eine Wiederholung im Kurs.**

# ANHANG



## ALPHABETISCHE WORTLISTE

Die alphabetische Wortliste enthält den Wortschatz von Einheit 1 bis Einheit 24 und Option 1 bis Option 3. Wörter aus den Lese- und Infotexten, Zahlen sowie Namen von Personen, Städten und Ländern sind in der Liste nicht enthalten.

Wörter, die Sie nicht unbedingt zu lernen brauchen, sind ***kursiv*** gedruckt.

Die Zahlen geben an, wo die Wörter zum ersten Mal vorkommen (z. B. **6/8.1** bedeutet Einheit 6, Abschnitt 8.1).

Ein • oder ein – unter dem Wort zeigt den Wortakzent:
ạ = kurzer Vokal
a̲ = langer Vokal

Nach den Nomen finden Sie immer den Artikel und die Pluralform.

" bedeutet: Umlaut im Plural.
* bedeutet: Es gibt dieses Wort nur im Singular.
*, * bedeutet bei Nomen: Es gibt außerdem keinen Artikel; und bei Adjektiven: Es gibt keine Steigerungsformen.
*Pl.* bedeutet: Es gibt dieses Wort nur im Plural.

Die unregelmäßigen Verben werden immer mit der Partizip-II-Form angegeben. Bei den Adjektiven sind nur die unregelmäßigen Steigerungsformen angegeben.
Die Zahlen in Klammern zeigen an, dass das jeweilige Wort in verschiedenen Bedeutungen vorkommt.

### A

**ạb 17/2.1**
**ạbbiegen,** ạbgebogen **19/4.4**
**Ạbbildung,** die, -en **19/3.1**
**A̲bend,** der, -e **1/1.3**
**a̲bends 21/3.8**
**a̲ber** (1) **1/5.1**
**a̲ber** (2) **9/1.1**
**ạbholen 23/6.1**
***ạbhören*** **9/4.2**
**Abitu̲r,** das, -e **15/1.3**
***Ạbkürzung,*** die, -en **15/1.1**
**ạblehnen 22/4.4**
**ạbnehmen 24/5.4**
***Ạbsage,*** die, -n **9/6.2**
***ạbsagen*** **9/4.4**
***ạbschicken*** **19/4.6**
**Ạbschnitt,** der, -e **5/1.3**
**Ạbsender,** der, - **19/3.2**
***ạbwaschen,*** ạbgewaschen **24/1.4**
***Ạbweichung,*** die, -en **21/5.1**
***ạbzählen*** **4/1.6**
***Ạbzählreim,*** der, -e **14/6.5**
**ạch 6/3.1**
***Ach Gọtt!*** **03/5.2**
**ạchten 1/2.2**
**Ạchtung,** die, * **13/1.2**
**Ạdjektiv,** das, -e **2/2**
**Adrẹsse,** die, -n **9/4.3**
***agi̲eren*** **2/2.4**
***a̲h*** **16/1.1**
***ä̲h*** **5/2.2**
***A̲hnung,*** die, -en **16/5.1**
**Ạkkusativ,** der, -e **14/1.1**
**Ạkkusativergänzung,** die, -en **14/2**
***Ạkkusativform,*** die, -en **14/3.3**
***Akti̲on,*** die, -en **2/2.1**
**akti̲v 2/2.1**
***aktivi̲eren*** **2/2.1**
**Akzẹnt,** der, -e **1/4.2**
***ạll*** = **ạlle 17/4.1**
**ạlle** *Pl.* **2/2.3**
**alle̲in 15/4.1**
**Ạlltag,** der, -e **24/5.7**
**Alphabe̲t,** das, -e **6/1**
***Alphabe̲t-Rạp,*** der, -s **6/1.1**
***alphabe̲tisch*** **03/7.1**
**ạls 21/3.1**
**ạlso 6/3.1**
**ạlt,** ạlter, ạm ạltesten **5/1.2**
**Ạlter,** das, - **5/5.4**
***Ạltstadt,*** die, "-e **5/6.1**
**ạm** (= **an de̲m**) **6/3.5**
**Ạmpel,** die, -n **16/4.1**
**ạn 01/7**
**ạnderer, ạnderes, ạndere 5/4.2**
**ạ̈ndern 8/1.7**
**ạnders 15/1.1**
**Ạnfang,** der, "-e **9/6.1**
**ạnfangen,** ạngefangen **9/1.4**
***Ạnfängerkurs,*** der, -e **7/1.3**
***ạngeben,*** ạngegeben **17/2.2**
**Ạngst,** die, "-e **18/2.1**
**ạnhaben,** ạngehabt **02/1**
***ạnhalten,*** ạngehalten **19/4.4**
**ạnkreuzen 3/2.2**
**Ạnmeldung,** die, -en **15/1.1**
**ạnnehmen,** ạngenommen **22/4.4**
**Ạnrede,** die, -n **3/2**
**Ạnruf,** der, -e **9/4.2**
***Ạnrufbeantworter,*** der, - **9/4.2**
**ạnrufen,** ạngerufen **6/2.1**
**ạns** (= **an dạs**) **22/2.2**
**ạnschalten 19/4.6**
**ạnschauen 1/1.2**
**ạnsehen,** ạngesehen **3/3.2**
***ansọnsten*** **15/3.10**
**Antẹnne,** die, -n **17/3.3**
**Ạntwort,** die, -en **1/2.4**
**ạntworten 1/2.7**
***Ạnweisung,*** die, -en **19/4.1**
**Ạnzeige,** die, -n **17/5.1**
**Ạpfel,** der, "- **12/4.5**
***Ạpfelsaft,*** der, "-e **8/3.1**
**Apothe̲ke,** die, -n **16/1.3**
**Appara̲t,** der, -e **6/3.4**
**Appeti̲t,** der, -e **13/1.2**
**Aprịl,** der, -e **17/1**

**Arbeit,** die, -en 5/1.5
**arbeiten** 1/3.1
***Arbeitsanweisung,*** die, -en 2/7.1
**arbeitslos** 15/1.3
***Ärger,*** der, * 23/4.4
**ärgern** 23/4.3
**Arm,** der, -e 03/5.2
***Armbanduhr,*** die, -en 14/1.3
***Armee,*** die, -n 21/5.1
***arrogant*** 23/6.3
**Artikel,** der, - 2/4
***Artikel-Gymnastik,*** die, * 02/5.1
***Assoziogramm,*** das, -e 02/2
***Atomuhr,*** die, -en 21/5.1
***Attraktion,*** die, -en 2/2.1
***attraktiv*** 2/2.1
***ätzend*** 20/2.1
**auch** 1/2.2
**auf** 1/1.1
***auf einmal*** 24/1.4
***auffallen,*** aufgefallen 14/5.5
***Aufforderung,*** die, -en 18/0
**Aufgabe,** die, -n 8/2.4
**aufgeben,** aufgegeben 19/3.2
***aufhängen*** 03/7.1
**aufhören** 9/1.1
**aufmachen** 18/3.2
***aufnehmen,*** aufgenommen 23/7.3
**aufpassen** 20/5.5
**aufräumen** 24/5.6
***Aufschlag,*** der, "-e 02/3
***aufschlagen,*** aufgeschlagen 18/1.5
**aufschreiben,** aufgeschrieben 3/4.5
**aufstehen,** aufgestanden 9/2.1
**aufwachen** 24/2.4
**Auge,** das, -n 11/1.4
***Augenfarbe,*** die, -n 11/1.5
**August,** der, e 17/1
**aus** 1/1.4
**Ausdruck,** der, "-e 13/1.7
***auseinander gehen,*** auseinander gegangen 14/6.4
***ausfallen,*** ausgefallen 9/1.1
**Ausflug,** der, "-e 22/3.1
**ausfüllen** 3/2.1
**Ausgang,** der, "-e 19/2.1
**ausgeben,** ausgegeben 19/2.1
**ausgehen,** ausgegangen 9/2.3
***Ausgehen,*** das, * 17/2.6
**ausgezeichnet** 13/1.7
***auskennen (sich),*** ausgekannt 18/4.3
**Auskunft,** die, "-e 4/2.2
**Ausland,** das, * 6/2.7
**Ausländerfeindlichkeit,** die, -en 20/1.1
**ausländisch** 10/1.1
***auslassen,*** ausgelassen 02/2.3
***Ausnahme,*** die, -n 14/3.2
**Aussage,** die, -n 15/6.1
***Aussagesatz,*** der, "-e 02/1
**ausschalten** 18/2.4
***ausscheiden,*** ausgeschieden 7/2.3
***ausschlafen,*** ausgeschlafen 18/2.1
***Ausschnitt,*** der, -e 16/3.1
**aussehen,** ausgesehen 15/4.2
**aus sein,** aus gewesen 14/6.4
**Aussprache,** die, -n 1/2.2
**aussuchen** 02/1
***austauschen*** 03/8.2
***auswählen*** 01/5
***auswendig*** 24/2.7
***auswerten*** 17/3.1
**Auto,** das, -s 2/4.1
***autobiographisch*** 5/5.4
***Autokennzeichen,*** das, - 22/7.1
**Automat,** der, -en 6/2.2
***Autor,*** der, -en 11/2.2
***Autorennen,*** das, - 23/1.1

## B

**Baby,** das, -s 5/1.2
**baden** 24/2.4
***Badminton,*** das, * 23/1.1
**Bahnhof,** der, "-e 16/1.3
**bald** 9/2.3
**Ball,** der, "-e 7/2.3
***Banane,*** die, -n 12/2.1
**Bank,** die, -en 5/1.2
***Bär,*** der, -en 21/3.8
***Bärenhunger,*** der, * 8/3.3
***Barockarchitektur,*** die, -en 5/6.1
**Basketball** (1), *, * 2/3
***Basketball*** (2), der, "-e 21/1.4
**Bauer,** der, -n 15/1.3
**Baum,** der, "-e 21/5.1
***bayrisch*** 11/2.2
***beantworten*** 3/3.2
***bearbeiten*** 03/8.1
***Becher,*** der, - 12/1.3
**bedeuten** 02/1
***Bedeutung,*** die, -en 02/2.3
**Bedienung,** die, -en 8/4.4
***bedrucken*** 02/2.3
**beeilen (sich)** 19/4.6
***Befehl,*** der, -e 18/4.3
***Begegnung,*** die, -en 18/4.3
**beginnen,** begonnen 1/0
**begründen** 20/5.6
**begrüßen** 1/1.4
***Begrüßung,*** die, -en 01/1
**behalten,** behalten 2/0
**bei** 3/2.3
**beide** *Pl.* 13/3.3
***Beileid,*** das, * 17/5.2
**beim** (= **bei dem**) 1/1.3
**Bein,** das, -e 24/3
***beisammen*** 9/3.1
**Beispiel,** das, -e 2/5.4
***Beispielsatz,*** der, "-e 2/6.1
**bekommen,** bekommen 14/4.2
***bemalen*** 11/1.1
**benutzen** 18/1.5
**Berg,** der, -e 3/4.3
**berichten** 12/4.5
**Beruf,** der, -e 5/5.4
**berühmt** 5/6.1
**beschreiben,** beschrieben 01/4.2
***Beschreibung,*** die, -en 10/2.1
***Besen,*** der, - 19/1.1
***besetzt*** 02/1
**besonders** 5/6.1
***besprechen,*** besprochen 22/1.8
**bestätigen** 7/3.7
**bestellen** 13/1.2
***Bestellung,*** die, -en 13/2
***bestimmen*** 16/3.4
**bestimmt** 2/4
**Besuch,** der, -e 19/1.3
**besuchen** 5/6.1
**betont** 20/4.2
**Betonung,** die, -en 24/3.2
***betrachten*** 5/2.3
**Bett,** das, -en 19/4.2
***Beutel,*** der, - 12/1.3
***bewegen*** 03/2
***Biene,*** die, -n 21/3.8
**Bier,** das, -e 8/3.1
**Bild,** das, -er 2/4.2
***Bildausschnitt,*** der, -e 03/1.1
***bilden*** 4/3.1
***Bildergeschichte,*** die, -n 18/3
**billig** 21/3.1
***Bingo,*** das, * 4/1.8
***Biographie,*** die, -n 15/6.1
**bis** 4/1.1
**bisschen** 5/1.2
**bitte** 1/2.5
**Bitte,** die, -n 14/4.3

**bitten**, gebeten 14/4
***bitterlich*** 14/6.5
***blank*** 01/7
***blasen,*** geblasen 21/4.1
**Blatt**, das, "-er 12/5.2
**blau** 11/1
***blaumachen*** 11/3.1
**bleiben**, geblieben 19/4.2
**Bleistift**, der, -e 14/1.3
**bloß** 02/2.3
**Blume**, die, -n 12/2.3
**Bluse**, die, -n 11/1.1
**Blut**, das, * 21/1.4
**Boden**, der, "- 21/4.1
***Bodybuilding,*** das, * 23/1.3
***Bohne,*** die, -n 12/3.1
***Boss,*** der, -e 23/4.4
***Botschaft,*** die, -en 8/1.4
***Bouillonsuppe,*** die, -n 13/1.7
***boxen*** 23/1.3
***Boxen,*** das, * 22/5.4
**brauchen** 5/1.1
**braun** 11/1
**brechen**, gebrochen 24/3
**breit** 21/1.4
**Breite**, die, -n 21/1.3
**Brief**, der, -e 8/2.5
***Briefbaukasten,*** der, "- 14/6.4
**Briefmarke**, die, -n 19/3.4
**Brille**, die, -n 14/1.3
**bringen**, gebracht 13/2.4
***Broccoli*** *Pl.* 12/2.1
**Brot**, das, -e 13/1.5
***Bruchteil,*** der, -e 22/1.2
**Brücke**, die, -n 16/2.1
**Bruder**, der, "- 10/1.1
**Buch**, das, "-er 7/1.1
***Bücherwurm,*** der, "-er 20/3.6
***Buchmesse,*** die, -n 02/1
**Buchstabe**, der, -n 6/1.3
**buchstabieren** 6/2.2
***Buchtitel,*** der, - 21/5.2
***bums*** 24/3.4
**bunt** 11/1
**Büro**, das, -s 22/5.4
**Bus**, der, -se 17/2.6
**Butter**, die, * 12/1.2
***bzw. = beziehungsweise*** 02/7

## C

***°C = Grad Celsius,*** der, * 21/1.2
**Café**, das, -s 8/0
***Cafeteria,*** die, -s 16/5.1
***Campari*** , der, - 8/3.3
***Campari Orange*** 8/4.3
***Cartoon,*** der, -s 11/3.3
**CD**, die, -s 19/1.1
**CD-ROM**, die, -s 19/1.1
***chinesisch*** 02/1
***Chips*** *Pl.* 12/1.3
***cm*** **= Zentimeter**, der, - 21/1.2
***Collage,*** die, -n 2/3
**Computer**, der, - 2/3
***Computer-Freak,*** der, -s 19/2.1
***Computerprogramm,*** das, -e 19/2.1
***Computerraum,*** der, "-e 16/5.1
***Computerspiel,*** das, -e 19/1.1
**Cousin**, der, -s 10/1.1
**Cousine**, die, -n 10/1.1

## D

***d.h. = das heißt*** 10/2.1
**da** 10/1.2
**dabei** 03/5.2
**dabeihaben**, dabeigehabt 14/3.3
**dabei sein**, dabei gewesen 17/4.1
***Dame,*** die, -n 19/2.1
**damit** 21/3.1
**danach** 15/6.1
**daneben** 10/2.1
***daneben schreiben,*** daneben geschrieben 15/3.2
***Dänisch,*** das, * 5/2.1
**Dank**, der, * 10/2.9
**danke** 6/2.3
**dann** 4/1.5
***darüber*** 14/6.5
**das** 1/2.1
**da sein**, da gewesen 9/1.1
**dass** 14/1.1
***dasselbe*** siehe ***derselbe***
**Dativ**, der, -e 16/4
**Datum**, das, Daten 15/5
***Datumsangabe,*** die, -n 17/2.1
**dauern** 19/1.5
***davon*** 02/5.3
***dazu,*** 10/2.5
***dazuschreiben,*** dazugeschrieben 12/5.1
**Definition**, die, -en 02/3
**Demonstrativbegleiter**, der, - 14/3
**denken**, gedacht 01/7
**denn** 8/3.3
***derselbe, dasselbe, dieselbe*** 24/5.1
**Design**, das, -s 19/2.1
***destruktiv*** 2/2.4
***Detail,*** das, -s 24/1.1
**deutsch** 2/2.3
**Deutsch**, das, * 2/1.3
**Deutschbuch**, das, "-er 7/1.3
**Deutsche**, das, * 15/2.1
**Deutschkurs**, der, -e 8/1.4
**Deutschlernen**, das, * 18/2.4
***deutschsprachig*** 02/1
**Deutschunterricht**, der, -e 02/5.4
**Dezember**, der, - 17/1
**d. h. = das heißt** 02/3
***Dialekt,*** der, -e 20/1.1
**Dialog**, der, -e 1/2.3
***Dialogbaukasten,*** der, "- 1/1.4
***Dialogelement,*** das, -e 9/2.3
***Dialoggrafik,*** die, -en 1/3
***Dialogspiel,*** das, -e 20/1.1
***Dialogteil,*** der, -e 19/2.1
***Dialogvariante,*** die, -n 9/2.3
***Dichterin,*** die, -nen 15/7.2
**Dienstag**, der, -e 9/3.1
***Dienstagabend,*** der, -e 23/3.3
**dienstags** 23/3.3
**dieser, dieses, diese** 2/1.2
***Diktat,*** das, -e 01/4
***diktieren*** 3/1.1
**Ding**, das, -e 02/1
**direkt** 15/1.3
***Direktor,*** der, -en 16/5.1
**Disco**, die, -s 2/5.4
***Discoparty,*** die, -s 17/3.4
**diskutieren** 2/6.4
***distanziert*** 8/1.1
***Diverses,*** *, * 2/1.1
***DM*** **= Deutsche Mark**, die, * 19/3.4
**doch** 8/2.5
***Doch,*** das, -s 19/6
***Domplatz,*** der, "- 16/2.1
**Donnerstag**, der, -e 9/3.1
***Donnerstagvormittag,*** der, -e 23/3.3
**Dorf**, das, "-er 21/5.1
**dort** 5/1.2
**Dose**, die, -n 12/1.3
***Drama,*** das, Dramen 20/3.1
***drankommen,*** drangekommen 4/3.1
**Drittel**, das, - 22/1.2
**drüben** 16/1.1
**drücken** 23/7.3
**dumm** 23/6.3

***Dummheit,*** die, -en 23/6.1
***dunkelblau,*** *, * 11/1.3
***dunkelrot,*** *, * 11/1.3
**dünn** 21/3.4
***durchdenken,*** durchgedacht 02/2.3
**durcheinander** 9/6.1
***durcheinander geraten,*** durcheinander geraten 8/4.5
***Durchschnitt,*** der, -e 10/3.2
**durchschnittlich** 21/2.1
***durch sein,*** *durch gewesen* 13/1.2
**dürfen,** gedurft 02/1
**Durst,** der, * 18/2.1
**duschen** 24/5.4
***duzen*** 14/6.1

## E

**eben** 18/4.3
**Ecke,** die, -n 16/1.1
**Ehe,** die, -n 9/2.1
**Ehefrau,** die, -en 10/1.1
**Ehemann,** der, "-er 10/1.1
**ehrlich** 02/2.3
**Ei,** das, -er 12/2.1
**eigener,** eigenes, eigene, 2/6.1
**eigentlich** 24/5.6
***einbiegen,*** eingebogen 18/4.3
**einfach,** 02/6.1
**einfallen,** eingefallen 24/2.3
**Eingang,** der, "-e 10/2.1
**Einheit,** die, -en 1/0
**einige** *Pl.* 5/2.1
**einkaufen** 12/0
***Einkaufsdialog,*** der, -e 12/2.3
***Einkaufszettel,*** der, - 12/2.3
**einladen,** eingeladen 8/4.3
**Einladung,** die, -en 9/0
***Einladungsdialog,*** der, -e 9/6
***Einladungsspiel,*** das, -e 9/6.2
**einmal** 1/2.2
***einordnen*** 2/2.4
***einsammeln*** 02/5.1
***einsetzen*** 15/4.2
***einüben,*** 21/3.2
***Einweihungsparty,*** die, -s 9/4.1
**Einwohner,** der, - 5/3.1
**Einwohnerin,** die, -nen 5/3.1
***einzeichnen*** 16/3.3
**einziehen,** eingezogen 9/4.1
**Eis,** das, * 13/1.2
***Eisbecher,*** der, - 8/3.1
***Element,*** das, -e 9/5.3
**Eltern** *Pl.* 10/1.1
***Elternabend,*** der, -e 20/5.1
***Emigrant,*** der, -en 15/7
***Emigrantin,*** die, -nen 15/7
**empfehlen,** empfohlen 19/2.1
**Ende,** das, -n 9/1.4
***enden*** 2/2.3
**endlich** 18/1.2
**Endung,** die, -en 3/1.2
***Engel,*** der, - 24/2.4
***Englisch,*** das, * 2/1.3
**Enkel,** der, - 10/1.1
**Enkelin,** die, -nen 10/1.1
***Entdeckung,*** die, -en 15/5.3
**entlang** 16/1.1
**entschuldigen** 6/3.4
**Entschuldigung,** die, -en 5/2.2
***entsetzlich*** 03/5.2
**enttäuschen** 23/7.2
***erblicken*** 02/2.3
***Erbse,*** die, -n 12/1.3
**Erdgeschoss,** das, -e 16/5
***Ereignisfeld,*** das, -er 03/2
***Ereigniskarte,*** die, -n 03/2
**erfinden,** erfunden 23/4.1
**Erfolg,** der, -e 17/5.2
***erfragen*** 1/1.4
**erfüllen** 14/4.3
***ergänzen*** 1/2.5
***Ergänzung,*** die, -en 3/4
**Ergebnis,** das, -se 10/3.1
**erinnern** 7/2.2
**erkennen,** erkannt 2/1
**erklären** 2/6.2
**Erlaubnis,** die, -se 19/4.1
**erreichen** 02/1
***erschließen,*** erschlossen 5/1
**erst** 8/3.3
**Erwachsene,** der/die, -n 20/5.7
***erweitern*** 15/3.8
**erzählen** 02/5.2
***Esel,*** der, - 21/3.8
***Espresso,*** der, -s 8/1.4
**Essen,** das, - 2/1.1
**essen,** gegessen 8/3.3
**etwa** 16/3.3
**etwas** 5/1.2
**Euro,** der, -s 4/3.2
**europäisch** 22/7.1
***Examen,*** das, - 17/5.3
***Ex-Frau,*** die, -en 10/3.1
***exklusiv*** 2/2.4
***Ex-Mann,*** der, "-er 10/3.1
***experimentell*** 02/7

## F

***Fähigkeit,*** die, -en 19/4.1
**fahren,** gefahren 3/4.3
**Fahrrad,** das, "-er 2/5
**Fall,** der, "-e 9/2.1
**fallen,** gefallen 03/5.2
**falls** 22/6.4
**falsch** 2/2.4
**Familie,** die, -n 10/1
***Familienanzeige,*** die, -n 17/5
***Familienfoto,*** das, -s 10/2.7
***Familienmitglied,*** das, -er 10/1.1
**fangen,** gefangen 7/2.3
**Farbe,** die, -n 9/2.3
***Färber,*** der, - 11/4.1
***Fass,*** das, "-er 8/3.1
**fast** 8/4.3
***Fastnachtsumzug,*** der, "-e 17/2.3
**Februar,** der, -e 17/1
**fehlen** 1/1.2
**Fehler,** der, - 4/3.1
**feiern** 24/5.6
**Feiertag,** der, -e 17/0
**Feld,** das, -er 4/3.2
***Femininum,*** das, Feminina 14/5.4
**Fenster,** das, - 03/5.2
**Ferien** *Pl.* 22/0
***Ferienhaus,*** das, "-er 5/1.2
**fernsehen,** ferngesehen 19/5.2
**Fernsehen,** das, * 23/3.4
**Fernseher,** der, - 7/3.5
**fertig** 4/3.1
**Fest,** das, -e 9/6
**fett** 13/1.7
**Feuerwehr,** die, -en 6/2.7
**Figur,** die, -en 21/3.7
***Filetsteak,*** das, -s 13/1.5
**Film,** der, -e 8/2.5
***Filzstift,*** der, -e 14/1.3
**finden** (1), gefunden 2/2.3
**finden** (2), gefunden 12/4.3
**Firma,** die, Firmen 15/1.3
**Fisch,** der, -e 12/3.1
**Fläche,** die, -n 21/1.3
**Flasche,** die, -n 12/1.3
***fleißig*** 21/3.8
**fliegen,** geflogen 02/3
***fliehen,*** geflohen 15/7.4
**Flughafen,** der, "- 02/1
**Flugzeug,** das, -e 21/2.1
***flüstern*** 03/5.1
***folgender,*** *folgendes, folgende,* *, * 7/1.3

***Folienkartoffel,*** die, -n 13/1.5
**Form,** die, -en 5/5.1
***Formel 1,*** die, * 23/1.3
***Formel-1-Pilot,*** der, -en 5/5.1
***formell*** 3/2
**Formular,** das, -e 15/1.1
**Foto,** das, -s 2/2.4
***Fotoapparat,*** der, -e 19/1.1
***Fotoband,*** der, "-e 19/1.1
***Fotografie,*** die, -n 19/2.1
**fotografieren** 2/2.4
***fotografisch*** 2/2.4
**Frage,** die, -n 1/2.4
**fragen** 1/1.5
***Fragewort,*** das, "-er 3/3.1
***Französisch,*** das, * 2/1.3
**Frau,** die, -en 1/2.2
***frei*** 24/4.2
**Freitag,** der, -e 9/3.1
***Freiwilligkeit,*** die, * 19/4.3
**Freizeit,** die, -en 20/1
***Freizeitaktivität,*** die, -en 22/2.1
***Freizeitbeschäftigung,*** die, -en 22/1
***Freizeitinteresse,*** das, -n 22/2.2
**Freude,** die, -n 17/5.2
**freuen** 23/4.3
**Freund,** der, -e 5/1.2
**Freundin,** die, -nen 3/4.3
**freundlich** 6/3.3
**froh** 17/5.3
***Frucht,*** die, "-e 12/3.1
**früh** 01/7
**früher** 13/3
***Frühjahr,*** das, -e 17/1
**Frühling,** der, -e 17/1
**frühstücken** 24/3.2
***Frühstücksbrot,*** das, -e 14/1.3
**fühlen** 14/6.5
***Fünftel,*** das, - 22/1.3
**funktionieren** 5/3.3
**für** 2/3.1
**Fußball,** der, * 23/1.1
***Fußballplatz,*** der, "-e 22/5.4
***Fußballspiel,*** das, -e 22/2.2

## G

**g = Gramm,** das, - 12/1.1
**Gang,** der, "-e 21/3.1
**ganz** 5/1.4
**gar** 18/4.3
**Garten,** der, " 15/4.1
***Gasse,*** die, -n 16/2.1
**Gast,** der, "-e 02/6.1
**gebären,** geboren 02/7
**Gebäude,** das, - 5/6.1
**geben,** gegeben 5/2.1
**gebrauchen** 23/5.1
**Geburt,** die, -en 10/3.4
**Geburtstag,** der, -e 9/4.4
***Geburtstagsgeschenk,*** das, -e 19/1.4
***Geburtstagsgratulation,*** die, -en 17/4.1
***Geburtstagslied,*** das, -er 17/4.1
***Geburtstagsparty,*** die, -s 9/4.4
**Gedicht,** das, -e 13/3.1
**gefallen,** gefallen 17/1.2
***gegenseitig*** 1/1.5
**Gegenstand,** der, "-e 7/3.6
**Gegenteil,** das, -e 02/1
**gehen,** gegangen 8/1
**gehören** 10/2.9
**gelb** 11/1
**Geld,** das, -er 14/5.2
**gemeinsam** 24/2.4
***gemischt*** 13/1.7
**Gemüse,** das, - 12/2.3
**genau** 11/1.4
**genauso** 02/7
**Genitiv,** der, -e 22/1.4
***Gentechnik,*** die, -en 2/3
**genug** 03/5.2
***Geographie,*** die, * 5/2
***geordnet*** 5/3.1
***gerade*** 03/3
**geradeaus** 16/1.1
***Geräuschcollage,*** die, -n 24/5.3
**gern(e),** lieber, am liebsten 3/4.3
***gesch.*** **= geschieden** 15/1.1
**Geschenk,** das, -e 19/0
***Geschenkidee,*** die, -n 19/1.1
***Geschenkpapier,*** das, -e 19/2.1
***Geschenkpapier-Boutique,*** die, -n 19/2.1
**Geschichte,** die, -n 02/5.2
**geschieden (gesch.),** *, * 10/1.2
***Geschmackssache,*** die, -n 20/0
***Geschwister*** *Pl.* 10/2.1
**Gespräch,** das, -e 1/2.1
**gestern** 15/3.10
***Gestik,*** die, * 24/3.5
**gesund,** gesünder, am gesündesten 13/1.7
**Gesundheit,** die, * 17/4.1
**Getränk,** das, -e 8/3
***getrennt*** 8/4.3
**Gewicht,** das, -e 19/3.4
**gewinnen,** gewonnen 4/3.1
**Gitarre,** die, -n 2/3
**Glas,** das, "-er 12/1.3
**glauben** 6/2.3
**gleich** (1) 9/2.4
**gleich** (2) 14/3.2
**gleichfalls** 12/2.2
**Glück,** das, * 14/5.2
**glücklich** 14/6.3
***Glücklichsein,*** das, * 10/3.4
**Glückwunsch,** der, "-e 17/4
***Golf,*** das, * 23/1.1
**Gott,** der, "-er 03/5.2
***Gouda-Käse,*** der, - 12/1.3
***Grad Celsius (°C),*** der, * 21/1.2
***Grafik,*** die, -en 02/7
**Gramm** ***(g),*** das, - 12/1.1
**Grammatik,** die, -en 3/0
***Grammatikfeld,*** das, -er 03/2
***Grammatikkarte,*** die, -n 03/2
***Grammatiktabelle,*** die, -en 14/6.1
***Grammatikwort,*** das, "-er 01/2.1
**Gras,** das, "-er 11/3.1
***Grand,*** der, -s 23/7.3
**grau** 11/1
**Grenze,** die, -n 21/2.1
**groß,** größer, am größten 10/1.2
**Größe,** die, -n 21/1.4
**Großeltern** *Pl.* 10/1.1
**Großmutter,** die, "- 10/1.1
***Großmutterblatt,*** das, "-er 23/7.3
**Großvater,** der, "- 10/1.1
**grün** 11/1
**Gruppe,** die, -n 4/3.1
**Gruß,** der, "-e 14/6.3
***Gummibärchen,*** das, - 12/3.1
**Gurke,** die, -n 12/5.2
**gut,** besser, am besten 1/1.3
***Gute,*** das, * 17/5.2
***gut gehen,*** gut gegangen 15/3.10
***Gymnastik,*** die, -en 23/1.1

## H

***h*** **= Stunde,** die, -n 21/1.2
**Haar,** das, -e 24/2.4
**haben** (1), gehabt 2/7.3
**haben** (2), gehabt 4/3.2
**Hafen,** der, "- 5/6.1

**Hähnchen,** das, - 12/3.1
**halbe, halbe, halbe** 01/7
**Hälfte,** die, -n 22/1.2
**hallo** 2/7.1
**Hals,** der, "-e 03/5.2
**halt** 19/4.6
**halten,** gehalten 14/6.1
**Hamburger,** der, - 2/3
**Hand,** die, "-e 24/5.4
***Handball,*** der, * 23/1.1
**Handtuch,** das, "-er 19/1.1
**hassen** 14/6.2
**hässlich** 21/3.5
**Hauptbahnhof,** der, "-e 16/4.2
***Hauptgericht,*** das, -e 02/4.1
**Hauptsatz,** der, "-e 15/3.6
**Hauptstadt,** die, "-e 5/6.1
**Haus,** das, "-er 14/3.3
**Hausaufgabe,** die, -n 9/3.2
**Haushalt,** der, -e 15/1.3
***Heavymetal,*** das, * 23/6.1
**Heft,** das, -e 2/1.1
**Heimat,** die, -en 24/5.7
**heiraten** 15/1.2
**heiß** 18/3.2
**heißen,** geheißen 1/1.3
**helfen,** geholfen 1/1.5
***hellblau,*** *, * 11/1.3
***hellrot,*** *, * 11/1.3
**Hemd,** das, -en 11/1.1
***herauskommen,*** herausgekommen 03/5.1
***heraussuchen*** 24/4.1
**Herbst,** der, -e 17/1
**hergeben,** hergegeben 18/1.2
***Herkunft,*** die, "-e 5/5.4
**Herr,** der, -en 5/1.1
**herrlich** 20/2.1
***herum*** 21/4.1
***herunterfallen,*** heruntergefallen 03/5.2
***hervorragend*** 20/2.1
***hervorziehen,*** hervorgezogen 10/2.9
**herzlich** 17/4
***hessisch*** 17/3.3
**heute** 8/2.5
***hi*** 9/4.2
**hier** 1/2.6
***hier sein,*** hier gewesen 15/3.10
**Hilfe,** die, -n 17/3.1
**Himmel,** der, - 24/2.4
***Himmelsrichtung,*** die, -en 01/1
**hinkommen,** hingekommen 22/6.5
**hinten** 10/1.1
**hinter** 10/1.2
***hinunter*** 18/4.3
***hinuntergehen,*** hinuntergegangen 18/4.3
**Hinweis,** der, -e 02/7
***hinwollen,*** hingewollt 16/3.2
***Hirn,*** das, -e 12/3.1
***historisch*** 15/5
***Hitliste,*** die, -n 12/3.1
***hm*** 9/2.3
**Hobby,** das, -s 5/1.5
**hoch** (1) 16/5.1
**hoch** (2), höher, am höchsten 21/0
**Hochzeit,** die, -en 17/2.6
**hoffentlich** 03/5.2
**Höhe,** die, -n 21/1.3
***Hohn,*** der, * 01/7
**holen** 18/1.2
**hören** 1/1.2
***Hörer,*** der, - 24/5.4
***Hörtext,*** der, -e 20/1.1
***horizontal*** 02/5.3
**Hose,** die, -n 11/1.1
**Hotel,** das, -s 2/3
**Hund,** der, -e 7/3.1
**Hunger,** der, * 02/1
***Hut,*** der, "-e 11/1.1
***Hypothese,*** die, -n 5/1.1

## I

**Idee,** die, -n 2/6.4
***Idyll,*** das, -e 10/3.4
**im (= in dem)** 1/1
**immer** 2/4.2
**Imperativ,** der, -e 18/1.1
***Imperativform,*** die, -en 18/2.2
***Imperativsatz,*** der, "-e 18/1.3
**in** 1/1.4
**Infinitiv,** der, -e 3/1.2
***Informatiker,*** der, - 3/4.3
**Information,** die, -en 2/2.1
***informativ*** 2/2.1
**informieren** 2/2.1
**Inhalt,** der, -e 21/1.3
***Inland,*** das, * 6/2.7
**ins (= in das)** 4/1.5
***Insekt,*** das, -en 21/5.1
**Insel,** die, -n 21/5.1
**intelligent** 21/3.4
***Intercity-Express,*** der, -Expresse 21/2.1
**interessant** 18/3.2
**Interesse,** das, -n 22/2.2
**interessieren** 5/6.1
***interkulturell*** 11/3
**international** 2/1
**Interview,** das, -s 9/3.3
**Intonation,** die, -en 1/2.2
***investieren*** 2/2.1
***Investition,*** die, -en 2/2.1
***Isolation,*** die, -en 2/2.1
***isolieren*** 2/2.1
***Italienisch,*** das, * 2/1.3

## J

**ja** 3/3.2
***Ja,*** das, -s 3/3.2
***Jackett,*** das, -s 11/1.1
**Jahr,** das, -e 3/4.3
***Jahreszahl,*** die, -en 15/5
**Jahreszeit,** die, -en 17/1
***jammern*** 21/3.5
***Ja/Nein-Frage,*** die, -n 3/3.2
**Januar,** der, -e 17/1
***japanisch*** 19/2.1
***Ja-Sager,*** der, - 6/4.1
***Ja-Typ,*** der, -en 23/1.5
**Jazz,** der, * 20/2.1
***Jazztanz,*** der, "-e 20/1.1
**je** 2/5.4
**jeder, jedes, jede** 3/4.3
**jedenfalls** 03/5.2
**jemand** 1/3.1
**jetzt** 1/1.3
**jeweils** 02/5.2
**Job,** der, -s 14/5.2
***joggen*** 23/1.3
***Joggen,*** das, * 23/1.1
***Joghurt,*** der, - 12/1.3
**Jugendliche,** der/die, -n 18/2.4
**Juli,** der, -s 17/1
**Juni,** der, -s 17/1

## K

***Kabarettveranstaltung,*** die, -en 17/3.5
**Kaffee,** der, -s 8/1.4
**Kalender,** der, - 17/0
***kalifornisch*** 21/5.1
***Kalkulation,*** die, -en 2/2.4
***Kantine,*** die, -n 24/5.7
**kaputt** 7/3.1
***Karikatur,*** die, -en 23/1.4
***Karotte,*** die, -n 12/1.3
**Karte,** die, -n 1/1.1
***Kartenspielgymnastik,*** die, * 23/7.3

**Kartoffel,** die, -n 12/1.3
***Kartoffelpüree,*** das, -s 13/1.5
**Käse,** der, - 8/3.3
**Kasse,** die, -n 19/5.2
**Kassette,** die, -n 1/1.2
**Kassettenrecorder,** der, - 7/3.5
**Kasten,** der, "- 5/1.3
**Kasus,** der, - 22/1.4
***Kategorie,*** die, -n 12/5.1
**kaufen** 12/2.1
**kein, kein, keine** 5/2.5
**kennen,** gekannt 2/1.2
***kg*** **= Kilogramm,** das, - 12/1.1
***Kilo,*** das, -/-s 12/1.3
**Kilogramm *(kg),*** das, - 12/1.1
**Kilometer *(km),*** der, - 2/5.4
**Kind,** das, -er 2/5.4
***Kindheit,*** die, -en 15/4.1
**Kino,** das, -s 8/2.5
***Kinofilm,*** der, -e 17/3.5
***Kinoprogramm,*** das, -e 6/2.7
**Kirche,** die, -n 11/2.2
**klar** 9/2.3
**Klasse,** die, -n 10/1.2
***Klassenzimmer,*** das, - 02/3
***Klassik,*** die, * 20/2.1
**klassisch** 19/2.1
***Klebstoff,*** der, -e 14/1.3
**Kleid,** das, -er 11/4
**Kleidung,** die, * 11/0
***Kleidungsstück,*** das, -e 11/1.1
**klein** 8/2.6
***Kleine,*** der/das/die, -n 11/1.5
**klingeln** 24/5.4
***km*** **= Kilometer,** der, - 5/2.3
***km²*** **= *Quadratkilometer,*** der, - 21/1.4
***km/h*** **= *Stundenkilometer,*** der, * 21/1.2
***Kneipe,*** die, -n 22/6.1
***Knoblauch,*** der, * 12/3.1
***Knochen,*** der, - 13/1.2
***Kochbuch,*** das, "-er 19/2.1
**kochen** 19/2.1
***Kochrezept,*** das, -e 20/3.1
***Kochtopf,*** der, "-e 19/1.1
**Kollege,** der, -n 10/3.1
**Kollegin,** die, -nen 7/2.1
**Komma,** das, -s 22/1.2
**kommen,** gekommen 1/2
***Kommissar,*** der, -e 22/5.2
**Kommunikation,** die, -en 2/7
***Komparation,*** die, -en 21/3.4
***Komparativ,*** der, -e 21/3.4
**Konferenz,** die, -en 2/3
***Konfitüre,*** die, -n 12/1.3
***Konjugationstabelle,*** die, -n 22/3.3
**konjugieren** 02/1
**konkret** 02/7
**können,** gekonnt 3/3.2
***konstruieren*** 2/2.1
***Konstruktion,*** die, -en 2/2.1
***konstruktiv*** 2/2.1
***Kontext,*** der, -e 5/3.1
***kontrollieren*** 8/4.5
**Konzert,** das, -e 6/2.7
***Koreanisch,*** das, * 5/2.2
**kosten** 8/4.1
**krank,** kränker, am kränksten 9/6.2
**Krankenhaus,** das, "-er 16/1.3
**Krankenwagen,** der, - 6/2.7
**Krawatte,** die, -n 11/1.2
**Kreis,** der, -e 20/5.5
**Kreuzung,** die, -en 16/1.1
**Krimi,** der, -s 20/3.3
**Küche,** die, -n 19/2.1
**Kuchen,** der, - 8/3.1
***Kuli,*** der, -s 10/2.9
**Kultur,** die, -en 2/1.1
***Kulturprogramm,*** das, -e 17/2.6
**Kunst,** die, "-e 15/1.3
***Kunsthalle,*** die, -n 16/4.2
***Kunstkalender,*** der, - 19/1.5
**Kurs,** der, -e 1/0
**Kursleiter,** der, - 2/7.3
**Kursleiterin,** die, -nen 2/7.3
***Kursliste,*** die, -n 6/2.6
***Kursraum,*** der, "-e 2/3.1
***Kursstatistik,*** die, -en 22/1.7
***Kursstunde,*** die, -n 23/6.1
**Kursteilnehmer,** der, - 2/7.3
**Kursteilnehmerin,** die, -nen 2/7.3
**kurz** (1), kürzer, am kürzesten 1/4.1
**kurz** (2) 9/2.4

## L

***l*** **= Liter,** der, - 12/1.1
**Land,** das, "-er 5/2.1
***Ländername,*** der, -n 5/2.5
***Landeskunde,*** die, * 02/1
***Landkarte,*** die, -n 5/2.6
**lang,** länger, am längsten 1/4.1
**lange,** länger, am längsten 15/3.10
**Länge,** die, -n 21/1.3
**langsam** 2/7.3
**langweilig** 20/2.1
**lassen,** gelassen 10/1.2
***Lauer,*** die, * 03/6.1
**laufen,** gelaufen 9/2.1
**laut** 1/2.3
***Laut,*** der, -e 03/6
***lauten*** 6/2.2
**leben** 10/1.2
**Leben,** das, - 10/2.3
***Lebensdauer,*** die, -n 15/7.3
***Lebenslauf,*** der, "-e 15/0
**Lebensmittel,** das, - 12/0
***Lebensmittelgeschäft,*** das, -e 12/2.3
***Lebenssituation,*** die, -en 24/5.7
**led. = ledig** *, * 15/1.1
**ledig (led.)** *, * 15/1.1
**legen** 01/1
***Lehrbuch,*** das, "-er 15/7.1
**Lehrer,** der, - 2/6.2
**Lehrerin,** die, -nen 1/1.3
***Lehrerzimmer,*** das, - 16/5.1
**leicht** 5/3.1
***Leichtathletik,*** die, * 23/1.6
**Leid,** das, * 6/2.3
**leider** 8/1.1
***leise*** 18/1.2
***Leiter,*** die, -n 03/5.2
**lernen** 2/0
**Lernerhandbuch,** das, "-er 8/1.5
***Lernkärtchen,*** das, - 24/2.7
***Lernkarte,*** die, -n 23/5.4
***Lernkartei,*** die, -en 2/6
***Lerntipp,*** der, -s 2/4.2
***Leseecke,*** die, -n 02/7
**lesen,** gelesen 1/2.3
***Lesen,*** das, * 02/5.5
***Leseratte,*** die, -n 20/3.6
***Letzebuergesch,*** das, * 5/2.1
**letzte, letzte, letzte** 16/3.4
**Leute,** *Pl.* 22/4.1
**Lexikon,** das, Lexika 15/7.1
***Lexikonartikel,*** der, - 15/7.3
**Licht,** das, -er 14/6.5
***Liebe,*** das, * 15/3.10
**Liebe,** die, -n 11/3.1
**lieben** 3/4.3
***Liebeskummer,*** der, * 14/6.3
***Liebesroman,*** der, -e 20/3.1
**Liebling,** der, -e 24/1.4
***Lieblingsessen,*** das, - 12/3
**Lied,** das, -er 01/7
***Liedtext,*** der, -e 02/2.4
**liegen,** gelegen 5/1.2
**lila,** *, * 11/1

**Lineal,** das, -e 14/1.3
**Linie,** die, -n 16/4.2
**links** 4/1.1
**Liste,** die, -n 7/1.2
**Liter** *(l)*, der, - 12/1.1
***literarisch*** 20/5
**los** (1) 18/1.2
**los** (2) 03/5.2
**lösen** 02/1
**losgehen,** losgegangen 18/4.3
***Lotto,*** das, -s 4/3.2
***Lottozahl,*** die, -en 4/3.2
***Lücke,*** die, -n 14/5.6
***Lückensatz,*** der, "-e 14/3.4
**Luftpost,** die, * 19/1.5
**Lust,** die, "-e 13/1.5
**lustig** 24/1.4

## M

**m = Meter,** der, - 21/1.2
**$m^2$ = Quadratmeter,** der, * 21/1.2
**machen** (1) 2/1.1
**machen** (2) 8/4.1
***Machtergreifung,*** die, -en 15/5.3
**Mädchen,** das, - 5/1.2
***Magnum-Flasche,*** die, -n 21/1.4
**Mai,** der, -e 15/3.10
**mal = einmal** 8/1.4
**Mal,** das, -e 1/1.3
**malen** 02/5.2
***Maler,*** der, - 11/4
***Mammutbaum,*** der, "-e 21/5.1
**man** 1/3.1
**mancher, manches, manche** 23/1.3
**manchmal** 15/1.3
**Mann,** der, "-er 1/2.2
**Mannschaft,** die, -en 24/5.1
**Mark,** die, - 8/4.1
**Marke,** die, -n 12/2.2
***Marker,*** der, - 14/1.3
**markieren** 1/4.1
***Markierung,*** die, -en 1/5.1
**Markt,** der, "-e 22/6.1
**Marktplatz,** der, "-e 22/6.4
**Marmelade,** die, -n 12/1.3
**März,** der, -e 17/1
***maskulin*** 14/1.1
***Maskulinum,*** das, Maskulina 14/5.4
***Maß,*** das, -e 21/1.2
***Maßangabe,*** die, -n 21/5.1
***Maßeinheit,*** die, -en 21/2.1
**Mathematik,** die, * 20/5.4
**Mauer,** die, -n 21/1.4
***Maus,*** die, "-e 03/2
***Mäusemilch,*** die, * 21/5.1
**Mechaniker,** der, - 8/1.4
***Medien-Kaufhaus,*** das, "-er 19/2
***Medium,*** das, Medien 2/1.1
**Meer,** das, -e 11/3.1
***Meeresspiegel,*** der, - 21/2.1
**mehr** 2/1.2
**mehrere** *Pl.* 5/2.1
**mehrmals** 1/5.1
**meinen** 02/2.3
***Mein-dein-Spiel,*** das, -e 10/2.9
**Meinung,** die, -en 13/1.7
**meisten** *Pl.* 5/2.5
**meistens** 15/2.1
**melden** 6/3.4
***Mengenangabe,*** die, -n 12/1
**Mensch,** der, -en 10/3.4
**merken** 18/4.3
**Messer,** das, - 19/1.1
**Meter** *(m)*, der, - 16/3.3
***mhm*** 02/6.2
**Milch,** die, - 8/1.4
***Milliliter (ml),*** der, - 12/1.1
***Millimeter (mm),*** der, - 21/1.2
***Million,*** die, -en 5/6.1
***Mimik,*** die, * 24/3.5
***min*** **= Minute,** die, -n 21/1.2
**mindestens** 23/1.7
**Mineralwasser,** das, "- 8/3.1
**Minute** *(min)*, die, -n 4/3.1
***Mio. = Million,*** die, -en 01/4.2
**mischen** 18/2.3
**mit** (1) 1/3.1
**mit** (2) 17/4.1
**mitbringen,** mitgebracht 9/4.4
**Mitbürger,** der, - 20/1
***miteinander*** 11/2.1
**mitkommen,** mitgekommen 9/1.1
**mitlesen,** mitgelesen 1/1.3
**mitmachen** 6/1.1
**mitnehmen,** mitgenommen 24/1.4
**mitschreiben,** mitgeschrieben 4/2.4
**mitsingen,** mitgesungen 24/1.4
**Mittagessen,** das, - 02/1
**mittags** 24/5.1
**Mitte,** die, -n 10/1.1
**Mitternacht,** die, * 17/3.5
**Mittwoch,** der, -e 9/3.1
***ml = Milliliter,*** der, - 12/1.1
***mm = Millimeter,*** der, - 21/1.2
**Modalverb,** das, -en 19/4
**Modell,** das, -e 23/1.5
**modern** 16/3.3
**mögen,** gemocht 8/3.3
**möglich** 14/5.1
**Möglichkeit,** die, -en 8/4.5
**Monat,** der, -e 5/1.2
***Monatsname,*** der, -n 17/1.1
***Monatsplan,*** der, "-e 17/3.1
***Mondlandung,*** die, -en 15/5.3
**Montag,** der, -e 9/1.4
***Moped,*** das, -s 21/3.1
**morgen** 8/2.5
**Morgen,** der, - 1/1.4
**morgens** 9/2.1
**müde** 18/2.1
***Müller,*** der, - 11/4
***Mündung,*** die, -en 21/2.1
***Münze,*** die, -n 01/1
**Museum,** das, Museen 15/3.10
**Musik,** die, -en 19/2.1
***musikalisch*** 2/2.4
***Musikausschnitt,*** der, -e 20/2.1
***Musikinstrument,*** das, -e 23/1.4
***Musikveranstaltung,*** die, -en 17/3.4
***musizieren*** 2/2.4
**müssen,** gemusst 5/6.1
**Mutter,** die, "- 9/4.4
**Muttersprache,** die, -n 2/1.3

## N

***na*** 8/1.1
**nach** 1/1.5
**Nachbar,** der, -n 3/4.5
**Nachbarin,** die, -nen 3/4.5
***Nachbarland,*** das, "-er 5/2.1
***Nachdenken,*** das, * 03/10
**nachdenken,** nachgedacht 16/3.3
***nachfragen*** 6/3.4
**nachher** 21/3.7
***nachmessen,*** nachgemessen 21/3.7
***nachmittags*** 24/5.1
**Nachricht,** die, -en 9/1.4
***nachschauen*** 6/2.3
**nachschlagen,** nachgeschlagen 14/5.7

***Nachspeise,*** die, -n 02/4.1
***nachsprechen,*** nachgesprochen 6/2.2
***nächste, nächste, nächste*** 8/4.3
***Nacht,*** die, "-e 01/7
**nah(e),** näher, am nächsten, 21/4.1
**Nähe,** die, * 5/5.1
**Name,** der, -n 1/1.1
***Namenliste,*** die, -n 14/5.1
**nämlich** 9/2.1
***Nationalsozialismus,*** der, * 15/7.2
***Nationalsozialist,*** der, -en 15/7.4
**natürlich** 03/5.2
**neben** 10/1.2
**nebenan** 03/5.2
**Neffe,** der, -n 10/1.1
**negativ** 20/1.3
**nehmen,** genommen 2/3.1
***Neid,*** der, * 11/3.1
**nein** 3/1.1
***Nein,*** das, -s 3/3.2
***Nein-Sager,*** der, - 6/4.1
***Nein-Typ,*** der, -en 14/5.2
**nennen,** genannt 9/1.4
***Nerv,*** der, -en 17/5.2
**neu** 2/2.4
***neutral*** 6/3.3
***Neutrum,*** das, Neutra 14/5.4
**nicht** 3/4.4
**Nichte,** die, -n 10/1.1
**nichts** 15/1.4
**nie** 14/6.4
***Niederländisch,*** das, * 5/2.1
***nix*** = ***nichts*** 02/2.3
**noch** 1/2.2
***noch einmal*** 1/2.2
**Nomen,** das, - 2/2
**Nominativ,** der, -e 2/5
**Nominativergänzung,** die, -en 3/4
***norddeutsch*** 17/3.3
**Norden,** der, * 5/2.1
***nördlich*** 5/2.1
***Nordosten,*** der, * 5/2.1
***nordöstlich*** 5/2.1
***Nordwesten,*** der, * 5/2.1
***nordwestlich*** 5/2.1
**normal** 19/1.3
***notieren*** 4/1.3
**Notiz,** die, -en 12/4.3
***Notizzettel,*** der, - 5/3.3
**notwendig** 22/6.5
***Notwendigkeit,*** die, -en 19/4.1
**November,** der, - 17/1
**Nudel,** die, -n 12/3.1
**Nummer,** die, -n 6/2.3
**nun** 3/3.2
**nur** (1) 1/2.2
***nur*** (2) 03/5.2

## O

***o.k.*** = ***okay*** 8/1.4
**oben** 5/3.3
**Ober,** der, - 13/1.2
***Oberbegriff,*** der, -e 7/1
**Obst,** das, * 12/2.3
**oder** 2/4.1
**offen** 9/2.1
**offiziell** 9/1.4
**öffnen** 9/2.1
**oft,** öfter, am häufigsten 2/2.3
***oh*** 8/4.3
**ohne** 3/3.2
**Ohr,** das, -en 03/5.1
***okay (o.k.),*** *, * 20/2.1
***Oktober,*** der, - 17/1
**Öl,** das, -e 12/2.1
***Olivenöl,*** das, -e 12/2.2
**Oma,** die, -s 10/1.1
**Onkel,** der, - 10/1.1
**Opa,** der, -s 10/1.1
***Oper,*** die, -n 02/3
***Opernhaus,*** das, "-er 5/6.1
***Option,*** die, -en 01/0
***orange,*** *, * 11/1
***Orangensaft,*** der, "-e 8/3.1
***Ordinalzahl,*** die, -en 17/2
**ordnen** 2/1.1
***Ordner,*** der, - 14/1.3
**Ordnung,** die, -en 15/3.10
**Organisation,** die, -en 2/2.1
***Organisator,*** der, **Organisatoren** 2/2.1
***organisatorisch*** 2/2.1
**organisieren** 2/2.1
***Orientierung,*** die, -en 16/0
***Orientierungsspiel,*** das, -e 16/2
***originalgetreu*** 5/6.1
***Originalton,*** der, "-e 18/2.4
**Ort,** der, -e 22/6.2
***Ortsname,*** der, -n 21/5.1
***Ortsnetzkennzahl,*** die, -en 6/2.1
***Ortsveränderung,*** die, -en 24/4.1
**Ost** *, * 03/8.1
**Osten,** der, * 5/2.1
**Ostern,** das, - 17/2.3
***östlich*** 5/2.1

## P

**paar** 15/3.10
**Päckchen,** das, - 19/1.5
***Packung,*** die, -n 12/1.3
**Paket,** das, -e 19/3.1
***Paketkarte,*** die, -n 19/3.2
***Pantomime,*** die, -n 23/7.4
**Papa,** der, -s 10/2.1
**Papier,** das, -e 12/5.2
**Park,** der, -s 22/5.4
**parken** 19/4.4
***Parkhaus,*** das, "-er 16/1.1
**Partizip,** das, -ien 15/3.1
***Partizip-II-Form,*** die, -en 15/3.2
**Partner,** der, - 15/6.1
***Partnerdiktat,*** das, -e 3/1.3
**Partnerin,** die, -nen 15/6.1
***Partnerinterview,*** das, -s 12/4.3
***Party,*** die, -s 9/6
**passen** 2/7.1
***passend*** 3/4.2
**passieren** 2/2.4
**passiv** 2/2.4
**Pause,** die, -n 14/2.4
**Pech,** das, * 03/5.2
**Pension,** die, -en 24/4.2
***per*** 19/3.2
**Perfekt,** das, -e 15/2
**Person,** die, -en 3/2
***Personalchef,*** der, -s 8/4.5
**Personalpronomen,** das, - 01/2.1
**persönlich** 4/2.3
***Perspektive,*** die, -n 10/1.3
***pfeifen,*** gepfiffen 21/4.1
**Pferd,** das, -e 21/3.8
***Pfiff,*** der, -e 4/1.6
***Pfund,*** das, -e 12/1.3
***phantastisch*** 20/2.1
***Physiker,*** der, - 15/7.2
***Piano,*** das, -s 2/3
***Pilz,*** der, -e 12/3.1
**Pizza,** die, -s 9/6.2
**Plakat,** das, -e 03/10.1
**Plan,** der, "-e 18/4.1
**planen** 22/4.5
**Platz,** der, "-e 6/2.2
***Plauderei,*** die, -en 8/0
**plötzlich,** *, * 02/2.3
**Plural,** der, -e 2/5

***Pluralform,*** die, -en **2/5.4**
***Plural-Spiel,*** das, -e **7/2.3**
***Poesie,*** die, -ien **02/7**
**Politik,** die, -en **2/3**
**Politiker,** der, - **23/5.3**
**Polizei,** die, -en **6/2.7**
***polnisch*** **18/2.1**
***Polnisch,*** das, * **5/2.1**
***Pommes*** *Pl.* = ***Pommes frites*** *Pl.* **24/5.1**
***Pommes frites*** *Pl.* **12/3.1**
***Popmusik,*** die, * **20/2.1**
***Portugiesisch,*** das, * **5/2.2**
***Position,*** die, -en **20/4.1**
**positiv 2/2.4**
**Possessivbegleiter,** der, - **10/2**
**Post,** die, * **16/1.1**
***Postamt,*** das, "-er **19/3.1**
**Präposition,** die, -en **16/2**
**Präsens,** das, * **15/2.1**
**Präteritum,** das, * **15/2**
**Preis,** der, -e **8/4**
***Preisangabe,*** die, -n **12/1**
***Preistafel,*** die, -n **8/3.1**
**prima,** *, * **8/1.1**
**probieren 8/3.3**
**Problem,** das, -e **2/7.2**
**Produkt,** das, -e **2/2.1**
**Produktion,** die, -en **2/2.1**
***produktiv*** **2/2.1**
***Produzent,*** der, -en **2/2.1**
**produzieren 2/2.1**
***profitieren*** **2/2.4**
**Programm,** das, -e **17/3.3**
**Pronomen,** das, - **7/1.2**
***Prozent (%),*** das, -e **01/1**
**prüfen 5/1.2**
**Psychologie,** die, -n **19/2.1**
**Pullover,** der, - **10/1.2**
**Punkt,** der, -e **9/2.1**
**pünktlich 22/6.5**
**putzen 24/5.4**

## Q

***Quadratkilometer*** ***($km^2$),*** der, * **21/1.4**
**Quadratmeter** ***($m^2$),*** der, * **21/1.2**
**Qualität,** die, -en **2/1.3**
***Quark,*** der, * **12/2.1**
***Quelle,*** die, -n **21/2.1**
***Quittung,*** die, -en **19/3.4**
***Quiz,*** das, - **15/5.3**

## R

**Rad,** das, "-er **23/1.3**
***Radfahren,*** das, * **23/1.1**
***Radiergummi,*** der, -s **14/4.3**
**Radio,** das, -s **2/2.4**
***Radioprogramm,*** das, -e **17/3.3**
***Radiostation,*** die, -en **17/3.3**
***Rassist,*** der, -en **23/6.1**
***Rat*** (1), der, "-e **16/3.4**
**Rat** (2), der, * **18/2**
**raten,** geraten **10/2.9**
***Ratespiel,*** das, -e **21/1.4**
**Rathaus,** das, -"er **16/3.4**
***Ratschlag,*** der, -"e **18/0**
***Rätsel,*** das, - **4/1.5**
**Rätselfrage,** die, -en **21/5.2**
**Raum,** der, "-e **9/1.4**
***rauswerfen,*** rausgeworfen **02/1**
**Rechnung,** die, -en **8/4.4**
**Recht haben 18/4.3**
**rechts 4/1.1**
***Redemittel,*** das, - **22/4.4**
**reden 18/1.2**
***reflexiv*** **23/5.1**
***Reflexivpronomen,*** das, - **23/4**
***Reformation,*** die, -en **15/5.3**
***Refrain,*** der, -s **02/2.3**
**Regel,** die, -n **2/2.3**
**regelmäßig 15/3**
***Region,*** die, -en **21/2.2**
***reichen*** **15/3.3**
**Reihe,** die, -n **01/1**
**Reihenfolge,** die, -n **13/3.1**
**Reis,** der, -e **12/3.1**
***Reiseführer,*** der, - **20/3.1**
***Reiseliteratur,*** die, -en **20/3.3**
**reisen 22/2.2**
**Rekord,** der, -e **21/4**
***Relation,*** die, -en **2/2.4**
***Rennrad,*** das, "-er **21/3.1**
***Reportage,*** die, -n **20/1**
**Rest,** der, -e **24/2.4**
**Restaurant,** das, -s **5/6.1**
***restaurieren*** **5/6.1**
***retten,*** **23/4.4**
***Rettungsdienst,*** der, -e **6/2.7**
***Revolution,*** die, -en **15/5.3**
***Revolver,*** der, - **18/1.2**
**richtig 1/5.1**
***Richtige*** *Pl.* **4/3.2**
***Rindersteak,*** das, -s **12/3.1**
**Ring,** der, -e **10/2.9**
**Rock,** der, "-e **11/1.1**
***Rock-Ballade,*** die, -n **03/9**
***Rollschuh,*** der, -e **22/3.2**
***Rolltreppe,*** die, -n **19/2.1**
***Roman,*** der, -e **15/7.1**
***rosa,*** *, * **11/1**
**rot 8/3.1**
***Rotwein,*** der, -e **14/1.3**
***Rucksack,*** der, "-e **24/2.4**
**Rückseite,** die, -n **2/6.3**
**rufen, gerufen 8/4.4**
***Rufnummer,*** die, -n **6/2.1**
**Ruhe,** die, * **18/2.4**
**ruhig 18/1.2**
***rund,*** **02/3**
***Runde,*** die, -n **03/2**
**Rundfunk,** der, * **17/3.3**
***runter = herunter/hinunter*** **16/5.1**

## S

***Sachbuch,*** das, "-er **20/3.1**
**Sache,** die, "-n **8/3.1**
**Saft,** "-e **12/5.1**
**sagen 2/7.3**
**Sahne,** die, * **13/1.7**
**Salami,** die, - **8/3.3**
**Salat,** der, -e **8/3.3**
***salzig*** **13/1.2**
**sammeln 2/6.2**
**Samstag,** der, -e **9/3.1**
**Sandwich,** das, -s **8/3.1**
**Satz,** der, "-e **2/7.2**
**Satzakzent,** der, -e **1/5**
***Satzanfang,*** der, "-e **14/5.1**
***Satz-Express,*** der, -sse **19/5**
***Satzglied,*** das, -er **20/4**
***Satzmodell,*** das, -e **23/3.2**
**Satzstellung,** die, -en **19/5.2**
***Satzteil,*** der, -e **15/6.4**
***Sauerkraut,*** das, * **12/3.1**
***Sauna,*** die, -s **23/3.3**
***Schach,*** das, -s **23/1.3**
**scharf, schärfer, am schärfsten 13/1.7**
***Schatz,*** der, "-e **11/4**
***schätzen*** **21/4.1**
**schauen 11/1.5**
***Scheißspiel,*** das, -e **23/7.3**
**Schema,** das, -s **7/2.2**
**schenken 19/1**
**Schere,** die, -n **14/1.3**
***scheußlich*** **12/4.3**
**schicken 10/2.1**
**Schiff,** das, -e **19/3.2**
**Schild,** das, -er **19/4.4**
**Schinken,** der, - **01/2.3**

**Schirm,** der, -e 14/1.3
**schlafen,** geschlafen 9/3.2
**schlecht** 19/1.1
**schlecht gehen,** schlecht gegangen 21/3.5
**schließen,** geschlossen 7/1.1
**schlimm** 03/5.2
***Schlittschuh,*** der, -e 23/1.3
**Schloss,** das, "-er 5/6.1
**Schluss,** der, "-e 23/2.1
**Schmerz,** der, -en 14/6.5
**Schnee,** der, * 11/3.1
**schnell** 4/3
***Schnitzel,*** das, - 13/1.2
**Schokolade,** die, -n 12/1.3
**Schokoladeneis,** das, * 13/1.2
**schon** 4/1.1
**schön** 6/2.3
***Schornsteinfeger,*** der, - 11/4
**schrecklich** 24/1.4
***Schreibblock,*** der, "-e 14/1.3
**schreiben,** geschrieben 1/1.1
***Schreibweise,*** die, -n 6/2.2
**Schrift,** die, -en 02/7
***Schriftsteller,*** der, - 15/7.2
***Schriftstellerin,*** die, -nen 15/7.2
**Schuh,** der, -e 11/1.1
**Schule,** die, -n 2/5.4
**Schüler,** der, - 20/5.4
**Schülerin,** die, -nen 20/5.4
***Schulfach,*** das, "-er 20/5.4
***Schulfreundin,*** die, -nen 15/3.10
**Schwager,** der, - 10/1.1
**Schwägerin,** die, -nen 10/1.1
**schwarz, schwärzer, am schwärzesten** 11/1
**Schwein,** das, -e 23/6.3
**Schweinebraten,** der, - 13/1.5
**Schweineschnitzel,** das, - 12/3.1
**schwer** 8/4.5
**Schwester,** die, -n 10/1.1
**Schwiegersohn,** der, "-e 10/1.1
**Schwiegertochter,** die, "- 10/1.1
**schwierig** 19/2.1
***Schwimmbad,*** das, "-er 22/4.1
***Schwimmen,*** das, * 23/1.1
**schwimmen,** geschwommen 18/2.6
***sec*** = **Sekunde,** die, -n 21/1.2
***Sechstel,*** das, - 22/1.3
***Segen,*** der, - 17/4.1
**sehen,** gesehen 10/1.2
**sehr,** mehr, am meisten 8/3.3
***Sehtest,*** der, -s/-e 23/4.2
**sein,** gewesen 1/1.3
**seit** 3/4.3
**Seite,** die, -n 2/5.4
**Sekretariat,** das, -e 16/5.1
**Sekretärin,** die, -nen 8/1.4
***Sekt,*** der, -e 8/3.1
**Sekunde** ***(sec),*** die, -en 7/1.1
***selber = selbst*** 14/5.9
***Selbermachen,*** das, * 14/6.2
**selbst** 2/2.3
***Selbstevaluation,*** die, -en 14/5.8
**selbstverständlich** 02/6,2
**selten** 20/3.3
**Semester,** das, - 15/3.8
***Semesterferien*** *Pl.* 17/2.5
***Sensation,*** die, -en 2/2.4
**September,** der, - 02/3
**setzen** 24/2.4
**sich** (1) 1/1.1
**sich** (2) 3/1.1
**sicher** 9/2.1
***siezen*** 14/6.1
***Signal,*** das, -e 20/3.2
**singen,** gesungen 9/3.1
***Single,*** der, -s 01/4.2
**Singular,** der, -e 2/5
***sinnvoll*** 13/3.1
**Situation,** die, -en 14/1.1
**sitzen,** gesessen 8/2.5
***Skat,*** *, * 23/1.3
***Skatsaison,*** die, -s 23/7.3
***Sketch,*** der, -e 03/4.3
**Ski,** der, - 23/1.3
***Skifahren,*** das, * 5/1.2
***Skilehrer,*** der, - 24/3.2
***Skiunfall,*** der, "-e 24/3.4
***so*** 1/4.1
**sofort** 18/1.2
**Sohn,** der, "-e 5/1.2
**solange** 03/9
**solcher, solches, solche** 21/3.10
**sollen,** gesollt 01/7
**Sommer,** der, - 17/1
**Sonderangebot,** das, -e 21/3.1
**Sonne,** die, -n 02/2.3
***Sonnenblumenöl,*** das, -e 12/2.2
**Sonntag,** der, -e 9/3.1
***Sonstige,*** das, * 17/5.1
***Sorte,*** die, -n 8/3.1
***sortieren*** 23/7.2
**Soße,** die, -n 13/1.5
***so weit*** 15/1.2
***Spaghetti*** *Pl.* 12/4.1
***Spalte,*** die, -n 14/3.3
***spanisch*** 14/1.1
***Spanisch,*** das, * 2/1.3
**spannend** 9/2.1
**Spaß,** der, "-e 15/3.10
**spät** 9/1.1
***spätestens*** 22/6.5
***Spätvorstellung,*** die, -en 9/6.1
**spazieren gehen,** spazieren gegangen 22/2.2
***Speise,*** die, -n 8/3
**Speisekarte,** die, -n 13/1
**Spiel,** das, -e 7/3.2
**spielen** 1/3.2
***Spieler,*** der, - 02/1
***Spielerin,*** die, -nen 8/2.6
***Spielfigur,*** die, -en 02/1
***Spielfilm,*** der, -e 19/2.1
***Spielmacher,*** der, - 23/7.3
**Spielregel,** die, -n 4/1.8
***Spielstein,*** der, -e 01/1
***Spinne,*** die, -n 02/1
***Spinnennetz,*** das, -e 02/1
***spitze,*** *, * 20/2.1
***Spitzer,*** der, - 14/1.3
**Sport,** der, * 02/3
***Sportart,*** die, -en 23/1
***Sportsfreund,*** der, -e 23/7.3
***Sportstudentin,*** die, -nen 23/2.1
***Sprachbaukasten,*** der, "- 24/5.7
**Sprache,** die, -n 5/1.5
***Sprachinstitut,*** das, -e 16/5
***Sprachspiel,*** das, -e 14/6
***Sprechblase,*** die, -n 5/5.1
**sprechen,** gesprochen 1/4.2
***Squash,*** das, * 23/1.1
**Stadt,** die, "-e 5/2.6
***Städtekalender,*** der, - 19/1.5
**Stadtplan,** der, "-e 16/3.1
**Stamm,** der, "-e 3/1.2
***stammen (aus)*** 5/3.3
**stark,** stärker, am stärksten 21/3.4
***Startfeld,*** das, -er 03/2
**Station,** die, -en 16/4.2
***Statistik,*** die, -en 20/3.7
**stattfinden,** stattgefunden 9/4,1
***Std.*** = **Stunde,** die, -n 21/1.2
**Steak,** das, -s 2/3
**stehen,** gestanden 4/1.1
**steigen,** gestiegen 03/5.2
**Stelle,** die, -n 03/6.1
**stellen** 15/6.1
**Stellung,** die, -en 20/4

***Stichwort,*** das, "-er/-e 5/3.3
**still** 24/4.5
**stimmen** 15/1.4
**Stock,** der, * 16/5
***stop*** 21/4.1
**Strand,** der, "-e 02/2.3
**Straße,** die, -n 16/1.1
**Straßenbahn,** die, -en 16/4.2
**Straßenbahnhaltestelle,** die, -n 03/3
***Straßenname,*** der, -n 16/1.1
**Strecke,** die, -n 21/3.7
***streichen,*** gestrichen 02/1
**Streichholz,** das, "-er 21/4.1
***Strophe,*** die, -n 9/3.1
**Strumpf,** der, "-e 11/1.1
**Stück,** das, -/-e 24/1.4
**studieren** 15/1.3
**Studium,** das, Studien 8/1.8
**Stufe,** die, -n 24/3.4
**Stuhl,** der, "-e 2/4.1
***Stuhlkreis,*** der, -e 9/1.5
**Stunde** ***(h, Std.),*** die, -n 15/3.10
***Stundenkilometer (km/h),*** der, * 21/1.2
**stürzen** 24/4.2
**suchen** 2/5.4
***süddeutsch*** 17/3.3
**Süden,** der, * 5/2.1
***südl. = südlich*** 01/4.2
***südlich*** 5/1.2
***Südosten,*** der, * 5/2.1
***südöstlich*** 5/2.1
***Südwesten,*** der, * 5/2.1
***südwestlich*** 5/2.1
**super,** *, * 12/4.3
***Superlativ,*** der, -e 21/4.2
**Supermarkt,** der, "-e 16/1.3
**Suppe,** die, -n 12/3.1
***surfen*** 23/1.3
**süß** 13/1.7
**Süßigkeit,** die, -en 18/2.1
***Symbol,*** das, -e 6/2.7
***systematisch*** 3/0
***Szene,*** die, -n 13/2.5

## T

***Tabelle,*** die, -n 2/1.1
**Tafel** (1), die, -n 10/2.9
**Tafel** (2), die, -n 12/1.3
**Tag,** der,-e 1/1.4
***Tagesablauf,*** der, "-e 03/3
***täglich,*** *, * 20/3.3
**Tante,** die, -n 10/1.1
***Tante-Emma-Laden,*** der, "- 02/1
**Tanz,** der, "-e 23/2.1
**tanzen** 22/2.2
**Tasche,** die, -n 11/2.1
**Taschenrechner,** der, - 14/1.3
***tauschen*** 10/2.4
**Technik,** die, -en 2/1.1
***Technikerin,*** die, -nen 3/4.3
***Techno,*** der/das, * 19/2.1
***Techno-CD,*** die, -s 19/5.1
**Tee,** der, -s 8/3.1
**Teil,** der, -e 10/1.3
**teilen** 02/5.1
**Teilnehmerliste,** die, -n 1/1.2
**Telefon (Tel.),** das, -e 01/1
***Telefonauskunft,*** die, "-e 6/2.1
**Telefonbuch,** das, "-er 6/2.3
***Telefongespräch,*** das, -e 6/0
**telefonieren** 9/3.2
***Telefonkette,*** die, -n 6/2.6
**Telefonnummer,** die, -n 4/2.4
**Telefonzelle,** die, -n 16/1.1
***Telekommunikation,*** die, -en 2/3
**Teller,** der, - 24/1.4
**Temperatur,** die, -en 21/1.3
**Tennis,** das, * 22/2.2
**Tennismatch,** das, -s 21/5.1
***Tennisplatz,*** der, "-e 22/6.5
***Tennisspieler,*** der, - 5/5.1
***Tennisspielerin,*** die, -nen 01/4.2
**Termin,** der, -e 15/3.5
***Tesafilm,*** der, * 14/1.3
**Test,** der, -s 14/5.6
***testen*** 11/2.2
**teuer** 7/3.3
**Text,** der, -e 3/1.1
**Theater,** das, - 6/2.7
***Theaterveranstaltung,*** die, -en 17/3.4
***Theatervorstellung,*** die, -en 22/6.5
**Thema,** das, -en 2/1.2
***These,*** die, -n 20/5.6
**tief** 21/1.4
***Tiefe,*** die, -n 21/1.4
**Tier,** das, -e 21/3.8
***Tierarzt,*** der, "-e 21/3.8
**Tisch,** der, -e 7/3.5
***Tischtennis,*** das, * 02/3
***tja*** 15/3.10
**Tochter,** die, "- 10/1.1
**Tod,** der, -e 17/5.1
**Toilette,** die, -n 16/5.1
**toll** 8/2.5
**Tomate,** die, -n 12/2.1
***Tomatensuppe,*** die, -n 14/3.3
***Ton,*** der, "-e 18/2.4
***Top-Sandwich,*** das, -s 8/4.3
***Tor,*** das, -e 5/6.1
**tot** 15/1.1
***total*** 5/6.1
***Tourenrad,*** das, "-er 21/3.3
***Tourismus,*** der, * 20/1.1
**Tourist,** der, -en 2/3
***Touristenattraktion,*** die, -en 5/6.2
***Touristeninformation,*** die, -en 16/1.1
**tragen,** getragen 24/2.6
***tragisch*** 03/5.2
***Tratsch,*** der, * 24/3.1
**Traube,** die, -n 12/2.3
**Traum,** der, "-e 02/2.3
**träumen** 02/2.3
***Traumfrau,*** die, -en 14/6.4
**traurig** 14/6.5
**treffen,** getroffen 8/1.4
**treiben,** getrieben 22/1.4
**trennbar** 9/5
**Treppe,** die, -n 16/5.1
***Triathlon,*** das, -s 23/2.1
**trinken,** getrunken 8/1.4
**Trinkgeld,** das, -er 8/4.4
***Tschechisch,*** das, * 5/2.1
**tschüs** 8/1.4
**Tuch,** das, "-er 10/2.9
**tun,** getan 6/2.3
**Tür,** die, -en 18/3.2
***Turm,*** der, "-e 11/2.2
***Turnen,*** das, * 23/1.1
***Turnverein,*** der, -e 23/1.7

## U

**U-Bahn,** die, -en 16/4.2
**üben** 1/2.4
**über** (1) 10/1.1
**über** (2) 10/2.6
***überhaupt*** 20/2.1
**übernachten** 19/4.4
**Überschrift,** die, -en 03/8.1
**übersetzen** 21/3.10
**Übersicht,** die, -en 22/7.3
**übersteh(e)n,** überstanden 01/7
**übertreiben,** übertrieben 24/3.5
**übrigens** 15/3.10
**Übung,** die, -en 2/6.4
**Uhr,** die, -en 9/1.1

*Uhrzeit,* die, -en 9/1
**um** (1) 5/1.1
**um** (2) 8/3.3
*Umfrage,* die, -n 5/2.2
*Umgangsform,* die, -en 14/6.1
*Umgangssprache,* die, -n 9/1.4
*umgangssprachlich* 9/1.6
*Umlaut,* der, -e 7/2.2
*umschauen (sich)* 02/2.3
**Umweltschutz,** der, * 23/6.3
*unbedingt* 8/2.5
*unbekannt* 20/1.1
*unbestimmt* 7/3
**und** 1/1.1
*Unfähigkeit,* die, * 19/4.3
**Unfall,** der, "-e 24/3
*unfreundlich* 6/3.3
**ungefähr** 22/1.2
*ungewöhnlich* 22/3.1
*unglaublich* 24/3
*unglücklich* 19/2.1
*Union,* die, -en 22/7.1
**Universität,** die, -en 5/6.1
*Universitätsstadt,* die, "-e 5/6.1
*Unmöglichkeit,* die, -en 19/4.3
**unregelmäßig** 5/4.3
**unten** 4/1.1
**unter** 10/2.9
*Untergeschoss,* das, -e 19/2.1
**unterhalten (sich)** 23/4.3
**Unterricht,** der, -e 2/7
*Unterrichtsmaterial,* das, -ien 14/1.3
*Unterrichtsstunde,* die, -n 9/4.4
**Unterschied,** der, -e 14/3.1
**unterstreichen,** unterstrichen 1/1.4
**unterwegs** 5/0
**Urlaub,** der, -e 3/4.3
**Urlaubsreise,** die, -n 03/8.1
**usw. = und so weiter** 02/1

## V

*Variation,* die, -en 23/4.2
*variieren* 4/2.3
**Vater,** der, "- 10/1.1
*Vati,* der, -s 13/1.2
**verabreden** 6/2.6
*Verabredung,* die, -en 9/0
*Verabschiedung,* die, -en 01/1
**Veranstaltung,** die, -en 17/3.4
*Veranstaltungshinweis,* der, -e 17/3.1
*Veranstaltungskalender,* der, - 17/3
**Verb,** das, -en 2/2
*Verbform,* die, -en 5/4.1
**verbinden,** verbunden 2/4.2
**Verbot,** das, -e 19/4.1
*Verbstamm,* der, "-e 15/3.2
**verdienen** 21/3.5
**Vergangenheit,** die, -en 15/2
*Vergangenheitsform,* die, -en 15/2.2
**vergessen,** vergessen 14/3.3
**Vergleich,** der, -e 21/3.8
**vergleichen,** verglichen 6/4.3
*Vergleichssatz,* der, "-e 12/4.2
*Vergnügungsviertel,* das, - 5/6.1
**verh. = verheiratet** 15/1.1
**verheiratet (verh.),** *, * 5/1.2
*Verkäufer,* der, - 12/2.2
*Verkäuferin,* die, -nen 15/1.3
**verlassen,** verlassen 15/7.2
**verlieren,** verloren 02/1
*vermischen* 24/2.4
**vermuten** 21/1.1
*Vermutung,* die, -en 18/2.4
*verneinen* 7/3.7
*Verneinung,* die, -en 6/4
**verrückt** 23/1.4
*verschicken* 19/3
**verschieden** 8/3.1
*verschossen* 01/7
*Verständigung,* die, -en 14/1
*verstecken* 02/5.3
**verstehen,** verstanden 1/2.1
**versuchen** 11/4.2
*verteilen* 18/2.3
*vertikal* 02/5.3
*Vertreter,* der, - 02/7
**verw. = verwitwet** 15/1.1
*verwählen (sich)* 6/3.4
**Verwandte,** der/die, -n 5/1.2
*Verwandtschaft,* die, -en 10/0
*Verwandtschaftsbezeichnung,* die, -en 10/1.2
**verwenden** 15/2.1
**verwitwet (verw.),** *, * 15/1.1
**Verzeihung,** die, * 14/4.3
**Video,** das, * 18/2.4
**Videofilm,** der, -e 18/2.4
**Videokassette,** die, -n 18/2.4
**viel,** mehr, am meisten 3/4.1
**vielleicht** 8/1.4
*Viertel,* das, - 9/1.4
*violett* 11/1
*Violinkonzert,* das, -e 19/2.1
*Vokal,* der, -e 1/4.1
*Vokalwechsel,* der, - 24/2.1
**Volkshochschule,** die, -n 20/1
*Volkslied,* das, -er 11/4
*Volksmusik,* die, -en 20/2.1
*Volleyball,* der, * 2/3
*vollständig* 14/2.2
**vom (= von dem)** 3/5.2
**von** 2/5.4
**vor** 5/1.1
**vorbei** 16/3.3
**vorbeigehen,** vorbeigegangen 16/4.2
**vorbeikommen,** vorbeigekommen 9/4.4
**vorbereiten** 03/4.3
*Vorbereitung,* die, -en 20/1.1
*Vorderseite,* die, -n 23/5.4
*vorgeben,* vorgegeben 19/5.1
**vorher** 22/6.5
**vorkommen,** vorgekommen 16/3.4
**vorlesen,** vorgelesen 1/1.3
**vorn(e)** 10/1.1
**Vorname,** der, -n 10/1.1
**Vorschlag,** der, "-e 13/1.8
**vorschlagen,** vorgeschlagen 19/1.4
*Vorspeise,* die, -n 02/4.1
**vorspielen** 03/5.3
**vorstellen** 1/1.1
**Vorwahl,** die, -en 6/2.1

## W

**wach** 02/2.3
**wählen** 22/2.3
*Wahn,* der, * 01/7
**wahr** 24/3
**Wahrheit,** die, -en 22/5.5
**Wald,** der, "-er 23/4.4
**Wand,** die, "-e 02/2.3
**wandern** 3/4.3
**wann** 9/1.4
*Wanze,* die, -n 03/6.1
**warm, wärmer, am wärmsten** 21/1.4
**warten** 6/2.2
**warum** 01/7
**was** (1) 1/2.1
**was** (2) **= etwas** 8/3.3
*was für …* 15/7.1
**waschen,** gewaschen 24/5.4
**Wasser,** das, - 24/2.4
**Wecker,** der, - 24/5.4
**weg** 14/5.5
**Weg,** der, -e 15/3.10

***Wegbeschreibung,*** die, -en 16/1.3

**wẹgdrehen** 02/2.3

**wẹgfahren,** wẹggefahren 9/4.4

**wẹgfallen,** wẹggefallen 02/2.5

**wẹggehen,** wẹggegangen 24/5.4

***Wegkarte,*** die, -n 16/2.2

**wẹglegen** 23/7.3

***wẹgschicken*** 19/5.2

**Weihnachten,** das, - 17/5.3

***Weihnachtsgeschenk,*** das, -e 19/5.2

***Weihnachtskonzert,*** das, -e 17/2.3

**weil** 11/4

**Wein,** der, -e 8/3.1

**weiß** 8/3.1

***Weißwein,*** der, -e 02/4.1

**weit** 02/2.3

**weiter** 1/1.3

**weitere** *Pl.* 2/5.4

**weiterfahren,** weitergefahren 19/4.4

***weiterflüstern*** 03/5.1

**weiterfragen** 02/3

**weitergeben,** weitergegeben 6/2.6

**weitergehen,** weitergegangen 4/1.5

**weiterschreiben,** weitergeschrieben 10/2.3

**weiterzählen** 4/1.4

**wẹlcher, wẹlches, wẹlche** 2/2.4

**Wẹlt,** die, -en 5/6.1

***Wẹltgeschichte,*** die, * 15/5.3

**Wẹltkrieg,** der, -e 5/6.1

***Wẹltwissen,*** das, * 11/2.2

**wenig** 10/3.2

**wẹnn** 21/4.1

**wer** 1/1.2

**wẹrden,** gewọrden 13/2.1

**wẹrfen,** gewọrfen 21/4.1

**Wẹst,** *, * 03/8.1

**Wẹsten,** der, * 5/2.1

***Wẹstern,*** der, - 20/3.1

***wẹstlich*** 5/1.2

***Wẹttbewerb,*** der, -e 21/4.1

**Wẹtter,** das, - 17/1.3

***Wẹttervorhersage,*** die, -n 6/2.7

***W-Frage,*** die, -n 20/4.1

**wịchtig** 12/2.4

**widersprẹchen,** widersprọchen 18/4.3

**wie** (1) 1/1.3

**wie** (2) 11/3.1

**wieder** 8/1.4

**wiederholen** 2/7.3

***Wiederholung,*** die, -en 2/6.2

***Wiederholungsspiel,*** das, -e 02/1

***Wiederhören,*** das, * 6/3.1

**wieder seh(e)n,** wieder geseh(e)n 01/7

**Wiedersehen,** das, - 8/1.4

**wiegen,** gewogen 19/3.2

***wieso*** 19/1.5

**wie viel** 8/4.1

***wievielte, wievielte, wievielte*** 17/2.3

***wịld*** 17/3.3

***Wịndsurfing,*** das, * 23/1.3

**Wịnter,** der, - 17/1

**wịrklich** 12/2.2

***Wịsch,*** der, -e 02/2.3

**wịssen,** gewụsst 01/7

**wo** 1/2

**Wọche,** die, -n 3/4.3

**Wọchenende,** das, -n 9/5.3

***Wọchenkalender,*** der, - 22/4.5

***Wọchentag,*** der, -e 9/3.2

**wofür** 23/6.1

**woher** 1/2

**wohịn** 5/2.3

**wohl** 6/3.4

***Wohlstand,*** der, * 17/4.1

**wohnen** 1/2

**Wohnort,** der, -e 5/5.4

**Wohnung,** die -en 9/4.1

***Wọlf,*** der, "-e 21/3.9

**wọllen,** gewọllt 01/7.1

***worạn*** 23/5.1

***worauf*** 23/6.1

**Wọrt,** das, "-er/-e 1/1.4

**Wọrtakzent,** der, -e 1/4

**Wọrtart,** die, -en 2/2

**Wö̩rterbuch,** das, "-er 2/4.1

***Wö̩rterbuchausschnitt,*** der, -e 23/5.1

***Wö̩rterkärtchen,*** das, - 2/6.3

***Wö̩rterlernen,*** das, * 02/5.5

***Wö̩rterliste,*** die, -n 2/5.4

***Wö̩rternetz,*** das, -e 12/5.2

***Wọrtfeld,*** das, -er 23/1.1

***Wọrtgruppe,*** die, -n 5/3.1

***Wọrtkarte,*** die, -n 2/6.1

***Wọrtreihe,*** die, -n 01/2.2

***Wọrtschatz,*** der, "-e 2/6.2

***Wọrtschatzfeld,*** das, -er 03/2

***Wọrtschatzkarte,*** die, -n 03/2

***worüber*** 23/6

**Wụnsch,** der, "- 8/3.3

**wü̩nschen** 6/2.2

***Wụnschwoche,*** die, -n 22/4.5

**Wü̩rfel,** der, - 8/2.6

**wü̩rfeln** 8/2.6

***Wü̩rfelspiel,*** das, -e 8/2.6

***Wü̩rfelzahl,*** die, -en 02/1

***Wụrstsalat,*** der, -e 13/1.5

**wütend** 18/3.2

## Z

*z.B. = zum Beispiel* 01/1

**Zahl,** die, -en 4/0

**zahlen** 8/4.3

**zählen** 10/1.2

***Zahlenlotto,*** das, -s 6/2.7

***Zahlenreihe,*** die, -n 4/1.5

***Zahlenwettkampf,*** der, "-e 4/3.1

***Zahlwort,*** das, "-er 10/3.2

**Zahn,** der, "-e 24/5.4

***Zahnbürste,*** die, -n 19/1.1

***Zehntel,*** das, - 22/1.3

**zeichnen** 13/2.3

***Zeichnung,*** die, -en 1/1.2

**zeigen** 2/5.2

**Zeit,** die, -en 7/1.1

***Zeitangabe,*** die, -n 9/1.4

***Zeitansage,*** die, -n 6/2.7

***Zeitform,*** die, -en 15/2.1

**Zeitschrift,** die, -en 2/3.1

**Zeitung,** die, -en 2/3.1

***Zeitungsartikel,*** der, - 12/3.3

***Zeitungsausschnitt,*** der, -e 9/1.3

***Zeitungsbericht,*** der, -e 22/1

***Zeitungsnotiz,*** die, -en 20/3.1

***Zeitungsreportage,*** die, -n 10/3.2

**Zentimeter** *(cm),* der, - 21/1.2

***Zentrale,*** die, -n 6/2.3

**Zẹntrum,** das, Zẹntren 16/3.1

***Zerstörung,*** die, -en 5/6.1

***Zertifikatskurs,*** der, -e 9/1.4

**Zẹttel,** der, - 8/2.6

***Ziegel,*** der, - 16/3.4

**ziehen,** gezogen 02/1

***Ziehung,*** die, -en 4/3.2

**Ziel,** das, -e 22/6.1

***Zielkarte,*** die, -n 16/2.2

***Zịffer,*** die, -n 4/1.3

***Zikade,*** die, -n 21/5.1

**Zịmmer,** das, - 18/3.2

***Zọllerklärung,*** die, -en 19/3.2

**Zọrn,** der, * 11/3.1

**zu** (1) 2/1.2

**zu** (2) **5/1.1**
**zu** (3) **9/2.3**
***zu Hause*** **14/3.3**
***zudecken*** **13/1.6**
**zuerst** **4/3.1**
***Zufriedenheit,*** die, * **17/5.2**
**Zug,** der, "-e **21/3.3**
**zuhören** **6/4.1**
**Zukunft,** die, "-e **17/5.3**
**zum (zu dem)** **12/5.2**
***zuordnen*** **4/1.1**
**zur (zu der)** **4/2.2**
**zurück** **8/4.3**
**zurückfragen** **8/1.2**
**zurückkommen,** zurückgekommen **9/4.4**
**zurückmüssen,** zurückgemusst **02/1**
**zurückschauen** **14/6.5**
***zusagen*** **9/6**
**zusammen** **8/4.3**
**zusammenfassen** **20/5.5**
***Zusammenfassung,*** die, -en **15/3.9**
***zusammengehören*** **1/2.4**
***zusammengesetzt,*** *, * **16/3.4**
***zusammenpassen*** **9/2.4**
***zusammen sein,*** zusammen gewesen **15/4.1**
***zustimmen*** **20/5.6**
***zuwerfen,*** zugeworfen **7/2.3**
**Zwiebel,** die, -n **12/1.3**
**zwischen** **5/1.2**

## HÖRTEXTE

........ *Hier finden Sie alle Hörtexte, die nicht oder nicht komplett im Buch abgedruckt sind.*

# EINHEIT 1: DER KURS BEGINNT

## 1 Im Kurs

1.2 Bärbel Müller: Guten Abend. Mein Name ist Müller, Bärbel Müller. Ich bin Ihre Kursleiterin im Anfängerkurs. Ich lese zuerst die Teilnehmerliste vor. Also, Zạwadska, Sandra.
Sandra Zawadska: Zawạdska, Sandra Zawạdska.
Bärbel Müller: Ah ja, Entschuldigung, Frau Zawạdska. Dann Mịller, Tọm.
Tom Miller: Yes, that's me! Ähm – guten Abend.
Bärbel Müller: Askạri, Hạssan.
Hassan Askari: Ja, aber ich heiße, Ạskari, Hạssan Ạskari.
Bärbel Müller: Gut, Herr Ạskari – dann weiter haben wir hier Claudi̱ne und Berna̱rd Chaptạl.
Claudine + Bernard Chaptal: Bon soir! Guten Abend.
Bärbel Müller: Guten Abend – dann Fabia̱ne Bu̱arque.
Fabiane Buarque: Boa noite – äh – guten Abend, bitte Bua̱rque.
Bärbel Müller: Sehr schön. Herr Mariotta, Giovạnni Mariọtta.
Giovanni Mariotta: Richtig: Mariọtta.
Bärbel Müller: Wer fehlt auf meiner Liste?

## 2 Woher kommen Sie? Wo wohnen Sie?

2.5 1. – Frau Nyström, woher kommen Sie?
+ Ich komme aus Schweden.
2. – Wie heißen Sie?
+ Ich heiße Askari, Hassan Askari.
3. – Und wo wohnen Sie?
+ In Kairo.
4. – Wie heißen Sie?
+ Wir heißen Claudine und Bernard.
5. – Mein Name ist Giovanni Mariotta. Ich wohne jetzt in Mannheim.
6. – Ich komme aus São Paulo und Sie, Herr Mariotta?
+ Ich komme aus Varese. Ich wohne in Mannheim.

2.6 1. – Woher kommen Sie?
+ Aus Frankreich.
2. – Wie heißen Sie?
+ Chaptal.
3. – Wo wohnen Sie?
+ In Seckenheim.
4. – Wo wohnen Sie jetzt?
+ Ich wohne jetzt in Seckenheim.
5. – Wie heißen Sie?
+ Buarque.
6. – Woher kommen Sie?
+ Aus Brasilien.

## EINHEIT 2: WÖRTER LERNEN UND BEHALTEN

### 7 Kommunikation im Unterricht

7.3
1. Wiederholen Sie das bitte.
2. Sprechen Sie bitte langsamer.
3. Ich habe das nicht verstanden.
4. Lesen Sie bitte den Dialog zu zweit.
5. Ergänzen Sie bitte die Sätze.
6. Lesen Sie bitte den Text.
7. Was heißt „caderno“ auf Deutsch?
8. Machen Sie bitte eine Tabelle im Heft.

## EINHEIT 3: SYSTEMATISCH GRAMMATIK LERNEN

### 2 Verben und Personen

2.2
a Ich wohne jetzt in Dresden.
b Claudine und Bernard sprechen Französisch.
c Wir kommen aus Wien.
d Ich komme aus Ägypten.
e Wohnen Sie in Mannheim, Frau Buarque?
f Ich höre die Kassette.
g Wir sprechen Deutsch.
h Herr und Frau Mariotta kommen aus Italien.

### 3 Fragen

3.4
1. Wie heißen Sie?
2. Arbeiten Sie bei Siemens?
3. Woher kommen Sie?
4. Lernen Sie Deutsch?
5. Wo wohnen Sie?
6. Sprechen Sie Italienisch?

## 4 Verben und Ergänzungen

4.4
1. – Wie heißen Sie?
   + Ich heiße Vogel.
2. – Woher kommen Sie?
   + Aus München.
3. – Wo arbeiten Sie?
   + Bei BMW.
4. – Wo wohnen Sie?
   + Ich wohne in Wien.
5. – Sprechen Sie Deutsch?
   + Ja, ich spreche Deutsch.
6. – Sprechen Sie Portugiesisch?
   + Nein, wir sprechen Deutsch.
7. – Kommen Sie aus Bern?
   + Nein, ich komme nicht aus Bern, ich komme aus Berlin.

# EINHEIT 4: ZAHLEN

## 1 Zahlen 0–29

1.3 1, 2, 3, 5, 7, 9, 4, 6, 8, 10, 11, 12, 13, 15, 17, 19, 20, 21, 22, 24, 26, 28, 29

## 2 Zahlen 30–1000

2.4
1. Die gewünschte Rufnummer lautet 7 0 8 7 5 4 3 8.
2. Peter hat die Nummer 54 73 67 9.
3. Die Nummer von Frau Moll? Das ist 0 7 2 1 89 12 45.
4. Diese Rufnummer wurde geändert. Die neue Nummer lautet 34 22 12.
5. Unser Fax hat die Nummer 1 4 0 55 90.
6. Den Notruf erreichen Sie unter 1 1 0.

## 3 Intonation: Zahlen schnell sprechen

3.2 Ziehung 1:
… und nun die Lottozahlen: 8, 18, 27, 36, 43, 47 – Zusatzzahl 9.
Diese Angaben erfolgen wie immer ohne Gewähr. Und nun zum Wetter …

Ziehung 2:
… und nun die Lottozahlen: 7, 9, 13, 17, 23, 31 – Zusatzzahl 43.
Diese Angaben erfolgen wie immer ohne Gewähr. Und nun zum Wetter …

Ziehung 3:
… und nun die Lottozahlen: 6, 10, 11, 20, 32, 44 – Zusatzzahl 8.
Diese Angaben erfolgen wie immer ohne Gewähr. Und nun zum Wetter …

Ziehung 4:
… und nun die Lottozahlen: 22, 25, 28, 34, 46, 48 – Zusatzzahl 4.
Diese Angaben erfolgen wie immer ohne Gewähr. Und nun zum Wetter …

## EINHEIT 5: UNTERWEGS

### 1 Texte erschließen

1.6 Herr und Frau Engel kommen aus Karlsruhe. Das liegt 130 Kilometer südlich von Frankfurt. Sie fahren nach Italien. Sie haben dort ein Ferienhaus. Die Engels haben einen Sohn, Dirk. Er ist 13 und lernt Englisch und Französisch in der Schule. Frau Engel spricht Englisch und etwas Italienisch. Herr Engel spricht nur Englisch.
Herr Engel arbeitet bei Mercedes Benz in Mannheim. Frau Engel ist Lehrerin. Sie unterrichtet Englisch und Deutsch.

Renate Nieber wohnt in Weimar, das liegt in Thüringen zwischen Erfurt und Jena. Renate und ihr Freund Stefan Freiger fahren zusammen nach Grenoble Skifahren. Renate und Stefan haben zehn Tage Urlaub. Stefan spricht ein bisschen Französisch. Renate spricht nur Deutsch.
Renate und Stefan arbeiten bei Opel in Eisenach. Sie ist Programmiererin und er Controller.

Jeff Johnson ist 28 Jahre alt. Er ist aus Canterbury. Das liegt 50 Kilometer südlich von London. Jeff spricht etwas Deutsch. Er arbeitet jetzt bei einer Bank in Frankfurt. Er fährt drei Tage nach Kopenhagen in Dänemark.
Jeff Johnson hat ein Hobby: Fahrrad fahren. Er hat ein Mountainbike und ein Rennrad.

Giuseppe Roca wohnt in Mainz. Das liegt westlich von Frankfurt. Er ist Italiener, 33 Jahre alt. Er ist aus Venedig. Er spricht fließend Deutsch und Italienisch. Er versteht Spanisch und Französisch. Seine Freundin Susanne Nentwich spricht ein bisschen Italienisch. Sie sind nicht verheiratet, aber sie haben ein Baby, ein Mädchen. Anita ist drei Monate alt. Sie fahren 14 Tage nach Tschechien, nach Prag. Susanne hat dort Verwandte.
Susanne ist Sekretärin in einer großen Schule. Giuseppe ist Elektrotechniker. Er arbeitet bei der Telekom in Mainz.

## EINHEIT 6: TELEFONGESPRÄCHE

### 1 Wie schreibt man das? – Das Alphabet

1.2 1. Zawadska; 2. Chaptal; 3. Nyström; 4. hören; 5. sprechen; 6. heißen

1.3 1. LERNIB, 2. GURBZALS, 3. WEIN, 4. MEINHAMN, 5. CHRIZÜ, 6. SELBA, 7. KURTFRANF, 8. HERUSLARK

### 2 Wie ist die Telefonnummer von ...?

2.3 Automat: Auskunft Kaiserslautern, bitte warten Sie! Platz 25.
Auskunft: Guten Morgen!
Frau Chaptal: Guten Morgen! Wie ist die Nummer vom Goethe-Institut, bitte?
Auskunft: In welcher Stadt?
Frau Chaptal: Ich hätte gern die Nummer von der Zentrale in München.
Automat: Die gewünschte Rufnummer lautet 15 92 11. Die Ortsnetzkennzahl lautet 089.
Ich wiederhole: Die gewünschte Rufnummer lautet 15 92 11.

- Entschuldigung, haben Sie die Nummer von Frau Großmann?
+ Nein, tut mit leid, die habe ich auch nicht. Aber ich schaue im Telefonbuch nach … Großmann, schreibt man das mit s oder mit ß?
- Mit ß.
+ Hier habe ich sie, Clara Großmann, Blumenstraße 36. Ist sie das?
- Ich glaube, ja.
+ Sie hat die Nummer 18 23 47.
- Danke schön.

2.4 Automat: Auskunft Kaiserslautern, bitte warten Sie! Platz 25.
Auskunft: Guten Morgen!
Herr Askari: Guten Morgen! Wie ist die Telefonnummer von Eva Nyström, in Mannheim, bitte?
Auskunft: Nyström, wie schreibt man das? Mit y?
Herr Askari: Ja, mit y, N y s t r ö m.
Automat: Die gewünschte Rufnummer lautet 81 76 98. Die Vorwahl lautet 0621.

## 3 Falsch verbunden

3.5
- Mollemann.
+ Hallo, Lisa, hier ist Henrike. Du, Lisa, mir ist was Blödes passiert, ich hab die Teilnehmerliste von meinem Anfängerkurs verloren und muss jetzt einige Schüler dringend anrufen. Hast du vielleicht eine Kopie von der Liste?
- Ja, ich glaub schon. Wart mal 'nen Moment … So, da ist sie. Was brauchst du?
+ Also, Frau Ösoglu.
- Öso…, buchstabier das mal, bitte.
+ Ö s o g l u.
- Ja, hier 345 687 9, brauchst du auch die Vorwahl?
+ Nein, ist schon klar. Das war 3 4 5 6 8 7 9, stimmt's?
- Ja. Wen brauchst du noch?
+ Ilona Gonzalez, Tom Pool, mit zwei „o", Brigitte Beaulieu, Olga Gerassimowa …
- Halt, langsam. Also Ilona Gonzalez, das ist 369 712 5, Tom Pool 567 321 0. Wer noch?
+ Brigitte Beaulieu, B e a u l i e u.
- Die hat die Nummer 645 923 0.
+ Und Olga Gerassimowa G e r a s s i m o w a.
- Ah, hier. Die Nummer ist 324 716 4.
+ Danke, ich wiederhol's noch mal. Gonzalez 3 6 9 7 1 2 5, Pool 5 6 7 3 2 1 0, Beaulieu 6 4 5 9 2 3 0, Gerassimowa 3 2 4 7 1 6 4.
- War's das?
+ Ja, das reicht erst mal. Kannst du mir morgen eine Kopie deiner Liste machen? Also, ich kann mir überhaupt nicht vorstellen, wo meine geblieben ist. Heute Mittag hab ich sie …

## 4 Verneinung mit *nicht*

4.1 Der Nein-Sager
Nein, ich heiße nicht Meier und ich komme nicht aus Deutschland. Ich bin nicht 33. Ich spreche nicht Französisch und auch nicht Englisch. Ich bin nicht verheiratet und ich arbeite nicht gern.

# EINHEIT 8: PLAUDEREIEN IM CAFÉ

## 4 Preise

4.5 **DIALOG 1**

- – Guten Tag, mein Name ist Hein, Gerold Hein, ich bin der Personalchef.
- \+ Guten Tag, Herr Hein.
- – Sind Sie Frau Frank?
- \+ Ja.
- – Wohnen Sie hier in der Stadt, Frau Frank?
- \+ Ja, aber ich bin aus Rostock.

**DIALOG 2**

- \+ Guten Tag, was möchten Sie bitte?
- – Ein Mineralwasser, bitte.
- \+ Möchten Sie auch etwas essen?
- – Äh, ja, ein Sandwich, bitte.
- \+ Danke.

# *Option* 1: WIEDERHOLUNG

## 4 Ein Diktat von der Kassette

4.1 Wer ist das? Sie ist eine Frau. Sie hat ein Kind. Es heißt Noah. Sie wohnt in München. Ihr Mann ist Tennisspieler. Er kommt aus Leimen. Das liegt südlich von Heidelberg.

# EINHEIT 9: VERABREDUNGEN UND EINLADUNGEN

## 1 Uhrzeiten

1.3 **DIALOG 1**

- – Kommt jemand mit ins Kino?
- \+ Was läuft denn heute Abend?
- – Moment mal … im Atlantis läuft „Die Ehe der Maria Braun“ und im Capitol „Das Piano“.
- Δ Wann beginnen denn die Filme?
- – „Das Piano“ beginnt um Punkt acht, „Die Ehe der Maria Braun“ um halb elf.
- \+ Gut. Gehen wir in „Das Piano“?
- – Einverstanden.
- Δ O.k.

**DIALOG 2**

- – Was läuft denn heute abend im Fernsehen? Vielleicht ein Krimi?
- \+ Mal sehen … ja, um Viertel nach acht läuft „Ein Fall für zwei“.
- – Der ist sicher spannend. Aber wann ist der Film zu Ende?
- \+ Um Viertel nach neun.
- – Gut, das geht. Ich stehe nämlich um halb sechs schon wieder auf …

**DIALOG 3**
- Kommt jemand mit ins Urfa?
+ Urfa? Was ist denn das?
- Das ist ein türkisches Restaurant. Man isst dort super!
Δ Gute Idee. Ich komme mit.
+ Aber ist das Restaurant heute offen?
- Ja, es ist von 17 Uhr bis fünf Uhr morgens geöffnet.
+ Prima.

1.7 1. – Entschuldigung, können Sie mir sagen, wie viel Uhr es ist?
Können Sie mir bitte sagen, wie viel Uhr es ist?
+ Klar. Es ist genau zwanzig Minuten nach vier.

2. Kuckucksuhr 3 Uhr.

3. Kirchturm 9 Uhr.

4. Beim nächsten Ton ist es sieben Uhr, vier Minuten und fünfundzwanzig Sekunden.

5. Achtung am Gleis 5! Intercity-Express „Senator“ aus Hamburg nach München, planmäßige Abfahrt 17 Uhr 26, wird heute voraussichtlich zehn Minuten später ankommen. Ich wiederhole: Intercity-Express „Senator“ aus Hamburg nach München, planmäßige Abfahrt 17 Uhr 26, wird heute voraussichtlich zehn Minuten später ankommen.

6. 14 Uhr 28, SDR 3, Radiodienst. Meldungen über Verkehrsstörungen liegen uns nicht vor.

7. Meine Damen und Herrn, ich sage Ihnen hier ganz offen, die Lage unserer Ökonomie ist ernst, aber nicht hoffnungslos. Es ist sozusagen fünf vor zwölf. Spät, aber noch ist es nicht zu spät. Fünf vor zwölf – wir haben nicht mehr viel Zeit, aber noch können wir …

8. – Sag mal, wann beginnt denn der Film heute Abend?
+ Äh, ich glaube um Viertel vor elf, ja, Viertel vor elf.

## 2 Zeitangaben machen

2.1 **DIALOG 1**
Frau Buarque: Guten Abend. Wie spät ist es denn?
Frau Chaptal: Genau Viertel vor sieben.

**DIALOG 2**
- Wann beginnen denn die Filme?
+ „Das Piano“ beginnt um Punkt acht, „Die Ehe der Maria Braun“ um halb elf.

**DIALOG 3**
- Mal sehen … ja, um Viertel nach acht läuft „Ein Fall für zwei“.
+ Der ist sicher spannend. Aber wann ist der Film zu Ende?
- Um Viertel nach neun.
+ Gut, das geht. Ich stehe nämlich um halb sechs schon wieder auf …

**DIALOG 4**
+ Aber ist das Restaurant heute offen?
- Ja, es ist von 17 Uhr bis fünf Uhr morgens geöffnet.
+ Prima.

2.3 Variante 1
+ Hallo, Doris, ich gehe heute Abend aus. Kommst du mit?
– Ja, gerne. Wann denn?
+ Um acht.
– Geht es auch etwas später?
+ Ja, um halb neun.
– Prima, ich komme.

Variante 2
+ Hallo, Doris, ich gehe heute Abend aus. Kommst du mit?
– Heute, das geht leider nicht.
+ Und morgen?
– Morgen ist o.k.
+ Gut, dann bis morgen.
– Alles klar. Tschüs!

Variante 3
+ Hallo Doris, ich gehe heute Abend aus. Kommst du mit?
– Wohin denn?
+ Zum Beispiel ins Kino.
– Was läuft denn?
+ „Die Farbe Rot" im Odeon um 21 Uhr.
– O.k. Also, bis später.

Variante 4
+ Hallo Doris, ich gehe heute Abend aus. Kommst du mit?
– Hm, um wie viel Uhr?
+ Um elf.
– Das ist zu spät.
+ Und um zehn?
– Gut, dann bis bald.

## 3 Die Woche

3.2 Lehrerin: Was macht ihr die Woche über? Zuerst Klaus, bitte.
Klaus: Ja, am Montag muss ich arbeiten. Am Dienstag telefoniere ich immer viel. Am Mittwoch gehe ich oft ins Theater. Am Donnerstag treffe ich meine Freundin und freitags lese ich den ganzen Tag. Samstag und Sonntag schreibe ich immer meine Briefe und schlafe lange oder bin mit meiner Freundin zusammen.
Lehrerin: Und du, Eva?
Eva: Ich arbeite nur Montag, Dienstag und Mittwoch. Am Mittwochabend gehe ich immer in die Disco. Am Donnerstag mache ich einen Englischkurs in der Volkshochschule und am Wochenende, das heißt Freitag, Samstag und Sonntag, lese ich viel und telefoniere mit meinem Freund. Die Hausaufgaben für den Englischkurs mache ich am Montagabend.
Lehrerin: Aha, und du, Marie?
Marie: Ich telefoniere auch viel, aber in der Firma, besonders am Montag. Am Montagabend gehe ich oft ins Kino. Am Dienstag und Mittwoch schreibe ich Briefe und lese Akten. Am Mittwoch gehe ich auch in die Disco. Am Donnerstag lerne ich Gitarre. Ich mache einen Kurs im Goethe-Institut. Samstag und Sonntag fahre ich zu meinem Freund.

## 4 Einladungen

4.2 Anruf 1

Hi, Kevin, hier spricht Petra. Ich habe am nächsten Mittwoch Geburtstag. Am Freitag mache ich eine Party! Hast du Lust? Wir fangen gegen halb neun an. Bring bitte die Gitarre mit! Ich rechne mit dir. Tschau!!

Anruf 2

Hier spricht Ulrich Greiner. Ich fahre heute weg und komme erst in zwei Wochen zurück. Der Gitarrenunterricht fällt also diese und nächste Woche aus.

Anruf 3

Guten Tag, Kevin. Hier spricht deine Mutter. Du bist ja wirklich nie zu Hause. Was machst du eigentlich den ganzen Tag? Papa und ich kommen am Sonntag zum Kaffee vorbei. Kuchen bringe ich mit. Warum rufst du nicht mal an?

Anruf 4

Hallo, Schatz, hier ist Erika. Ich bin jetzt in Köln. Du, der Urlaub war einfach spitze. Ich komme morgen zurück. Um elf Uhr bin ich da. Ich freu mich auf dich! Tschüs!

Anruf 5

Hallo! Äh – ich hab dir eine Notiz an die Tür geklebt. Mist. Jetzt bist du immer noch nicht zu Hause, also: Ich habe eine neue Wohnung. Ganz super! Die Adresse ist Schillerstraße 28. Und, äh, die Party ist am Samstag in einer Woche. Sie fängt um acht Uhr an – also 20 Uhr, nicht acht Uhr morgens. Und – äh – ich hasse Anrufbeantworter!! Tschüs. Ruf du doch mal an.

Anruf 6

Kevin, hier ist Bert. Ich komme morgen doch mit in die Disco. Wir treffen uns um elf vor dem „Cave", o.k.?

## 6 Einladungsdialoge

6.1 A

+ Hallo, Petra. Danke für die Einladung. Wann ist die Party?
– Am Freitagabend.
+ O.k., um wie viel Uhr?
– Um acht. Kommst du?
+ Ja klar, aber ich komme etwas später.
– Ja, gut. Tschüs, Kevin.

B

**DIALOG 1**

– Kommt Ihr am Wochenende mit?
+ Wohin?
– Nach Freiburg.
+ Ja gern. Wann fahren wir weg?
– Am Freitagnachmittag, um drei Uhr.
+ Und wann kommen wir zurück?
– Am Sonntagabend, um acht.
+ Wir rufen heute Abend noch an, o.k.?

**DIALOG 2**

– Hast du am Freitag Zeit?
+ Ja, warum?
– Kommst du mit ins Kino?
+ Um wie viel Uhr fängt der Film an?
– Erst um 22 Uhr.
+ Um 22 Uhr? Klar, das geht.

## EINHEIT 10: VERWANDTSCHAFT

### 2 Possessivbegleiter im Nominativ

2.6
1. Mein Bruder heißt Florian und meine Schwester Katharina.
2. Meine Schwester ist die Frau von Walter.
3. Wir sind drei Kinder. Unsere Großeltern heißen Hilde und Walter.
4. Seht mal, Kinder, das ist eure Großmutter.
5. Sie hat eine Tochter. Ihre Eltern heißen Hilde und Walter.
6. Ihr Schwager ist 80 Jahre alt.
7. Ihre Schwägerinnen heißen Liesel und Hilde.
8. Wir sind über 40 und unser Vater ist schon 80.

## EINHEIT 12: LEBENSMITTEL EINKAUFEN

### 2 Einkaufen

2.1
– Guten Tag.
+ Guten Tag. Sie wünschen?
– Ich hätte gern zwei Liter Milch.
+ Ja, noch etwas?
– Und ein Kilogramm Kartoffeln.
+ Tut mir leid, heute haben wir leider keine Kartoffeln.
– Hm, ja, geben Sie mir ein Kilo Broccoli.
+ Gut. Noch etwas?
– Ja, ich brauche noch Öl.
+ Wie viel?
– Ach, geben Sie mir gleich zwei Flaschen.
+ Olivenöl oder Sonnenblumenöl?
– Olivenöl, bitte. Und sechs Eier.
+ Gut. Ist das alles?
– Nein, ich brauche noch drei Tafeln Schokolade.
+ Welche Marke?
– „Milka“. Ach ja, und noch ein Pfund Kaffee.
+ Gerne.
– Das ist alles. Das heißt, geben Sie mir bitte noch zwei Beutel Chips.
Dann habe ich wirklich alles.

## 2 Die Bestellung

2.1 **DIALOG 1**

+ Ach, ich kann mich nicht entscheiden, was nimmst du?
– Ich weiß auch nicht, vielleicht die Gemüsepfanne.
△ So, was darf's denn sein?
+ Also ich, äh, also bringen Sie mir ein Rinderfiletsteak.
△ Mit Folienkartoffel oder Pommes frites?
+ Mit Folienkartoffel, bitte.
△ Und für den Herrn?
– Ich hätte gerne die Gemüsepfanne.
△ Ja, und was möchten Sie trinken?
+ Haben Sie einen trockenen Rotwein?
△ Wir haben einen Württemberger Trollinger. Nicht ganz trocken, aber er wird Ihnen schmecken.
+ Gut, den probier ich.
△ Und für Sie?
– Ein Pils vom Fass bitte.
+ Ach, und für mich noch ein Mineralwasser, bitte.
△ Also, das war ein Rinderfiletsteak, eine Gemüsepfanne, ein Trollinger, ein Pils und ein Mineralwasser, danke schön …

**DIALOG 2**

△ Was darf's sein?
+ Ich nehme das Rippchen mit Sauerkraut und Kartoffelpüree und ein Export.
– Haben Sie auch Hirn?
△ Nicht zum Essen! Nein, wir haben nur, was auf der Karte steht.
– Dann nehm ich den Parmaschinken und ein Glas trockenen Weißwein.
△ Wir haben den Varnhalter Riesling.
– Ja, danke!
△ Danke schön.

**DIALOG 3**

△ So, was darf ich Ihnen bringen?
+ Zuerst die Speisekarte bitte.
– Oh, Entschuldigung – so, hier ist die Speisekarte.

△ Haben Sie gewählt?
+ Ja, einmal Wiener Schnitzel mit Salat, einmal Schweizer Wurstsalat.
△ Und der junge Mann?
– Ich möchte ganz viel Pommes frites und viel Ketchup.
□ Nimm doch wenigstens noch eine Suppe.
– Ih, Suppe! Suppe find ich scheußlich!
+ Na, na!
△ Also nur Pommes frites? Das bekommst du! Kein Problem. Und zu trinken?
+ Für mich einen Weißwein, bitte, aber nicht zu trocken, und was trinkst du, Schatz?
□ Ein Mineralwasser, bitte.
– Und ich will ein großes Cola.
□ Bringen Sie bitte einen kleinen Apfelsaft für den Jungen.
– Ich will aber ein Cola, immer soll ich …

## EINHEIT 14: SPRACHE IM KURS

### 1 Verständigung im Unterricht

1.2 Situation 1
Können Sie bitte die Texte auf Seite 88 und 89 bis zum nächsten Mal noch einmal durchlesen und die neuen Wörter auf Wortkarten übertragen?

Situation 2
Im Deutschen steht das Verb immer auf Position 2. Nur in Entscheidungsfragen, die kein Fragewort haben und mit Ja oder Nein beantwortet werden können, steht das Verb am Anfang. Das Gleiche gilt für Imperativsätze.

Situation 3
+ Frau Brown, was sind Sie von Beruf, was arbeiten Sie?
– Äh, äh, how do you say "sales manager" in German?

Situation 4
+ Ich bin „Innenarchitektin".
– Innenarchitektin? Was …?

Situation 5
+ Schreiben Sie bitte: Mein Name ist Waldemar Buselmair.
– Waldemar Busel…? Buch…!

### 4 Um etwas bitten

4.1
1. Entschuldigung, haben Sie ein Blatt für mich?
2. Haben Sie vielleicht einen Bleistift für mich?
3. Hast du ein Taschentuch für mich?

4.2 **DIALOG 1**
– Entschuldigung, haben Sie ein Blatt Papier für mich?
+ Ja, klar. Hier, bitte.
– Vielen Dank.
+ Bitte.

**DIALOG 2**
+ Haben Sie vielleicht einen Bleistift für mich?
– Tut mir leid, ich habe nur noch den hier.
+ Macht nichts. Ich frage die Kursleiterin.

**DIALOG 3**
– Hatschi!
+ Gesundheit!
– Danke. Hast du ein Taschentuch für mich?
+ Leider nein, tut mir leid.

## 5 Daten der Geschichte: Berühmte Personen und historische Jahreszahlen

5.1 1. Er hat von 1889 bis 1977 gelebt. Er kommt aus London und hat viele Jahre in Amerika gelebt und in Los Angeles gearbeitet. Er war ein Clown, Filmstar und Regisseur. Um 1920 hat er seine ersten Filme gemacht. Er hat zweimal geheiratet. Er war klein. Die Leute haben viel über seine Filme gelacht. Später hatte er ein Haus in der Schweiz am Genfer See. Er hat dort viele Jahre gewohnt. Seine Tochter hat auch viele Filme in Europa und Amerika gemacht. Wie heißt der Mann?

2. Er war Deutscher. Er hat von 1844 bis 1929 gelebt. In Mannheim hat er gearbeitet. Er hat Maschinenbau studiert und war Ingenieur. Er hat das erste Auto in Deutschland gebaut. Er hatte mit dem Ingenieur Gottlieb Daimler zusammen eine Firma. Die Firma produziert heute noch Autos in Stuttgart. Die Autos haben ein Symbol und sind sehr teuer. Kennen Sie das Auto? Wie heißt der Mann?

3. Er war Österreicher. Er hat von 1756 bis 1791 gelebt. Seine Eltern haben in Salzburg gelebt. Seine Familie hat sich sehr für Musik interessiert. Mit sechs Jahren hat er schon komponiert und Klavier gespielt. Er hat die meiste Zeit in Wien gearbeitet und viele Opern geschrieben, zum Beispiel „Don Giovanni“ und „Die Hochzeit des Figaro“. Sinfonien hat er auch komponiert. Auch dieses Stück ist von ihm.

# *Option* **2**: WIEDERHOLUNG

## 6 Dialoge

6.2 **DIALOG 1**

– Hallo, Anja, wie geht's?
\+ Danke, gut, und dir?
– Super, danke! Was machst du heute Abend?
\+ Ich weiß noch nicht, und du?
– Ich gehe ins Konzert.
\+ Wer spielt?
– Rio Reiser.
\+ Super! Ich komme mit. Wann fängt das Konzert an?
– Um zehn.
\+ Zehn Uhr erst? Das ist zu spät! Ich muss morgen arbeiten.
– Ach komm ... das eine Mal geht das doch.
\+ Also o.k., ich komm mit.

**DIALOG 2**

– Möchten Sie etwas essen?
\+ Ja, ich hätte gerne einen Wurstsalat.
– Tut mir leid, Wurstsalat haben wir heute nicht.
\+ Mhm, also, was nehme ich dann? Äh, haben Sie Schnitzel mit Kartoffeln?
– Schnitzel ja, aber nur mit Pommes frites.
\+ Gut, dann nehme ich das.
– Und zu trinken?
\+ Einen Orangensaft bitte.
– Haben wir nicht.
\+ Haben Sie Mineralwasser?
– Ja, selbstverständlich.

## 2 Ordinalzahlen und Daten

2.5 **DIALOG 1**

- Margot, wann hast du Geburtstag?
+ Am 2. Mai.

**DIALOG 2**

- Wann ist der „Tag der Deutschen Einheit"?
+ Am 3. Oktober.

**DIALOG 3**

- Frau Müller, wann schreiben wir den Test?
+ Den Test, den Test, einen Moment ... ja, hier: am Dienstag, 30. November.

**DIALOG 4**

- Entschuldigen Sie, von wann bis wann sind die Semesterferien?
+ Also, das Wintersemester ist am 15. Februar zu Ende und das Sommersemester beginnt am 5. April.

2.6 1.

- Sagen Sie, wann kommt denn der nächste Bus?
+ Der Bus? Ach je, das dauert noch. Der kommt erst um halb vier.

2.

Guten Tag, meine Damen und Herren. Sie hören den Unterhaltungsdienst von Telekom Mannheim für Freitag, den 12. Januar, zusammengestellt von DT-Medien.
Kino Alhambra, 17 Uhr 30 „Der Engländer", 20 Uhr „Die Hochzeit"; Odeon, 22 Uhr 30 „Die letzte U-Bahn".

3.

- Also, wann gehst du endlich mit mir aus?
+ Das habe ich doch gesagt. Ich habe erst am 16. Juni wieder Zeit.
- Also am sechzehnten?
+ Gut.

4.

- Hallo, Peter, hier ist Karin. Sag mal, wann kommst du denn mal nach Salzburg?
+ Schon bald! In zwei Wochen, am 18.4., um drei Uhr bin ich da. Freust du dich?
- Na klar ...

5.

- Hallo, Hermann, wann ist deine Party?
+ Am 13.3., das ist ein Freitag. Kommst du?
- Was, am dreizehnten? Freitag, den dreizehnten? Ich komme nicht!

6.

- Ich habe gehört, Familie Müller fährt in den Urlaub.
+ Genau. Am Samstag fahren sie weg, das ist der dritte März und sie kommen erst in zwei Wochen zurück.
- Da sehen wir uns ihr Haus mal genau an, ha ha ha ...!

7.
- Wann heiratet deine Schwester?
+ Genau am 9.9.1999!
- Das ist ja toll!

8.
- Also dann, bis später. Wann rufst du an?
+ Ist zehn Uhr o.k.?
- Sagen wir, eine halbe Stunde später.
+ Alles klar.

9.
Es ist sechs Uhr. Heute ist Montag, der 23. Mai. Guten Morgen, meine Damen und Herren, vom Süddeutschen Rundfunk hören Sie Nachrichten.

## 3 Veranstaltungskalender

3.3 Die HR-3-Club-Discoparty. Am Mittwoch, den 14. Juni.
In Friedberg-Ockstadt auf dem Sportplatz. 75 Jahre SV Germania Ockstadt. Mit Peter Lack und Lars Kohrs. HR-3-Club-Discoparty am Mittwoch, den 14., in Ockstadt, ab 21 Uhr.

Elf Minuten vor zwölf und ich zoom jetzt mal eben schnell alles ran, was heute abend in Hessen los ist.
HR-3-Extratour, Hessen geht aus.
Die Tipps von Birgit Neitzert und da zunächst mal ein Termin für alle Ethnopop-Fans. Chamid Barudi ist in der Szene längst kein Unbekannter mehr. Anfang der Achtziger kam der Algerier nach Deutschland und wurde Frontmann der „Dissidenten". 1992 verließ er die Gruppe, um sich eigenen Projekten zu widmen. „City No Mad" heißt sein aktuelles Album und das präsentiert er heute abend livehaftig im Kreuzsaal in Fulda. Konzertbeginn 20 Uhr 30.
Solokarriere Nummer 2. Melissa Lu ist bei uns bekannt geworden als Sängerin der Band „Poems for Leila". Jetzt hat die Kalifornierin das erste eigene Album vorgelegt.
Heute abend kommt sie mit Band ins Frankfurter „Nachtleben". Einlass 20 Uhr.
Kabarett live heißt es heute abend wieder im Foyer des Hessischen Rundfunks. Die Gruppe „Weibermelange" stellt ihr aktuelles Programm vor. „Sex in der Wüste" ist der Titel und es wird ganz schön heiß hergehen. Beginn 20 Uhr.
Das Göttinger „Apex" lädt heute ein zu Wielands Weltmusikstunde. Multikulti ist angesagt. Es geht um Sauflieder aus aller Welt. Das ganze ab 20 Uhr 15.
Und schließlich noch ein Tipp für alle, die selbst aktiv werden wollen, vor allem musikalisch. Unter dem Motto „Wer will, wer mag?" ist in der „Goldenen Krone" in Darmstadt heute abend die Bühne wieder freigegeben. Los geht's um 22 Uhr.

## 4 Herzlichen Glückwunsch

4.1 Es ist sechs Uhr. Heute ist Montag, der 23. Mai. – Guten Morgen, meine Damen und Herren, vom Süddeutschen Rundfunk hören Sie Nachrichten.

- Ja, Beinder.
+ Guten Morgen, Petra. Hör mal zu – eins, zwei, eins, zwei, drei …
  Zum Geburtstag viel Glück,
  Zum Geburtstag viel Glück!
  Zum Geburtstag, liebe Petra,
  Zum Geburtstag viel Glück!
- Danke, vielen Dank, aber ich habe morgen Geburtstag! Mein Geburtstag ist morgen, nicht heute!

– Hallo?
+ Petra, bist du es?
– Ja, wer ist denn da?
+ Hör mal zu:
Viel Glück und viel Segen
Auf all deinen Wegen,
Gesundheit und Wohlstand
Sei auch mit dabei.
– Danke, vielen Dank! Ich sehe euch dann morgen …
+ Heute!!!
– O.k., o.k. heute abend, bei meiner Party.

## 5 Familienanzeigen

5.2 Alles Gute für Euch und das Baby!

Herzlichen Glückwunsch! Wir wünschen Euch viele glückliche Jahre zusammen!

Alles, alles Gute, vor allem Erfolg im Beruf, Gesundheit und Zufriedenheit!

Herzliches Beileid.

Jetzt beginnt für Euch ein neues Leben. Dazu wünschen wir viel Freude und gute Nerven.

# EINHEIT 18: AUFFORDERUNGEN, BITTEN, RATSCHLÄGE

## 2 Guter Rat ist teuer (Imperativ 2. Person Singular)

2.1
1. + Ich weiß die Regel nicht mehr.
   – Dann schlag doch im Lernerhandbuch nach.
2. + Ich esse so gern Süßigkeiten.
   – Iss lieber einen Apfel, das ist gesünder.
3. + Ich habe Durst.
   – Trink doch ein Mineralwasser.
4. + Ich habe Angst vor dem Test.
   – Du, dann lern doch mit uns zusammen.
5. + Ich bin immer müde.
   – Dann schlaf doch einmal aus.
6. + Pommes frites mag ich nicht.
   – Iss doch einen Salat.
7. + Was heißt „Liebe“ auf Polnisch?
   – Frag doch Sandra.
8. + Ich habe einen Bärenhunger.
   – Dann nimm doch ein Steak mit Pommes frites.
9. + Ich verstehe den Text nicht.
   – Markiere im Text zuerst alles, was du verstehst.
10. + Ich kann einfach die neuen Wörter nicht behalten.
    – Mach dir doch eine Lernkartei.

# EINHEIT 19: GESCHENKE

## 1 Was schenkt man, was schenkt man nicht?

1.4 + Sag mal, hast du schon ein Geburtstagsgeschenk für deinen Bruder gekauft?
– Nein, wieso? Er hat doch erst im November Geburtstag.
+ Schon, aber wir müssen das Geschenk ja in die USA schicken. Ein Päckchen dauert normal acht Wochen. Luftpost ist zu teuer!
– Stimmt, du hast Recht. Hast du eine Idee, was wir schenken können?
+ Vielleicht ein Buch, einen Fotoband?
– Hm …
+ Oder vielleicht einen Kalender. Ich habe bei „Prinz" tolle Kalender gesehen. Kunstkalender und Städtekalender.
– Gute Idee! Ich gehe da morgen mal hin. Die haben ja auch Bücher und CDs.

## 2 Dialoge im Medien-Kaufhaus

2.1 + Mein Sohn ist 14 und steht auf „Techno". Haben Sie da was?
– Hat er schon die neue CD von K2, „Der Berg ruft"?

+ Können Sie mir helfen? Ich suche ein Geschenk für einen 40-Jährigen. Er interessiert sich eigentlich nur für seinen Beruf.
– Wie wäre es mit einem Buch über Psychologie? Ich habe hier ein interessantes Buch, „Die Kunst, unglücklich zu sein".

+ Entschuldigung, kannst du mir helfen? Ich suche ein Buch für meine Freundin. Sie kocht gerne und sie interessiert sich für Asien.
– Gerade gestern haben wir dieses Kochbuch bekommen: „Die japanische Küche". Du kannst es gerne mal ansehen.

+ Meine Tochter interessiert sich für Fotografie.
– Dieser Fotoband hier ist sehr schön, aber etwas teuer.

+ Wo finde ich die Kalender, bitte?
– Kunstkalender? Im ersten Stock bei Kunst/Design.

+ Haben Sie auch Geschenkpapier?
– Die Geschenkpapier-Boutique finden Sie vor dem Ausgang links.

+ Mein Sohn ist Computer-Freak. Gibt es etwas Neues, was er sicher noch nicht hat? Es darf etwas mehr kosten.
– Computerprogramme und CD-ROMs haben wir im Untergeschoss. Sie können gleich hier die Rolltreppe benutzen.

+ Haben Sie auch Spielfilme auf Video?
– Ja, im zweiten Stock, gleich links neben der Rolltreppe.

+ Entschuldigung, ich suche etwas für eine 60-jährige Dame. Sie hört gern klassische Musik. Was können Sie mir denn da empfehlen?
– Da habe ich etwas für Sie: „Anne Sophie Mutter spielt Mozarts Violinkonzerte". Wie viel möchten Sie denn ausgeben?

+ Dürfen wir diese CD-ROM mal am Computer ausprobieren?
– Ja, klar dürft ihr das.

## 3 Ein Geschenk verschicken

3.1 + Ich möchte diese Pakete in die USA schicken. Kann ich sie bei Ihnen aufgeben?
– Ja. Das eine geht als Päckchen. Für das Paket brauchen Sie eine Paketkarte.
+ Was ist das?
– Ich gebe Ihnen eine. Die müssen Sie ausfüllen. Und Sie müssen noch eine Zollerklärung haben. Da schreiben Sie drauf, was in den Paketen drin ist.
+ Es sind nur Geschenke: ein Kalender, Bücher und CDs.
– Schreiben Sie das. Das reicht.

+ So. Ist das richtig?
– Nur Ihr Absender fehlt noch.
+ Ach ja. Danke.
– Also, das Paket wiegt 2,5 kg, das kostet 26,84 Euro. Das Päckchen wiegt 800 g, das kostet 7,67 Euro per Schiff oder per Luftpost 19,89 Euro.
+ Alles per Schiff bitte.

## 6 *Ja* oder *Doch*?

6.4
1. Kaufen Sie keine Geschenke zum Geburtstag?
2. Haben Sie ein Fahrrad?
3. Waren Sie noch nie im Konzert?
4. Lernen Sie nicht Deutsch?
5. Müssen Sie jeden Tag arbeiten?
6. Dürfen Sie am Wochenende nicht lange schlafen?
7. Können Sie Fahrrad fahren?
8. Sie mögen also keine Blumen?
9. Sie mögen deutsches Essen also nicht?
10. Finden Sie Jazzmusik gut?

# EINHEIT 20: GESCHMACKSSACHEN

## 1 Interview mit Frau Min

1.2 Interviewer: Frau Min, Sie leben jetzt schon zwei Jahre in Mannheim. Wie finden Sie das Leben hier?
Frau Min: Eigentlich ganz gut. Mannheim ist interessant. Man kann gut einkaufen. Es gibt schöne Parks und ein altes Schloss … Nur das Klima gefällt mir nicht so gut. Oft haben wir schlechte Luft, wegen der Industrie und der vielen Autos.
Interviewer: Was halten Sie von den „Mannemern", so heißen die Leute aus Mannheim im Dialekt?
Frau Min: Ich finde die meisten Menschen hier sehr freundlich und höflich.
Interviewer: Und haben Sie schon Probleme mit Rassismus oder Ausländerfeindlichkeit gehabt?
Frau Min: Nein, Gott sei Dank noch nicht und meine Kinder auch nicht. Aber ein Freund von mir hatte schon einmal ein Problem.
Interviewer: Was war da?
Frau Min: Ach, er kann nicht so gut Deutsch und da hat ein Mann zu ihm gesagt: „Lern doch Deutsch, Schlitzauge, wenn du in Deutschland lebst." Das war ganz schlimm für unseren Freund. Gerade weil er sich große Mühe gibt und am Goethe-Institut Deutsch lernt.
Interviewer: Haben Sie Probleme mit dem Dialekt hier?
Frau Min: Manchmal schon. Manche Leute verstehe ich ganz schlecht.
Interviewer: Sie sprechen Hochdeutsch mit etwas norddeutschem Akzent. Wie kommt das?
Frau Min: Ich bin seit fünf Jahren verheiratet und habe drei Jahre in Hannover gelebt. Mein Mann kommt aus Niedersachsen. Er arbeitet jetzt in Mannheim.
Interviewer: Arbeiten Sie auch? ▷

Frau Min: Ja, aber zu Hause. Das ist manchmal langweilig, aber ich habe zwei Kinder und das macht Spaß.
Interviewer: Was machen Sie in der Freizeit?
Frau Min: Im Winter fahren wir oft in die Berge. Der Schwarzwald ist ja ganz in der Nähe. Oder wir fahren nach Österreich. Die Alpen sind wirklich schön. Wir mögen den Schnee. Die ganze Familie fährt gern Ski. Besonders die Kinder finden das toll. Der Tourismus ist aber auch ein Problem. Zu viele Menschen, das mag ich nicht.
Interviewer: Und was machen Sie in der Woche so in Mannheim?
Frau Min: Ich habe zwei Kurse an der Volkshochschule, Französisch und Jazztanz. Ich mag Französisch, aber es ist nicht immer leicht für mich. Ich habe jetzt zwei Semester Unterricht gehabt.
Interviewer: Was ist nicht leicht für Sie?
Frau Min: Na ja, die Grammatik ist schwer, aber die Dialogspiele machen Spaß und der Unterricht ist nie langweilig.
Interviewer: Und das Tanzen?
Frau Min: Ja, das ist mein Hobby! Ich liebe Musik und die Musik beim Jazztanz finde ich einfach toll. Und es ist gut für die Figur. Auch die anderen Kursteilnehmerinnen finde ich sehr nett. Die Atmosphäre ist hier gut.
Interviewer: Frau Min, vielen Dank für das Gespräch.

# EINHEIT 22: FREIZEIT UND FERIEN

## 1 Ein Zeitungsbericht über Freizeitbeschäftigungen in Österreich

1.8 **Die Freizeit der Österreicher**
Am liebsten treiben die Österreicher Sport, z.B. Schwimmen oder auch Skifahren. Manche interessieren sich auch für Musik oder sie gehen ins Theater. Am liebsten gehen die Österreicher und Österreicherinnen ins Kino. Bücher lesen nur wenige gerne, aber fast jeder liest Zeitung. Viele haben eine Tageszeitung und eine Wochenzeitung.

## 3 Wünschen und wollen

3.1
– Kinder, hört mal, ich hab eine prima Idee. Wir fahren in die Berge. Wir machen eine Wanderung. Wie denn, habt ihr keine Lust?
+ Hm, wandern, nicht schon wieder! Mensch, ich muss Gitarre üben. Wir haben nächste Woche ein Konzert!
– Na, und du?
△ Hm, ich möchte endlich meine Rollschuhe ausprobieren.
□ Also, hört mal, und Oma? Sie möchte uns schon lange wieder einmal sehen. Wollen wir nicht wieder einmal zu Oma fahren?
△ Hm, nicht zu Oma!
+ Also, ich hab einen Vorschlag: Jeder macht das, was er will! Vati macht eine Wanderung, Mutti geht Oma besuchen, ich spiele Gitarre und Sonja … Sonja geht Rollschuh fahren.
△ Ich will aber nicht allein Rollschuh fahren!
– Das kommt gar nicht in Frage! Ihr kommt alle mit auf die Wanderung!
+ Hört mal, ich hab eine Idee. Also, wir verbinden alles …

## 4 Verabredungen

4.1 **DIALOG 1**

+ Hast du am Samstagabend Zeit?
- Warum?
+ Wir können in die Disco gehen.
- Tanzen? Ja, das finde ich toll. Wann treffen wir uns?
+ Um elf Uhr vor dem „Arena“.
- O.k.

**DIALOG 2**

+ Was machst du heute nach der Arbeit?
- Ich weiß noch nicht.
+ Möchtest du was essen gehen? Pizza zum Beispiel.
- Essen? Hm, ich habe wenig Hunger.
+ Wir können auch nur etwas trinken im „Café Mozart“.
- Ja, das ist besser.

Dialog 3 siehe 4.3.

## 5 Wo waren Sie gestern?

5.2
- Herr Mauz, wie alt sind Sie?
+ 53 Jahre.
- Sie sind Lehrer?
+ Ja, ich unterrichte Biologie und Mathematik.
- Wo waren Sie gestern Abend?
+ Gestern? Da war doch der 13. Ich war in der Volkshochschule. Freitags lerne ich Chinesisch.
- Sagen Sie bitte mal etwas auf chinesisch.
+ Ni hao.
- Aha!

- Frau Frank, ist das Ihr Mann neben Ihnen?
+ Äh, der große? Ja, wieso?
- Nur so. Wo waren Sie gestern, Freitagabend, den 13. August?
+ Gestern Abend? Da war ich bei meiner Freundin. Sie ist Friseurin, müssen Sie wissen, und sie hat mir die Haare …
- Ja, danke.

- Herr Frank, was haben Sie gestern Abend zwischen 19 und 22 Uhr gemacht?
+ Tja, ich war beim Boxen. Ich liebe Boxen. Cassius Clay, George Foreman, Sie wissen schon …
- Ja, ja, ist schon gut.

- Frau Tritsch, können Sie bitte das Radio ausmachen?
+ Oh, Entschuldigung, klar.
- Wo waren Sie gestern Abend?
+ Meine Freundinnen und ich waren gestern in der Disco. Im „Hot Legs“ an der Baslerstraße.

- Frau Bien, wie alt sind Sie?
+ Im September werde ich 65.
- Wo waren Sie gestern zwischen 19 und 22 Uhr?
+ Also, freitags singe ich immer im Chor.
- Wo bitte?
+ In der Sankt-Markus-Kirche.

- Herr Dürr, was haben Sie gestern Abend gemacht?
+ Ich habe gestern Fußball gespielt. Wir haben trainiert und jetzt ist mein Bein kaputt.

- Herr Bahr, wo waren Sie gestern Abend?
+ Ich war im Theater. Ich bin Schauspieler. Gestern Abend habe ich den Othello gespielt: „Sein oder Nichtsein? …"
- Das ist hier nicht die Frage.

- Und Sie, Herr Blaß, wo waren Sie?
+ Ich habe mit meiner Freundin Gitarre gespielt.
- Wo, bitte schön?
+ Im Park.

- Herr Predümo, was haben Sie gestern abend gemacht?
+ Ich war im Büro. Ich habe bis 23 Uhr gearbeitet. Ich arbeite bei einem Verlag. Wir machen häufig Überstunden.
- Natürlich.

- Herr Busch, können Sie mir sagen, wo Sie gestern Abend waren?
+ Na ja, gestern Abend war ich seit langer Zeit wieder einmal in meiner Kneipe. Sie kennen doch das Restaurant „Zum wilden Mann", oder? Wir haben ein paar Bier getrunken. Es war sehr lustig. Der Abend war lang. Aber heute …

## 6 Präpositionen *in, auf, an* mit Akkusativ oder Dativ

6.5 **DIALOG 1**

- Gehst du am Freitag mit ins Kino?
+ Nein, ich gehe lieber in die Disco.
- O.k. Um elf Uhr?
+ Das ist mir zu spät. Lieber um zehn.
- O.k.

**DIALOG 2**

- Kommst du am Samstag mit auf den Tennisplatz?
+ Ja, gern. Um zehn Uhr?
- Treffen wir uns auf dem Platz?
+ Nein, ich möchte vorher einen Kaffee trinken.
- Prima!

**DIALOG 3**

- Wann gehen wir nach Hause?
+ Ich will spätestens um elf Uhr zu Hause sein.
- Was, schon um elf Uhr?

**DIALOG 4**

- Entschuldigung, wo kann ich hier parken?
+ Es gibt ein Parkhaus in der Kunststraße.
- Wie komme ich da hin?
+ Fahren Sie an der zweiten Ampel rechts und dann über die Kreuzung. Das Parkhaus ist gleich an der Ecke.

## EINHEIT 23: SPORT

### 2 Zeitangaben verstehen

2.2 – Marianne, du studierst Sport. Warum?
+ Ja, Sport ist für mich sehr wichtig. Wenn ich keinen Sport treiben kann, fühle ich mich nicht wohl. So habe ich eben mein Hobby zum Beruf gemacht.
– Du musst sicher viel trainieren?
+ Ja, natürlich. Ich bin Triathletin. Jeden Morgen laufe oder schwimme ich eine Stunde. Erst dann gehe ich in die Universität.
– Und an der Uni treibst du auch jeden Tag Sport?
+ Ja, montags spiele ich Basketball, dienstags habe ich Tanzunterricht. Manchmal gehe ich dann abends noch in die Sauna. Und am Mittwoch jeweils um zehn Uhr treffen wir uns im Stadion. Da machen wir Leichtathletik. Donnerstagvormittag spiele ich Volleyball, am Freitag Handball.
– Und am Wochenende ruhst du dich aus?
+ Am Samstag fahre ich oft Rad. Natürlich nur im Sommer. Im Winter laufe ich manchmal Ski.
– Ist das nicht ein bisschen viel?
+ Nein, gar nicht. Sport macht mir immer Spaß.
– Und hast du ein sportliches Ziel?
+ In zwei Jahren möchte ich an den Deutschen Meisterschaften teilnehmen. Bis dahin muss ich noch viel trainieren.

### 7 Gymnastik

7.3 Liebe Sportsfreunde!
Die neue Skatsaison steht vor der Tür – Zeit für unsere Kartenspielgymnastik –
Musik, bitte!
Erst kommt das Mischen – Mischen – Mischen …
… und nun das Ausgeben – und 1 und 2 und 3 und ausgeben – und 1 und 2 und 3 und aufnehmen …
… und sortieren …
… und jetzt – ganz wichtig: und rechts und links und rechts und links … .
… und die andern haben nichts und wir haben das große Großmutterblatt: Grand mit vieren! Und wir spielen von oben. Und 1 und 2 und 3 und 4 und 5 und 6 und 7 und 8 und 9 und 10 und 11 …
… und 12! Und wir haben das Drücken vergessen!
Und ärgern! Und ärgern! Scheißspiel!

## EINHEIT 24: ERZÄHLEN SIE DOCH

### 2 Unregelmäßige Verben im Perfekt

2.2 gearbeitet, angefangen, begonnen, diskutiert, gebraucht, eingeladen, gegangen, geheiratet, eingekauft, gesungen, gesagt, ergänzt, ferngesehen, gehört, geschrieben

2.4 Ich habe einen Traum gehabt. Der war toll. Ich war auf einer Insel.
Es war heiß, der Himmel war blau. Ich habe Früchte und Fisch gegessen, Säfte und Wasser getrunken. Ich habe im Meer gebadet und am Strand geschlafen.
Und plötzlich habe ich eine Frau getroffen. Sie war so schön. Die Augen so braun, die Haare so schwarz …
Wir waren den ganzen Tag zusammen und haben alles gemeinsam gemacht.
Abends habe ich Gitarre gespielt und sie hat gesungen wie ein Engel.
Den Rest habe ich vergessen, aber ich weiß, es war alles schön.

Ich habe schrecklich geträumt. Ich war auf einem Berg und es war dunkel.
Ich habe den Weg nicht mehr gesehen. Ich habe mich auf den Boden gesetzt und gewartet.
Ich weiß noch, ich habe fast die ganze Nacht nicht geschlafen und am nächsten Morgen bin ich aufgewacht. Ich habe Hunger bekommen, aber ich habe meinen Rucksack zu Hause vergessen.
Ich hatte nur Gummibärchen dabei. Die habe ich gegessen und dann war mir schlecht.

## 5 Wochenende

5.1 **DIALOG 1**

- Frau Ludwig, was haben Sie am letzten Wochenende gemacht?
+ Ja, ich habe mich mit meinem Freund verabredet. Wir haben ein tolles Wochenende gehabt. Am Samstag haben wir uns den Film „Casablanca“ angesehen. Schon zum fünften Mal. Dann waren wir in der Disco. Es war schon ziemlich spät, als wir wieder zu Hause waren. Deshalb haben wir auch am Sonntag länger als sonst geschlafen. Nachmittags sind wir dann auf den Tennisplatz gegangen und dann war das Wochenende auch schon wieder vorbei.

**DIALOG 2**

+ Erich, was hast du am Samstag, Sonntag gemacht?
- Ich war das ganze Wochenende allein. Meine Frau und die Kinder sind zur Oma gefahren. Ich bin spät aufgestanden und habe etwas im Garten gearbeitet. Abends habe ich es mir gemütlich gemacht, die Zeitung gelesen, ein Glas Wein getrunken und bin dann früh ins Bett gegangen.

**DIALOG 3**

+ Klaus, was hast du am Wochenende gemacht?
- Am Wochenende bin ich zur Oma gefahren. Meine Mama hat mich hingefahren. Ich habe das ganze Wochenende Videofilme gesehen und Kuchen gegessen. Das war toll.

**DIALOG 4**

+ Herr Martinez, was haben Sie am Wochenende gemacht?
- Letztes Wochenende war unser Fußballturnier. Da habe ich mit meinen Freunden gefrühstückt und dann den ganzen Tag Fußball gespielt. Wir haben den zweiten Platz gemacht und natürlich am Abend in der Kneipe gefeiert. Am Sonntag bin ich dann im Bett geblieben.

**DIALOG 5**

+ Eva, wie hast du das Wochenende verbracht?
- Das Wochenende? Moment, was habe ich denn da gemacht? Na ja, das war ziemlich wenig. Spät aufgestanden, Kaffee getrunken, ferngesehen und wieder geschlafen. Aber das hat mir gut getan. Ich habe in der letzten Woche viel arbeiten müssen. Ach ja, doch, am Sonntagnachmittag war ich noch eine Stunde im Luisenpark. Das Wetter war ja so toll.

## 4 Bildergeschichte

4.1 – Maria, kannst du dem Onkel Doktor nicht deine Zunge zeigen?
+ Nein, ich will nicht.
– Komm, Maria, zeig doch dem Onkel Doktor deine Zunge. Guck mal, so: Bah!
+ Ich mag aber nicht!
△ Aber Maria, es ist doch ganz einfach. Schau mal, Mama macht's vor, so: Bäh!
– Sie will nicht. Hm, da kann man nichts machen. Man darf das Kind nicht zwingen!
△ Na ja, sie will heute einfach nicht. Ach, das ist mir furchtbar peinlich. Können wir vielleicht an einem anderen Tag kommen?
– Na gut, dann ... am Montag, um 3 Uhr.
△ Ja, gerne, Herr Doktor. Auf Wiedersehen, Herr Doktor, und vielen Dank und entschuldigen Sie bitte! Auf Wiedersehen!
+ Bäh!

## EINHEIT 1

**1.2** Eva Nyström – Myun Suk-Choi

**2.4** Wie (heißen Sie)? – Müller.
Woher (kommen Sie)? – Aus Bern. / Aus Brasilien.
Wo (wohnen Sie)? – In Mannheim.

**2.5** 1. woher – komme 2. heißen – heiße 3. wo 4. Wie – heißen 5. Name – in 6. Sie – komme – wohne

**2.6** 1. Woher kommen Sie? 2. Wie heißen Sie? / Wie ist Ihr Name? 3. Wo wohnen Sie? 4. Wo wohnen Sie jetzt?
5. Wie heißen Sie? 6. Woher kommen Sie?

**4.2** 1. Polen, Brasilien, Italien, Frạnkreich, Japan, Korea, Ägypten
2. ạntworten, heißen, sprẹchen, kọmmen, Abend, Akzẹnt, Kassẹtte, markieren

**5.1** richtig: 2

**5.2** 1. Herr Askari, woher kommen Sie?
2. Frau Chaptal wohnt jetzt in Seckenheim.
3. Und Sie? Wo wohnen Sie?
4. Ich wohne in Edingen.

**5.3** Lehrerin: Frau Chaptal, woher kommen Sie?
Frau Chaptal: Aus Nancy. Das ist mein Mann Bernard. Er ist aus Metz.
Lehrerin: Und wo wohnen Sie jetzt?
Frau Chaptal: Wir wohnen in Seckenheim.
Lehrerin: Und Sie, Frau Buarque?
Frau Buarque: Ich komme aus Brasilien.
Lehrerin: Wo wohnen Sie jetzt?
Frau Buarque: Ich wohne jetzt auch in Seckenheim.

## EINHEIT 2

**2.1** aktiv – informativ – Aktion – Produzẹnt – Produktion – Organisation – konstruieren – Organisator – investieren – Prodụkt – Information – produzieren – isolieren – Attraktion – attraktiv – produktiv – organisatorisch – konstruktiv – informieren – Investition – Konstruktion – organisieren – Isolation – aktivieren

**2.2**

| *Nomen* | *Verben* | *Adjektive* |
|---|---|---|
| Aktion | aktivieren | aktiv |
| Attraktion | informieren | attraktiv |
| Information | investieren | informativ |
| Investition | isolieren | konstruktiv |
| Isolation | konstruieren | organisatorisch |
| Konstruktion | organisieren | produktiv |
| Organisation | produzieren | |
| Organisator | | |
| Prodụkt | | |
| Produktion | | |
| Produzẹnt | | |

**2.3** Internationale Verben enden oft auf -ieren; internationale Adjektive enden oft auf -iv.

**2.4** *Nomen*: agieren, destruktiv
*Verben*: Relation, fotografisch
*Adjektive:* musizieren, Sensation

**5.1** Der bestimmte Artikel heißt im Plural immer die.

5.2 Stuhl *der;* -[e]s, Stühle; der Heilige, der Päpstliche - (↑R 157); Stuhlbein; Stühl|chen; Stuhl|feier *die;* -; Petri - (kath. Fest); Stuhl‿gang (der; -[e]s) ...kan|te, ...kis|sen.

Au|to *das;* -s, -s ⟨griech.⟩ (kurz für: Automobil); (↑R 207:) Auto fahren; ich bin Auto gefahren; (↑R 32:) Auto und Rad fahren,

Kas|set|te *die;* -, -n ⟨franz.⟩ (Kästchen für Wertsachen; Bauw.: vertieftes Feld [in der Zimmerdecke]; Schutzhülle für Bücher u.a.; Behältnis für Bild od. Tonband-

5.3 die Tiger – die Tipps – die Tänze – die Elefanten – die Eltern (nur *Pl.*) – die Ärzte – die Kinder – die Themen/Themata – die Männer

7.1 1. Zeile: lesen – hören – schreiben – unterstreichen
2. Zeile: markieren – ergänzen – fragen und antworten

7.3 1. KT (KL) – 2. KT – 3. KT – 4. KL – 5. KL – 6. KL – 7. KT – 8. KL

## EINHEIT 3

1.3 1. wohnen 2. wohne 3. Heißen 4. heiße 5. kommen 6. bin 7. komme

1.4

| | | | | | |
|---|---|---|---|---|---|
| wohn en | heiß e | komm en | markier en | sprech e | schreib en |
| wohn e | komm e | sprech en | schreib e | markier e | heiß en |

2.2 *Singular:* a – d – f
*Plural:* b – c – e *(formelle Anrede)* – g – h

2.3 1. heiße – 2. komme – 3. wohne – 4. heißen – 5. arbeite – 6. heiße – 7. heißen – 8. spreche – 9. sprechen – 10. wohnen – 11. komme – 12. Kommen – 13. Sprechen – 14. hören – 15. Markieren – 16. Heißen – 17. sprechen – 18. kommen

3.1 Beispiele: Wie heißen Sie? – Wo wohnen Sie? – Woher kommen Sie?

3.2 Heißen Sie Mariotta? – Ja, ich heiße Mariotta.
Sprechen Sie Deutsch? – Nein, ich spreche Italienisch.

4.3 Klaus Meier kommt aus Erfurt. Er arbeitet bei Opel. Er sagt: „Ich fahre jedes Jahr drei Wochen nach Österreich. Ich habe sechs Wochen Urlaub im Jahr. Meine Freundin Petra und ich lieben die Berge. Wir wandern gerne. Ich kenne Petra seit zwei Jahren. Sie arbeitet auch bei Opel. Sie ist Technikerin und ich bin Informatiker."

4.4
1. – Wie heißen Sie? + Ich heiße Vogel.
2. – Woher kommen Sie? + Aus München.
3. – Wo arbeiten Sie? + Bei BMW.
4. – Wo wohnen Sie? + Ich wohne in Wien.
5. – Sprechen Sie Deutsch? + Ja, ich spreche Deutsch.
6. – Sprechen Sie Portugiesisch? + Nein, wir sprechen Deutsch.
7. – Kommen Sie aus Bern? + Nein, ich komme nicht aus Bern. Ich komme aus Berlin.

## EINHEIT 4

1.3 1 – 2 – 3 – 5 – 7 – 9 – 4 – 6 – 8 – 10 – 11 – 12 – 13 – 15 – 17 – 19 – 20 – 21 – 22 – 24 – 26 – 28

1.5 21 – 19 – 17 – 15 – 13 – ...
12 – 8 – 4 – 0
9 – 7 – 10 – 8 – 11 – 9 – 12 – ...
22 – 11 – 21 – 10,5 – ...
11 – 16 – 22 – 29 – 37 – ...
19 – 14 – 8 – 1

1.7 neunundzwanzig, neunzehn, zwölf, fünfundzwanzig, zwanzig, siebzehn, elf, zehn

2.1 29 neunundzwanzig – 30 dreißig – 31 einunddreißig – 32 zweiunddreißig – 33 dreiunddreißig – 40 vierzig – 44 vierundvierzig – 45 fünfundvierzig – 50 fünfzig – 56 sechsundfünfzig – 60 sechzig – 67 siebenundsechzig – 70 siebzig – 78 achtundsiebzig – 80 achtzig – 89 neunundachtzig – 90 neunzig – 100 (ein)hundert – 101 (ein)hunderteins – 104 (ein)hundertvier – 200 zweihundert – 212 zweihundertzwölf – 313 dreihundertdreizehn – 414 vierhundertvierzehn – 515 fünfhundertfünfzehn – 616 sechshundertundsechzehn – 720 siebenhundertundzwanzig – 853 achthundertdreiundfünfzig – 999 neunhundertneunundneunzig – 1000 (ein)tausend

2.4 1. 70875438 – 2. 5473679 – 3. 0721 891245 – 4. 342212 – 5. 1405590 – 6. 110

3.2 Ziehung 1: 8, 18, 27, 36, 43, 47, Zusatzzahl 9
Ziehung 2: 7, 9, 13, 17, 23, 31, Zusatzzahl 43
Ziehung 3: 6, 10, 11, 20, 32, 44, Zusatzzahl 8
Ziehung 4: 22, 25, 28, 34, 46, 48, Zusatzzahl 4

## EINHEIT 5

1.5/1.6

| Name | Sprachen | Arbeit | Hobby |
|---|---|---|---|
| Jeff Johnson | Deutsch | Bank | Fahrrad fahren |
| Renate Nieber | – | Opel/Programmiererin | Ski fahren |
| Stefan Freiger | Französisch | Controller | Ski fahren |
| Herr Engel | Englisch | Mercedes Benz | – |
| Frau Engel | Englisch/Italienisch | Lehrerin | – |
| Dirk Engel | Englisch/Französisch | Schule | |
| Giuseppe Roca | Deutsch/Spanisch/ Französisch | Telekom/ Elektrotechniker | |
| Susanne | Italienisch | Sekretärin | |

2.1 Dänemark – Dänisch; Polen – Polnisch; Tschechien – Tschechisch; Österreich – Deutsch; die Schweiz – Deutsch/Französisch/Italienisch/Rätoromanisch; Frankreich – Französisch; Luxemburg – Französisch/ Deutsch/Letzebuergesch; Belgien – Französisch/Niederländisch; die Niederlande (Holland) – Niederländisch (Holländisch)

2.6 Stuttgart liegt nördlich/nordwestlich von München. Mainz liegt westlich von Frankfurt. Bonn liegt südlich von Köln. Hamburg liegt nordwestlich von Berlin. Leipzig liegt nordwestlich von Dresden. Graz liegt nordöstlich von Klagenfurt. Lausanne liegt nordöstlich von Genf. Weimar liegt östlich von Erfurt. Basel liegt nordwestlich von Zürich.

3.3 Zettel 2 funktioniert am besten.

4.4 1. komme 2. heißt 3. fahren 4. kommt 5. spricht 6. fährt 7. spricht 8. wohnt 9. liegt 10. kommt 11. kommt 12. spricht 13. sprechen 14. heißt

5.3 1. sind 2. ist 3. hat 4. bin 5. sind 6. ist 7. sind 8. haben 9. sind 10. haben

6.1 1b – 2a – 3c

## EINHEIT 6

1.2 1. Zawadska 2. Chaptal 3. Nyström 4. hören 5. sprechen 6. heißen

1.3 Berlin – Salzburg – Wien – Mannheim – Zürich – Basel – Frankfurt – Karlsruhe

2.1 DIALOG 1: Tom Miller ruft die Auskunft an. Er braucht die Telefonnummer von Hassan Askari. Hassan wohnt in Mannheim. Die Telefonnummer ist 0621 49 63 31.

DIALOG 2: Sandra Zawadska hätte gern die Telefonnummer von Frau Buarque. Sie wohnt in Mannheim-Seckenheim. Sie hat die Rufnummer 4835794. Die Vorwahl (Ortsnetzkennzahl) von Mannheim ist 0621.

2.7 1c – 2h – 3e – 4b – 5f – 6a – 7d – 8g – 9i

3.5 1. Özoglu 345 68 79
2. Ilona Gonzalez 369 71 25
3. Tom Pool 567 32 1 0
4. Brigitte Beaulieu 645 92 30
5. Olga Gerassimowa 324 71 64

4.1 Der Nein-Sager. Nein, ich heiße nicht Meier und ich komme nicht aus Deutschland. Ich bin nicht 33. Ich spreche nicht Französisch und auch nicht Englisch. Ich bin nicht verheiratet und ich arbeite nicht gern.

4.4 1. Ich heiße nicht Meier.
2. Sie kommt/kommen nicht aus Berlin.
3. Herr Grafmann hat nicht die Nummer 232345.
4. Mein Name ist nicht Peter Schneider.
5. Wir kommen nicht aus Wien.
6. Frau Buarque fährt nicht nach Dänemark.
7. Sie arbeitet/arbeiten nicht bei Mercedes.
8. Frankfurt liegt nicht 100 Kilometer südlich von Hamburg.

## EINHEIT 7

1.3 Beispiel
1. Städte: Brüssel, Bern, Berlin, Paris, Wien
2. Länder: Deutschland, Österreich, Schweiz, Frankreich, Belgien
3. Personen: Mann, Frau, Lehrerin, Kind
4. Pronomen: ich, du, er, es, sie
5. Unterricht: Schule, Deutschbuch, Kursteilnehmerin, Anfängerkurs, Lehrerin
6. Zahlen: eins, zwei, drei, vier, fünf

2.1 der: Buchstabe, Dialog, Kilometer, Lehrer, Nachbar, Name, Notizzettel, Stuhl
das: Alphabet, Auto, Bild, Feld, Foto, Kind, Land, Thema, Wort
die: Disco, Frau, Information, Kassette, Kollegin, Schule, Spielregel, Sprache, Stadt, Tabelle, Teilnehmerliste, Telefonnummer, Zahl, Zeichnung

2.2

| | |
|---|---|
| – | Kilometer, Lehrer, Notizzettel |
| -e | Alphabete, Dialoge, Kurse |
| -n | Buchstaben, Kassetten, Nachbarn, Namen, Schulen, Spielregeln, Sprachen, Tabellen, Teilnehmerlisten, Telefonnummern |
| -en | Frauen, Informationen, Kolleginnen, Themen, Zahlen, Zeichnungen |
| -er | Bilder, Felder, Kinder |
| -s | Autos, Discos, Fotos |
| *Umlaut* + | Länder, Städte, Stühle, Wörter |

3.3 Beispiele
2. Das ist ein Computer. Der Computer ist teuer.
3. Das ist ein Tourist. Der Tourist ist in Heidelberg.
4. Das ist eine Frau. Die Frau heißt Erika.
5. Das ist eine Stadt. Die Stadt liegt in Österreich.
6. Das ist eine Schweizerin. Die Schweizerin wohnt in Basel.
7. Das ist ein Verb. Das Verb heißt „fahren".
8. Das ist ein Buch. Das Buch ist ein Wörterbuch.
9. Das ist ein Hotel. Das Hotel ist teuer.

3.4 1. Ein gibt es nicht im Plural. 2. Kein funktioniert wie ein. 3. Kein hat einen Plural: keine.

3.5 1. Sind das Fernseher? Nein, das sind keine Fernseher. Das sind Computer.
2. Sind das Fahrräder? Nein, das sind keine Fahrräder. Das sind Radios.
3. Ist das ein Heft? Nein, das ist kein Heft. Das sind Stühle.
4. Sind das Tische? Nein, das sind keine Tische. Das sind Kassetten.
5. Ist das ein Kassettenrecorder? Nein, das ist kein Kassettenrecorder. Das ist ein Telefon.
6. Ist das ein Telefon? Nein, das ist kein Telefon. Das ist ein Buch.

**3.7** bestätigen ... verneinen

| bestätigen | verneinen |
|---|---|
| Ja, das ist Peter. | Nein, das ist nicht Peter. |
| Ja, das ist der Stuhl von Doris. | Nein, das ist nicht der Stuhl von Doris. |
| Ja, das ist ein Buch. | Nein, das ist kein Buch. |
| Ja, das sind die Fotos von Lisa. | Nein, das sind nicht die Fotos von Lisa. |
| Ja, das sind Bücher. | Nein, das sind keine Bücher. |

**3.8**
1. Ja, das ist Frau Chaptal.
2. Nein, das ist nicht Herr Graffmann.
3. Nein, das ist kein Deutschbuch.
4. Ja, er arbeitet bei VW.
5. Nein, sie wohnt nicht in Heidelberg.
6. Nein, das ist nicht in Einheit 2.
7. Nein, sie sind nicht aus Frankfurt.
8. Nein, das ist keine Glückszahl in Deutschland.

## EINHEIT 8

**1.1** DIALOG 1: persönlich
DIALOG 2: distanziert

**1.2**

| fragen, wie es geht | sagen, wie es geht | zurückfragen |
|---|---|---|
| ... wie geht es dir? | Danke, prima! | Und dir? |
| ... wie geht es Ihnen? | Danke, gut! | Und wie geht es Ihnen? |
| | Na ja, es geht. | |
| | Leider nicht so gut. | |

**2.4** 1. kommst 2. heißt 3. fahrt 4. Bist/Kommst 5. wohnst 6. Sprecht 7. Arbeitet 8. seid/wohnt 9. Sprichst 10. Verstehst 11. Arbeiten 12. sprechen

**2.5** trinke – machst – Arbeitest – Kommst

**3.1** Von links oben nach rechts unten: der Tee, der Kaffee, der Espresso, das Bier, der Wein, der Sekt, das Mineralwasser, der Orangensaft, der Apfelsaft, der Eisbecher (das Eis), der Kuchen, das Sandwich

**3.2** Wer?: Julian und Norma
Wo?: im Café
Was machen die Leute?: essen, trinken, ins Kino gehen

**4.5** DIALOG 1
– Guten Tag, mein Name ist Hein, ich bin der Personalchef.
+ Guten Tag, Herr Hein.
– Sind Sie Frau Frank?
+ Ja.
– Wohnen Sie hier in Frankfurt, Frau Frank?
+ Ja, aber ich bin aus Rostock.

DIALOG 2
+ Guten Tag, was möchten Sie bitte?
– Ein Mineralwasser, bitte.
+ Möchten Sie auch etwas essen?
– Äh, ja, ein Sandwich, bitte.
+ Danke.

**4.6** Das Foto passt zum Dialog „Guten Tag, mein Name ist Hein ...“

## *Option* 1

**2.1** 1. ein 2. Name 3. essen 4. Kuchen 5. exklusiv 6. Lerntipp

**2.2** 1e – 2c – 3b – 4f – 5d – 6a

**2.3** Café/Restaurant: Bedienung, essen, getrennt, Käse, Schinken, trinken, Trinkgeld, zahlen, zusammen
Telefonieren: anrufen, Apparat, Auskunft, buchstabieren, Entschuldigung, Rufnummer, sprechen, Vorwahl, Telefon

3 1. – Wo wohnen Sie? + Ich wohne in Berlin.
2. – Wohnen Sie in der Goethestraße? + Nein, in der Schillerstraße.
3. Ich heiße Gerhard Fuchs. Ich arbeite bei Siemens. Ich bin Mechaniker.
4. – Woher kommst du? + Aus Sankt Petersburg. Das liegt in Russland.

4.2 Notizzettel 2 passt zum Diktat. Notizzettel 1: Steffi Graf, Notizzettel 3: Hamburg

6 Karte 3, die Schweiz, steht richtig.

7 Das Foto links passt zum Lied.

## EINHEIT 9

1.1 richtig: 2. und 3.

1.2 Frau Buarque: Guten Abend. Wie spät ist es denn?
Frau Chaptal: Genau halb sieben.
Frau Buarque: Und ... ist Frau Müller nicht da?
Herr Askari: Nein, der Kurs fällt heute aus.
Frau Nyström: Das ist aber dumm. – Und was machen wir jetzt?
Frau Buarque: Kommt jemand mit ins Kino?

1.3 DIALOG 1: Restaurant
DIALOG 2: Kino
DIALOG 3: Fernsehen

1.4

| nach der Uhrzeit fragen | die Uhrzeit nennen |
|---|---|
| Wie viel Uhr ist es? | Umgangssprache: Es ist Viertel nach sieben. |
| Wann fängt der Film an? | Um halb neun. Um sechs. |
| Um wie viel Uhr beginnt ...? | Offiziell: Um zwanzig Uhr. |
| Wann ist er zu Ende? | Um einundzwanzig Uhr dreißig. |
| | Es ist jetzt 17 Uhr. ... |

1.7 1. 20 nach 4
2. drei Uhr
3. 9 Uhr
4. 7 Uhr, 4 Minuten und 25 Sekunden
5. 17.26
6. 14.28
7. fünf Minuten vor zwölf
8. Viertel vor elf / 22.45

2.1 DIALOG 1: wie, Viertel vor
DIALOG 2: Wann, um
DIALOG 3: Viertel, wann, nach, um

2.3 Variante 1
+ Hallo, Doris, ich gehe heute abend aus. Kommst du mit?
– Ja, gerne. Wann denn?
+ Um acht.
– Geht es auch etwas später?
+ Ja, um halb neun.
– Prima, ich komme.

Variante 2
+ Hallo, Doris, ich gehe heute abend aus. Kommst du mit?
– Heute, das geht leider nicht.
+ Und morgen?
– Morgen ist o.k.
+ Gut, dann bis morgen.
– Alles klar. Tschüs!

Variante 3
+ Hallo Doris, ich gehe heute abend aus. Kommst du mit?
– Wohin denn?
+ Zum Beispiel ins Kino.
– Was läuft denn?
+ »Die Farbe Rot« im Odeon um 21 Uhr.
– O.k. Also, bis später

Variante 4
+ Hallo, Doris, ich gehe heute abend aus. Kommst du mit?
– Hm, um wie viel Uhr?
+ Um elf.
– Das ist zu spät.
+ Und um zehn?
– Gut, dann bis bald.

**2.4** Von oben nach unten: 4 – 3 – 2 – 1

**2.5** 6.55: Fünf vor sieben. / Kurz vor sieben.
7.05: Fünf nach sieben. / Kurz nach sieben.
14.25: Vierzehn Uhr fünfundzwanzig. / Kurz vor halb drei.
22.45: Zweiundzwanzig Uhr fünfundvierzig. / Viertel vor elf.
23.00: Dreiundzwanzig Uhr. / Punkt elf.
0.15: Null Uhr fünfzehn. / Viertel nach zwölf.
1.05: Ein Uhr fünf. / Kurz nach eins.
2.25: Zwei Uhr fünfundzwanzig. / Kurz vor halb drei.

**3.2** Klaus: arbeiten – Mo; telefonieren – Di; lesen – Fr; Briefe – So; Theater – Mi; Freundin – Do; schlafen – So
Eva: arbeiten – Mo, Di, Mi; telefonieren – Sa, So; Hausaufgaben – Mo; lesen – Sa, So; Disco – Mi; Englisch – Do
Marie: telefonieren – Mo; lesen – Di, Mi; Disco – Mi; Kino – Mo; Gitarre – Do; Freund – Sa, So; Briefe – Di, Mi

**4.1** Uhrzeit und Adresse fehlen.

**4.2** Anruf 5.

**4.3** Adresse: Schillerstraße 28. – Uhrzeit: Die Party beginnt um 20 Uhr.

**4.4** Petra ... – Sie lädt ... ein.
Erika ... – Sie kommt ... zurück.
Herr Greiner ... – Er sagt ... ab.
Die Mutter ... – Sie bringt ... mit.
Bert ... – Er kommt ... mit ...

**5.1** Beispiele:
2. Wann fängt der Film an?
3. Bert ruft an.
4. Er kommt heute abend in die Disco mit.
5. Herr Greiner fährt weg.
6. Erika kommt zurück.
7. Ich stehe nämlich um halb sechs schon wieder auf.
8. Petra lädt Kevin zur Geburtstagsparty ein.
9. Sie (Kevins Mutter) bringt Kuchen mit.
10. Er (Herr Greiner) sagt die Unterrichtsstunde ab.
11. Hallo Doris, ich gehe heute abend aus.
12. Die Mutter von Kevin kommt vorbei.
13. Am Samstag findet die Einweihungsparty statt.
14. Nächste Woche ziehe ich ein.

**5.2** 1. ausfallen 2. anfangen 3. anrufen 4. mitkommen 5. wegfahren 6. zurückkommen 7. aufstehen 8. einladen 9. mitbringen 10. absagen 11. ausgehen 12. vorbeikommen 13. stattfinden 14. einziehen

**5.3** Beispiele: Wir fahren am Wochenende weg. Mutter bringt Kuchen mit. Ich lade heute abend die Kursleiterin ein. Sie rufen heute abend an. Der Kurs fängt morgen an. Petra kommt morgen zurück. Sie lesen das Buch vor.

## EINHEIT 10

1.1 Beispiele: Hinten links, das ist die Tante (Else) / der Onkel (Willi) von Hannelore. Hinten in der Mitte, das ist die Tante (Liesel) / die Mutter (Hilde) von Hannelore. Hinten rechts das ist der Vater (Walter) / die Schwester (Renate) von Hannelore. Vorne in der Mitte, das ist Hannelore / der Sohn von Hannelore (Florian). Vorne rechts, das sind die Töchter von Hannelore (Franziska und Katharina).

1.2 Verwandtschaftsbezeichnungen im Text: Familie, Vater, Kinder *Pl.*, Sohn, Töchter *Pl.*, Schwester, Tochter, Mann, Mutter, Tante, Großeltern, Oma, Opa, Onkel, Cousins *Pl.*, Cousinen *Pl.*

1.3 Walter: Vater, Hilde: Mutter
Renate: Schwester
Klaus: Ehemann
Florian: Sohn, Katharina: Tochter, Franziska: Tochter

1.4 Walter: Ehemann
Bernd: Schwiegersohn, Renate: Tochter
Klaus: Schwiegersohn, Hannelore: Tochter
Kerstin: Enkelin; Florian: Enkel, Katharina: Enkelin, Franziska: Enkelin

2.6 1. Mein, meine – Franziska 2. Meine – Lotte/Liesel 3. Unsere – Franziska, Katharina, Florian 4. eure – Hilde 5. Ihre – Renate 6. Ihr – Lotte 7. Ihre – Else 8. unser – Renate und Hannelore

3.4 Beispiele
37 % / Westen / keine Kinder
1900 / 4–5 Menschen / eine Wohnung / kein Idyll
Seit 1989 / Zahl der Geburten / – 50 %
Seit 1989 / Zahl der Ehen / – $^2/_3$
1991 / Ostdeutschland / Familie + Kinder / das Glücklichsein
$^1/_3$ / geschieden / heute
3 % / 4 Kinder
50 % / heute / 1 Kind

4.1 1. Mutter 2. Bruder 3. Tante 4. Großvater 5. Schwägerin 6. Eltern 7. Ehemann 8. Ex-Mann

## EINHEIT 11

1.1 Else: rot, grün, blau
Willi: rosa, gelb, schwarz, weiß, schwarz
Hannelore: der Pullover, blau; das Hemd, weiß; die Hose, gelb; die Schuhe, grün

1.2 Hilde: die Bluse, braun
Walter: das Hemd, grün; das Jacket, schwarz
Renate: der Pullover, blau; der Rock, schwarz; die Strümpfe, gelb; die Schuhe, rot
Florian: der Pullover, ocker; die Hose, grün
Franziska: der Pullover, gelb; der Rock, lila (violett)
Katharina: der Pullover, rosa; die Hose, braun; die Schuhe, rot

1.3 hellblau: blau und weiß – dunkelblau: blau und schwarz – grün: blau und gelb – orange: rot und gelb – hellrot: rot und weiß – dunkelrot: rot und schwarz – braun: rot, gelb und blau – lila: rot und blau

2.2 der Turm rechts: Berliner Fernsehturm (links: Eiffelturm, Paris)
das Schloss oben: Neuschwanstein (unten: Versailles, Paris)
das Haus links: Hundertwasserhaus (rechts: Weißes Haus, Washington)
der Autor oben: Johann Wolfgang von Goethe (unten: William Shakespeare)
die Münze oben: 2 Schweizer Franken (unten: 5 Deutsche Mark)
die Kirche unten: Kölner Dom (oben: Vatikan, Rom)

3.1 1. Sie sieht alles schwarz. 2. Er sieht alles rosa. 3. blau wie das Meer 4. schwarz wie die Nacht 5. Er ist blau. 6. rot wie die Liebe 7. grün wie das Gras 8. grün vor Neid 9. rot vor Zorn 10. weiß wie der Schnee
Die Sätze Er fährt schwarz. und Sie macht blau. kommen nicht im Bild vor.

## EINHEIT 12

1.2

| Produkt | Mengenangabe | Preis |
|---|---|---|
| Hipp Biofrüchte* | Glas | 1,69 |
| Butter | Packung (250 g) | 1,59 |
| Karotten | Beutel | 2,49 |
| Kaffee | Packung (500 g) | 6,79 |
| Salami | Gramm (100 g) | 2,48 |
| Hinterschinken | Gramm (100 g) | 1,98 |
| Joghurt | Becher (250 g) | 0,66 |
| Salatgurken | Stück (500–600 g) | 0,98 |
| Zwiebeln | Netz (2,5 kg) | 3,33 |
| Erdnuß-Locken | Beutel (250 g) | 1,98 |
| Chips | Beutel (175g) | 1,98 |
| Erbsen/Bohnen | Dose (580 ml) | 0,98 |
| Mango | Stück | 2,98 |
| Trauben (Tafeltrauben) | Kilo (1 kg) | 2,49 |
| Schnittkäse (Gouda) | Gramm (100 g) | 0,69 |
| Bier (Weißbier) | Kasten (20 Flaschen) | 26,80 |
| Mineralwasser | Kasten (12 Flaschen) | 13,08 |
| Apfelsaft | Kasten (6 Flaschen) | 11,40 |
| Multivitaminnektar | Kasten | 12,78 |

* = Babynahrung

1.3 Beispiel
eine Packung: Kaffee, Erbsen
drei Tafeln: Schokolade
einen Kasten / eine Flasche: Apfelsaft, Mineralwasser, Bier
einen Beutel: Chips, Erbsen, Zwiebeln, Karotten, Erbsen
ein Glas: Joghurt, Konfitüre/Marmelade
eine Dose: Erbsen, Bier; einen Becher: Joghurt
einen Liter: Apfelsaft, Mineralwasser, Milch, Bier
ein Kilo(gramm) / ein Pfund: Erbsen, Zwiebeln, Kaffee, Gouda-Käse, Karotten, Kartoffeln
100 Gramm: Gouda-Käse, Salami

2.1 zwei Liter Milch, ein Kilo Broccoli, zwei Flaschen Olivenöl, sechs Eier, drei Tafeln Schokolade, ein Pfund Kaffee, zwei Beutel Chips

2.2 gern – Kilogramm – keine – geben – Flaschen – bitte – sechs – Tafeln – Pfund – geben Sie mir bitte – das macht dann – Wiedersehen – Wochenende

3.1 1. Salat 2. Fisch 3. Nudeln 4. Knoblauch 5. Gummibärchen 6. Früchte (Obst) 7. Pizza 8. Schweineschnitzel 9. Reis 10. Gemüse, 11. Hirn 12. Schokolade 13. Pilze 14. Pommes frites 15. Suppe 16. Hähnchen 17. Bohnen 18. Kartoffeln 19. Sauerkraut 20. Rindersteak

3.3 Pommes frites, Spaghetti, Pizza, Hamburger, Süßigkeiten (Schokolade, Gummibärchen, Eis, Kuchen), Hähnchen, Leber, Knoblauch, Hirn, Haferbrei

4.1 Kinder essen gern Pizza. Ich esse lieber Spaghetti als Pizza. Meine Kinder essen am liebsten Pommes frites.

5.3 Wörter immer in Gruppen lernen.

## EINHEIT 13

1.2 1J – 2H – 3B – 4A – 5K – 6D – 7E – 8F – 9G – 10I – 11C

1.4 Wiener Schnitzel, Schweinebraten, Filetsteak mit Folienkartoffel oder Pommes frites, Wurstsalat, Bier

2.1 DIALOG 1 – Bild in der Mitte: Rinderfiletsteak mit Folienkartoffel, Gemüsepfanne, Rotwein, Pils vom Fass, Mineralwasser
DIALOG 2 – Bild rechts: Rippchen mit Sauerkraut und Kartoffelpüree, Export, Parmaschinken, Weißwein
DIALOG 3 – Bild links: Wiener Schnitzel mit Salat, Schweizer Wurstsalat, Pommes frites, Weißwein, Mineralwasser, Apfelsaft

3.1 Reihenfolge von oben nach unten: 2 – 1 – 4 – 3

## EINHEIT 14

1.2
1. Wie bitte? / Ich verstehe Sie nicht.
2. Das verstehe ich nicht. / Erklären Sie das bitte noch einmal.
3. Wie sagt man … auf Deutsch?
4. Was heißt das auf …?
5. Buchstabieren Sie das bitte.

1.3 1. der Schreibblock 2. das Heft 3. das Wörterbuch 4. das Papier 5. das Frühstücksbrot 6. die Armbanduhr 7. die Brille 8. der Spitzer 9. das Deutschbuch 10. der Bleistift 11. die Schere 12. der Rotwein 13. der Filzstift 14. das Lineal 15. der Marker 16. der Kuli 17. der Tesafilm 18. der Klebstoff 19. der Ordner 20. der Schirm 21. die Tasche

2.1

| | | | |
|---|---|---|---|
| Klaus Meier | fährt | jedes Jahr | nach Österreich. |
| | Arbeiten | Sie | bei Schering? |
| Wo | arbeitet | Petra Meier? | |

2.2 1. Glas Bier 2. Liter Milch 3. Tafel Schokolade

2.3

| | | | |
|---|---|---|---|
| Ich | möchte | | ein Glas Bier. |
| Geben | Sie | mir bitte | einen Liter Milch. |
| Ich | hätte | gern | eine Tafel Schokolade. |

2.4

| | | |
|---|---|---|
| 1. Ich | brauche | einen Bleistift. |
| 2. Herr Koenig | schreibt | einen Brief. |
| 3. Verstehst | du | das? |
| 4. Ihr | hört | den Dialog. |
| 5. Verstehen | Sie | diese Aufgabe? |
| 6. Wir | brauchen | eine Pause. |

3.1 Unterschiede gibt es nur im Maskulinum:
bestimmter Artikel: der – den
unbestimmter Artikel: ein – einen
Demonstrativbegleiter: dieser – diesen

3.2 Vor maskulinen Nomen im Akkusativ Singular heißt
- der bestimmte Artikel den,
- der unbestimmte Artikel einen,
- der Demonstrativbegleiter diesen.

3.3 1. das – ein 2. der – einen 3. der – den 4. die – diese 5. die – die 6. das – das 7. die – eine 8. das – das 9. die – eine 10. der – einen

4.1
1. Entschuldigung, haben Sie ein Blatt für mich?
2. Haben Sie vielleicht einen Bleistift für mich?
3. Hast du ein Taschentuch für mich?

4.2 1 bekommt ein Blatt Papier.

5.4

| *Maskulinum* | *Neutrum* | *Femininum* | *Plural* |
|---|---|---|---|
| Ich habe keinen Computer. | Ich habe kein Glück. | Ich habe keine Freundin. | Wer hat keine Probleme? |

5.6 1. meinen 2. deinen 3. seinen 4. ihren 5. seinen 6. unseren 7. euren 8. ihre

5.8 1. eine – keine 2. ein 3. eine – eine 4. keinen – keinen 5. einen – keinen 6. ein 7. eine – keine 8. einen – einen 9. einen – keinen 10. eine – eine 11. ein 12. einen – einen

6.3 Dich – mich – mich – sie – mich – Dich – uns – uns – Euch – es

## EINHEIT 15

1.4
1. Mehmet ist aus Sorgun.
2. Mehmet hat eine Schwester und vier Brüder.
3. Sein Vater war Bauer.
4. Mehmet und Nurtin haben 1972 geheiratet.
5. Von 1973 bis 1980 haben sie in Izmir gewohnt.
6. Seit 1981 leben sie in Deutschland.
7. Mehmet hat drei Jahre bei VW gearbeitet.
8. Seine Frau hat den Haushalt gemacht.
9. Familie Güler hat 1992 ein Haus gekauft.
10. Melahat und Esat sprechen gut Deutsch.
11. Melahat hat Kunst studiert.
12. Esat arbeitet bei Bosch in Stuttgart.

2.2

| *Perfekt* | *Präteritum* von sein |
|---|---|
| habe ... gelebt | Wir waren ... |
| haben ... geheiratet | Mein Vater war Bauer. |
| haben ... gewohnt | Meine Frau war zu Hause. |
| habe ... gearbeitet | Ich war arbeitslos. |
| hat ... gemacht | |
| hat ... gearbeitet | |
| haben ... gelernt | |
| hat ... studiert | |
| haben ... gekauft | |

3.3 ge + *Verbstamm* + t: ge | arbeite| t, ge | wohn | t

3.4 studieren, *Partizip II:* studiert

3.5 Bei den trennbaren Verben steht -ge- immer vor dem Verbstamm: an | ge | rufen, mit | ge | bracht

3.6 Das Partizip kann man leicht finden. Im Hauptsatz steht es immer hinten.

3.7
1. Ich habe in Österreich gelebt.
2. Seine Tochter hat in Kassel studiert.
3. Seine Frau hat den Haushalt gemacht.
4. Ihre Kinder haben Deutsch gelernt.

3.8 Beispiele:
1. Ich habe drei Jahre in Österreich gelebt.
2. Seine Tochter hat ein Semester in Kassel studiert.
3. Seine Frau hat in Kassel den Haushalt gemacht.
4. Ihre Kinder haben seit 1994 Deutsch gelernt.

3.9 leben: habe ... gelebt – wohnen: hast ... gewohnt – arbeiten: hat ... gearbeitet – kaufen: hat ... gekauft – machen: hat ... gemacht – lernen: haben ... gelernt – fragen: habt ... gefragt – studieren: hat ... studiert – fotografieren: hat ... fotografiert

3.10 habe … studiert – hat … gekauft – hat … gewohnt/gelebt – hat … gearbeitet – hat … gefragt – habe … gearbeitet

4.2 1. war –Wart 2. bist – waren 3. hatten – waren – habe 4. Waren – war– war 5. Sind – bin 6. Sind – war 7. haben – hatten 8. hatte – war

5.1/5.2
1. Charlie Chaplin (1889–1977)
2. Carl Benz (1844–1929)
3. Wolfgang Amadeus Mozart (1756–1791)

5.3
1. Mondlandung, 1969
2. Wolfgang Amadeus Mozart, 1756–1791
3. Französische Revolution, 1789
4. „Entdeckung" Amerikas, 1492
5. Hitlers Machtergreifung, 1933
6. Ludwig van Beethoven, 1770–1827
7. Anfang des Ersten Weltkriegs, 1914
8. Ende der DDR, 1989
9. Martin Luther / Reformation, 1517
10. Carl Benz, 1844–1929
11. Ende des Zweiten Weltkriegs, 1945
12. Charlie Chaplin, 1889–1977

6.4 Beispiele:
2. Wann hast du / haben Sie geheiratet?
3. Welche Sprachen hast du / haben Sie gelernt?
4. Wo wohnst du?
5. Was hast du / haben Sie von 1975 bis 1977 gemacht?
6. Wo warst du / waren Sie von 1979 bis 1983?
7. Was hast du / haben Sie 1989 gemacht?
8. Wann hast du / haben Sie Deutsch studiert?
9. Wie lange warst du / waren Sie in Deutschland?
10. Wo hast du / haben Sie 1996 gearbeitet?

7.1 Lexikon

7.2 Anna Seghers war Schriftstellerin. Else Lasker-Schüler war Dichterin. Thomas Mann war Schriftsteller. Albert Einstein war Physiker.

## EINHEIT 16

1.1
1. Straße = Kantstraße
2. Straße = Bahnhofstraße
3. Straße = Sophienstraße

 = Touristeninformation

 = Post

 = Telefonzelle

2.1
1. Fahren Sie über die Alte Brücke.
2. Gehen Sie über den Domplatz.
3. Fahren Sie die Berliner Straße entlang.
4. Gehen Sie die Fahrgasse entlang.

3.2 Der Mann und die Frau stehen am Dom. Die Frau will zur Paulskirche.

3.4 der Berg, das Haus, die Gasse
der Römer, der Rat, der Ziegel
Bei zusammengesetzten Nomen bestimmt das letzte Nomen den Artikel.

4.1
1. bis zum Domplatz
2. bis zum Museum
3. bis zur Braubachstraße
4. am (an dem) Domplatz vorbei
5. am Rathaus vorbei
6. an der Ampel

4.2 1. die – entlang 2. zum 3. an der 4. zum 5. an der – am 6. die – zum 7. an der – den – an der

## *Option* 2

1
5. Danke, gut, und Ihnen/dir?
6. Auf Wiedersehen.
9. Familie
10. Getränke
11. langsam, kurz, grün
19. die Hose, die Schuhe, das Hemd, der Rock
20. das Buch – die Bücher, der Bleistift – die Bleistifte, der Computer – die Computer
21. die Enkel, die Töchter, die Großmütter
22. bin, bist, sind, seid, sind
23. habe, hast, haben, habt, haben
24. verstehe, verstehst, verstehen, versteht, verstehen
30. 1987 habe ich in ... gelebt.
31. Mehmet Güler hat von 1973 bis 1980 in Izmir gewohnt.
32. Mein Vater war Lehrer.
33. gelebt, studiert, gelernt, vorgelesen, angefangen
34. gekauft, fotografiert, angerufen, gearbeitet
35. 1933: Hitler an der Macht, 1945: Ende des Zweiten Weltkriegs, 1989: Öffnung der Mauer/Ende der DDR
36. Beethoven – Komponist, Mann – Schriftsteller, Einstein – Physiker
37. Österreich – Wien, die Schweiz – Bern, Deutschland – Berlin
38. Man rundet auf.
39. Dänemark, Polen, Tschechien, Österreich, die Schweiz, Frankreich, Luxemburg, Belgien, die Niederlande (Holland)
40. Hafen
41. Personalpronomen (Akkusativ)
42. Adjektiv, Verb, Präposition
43. Akkusativergänzung
44. Nominativergänzung
45. Postion 2
46. über, entlang, in, neben

2.3 1 – 5 – 3 – 2 – 6 – Bild 4 passt nicht.

2.4 's = es ist – war's = war es – wohl 'n = wohl ein – war'n's = waren es

2.5 In der gesprochenen Sprache fällt in der ersten Person Singular das e oft weg.

4.1/4.2 Speisekarte – Vorspeise – Tomatensuppe – Hauptgericht – Schweinebraten – Sauerkraut – Kartoffelpüree – Getränke – Weißwein – Nachspeisen – Schokoladeneis

4.3 Bluse – Rock – Strümpfe – Hemd – Krawatte – Schuh – Pullover – Hose

4.4 4.1 die Speisekarte – die Vorspeise – die Tomatensuppe – das Hauptgericht – der Schweinebraten – das Sauerkraut – das Kartoffelpüree – die Getränke – der Weißwein – die Nachspeisen – das Schokoladeneis
4.3 die Bluse – der Rock – die Strümpfe – das Hemd – die Krawatte – der Schuh – der Pullover – die Hose

4.5 1b – 2c – 3b

5.2 Beispiele:
der Brief: lesen, schreiben, vergessen, anschauen
der Einkaufszettel: lesen, machen, schreiben, vergessen, anschauen
der Kaffee: bestellen, einladen, kaufen, machen, trinken
der Text: lesen, markieren, schreiben, vergessen, anschauen
das Bild: machen, vergessen, anschauen, malen
das Mineralwasser: bestellen, kaufen, trinken, vergessen
das Museum: besuchen, anschauen
das Problem: hören, lesen, machen, schreiben, spielen, vergessen, wiederholen, anschauen
das Spiel: erzählen, machen, schreiben, spielen, vergessen, anschauen, malen
das Telefon: hören, kaufen, vergessen, anschauen
die Sprache: hören, markieren, schreiben
die Familie: besuchen, einladen
die Hausaufgabe: hören, lesen, machen, schreiben, vergessen, wiederholen, anschauen
die Speisekarte: bestellen, lesen, schreiben, vergessen, anschauen
die Geschichte: erzählen, lesen, schreiben, spielen, vergessen, wiederholen, anschauen, malen
die Rechnung: bestellen, lesen, machen, schreiben, vergessen, anschauen

5.3 horizontal: er – Ergänzung – Dativ – Glas – so – Brot – rot – Tafel – in – Apfel – Pfund – und – Akkusativ – Käse – Kilo – Nominativ – Verb – Butter – Gramm – am – Bier
vertikal: Banane – an – fast – Ei – Liter – Dose

Grammatikwörter: Ergänzung, Dativ, Akkusativ, Nominativ, Verb
Lebensmittel/Essen und Trinken: Brot, Apfel, Käse, Butter, Bier, Banane, Ei
Packungen/Maße: Glas, Tafel, Pfund, Kilo, Gramm, Liter, Dose

5.5 Nomen mit Bildern verbinden. Nomen immer mit Artikel lernen. Nomen immer mit der Pluralform lernen. Neue Wörter mit alten verbinden. Wörter in Wortgruppen lernen. Vor dem Lesen Hypothesen. Wörter mit Kontext lernen.

## EINHEIT 17

1.3 1. Januar, März, Mai, Juli, August, Oktober, Dezember 2. April, Juni, September, November 3. Februar 4. Januar, Februar, September, Oktober, November, Dezember 5. im April

2.2 1.1. Heute ist der erste Januar. Ich komme am ersten Januar.
2.2. Heute ist der zweite Februar. Ich komme am zweiten Februar.
3.3. Heute ist der dritte März. Ich komme am dritten März.
4.4. Heute ist der vierte April. Ich komme am vierten April.
5.5. Heute ist der fünfte Mai. Ich komme am fünften Mai.
6.6. Heute ist der sechste Juni. Ich komme am sechsten Juni.
7.7. Heute ist der siebte Juli. Ich komme am siebten Juli.
8.8. Heute ist der achte August. Ich komme am achten August.
9.9. Heute ist der neunte September. Ich komme am neunten September.
10.10. Heute ist der zehnte Oktober. Ich komme am zehnten Oktober.
20.11. Heute ist der zwanzigste November. Ich komme am zwanzigsten November.
31.12. Heute ist der einunddreißigste Dezember. Ich komme am einunddreißigsten Dezember.

2.5 Der Geburtstag von Margot ist am zweiten Mai. Der Tag der Deutschen Einheit ist am 3. Oktober. Der Test ist am dreißigsten November. Die Semesterferien beginnen am fünften April.

2.6 Bus: halb vier – Kinoprogramm: Freitag, 12. Januar, Kino Alhambra, 17.30: Der Engländer, 20.00: Die Hochzeit, Odeon, 22.30: Die letzte U-Bahn – Ausgehen: 16. Juni – Peter: in Salzburg, 18.4., drei Uhr – Party: 13.3. – Familie Müller: wegfahren: Samstag, 3. März, zurückkommen: in zwei Wochen (17. März) – Hochzeit: 9.9.1999 – Anruf: halb elf (22.30) Uhr – Radio: 6.00 Uhr, 23. Mai

3.3 HR 3

3.4 1. Discoparty 2. (Mittwoch) 14. Juni ab 21 Uhr

3.5 1. 11 vor 12
2. für den Abend
3. Musikveranstaltungen und eine Kabarettveranstaltung
4. 20.00 Uhr, 20.15 Uhr, 22.00 Uhr

5.1 1. Liebe 2. Geburt 3. Geburtstag 4. Tod 5. Sonstiges (Wohnungssuche) 6. Hochzeit

5.2 Satz 1: Anzeige 2 – Satz 2: Anzeige 6 – Satz 3: Anzeige 3 (oder: Glückwunschkarte Zur bestandenen Prüfung) – Satz 4: Anzeige 4 – Satz 5: Anzeige 2 (oder 6)

## EINHEIT 18

1.1 18 Imperative: *3. Person Plural (formelle Anrede):* Setzen Sie ..., Gewinnen Sie ..., Machen Sie ..., Ja, informieren Sie ..., Machen Sie ..., Testen Sie ... und rufen Sie ..., Denken Sie ..., Speichern Sie ...
*2. Person Singular:* Liebe Deine ..., Ruf doch ..., Schreib mal ..., Sei schlau, lern ..., Dänk dra – lüt a (Schweizerdeutsch = Hochdeutsch: Denk dran – ruf an!), Mach mal ..., Schlaf gut
(Die Aufforderungen Bitte nicht rauchen usw. auf dem Zoo-Schild sind im Infinitiv. Es sind keine Imperative).

1.2 1c – 2f – 3a – 4e – 5d – 6b

1.5 1. L, K – 2. L, K – 3. L, K – 4. L, K – 5. K – 6. L – 7. K – 8. K – 9. K – 10. L – 11. K – 12. K – 13. K

2.1 1b – 2e – 3c – 4g – 5h – 6a – 7f – 8j – 9i – 10d

2.2 a. nimm b. Schlag nach c.Trink d. Mach e. Iss f. Frag g. Hör h. lern i. schlaf aus j. Iss

| *Infinitiv* | *2. Person Singular* | *Imperativ (2. Person Singular)* |
|---|---|---|
| nehmen | du nimmst | Nimm! |
| nachschlagen | du schlägst nach | Schlag nach! |
| trinken | du trinkst | Trink! |
| machen | du machst | Mach! |
| essen | du isst | Iss! |
| fragen | du fragst | Frag! |
| lernen | du lernst | Lern! |
| ausschlafen | du schläfst | Schlaf aus! |
| markieren | du markierst | Markiere! |

2.4 1. Möglichkeit: Schaut – Schaltet – hört – Stellt – Notiert – Seht – Vergleicht
2. Möglichkeit: Schaut – Schreibt – vergleicht

3.1 1c – 2a – 3f – 4b – 5e – 6d

3.2 2 – 4 – 1 – 6 – 5 – 3

4.2

## EINHEIT 19

1.4 1. – 2. – 4.

2.1 1b – 2a – 3f – 4d – 5h – 6i – 7e – 8g – 9c – 10j

3.1 1. … im Postamt.
2. … ein Päckchen und ein Paket verschicken.

3.2 Ich möchte diese Pakete in die USA verschicken. Kann ich sie bei Ihnen aufgeben?
Es sind nur Geschenke, ein Kalender, Bücher und CDs.
So, ist das richtig?
Alles per Schiff, bitte.

4.3 Bild links: Sie können hier nicht fahren.
Bild rechts: Sie dürfen hier nicht fahren.

4.4 Beispiele:
1. Hier darf man nicht links abbiegen.
2. Hier kann man essen.
3. Hier muss/darf man 30 fahren.
4. Hier kann man übernachten.
5. Hier muss man anhalten.
6. Hier muss man geradeaus fahren. / Hier darf man nicht rechts oder links abbiegen.
7. Hier kann/darf man parken.
8. Hier darf man nicht weiterfahren.
9. Hier kann man auf die Toilette gehen.
10. Hier darf man nicht schwimmen.
11. Hier darf man nicht parken.

4.6 1. Darf – darfst 2. Können – muss – darf 3. dürft – muss 4. muss – kann 5. Kannst – müsst

5.1

| | | | |
|---|---|---|---|
| | Darf | ich mir das Buch | ansehen? |
| | Können | Sie mir bitte | helfen? |
| Ich | muss | ein Geschenk für meinen Mann | kaufen. |
| Ihr | dürft | den Computer nicht allein | anschalten. |
| Das | muss | ich | machen. |
| Bis morgen | muss | ich die Geschenke für meine Eltern | abschicken. |
| Da | musst | du dich aber | beeilen. |
| | Kannst | du uns sagen, wo wir die Techno-CDs | finden? |
| Ihr | müsst | mit der Rolltreppe in den zweiten Stock | fahren. |

5.2

| | | | |
|---|---|---|---|
| 1. | Können | Sie mir bitte | helfen? |
| 2. Ich | muss | die Geschenke | wegschicken. |
| 4. Sie | können | an der Kasse im ersten Stock. | bezahlen. |
| 5. Du | darfst | heute bis 9 Uhr | fernsehen. |
| 6. Wir | müssen | die Geschenke morgen | einkaufen. |

6.2 Fragen ohne Verneinung: Ja/Nein
Fragen mit Verneinung: Doch/Nein

6.3 1. keine 2. keinen 3. nie 4. nicht 5. nicht 6. Sonntag

6.4 Beispiele: 1. Doch/Nein 2. Ja/Nein 3. Doch/Nein 4. Doch/Nein 5. Ja/Nein 6. Doch/Nein 7. Ja/Nein
8. Doch/Nein 9. Doch/Nein 10. Ja/Nein

## EINHEIT 20

**1.2** Zum Interview passen die Fotos: 1. Industrie 2. Volkshochschule 4. Parks in Mannheim 5. Rassismus/ Ausländerfeindlichkeit 6. Einkaufen

**1.3** positiv: das Leben in Mannheim, die Menschen in der Stadt, die Kinder, die Berge, den Schnee, das Skifahren, Französisch, Dialogspiele, Jazztanz
negativ: die Ausländerfeindlichkeit, die Sprache / den Dialekt, die Arbeit zu Hause, den Tourismus, die Grammatik

**3.1** 1. Zeitungsnotiz 2. Kochrezept 3. Liebesroman 4. Gedicht 5. Reiseführer 6. Sachbuch 7. Western 8. Brief 9. Drama

**3.6** Eine Leseratte oder ein Bücherwurm liest viele Bücher.

**3.7** Über 50% der Ostdeutschen und nur 33% der Westdeutschen lesen viel. 23% der Westdeutschen und 8% der Ostdeutschen lesen nie ein Buch.

**4.1**

| | | | |
|---|---|---|---|
| Die meisten Menschen | lesen | | gerne Zeitung. |
| Warum | lesen | Sie | keine Krimis? |
| | Lesen | Sie | Romane? |
| | Lesen | Sie | diesen Brief |

Regel 1: Aussagesatz und W-Frage: Das Verb steht immer auf Position 2.
Regel 2: Imperativsatz und Ja/Nein-Frage: Der Satz beginnt mit dem Verb.

**4.2**
1. Wie findest du den Deutschkurs?
   Ich finde den Deutschkurs gut.
   Den Deutschkurs finde ich gut.
2. Was liest du am liebsten?
   Ich lese am liebsten Romane.
   Am liebsten lese ich Romane.
   Romane lese ich am liebsten.
3. Mögen Sie Klassik?
   Ich mag Klassik sehr.
   Klassik mag ich sehr.
4. Was können sie auf Deutsch lesen?
   Zeitungsnotizen kann ich auf Deutsch lesen.
   Ich kann Zeitungsnotizen auf Deutsch lesen.
   Auf Deutsch kann ich Zeitungsnotizen lesen.

**4.3**

| Position 1 | Position 2 | | |
|---|---|---|---|
| 1. Ich | finde | den Deutschkurs gut. | |
| Den Deutschkurs | finde | ich gut. | |
| 2. Ich | lese | am liebsten Romane. | |
| Am liebsten | lese | ich Romane. | |
| Romane | lese | ich am liebsten. | |
| 3. Ich | mag | Klassik sehr. | |
| Klassik | mag | ich sehr. | |
| 4. Zeitungsnotizen | kann | ich auf Deutsch | lesen. |
| Ich | kann | Zeitungsnotizen auf Deutsch | lesen |
| Auf Deutsch | kann | ich Zeitungsnotizen | lesen. |

**5.1** 2 – 3 – 4 – 5

**5.5** 1. Ruhe 3. schimpft 4. Schule 5. Deutsch 6. Verspätung 7. Mathematik 8. sich 9. Lehrerin 10. sitzt – Sebastian

Beispiel:
2. Herbert ist der Vater von Anna.
4. Er geht für einen Tag in die Schule.
6. Aber der Bus hat Verspätung.
8. Herbert entschuldigt sich.
10. Er sitzt neben Sebastian.
9. Frau Kleinlein ist seine Lehrerin.
1. Sie lässt Herbert keine Ruhe.
7. Mathematik macht Herbert Spaß.
5. Deutsch mag er nicht.
3. Frau Kleinlein schimpft: „Du musst aufpassen."

## EINHEIT 21

**1.2** Spalte 3: 2 – 13 – 11 – 14 – 3 – 10 – 9
Spalte 4: 5 – 1 – 7 – 12 – 8 – 6 – 4

**1.3** Temperatur: Grad Celsius / °C; Gewicht: Kilogramm/kg, Gramm/g; Fläche: Quadratmeter/m$^2$; Zeit: Stunde/h/Std., Minute/min, Sekunde/sec; Inhalt: Liter; Länge/Breite/Höhe: Meter/m, Millimeter/mm, Zentimeter/cm, Kilometer/km; Keine Kategorie: Stundenkilometer / km/h

**1.4** Gewicht: 500–600; Temperatur: ist – 36–37; Höhe: ist – 320; Breite: ist – 160 bis 200; Tiefe: ist – 278; Länge: ist – 2450; Fläche: sind – 9,5 Millionen; Inhalt: drei

**2.1** 1. D 2. D Grad 3. A (D) Kilometer 4. D Meter 5. A/CH/D Quadratkilometer, Meter 6. A Quadratkilometer 7. CH Grad 8. A/CH/D Meter 9. CH/D Kilometer 10. A/CH/D Quadratkilometer 11. CH/D Kilometer 12. A/D Stunde 13. D Kilometer, drei Stunden und achtunddreißig Minuten, Stundenkilometer

**3.3** 1. mehr 2. schneller 3. teurer

**3.4** schnell – schneller, langsam – langsamer, schön – schöner, billig – billiger, klein – kleiner; kurz – kürzer, alt – älter, lang – länger, kalt – kälter; viel – mehr, gern – lieber, hoch – höher

**3.7** 1. A ist genauso groß wie B und C.
2. A ist genauso groß wie B.
3. A ist genauso lang wie B.
4. BC ist kürzer als AC.

**3.9** 1. wie 2. als 3. wie 4. wie 5. wie 6. als 7. wie 8. als

**4.2** regelmäßig
aktiv – aktiver – am aktivsten
attraktiv – attraktiver – am attraktivsten
bunt – bunter – am buntesten
freundlich – freundlicher – am freundlichsten
genau – genauer – am genausten
interessant – interessanter – am interessantesten
langsam – langsamer – am langsamsten
langweilig – langweiliger – am langweiligsten
laut – lauter – am lautesten
leicht – leichter – am leichtesten
schnell – schneller – am schnellsten
systematisch – systematischer – am systematischsten
teuer – teurer – am teuersten
unregelmäßig – unregelmäßiger – am unregelmäßigsten

mit Umlaut
alt – älter – am ältesten
kurz – kürzer – am kürzesten
stark – stärker – am stärksten

unregelmäßig
gern – lieber – am liebsten
viel – mehr – am meisten
hoch – höher – am höchsten
nah – näher – am nächsten

**5.1** 1. am größten 2. am genausten 3. am kleinsten 4. am teuersten 5. am kürzesten 6. am ältesten 7. am höchsten 8. am schwersten 9. am lautesten 10. am längsten

1b – 2j – 3a – 4g – 5f – 6i – 7d – 8e – 9c – 10h

## EINHEIT 22

1.1 1 – 3 – 5 – 6 – 7 – 8

1.3 1/5 – ein Fünftel; 1/10 – ein Zehntel; 1/3 – ein Drittel; 25 % – fünfundzwanzig Prozent / ein Viertel;
49,2 % – neunundvierzig Komma zwei Prozent / fast die Hälfte / ungefähr die Hälfte;
76 % – sechsundsiebzig Prozent / mehr als drei Viertel; 1/2 – die Hälfte / fünfzig Prozent;
50 % – die Hälfte / fünfzig Prozent; 1/6 – ein Sechstel / sechzehn Komma sechs Prozent

1.5 Fast drei Viertel der Österreicherinnen und Österreicher haben eine Tageszeitung.
Etwa ein Drittel gehen ab und zu ins Kino.
Über die Hälfte der Jugendlichen sehen sich öfter Filme an.
Über 80 Prozent gehen nie zu Rock-Konzerten.
40 Prozent sind Mitglieder in einem Sportverein.

4.1 DIALOG 1 – Bild 3: Samstagabend, 11 Uhr, vor Disco Arena
DIALOG 2 – Bild 1 / Bild 5: nach der Arbeit Pizza (kein Hunger), etwas trinken im Café Mozart
DIALOG 3 – Bild 2 / Bild 4 / Bild 6: nicht Schwimmbad (Wasser zu kalt), nicht Kino (keine Lust), vielleicht wandern

4.2 Siehe Hörtext zu 4.1.

5.2 1a – 2i – 3c – 4d – 5e – 6f – 7g – 8h – 9b – 10j – 11k

5.3 b. Herr Mauz: Volkshochschule c. Frau Frank: Freundin d. Herr Frank: Boxen e. Frau Tritsch: Disco f. Frau Bien: Chor g. Herr Dürr: Fußball h. Herr Bahr: Theater i. Herr Blaß: Park j. Herr Predümo: Büro/Verlag, k. Herr Busch: Kneipe

5.4 1. in der Volkshochschule 2. bei ihrer Freundin 3. beim Boxen 4. in der Disco 5. in der Kirche 6. auf dem Fußballplatz 7. im Theater 8. im Park 9. im Büro 10. im Restaurant

5.5 Herr Bahr hat nicht die Wahrheit gesagt. Am Freitag war keine Theatervorstellung.

6.2 Regel – Ort (Frage Wo?): Präposition in, an, auf + Dativ

6.3

| | Wohin gehen Sie? | Wo sind Sie? |
|---|---|---|
| der Park | In den Park. | Im Park. |
| das Büro | Ins Büro. | Im Büro. |
| die Schule | In die Schule. | In der Schule. |
| die Berge | In die Berge. | In den Bergen. |

6.4 1. In der 2. um 3. ins 4. am – in den – ans 5. Auf dem 6. Ins 7. auf den

7.1 Belgien, Dänemark, Deutschland, Finnland, Frankreich, Griechenland, Großbritannien, Irland, Italien, Luxemburg, die Niederlande (Holland), Österreich, Portugal, Schweden, Spanien

7.3 1. nach – nach 2. In die – nach – nach 3. nach – nach – in die – nach – nach – auf 4. in die

## EINHEIT 23

1.1 1. Autorennen 2. Badminton 3. Basketball 4. Fußball 5. Golf 6. Gymnastik 7. Handball 8. Joggen 9. Radfahren 10. Schwimmen 11. Skifahren 12. Squash 13. Tennis 14. Turnen 15. Volleyball 16. Windsurfing

1.2 1. Schwimmen 2. Tennis 3. Fußball 4. Autorennen 5. Basketball

1.7 1. spielen – mache 2. spielt 3. Joggst

2.2 Leichtathletik am Mittwoch ab 10.00 Uhr; Donnerstagvormittag – Volleyball; Freitag – Handball

**3.2** Beispiele

| | | | |
|---|---|---|---|
| 1. Morgens | jogge | ich. | |
| 2. Im Winter | fahren | wir | Ski. |
| 3. Am Wochenende | fahren | sie | ans Meer. |
| 4. Gehen | wir | am Wochenende ins Schwimmbad? | |
| 5. Kommst | du | heute Abend? | |
| 6. Ja, ich | komme | heute Abend. | |
| 7. Mein Mann | spielt | jeden Sonntag Fußball. | |

**3.3** Beispiel: Marianne läuft oder schwimmt jeden Morgen. Montags spielt sie Basketball. Dienstags geht sie tanzen und manchmal abends in die Sauna. Am Mittwoch macht sie Leichtathletik im Stadion. Am Donnerstagvormittag spielt sie Volleyball und am Freitag Handball. Am Wochenende fährt sie oft Rad und im Winter läuft sie manchmal Ski.

**4.1** Siehe Seite 96.

**4.2** Markierung bei sich in der 3. Person Singular.

**4.3** 1. mich 2. uns 3. sich 4. euch 5. sich 6. sich

**5.2** sich ärgern: über – sich freuen: auf – sich interessieren: für – sich unterhalten: mit

**5.3** 1. über 2. für 3. auf 4. mit 5. über 6. über

**6.2** Mit wofür, worauf und worüber fragt man nach Sachen.
Mit für wen, auf wen, über wen fragt man nach Personen.

**6.3** Beispiele:
1. Worauf freuen Sie sich / freust du dich?
2. Worüber ärgern Sie sich / ärgerst du dich?
3. Wofür interessieren Sie sich / interessierst du dich?
4. Worauf freuen Sie sich / freust du dich?
5. Über wen ärgern Sie sich / ärgerst du dich?
6. Über wen ärgern Sie sich / ärgerst du dich?
7. Auf wen freuen Sie sich / freust du dich?
8. Worüber ärgern Sie sich / ärgerst du dich?
9. Wofür interessieren Sie sich / interessierst du dich?

**7.1** Karten spielen.

**7.3** c1 – f2 – g3 – h4 – e5 – b6 – a7 – d8

## EINHEIT 24

**1.4** 6 – 1 – 2 – 4 – 5 – 3

**2.2** arbeiten – anfangen – beginnen – diskutieren – brauchen – einladen – gehen – heiraten – einkaufen – singen – sagen – ergänzen – fernsehen – hören – schreiben

**2.4** Traum 1: 1, 5, 4, 10, 8, 2
Traum 2: 3, 6, 7, 11, 9

**4.1** ist … passiert – ist … gefahren – ist … geflogen – ist … aufgestanden – sind … gegangen – ist … gewesen – ist … geblieben – ist … zurückgekommen

**4.3** Mit sein: aufgestanden (aufstehen), gegangen (gehen), geblieben (bleiben), gefahren (fahren), gewesen (sein). Alle anderen mit haben.

**5.1** Beispiele
Text 2: Erich ist spät aufgestanden. Abends hat er ein Glas Wein getrunken.
Text 3: Klaus hat nicht mit Karl gespielt. Er hat das ganze Wochenende Videofilme angesehen und Kuchen gegessen.
Text 4: Herr Martinez hat mit seinen Freunden gefrühstückt. Er hat nicht eingekauft. Er hat den ganzen Tag Fußball gespielt. Am Abend ist nicht die Mannschaft zum Essen gekommen. Sie haben in der Kneipe gefeiert. Am Sonntag ist er im Bett geblieben.
Text 5: Eva hat am Sonntag nicht nur ferngesehen. Sie war im Park spazieren.

**5.3** 1e – 2h – 3c – 4b – 5a – 6d – 7g – 8f

**5.6**
1. habt ... gemacht / geschlafen / gefrühstückt / gelesen / gegessen / getrunken – haben ... besucht – haben ... geholfen – haben ... gekocht / diskutiert / gespielt
2. haben ... gefeiert – ist ... gegangen – haben ... abgewaschen / aufgeräumt – bin ... gekommen / aufgestanden

## *Option* 3

**1.1**

| | | | | | | |
|---|---|---|---|---|---|---|
| 1. S. 129 | 5. S. 181 | 9. S. 35 | 13. S. 49 | 17. S. 88 | 21. S. 57 | 25. S. 39 |
| 2. S. 136 | 6. S. 62 | 10. S. 99 | 14. S. 162 | 18. S. 166 | 22. S. 55 | 26. S. 40 |
| 3. S. 141 | 7. S. 82 | 11. S. 65 | 15. S. 34 | 19. S. 145 | 23. S. 111 | |
| 4. S. 141 | 8. S. 18 | 12. S. 172 | 16. S. 84 | 20. S. 152 | 24. S. 104 | |

**1.2**
1. Einheit 6/2.1, Bild 9
2. Einheit 8/3.3, Bild 13
3. Option 1/7, Bild 22
4. Einheit 15/1.3, Bild 10
5. Einheit 17/5.2, Bild 1
6. Einheit 20/2.1, Bild 19
7. Einheit 23/2.2, Bild 6
8. Einheit 24/3.2, Bild 5

**8.1** Text 1:
1. Wo bleibt die Zeit?
2. ab 12 Jahren 4 Stunden täglich für Bildung und Arbeit; 1/3 der Zeit – schlafen; 5 Stunden / 20 % für Kultur; Sport usw.; 2 Stunden für Anziehen, Essen usw.

Text 2:
1. Heimat in Deutschland
2. 6 Millionen Ausländer leben in Deutschland; 61 % sind länger als 10 Jahre hier; viele haben ihre Familie in Deutschland; die Kinder kennen die „Heimat" der Eltern nur von Urlaubsreisen.

## Verben: Personen und Zeitformen

1 **Regelmäßige Verben**

Bei den regelmäßigen Verben bleibt der Stamm in allen Verbformen (Personen und Zeiten) gleich.

*Infinitiv* wohn | en

| | *Präsens* | *Perfekt* |
|---|---|---|
| ich | wohn**e** | habe **ge**wohn**t** |
| du | wohn**st** | hast **ge**wohn**t** |
| er/es/sie | wohn**t** | hat **ge**wohn**t** |
| wir | wohn**en** | haben **ge**wohn**t** |
| ihr | wohn**t** | habt **ge**wohn**t** |
| sie | wohn**en** | haben **ge**wohn**t** |

2 **Unregelmäßige Verben**

Bei den unregelmäßigen Verben ist der Stamm bei manchen Verbformen verschieden. Deshalb muss man bei diesen Verben immer die Stammformen lernen.

*Infinitiv* sprechen

| | *Präsens* | *Perfekt* |
|---|---|---|
| ich | spreche | habe gespr**o**chen |
| du | spr**i**chst | hast gespr**o**chen |
| er/es/sie | spr**i**cht | hat gespr**o**chen |
| wir | sprechen | haben gespr**o**chen |
| ihr | sprecht | habt gespr**o**chen |
| sie | sprechen | haben gespr**o**chen |

| | | | |
|---|---|---|---|
| *Infinitiv* | sprechen | kommen | schreiben |
| *Präsens* | sie spricht | sie kommt | sie schreibt |
| *Präteritum* | sie sprach* | sie kam* | sie schrieb* |
| *Perfekt* | sie hat gesprochen | sie ist gekommen | sie hat geschrieben |

* Das Präteritum der Verben lernen Sie in **eurolingua Deutsch 2** kennen.

Eine Liste mit den wichtigsten unregelmäßigen Verben aus **eurolingua Deutsch 1** finden Sie auf Seite 260.

3 **Die Verben** sein **und** haben

*Infinitiv* sein

| | *Präsens* | *Präteritum* | *Perfekt* |
|---|---|---|---|
| ich | bin | war | bin gewesen |
| du | bist | warst | bist gewesen |
| er/es/sie | ist | war | ist gewesen |
| wir | sind | waren | sind gewesen |
| ihr | seid | wart | seid gewesen |
| sie | sind | waren | sind gewesen |

Letztes Jahr **waren** wir in Rom.
Sie **ist** nie wieder so glücklich **gewesen** wie am Ende ihrer Schulzeit.

*Infinitiv* haben

| | *Präsens* | *Präteritum* | *Perfekt* |
|---|---|---|---|
| ich | habe | hatte | habe gehabt |
| du | hast | hattest | hast gehabt |
| er/es/sie | hat | hatte | hat gehabt |
| wir | haben | hatten | haben gehabt |
| ihr | habt | hattet | habt gehabt |
| sie | haben | hatten | haben gehabt |

Wir **hatten** gestern einen schönen Abend bei unseren Freunden.
Ihr **habt** mit euren Kindern wirklich Glück **gehabt.**

4 **Perfekt mit** haben **oder** sein

Die meisten Verben bilden das Perfekt mit haben.

Das Perfekt mit sein bilden:

- Verben, die Zustandsveränderung oder Fortbewegung ausdrücken:
  Zustandsveränderung
  einschlafen, aufwachen, hinfallen …
  Fortbewegung
  gehen, fahren, fliegen, kommen, laufen, rennen …

Ich **war** gestern so müde. Ich **bin** sofort **eingeschlafen** und heute erst um zehn Uhr **aufgewacht.**
Ich **bin** noch nie gern **geflogen.** Ich **bin** immer lieber mit der Bahn **gefahren.**

- Diese Verben: bleiben, geschehen, passieren, werden, sein

Es **ist** nichts **geschehen.** Er **ist** bei ihr **geblieben.**
Sie **sind** glücklich **geworden.**

## Nomen und Begleiter

5 **Pluralformen**

Im Deutschen gibt es viele Pluralendungen (s. **eurolingua 1,** S. 18):
- Die weitaus häufigsten Pluralendungen sind -(e)n und -n: Namen, Schulen, Studenten
- Die meisten maskulinen Nomen haben im Plural die Endung -e: Schuhe, Schirme, Ausschnitte
- Die meisten femininen Nomen haben im Plural die Endung -(e)n: Frauen, Antworten, Bananen

Lernen Sie die Nomen immer mit Artikel und Pluralform.

6 **Nominativ und Akkusativ**

Im Deutschen gibt es vier Kasusformen: *Nominativ, Akkusativ, Dativ* und *Genitiv*.
In **eurolingua Deutsch 1** lernen Sie hauptsächlich die Nominativ- und Akkusativformen kennen. Man erkennt den Kasus meistens nur an den Begleitern des Nomens (der/das/die, mein/dein ...).

| | *Maskulinum 1* | *Maskulinum 2 (n-Deklination)* | *Neutrum* | *Femininum* |
|---|---|---|---|---|
| *Nominativ* | der Mann<br>ein Mann | der Junge<br>ein Junge | das Haus<br>ein Haus | die Frau<br>eine Frau |
| *Akkusativ* | de**n** Mann<br>ein**en** Mann | de**n** Junge**n**<br>ein**en** Junge**n** | das Haus<br>ein Haus | die Frau<br>ein**e** Frau |

Ebenso: kein, dieser, mancher, *Possessivbegleiter* (mein/dein ...)

Der Mann *(N)* sieht einen Jungen *(A)* und eine Frau *(A)* über die Straße gehen.
Der Junge *(N)* und die Frau *(N)* gehen in ein Haus *(A)*.

## Begleiter des Nomens und Pronomen

7 **Personalpronomen, Reflexivpronomen, Possessivbegleiter**

| *Personalpronomen* | | *Reflexivpronomen* | *Possessivbegleiter* |
|---|---|---|---|
| *Nominativ* | *Akkusativ* | *Akkusativ* | *Nominativ** |
| ich | mich | mich | mein |
| du | dich | dich | dein |
| er/es/sie | ihn/es/sie | **sich** | sein/sein/ihr |
| wir | uns | uns | unser |
| ihr | euch | euch | euer |
| sie | sie | **sich** | ihr |

* Akkusativ siehe Punkt 6.

## Adjektive: Komparation

8 **Regelmäßige Formen**

schnell schnell**er** am schnell**sten** / der, das, die schnell**ste**

9 **Regelmäßige Formen mit Umlaut**

| | | | |
|---|---|---|---|
| alt | **ä**lter | am **ä**ltesten / der, das, die **ä**lteste | a → ä |
| jung | j**ü**nger | am j**ü**ngsten / der, das, die j**ü**ngste | u → ü |
| rot | r**ö**ter | am r**ö**testen / der, das, die r**ö**teste | o → ö |

10 **Unregelmäßige Formen**

| | | |
|---|---|---|
| gut | besser | am besten / der, das, die beste |
| hoch | höher | am höchsten / der, das, die höchste |
| nah | näher | am nächsten / der, das, die nächste |
| viel | mehr | am meisten / der, das, die meiste |

## Sätze

11 **Satzarten**

| | | *Position 2* | | |
|---|---|---|---|---|
| 1. Aussagesatz | Ich | gehe. | | |
| | Ich | gehe | nach Hause. | |
| | Morgen | gehe | ich nach Hause. | |
| 2. W-Frage | – Wann | gehst | du nach Hause? | + Um acht. |
| | – Wo | wohnst | du? | + In Dresden. |
| 3. Ja/Nein-Frage | | – Bist | du aus Leipzig? | + Nein, aus Pirmasens. |
| | | – Arbeitest | du in Leipzig? | + Ja. |
| | | – Wohnst | du nicht in Leipzig? | + Doch. |
| 4. Imperativsatz | | Geh | sofort nach Hause! | |
| | | Gehen Sie | an der Kreuzung links. | |
| | | Geht | bitte nicht zu spät nach Hause. | |

## Verben

12 **Liste der unregelmäßigen Verben in eurolingua 1**

In dieser Liste finden Sie Verben mit Vorsilben meistens unter der einfachen Verbform.
Beispiel: wegfahren → fahren, verlassen → lassen.
Nur wenn die einfache Form in Band 1 nicht vorkommt, haben wir hier die Form mit der Vorsilbe aufgenommen (z.B. abbiegen, nachschlagen).

| *Infinitiv* | *Präsens* | *Präteritum* | *Perfekt* |
|---|---|---|---|
| abbiegen | er biegt ab | er bog ab | er ist abgebogen |
| anfangen | er fängt an | er fing an | er hat angefangen |
| anstreichen | er streicht an | er strich an | er hat angestrichen |
| beginnen | er beginnt | er begann | er hat begonnen |
| bitten | er bittet | er bat | er hat gebeten |
| blasen | er bläst | er blies | er hat geblasen |
| bleiben | er bleibt | er blieb | er ist geblieben |
| brechen | er bricht | er brach | er hat sich das Bein gebrochen |
| | | | das Eis ist gebrochen |
| bringen | er bringt | er brachte | er hat gebracht |
| denken | er denkt | er dachte | er hat gedacht |
| dürfen | ich darf | ich durfte | er hat gedurft |
| | du darfst | du durftest | er hat arbeiten dürfen |
| | er/es/sie darf | er/es/sie durfte | |
| | wir dürfen | wir durften | |
| | ihr dürft | ihr durftet | |
| | sie dürfen | sie durften | |
| einladen | er lädt ein | er lud ein | er hat eingeladen |
| empfehlen | er empfiehlt | er empfahl | er hat empfohlen |
| essen | er isst | er aß | er hat gegessen |
| fahren | er fährt | er fuhr | er ist nach China gefahren |
| | | | er hat das Auto gefahren |
| fallen | er fällt | er fiel | er ist gefallen |
| finden | er findet | er fand | er hat gefunden |

| *Infinitiv* | *Präsens* | *Präteritum* | *Perfekt* |
|---|---|---|---|
| fliegen | er fliegt | er flog | er ist nach Rom geflogen |
| | | | er hat das Flugzeug geflogen |
| geben | er gibt | er gab | er hat gegeben |
| gehen | er geht | er ging | er ist gegangen |
| gewinnen | er gewinnt | er gewann | er hat gewonnen |
| haben | ich habe | ich hatte | er hat gehabt |
| | du hast | du hattest | |
| | er/es/sie hat | er/es/sie hatte | |
| | wir haben | wir hatten | |
| | ihr habt | ihr hattet | |
| | sie haben | sie hatten | |
| halten | er hält | er hielt | er hat gehalten |
| heißen | er heißt | er hieß | er hat geheißen |
| helfen | er hilft | er half | er hat geholfen |
| kennen | er kennt | er kannte | er hat gekannt |
| kommen | er kommt | er kam | er ist gekommen |
| können | ich kann | ich konnte | er hat gekonnt |
| | du kannst | du konntest | er hat arbeiten können |
| | er/es/sie kann | er/es/sie konnte | |
| | wir können | wir konnten | |
| | ihr könnt | ihr konntet | |
| | sie können | sie konnten | |
| lassen | er lässt | er ließ | er hat gelassen |
| | | | er hat ihn arbeiten lassen |
| laufen | er läuft | er lief | er ist gelaufen |
| lesen | er liest | er las | er hat gelesen |
| liegen | er liegt | er lag | er hat im Bett gelegen |
| | | | das Dorf ist schön gelegen |
| mögen | ich mag | ich mochte | er hat gemocht |
| | du magst | du mochtest | er hat arbeiten mögen |
| | er/es/sie mag | er/es/sie mochte | |
| | wir mögen | wir mochten | |
| | ihr mögt | ihr mochtet | |
| | sie mögen | sie mochten | |
| müssen | ich muss | ich musste | er hat gemusst |
| | du musst | du musstest | er hat arbeiten müssen |
| | er/es/sie muss | er/es/sie musste | |
| | wir müssen | wir mussten | |
| | ihr müsst | ihr musstet | |
| | sie müssen | sie mussten | |
| nachschlagen | er schlägt nach | er schlug nach | er hat nachgeschlagen |
| nehmen | er nimmt | er nahm | er hat genommen |
| nennen | er nennt | er nannte | er hat genannt |
| pfeifen | er pfeift | er pfiff | er hat gepfiffen |
| raten | er rät | er riet | er hat geraten |
| rufen | er ruft | er rief | er hat gerufen |
| schlafen | er schläft | er schlief | er hat geschlafen |
| schließen | er schließt | er schloss | er hat geschlossen |
| schreiben | er schreibt | er schrieb | er hat geschrieben |
| schwimmen | er schwimmt | er schwamm | er ist geschwommen |
| sehen | er sieht | er sah | er hat gesehen |
| | | | er hat ihn kommen sehen |

| *Infinitiv* | *Präsens* | *Präteritum* | *Perfekt* |
|---|---|---|---|
| sein | ich bin | ich war | er ist gewesen |
| | du bist | du warst | |
| | er/es/sie ist | er/es/sie war | |
| | wir sind | wir waren | |
| | ihr seid | ihr wart | |
| | sie sind | sie waren | |
| singen | er singt | er sang | er hat gesungen |
| sitzen | er sitzt | er saß | er hat gesessen |
| sollen | ich soll | ich sollte | er hat gesollt |
| | du sollst | du solltest | er hat arbeiten sollen |
| | er/es/sie soll | er/es/sie sollte | |
| | wir sollen | wir sollten | |
| | ihr sollt | ihr solltet | |
| | sie sollen | sie sollten | |
| sprechen | er spricht | er sprach | er hat gesprochen |
| stehen | er steht | er stand | er hat gestanden |
| steigen | er steigt | er stieg | er ist gestiegen |
| streichen | er streicht | er strich | er hat gestrichen |
| tragen | er trägt | er trug | er hat getragen |
| treffen | er trifft | er traf | er hat getroffen |
| treiben | er treibt | er trieb | er hat getrieben |
| trinken | er trinkt | er trank | er hat getrunken |
| tun | er tut | er tat | er hat getan |
| unterstreichen | er unterstreicht | er unterstrich | er hat unterstrichen |
| verbinden | er verbindet | er verband | er hat verbunden |
| vergessen | er vergisst | er vergaß | er hat vergessen |
| vergleichen | er vergleicht | er verglich | er hat verglichen |
| verlieren | er verliert | er verlor | er hat verloren |
| waschen | er wäscht | er wusch | er hat gewaschen |
| werden | ich werde | ich wurde | er ist geworden |
| | du wirst | du wurdest | er ist gefragt worden |
| | er/es/sie wird | er/es/sie wurde | |
| | wir werden | wir wurden | |
| | ihr werdet | ihr wurdet | |
| | sie werden | sie wurden | |
| werfen | er wirft | er warf | er hat geworfen |
| wiegen | er wiegt | er wog | er hat gewogen |
| wissen | ich weiß | ich wusste | er hat gewusst |
| | du weißt | du wusstest | |
| | er/es/sie weiß | er/es/sie wusste | |
| | wir wissen | wir wussten | |
| | ihr wisst | ihr wusstet | |
| | sie wissen | sie wussten | |
| wollen | ich will | ich wollte | er hat gewollt |
| | du willst | du wolltest | er hat arbeiten wollen |
| | er/es/sie will | er/es/sie wollte | |
| | wir wollen | wir wollten | |
| | ihr wollt | ihr wolltet | |
| | sie wollen | sie wollten | |
| ziehen | er zieht | er zog | er hat den Wagen gezogen |
| | | | er ist aufs Land gezogen |

## 13 Verben mit Präposition und Akkusativ

| *Verb* | *Präposition* | *Beispiel* |
|---|---|---|
| achten | auf | Achten Sie auf den Satzanfang. |
| antworten | auf | Antworte bitte auf meine Frage. |
| sich ärgern | über | Ich habe mich sehr über diesen Mann geärgert. |
| aufpassen | auf | Du musst besser auf deinen Hund aufpassen. |
| ausgeben | für | Ich gebe viel Geld für Bücher aus. |
| berichten | über | Der Polizist berichtet über den Unfall. |
| bitten | um | Darf ich Sie um einen Rat bitten? |
| danken | für | Ich danke dir für deinen Hinweis. |
| denken | an | Sie denkt oft an ihren Freund. |
| diskutieren | über | Wir diskutieren morgen über diesen Vorschlag. |
| sich entschuldigen | für | Ich entschuldige mich für diesen Fehler. |
| erinnern | an | Sie erinnert mich an meine Mutter. |
| sich erinnern | an | Sie erinnerte sich plötzlich an ihren Termin. |
| sich freuen | auf | Ich freue mich immer besonders auf den Samstag. |
| sich freuen | über | Sie freut sich über jeden Brief, den sie bekommt. |
| gehen | um | In diesem Buch geht es um Politik. |
| glauben | an | Kinder glauben an den Osterhasen. |
| halten | für | Halten Sie ihn für einen Verbrecher? |
| sich halten | an | Ich halte mich an deinen Rat. |
| sich halten | für | Du hältst dich wohl für etwas Besseres? |
| informieren | über | Wir möchten Sie über unseren Plan informieren. |
| sich informieren | über | Ich möchte mich lieber selbst über den Job informieren. |
| sich interessieren | für | Sie interessiert sich für meine Briefmarken. |
| kommen | auf | Wie bist du auf diesen Vorschlag gekommen? |
| lachen | über | Die Leute lachen über den Clown. |
| nachdenken | über | Ich habe lange über den Vorschlag nachgedacht. |
| reden | über | Ich will nicht immer nur über den Chef reden. |
| sein | für | Ich war für weniger Arbeit und einen höheren Lohn. |
| sein | gegen | Er war gegen den neuen Computer. |
| sprechen | über | Die Lehrerin möchte über den Kurs sprechen. |
| stellen | auf | Stell den Teller auf den Tisch. |
| tun | für | Kannst du das für mich tun? |
| sich unterhalten | über | Wir haben uns lange über ihn unterhalten. |
| sich verlassen | auf | Auf mich können Sie sich verlassen! |
| sich vorbereiten | auf | Du solltest dich gut auf den Test vorbereiten. |
| warten | auf | Ich kann nicht mehr länger auf ihn warten. |

| *Verb* | *Präposition* | *Beispiel* |
|---|---|---|
| ändern | an | An dieser Situation kann man nichts ändern. |
| anfangen | mit | Wann fängst du mit der Arbeit an? |
| aufhören | mit | Hör endlich mit dem Gejammer auf! |
| beginnen | mit | Wann beginnst du mit deiner Arbeit? |
| einladen | zu | Er lädt mich zum Abendessen ein. |
| erzählen | von | Bitte erzähl mir mehr von dir! |
| fragen | nach | Er hat schon oft nach meinem Mann gefragt. |
| gehören | zu | Gehörst du auch zu dieser Klasse? |
| gratulieren | zu | Ich gratuliere dir zum Geburtstag. |
| halten | von | Was halten Sie von diesem Vorschlag? |
| hören | von | Ich habe schon viel von Ihnen gehört. |
| leben | von | Er lebt von seiner Rente. |
| meinen | zu | Was meinen Sie zu meinem Vorschlag? |
| sich melden | bei | Melden Sie sich bitte beim Ausländeramt. |
| passen | zu | Dieser Hut passt nicht zu deinem Kleid! |
| profitieren | von | Er hat viel von ihr profitiert. |
| reden | von | Alle reden nur noch von diesem Film. |
| rufen | nach | Er rief laut nach seinem Hund. |
| sehen | nach | Ich sehe mal schnell nach dem Kuchen im Ofen. |
| sprechen | mit | Mit wem sprichst du? |
| sprechen | von | Er spricht gern von seinen Kindern. |
| telefonieren | mit | Mit wem telefonierst du? |
| träumen | von | Gestern habe ich von dir geträumt. |
| sich treffen | mit | Ich treffe mich heute mit einem Freund. |
| sich unterhalten | mit | Er hat sich lange mit seiner Chefin unterhalten. |
| sich verabreden | mit | Ich habe mich mit ihm verabredet. |
| verbinden | mit | Verbinden Sie die Punkte mit einer Linie. |
| vergleichen | mit | Vergleichen Sie die Kopie mit dem Original. |
| verstehen | von | Sie versteht viel von der deutschen Literatur. |
| sich verstehen | mit | Sie versteht sich gut mit ihm. |
| wissen | von | Wissen Sie schon von unserem Plan? |

**Bildquellen**

© Archiv für Kunst und Geschichte, S. 69 (Mitte), S. 75 (oben rechts, 2. von oben rechts), S. 104 (1., 2., 4., 5., 6., 7., 9., 10., 11., 12.), S. 106 (oben, Mitte), S. 107 (oben links, 2. von oben links, 2. von unten links, oben Mitte, Mitte, oben rechts), S. 122 (rechts); Archiv für Kunst und Geschichte: © Lessing, S. 104 (3.); © Stauss, S. 120 – Bavaria: © Ball, S. 74 (unten rechts), S. 75 (2. von oben links); © Blume-Firla, S. 13 (oben), S. 52 (unten links); © Geisser, S. 153 (oben rechts); © Interstock, S. 123 (oben rechts); © Irish, S. 75 (oben links); © Keute, S. 74 (2. von unten links); © LA, S. 153 (unten); © Pedone, S. 153 (Mitte); © Picture Crew, S. 122 (unten); © Picture Finders, S. 74 (unten links), © Royd, S. 69 (unten); © Stock Imagery, S. 75 (Mitte rechts), © TCL, S. 34 (unten), S. 52 (unten rechts), S. 69 (2. von unten); © Tessore, S. 69 (2. von oben); © Dr. Wagner, S. 74 (Mitte rechts) – Bildarchiv Preußischer Kulturbesitz: © Anders, S. 107 (unten links) – © Bollmann-Bildkarten-Verlag, S. 110 – © Bongarts, S. 172 (unten) – © Brösel/Achterbahn Verlag, „Du schwarz – ich weiß", S. 76 – © The Coca-Cola Company, S. 130 – © Diallo, S. 185 (rechts) – © dpa, S. 134; dpa: © Haid, S. 144 (5.); © Scheidemann, S. 33 (links) – © Dutch Gramophone Company, S. 145 – Focus: © Barbey/Magnum, S. 123 (unten links); © Charles/ Rapho, S. 69 (oben); © Kluyver, S. 34 (Mitte), S. 52 (Mitte); © Mayr, S. 55 (oben links); © Nutan/Vandystadt, S. 172 (rechts), S. 186 (2. von oben Mitte); © Petit/Vandystadt, S. 172 (oben) – Grenzschutzpräsidium Süd: © Heim, S. 152 (rechts) – © Großkraftwerk Mannheim, S. 144 (1.) – © Hessischer Rundfunk, S. 127 – © Hoffmann und Campe, S. 159 – © Hogrefe Verlag für Psychologie, S. 151 – IFA-Bilderteam: © Comnet, S. 152 (Mitte); © Digul, S. 154 (Mitte), S. 192; © Hasenkopf, S. 123 (oben links); © Hilpert, S. 144 (4.); © Hutterer, S. 153 (oben links); © IPP, S. 144 (3.); © Krämer, S. 111, S. 153 (oben Mitte), S. 186 (2. von unten links); © Lecom, S. 152 (links), S. 186 (unten links); © Löhr, S. 34 (oben), S. 52 (oben), S. 169, S. 186 (2. von unten Mitte); © Ludwigs, S. 75 (unten rechts); © March, S. 150; © Noble, S. 123 (unten rechts); © Putz, U1; © Rotter, S. 124; © UPA, S. 58 (unten links), © Welsh, S. 162 (rechts) – © Kinoarchiv Engelmeier, S. 74 (oben) – © Koch Music Publishing, S. 145 – © Mannheimer Kongreß- und Touristik GmbH, S. 144 (6.) – Mauritius: © Habel, S. 122 (links) – © Mikes, S. 162 (unten) – © Mitteldeutscher Rundfunk, S. 127 – © Moderato/George Glueck Musik, S. 145 – © Mood Records, S. 145 – © Neue Constantin Film, S. 64 – © Norddeutscher Rundfunk, S. 127 – © Opel Eisenach GmbH, S. 23, S. 44 (4.) – © Ostdeutscher Rundfunk Brandenburg, S. 127 – © Polygram Musik Vertrieb, S. 145 – © Prinz, S. 137, S. 138 – © Rohrmann, S. 14, S. 65, S. 72 (unten), S. 121 (oben links), S. 130 (Mitte links), S. 186 (oben links) – © Schauff, S. 154 (rechts) – Stiftung Deutsche Kinemathek: © Köster, S. 107 (unten Mitte) – © Süddeutscher Rundfunk, S. 127 – © Sven Simon, S. 33 (rechts) – © Tutu Records, S. 145 – © Ullstein, S. 106 (unten), S. 121 (unten), S. 155; Ullstein: © dpa, S. 107 (unten links); © Engler, S. 104 (8.), S. 186 (2. von unten rechts); © Fabig, S. 116; © Peter, S. 99 (unten) – © Werbeverlag R. Gorzinski, Mannheim, S. 13 (unten).

Alle anderen Fotos: © Cornelsen, Sandra Lücking.

**Textquellen**

© Arche Verlag, Zürich, Ernst Ginsberg, aus: „Abschied, Erinnerungen, Theateraufsätze, Gedichte", S. 97 – © Beltz & Gelberg, Weinheim/Basel, Karlhans Frank, aus: „Texte dagegen", hg. von Silvia Bartholl, S. 193; Alfons Schweiggert, aus: „Seht, wie die Zeit vergeht! Kalenderbuch für Kinder", S. 135 – © Edition Freiheit/ Mambo Musik-, Verlags- u. Produktionsgesellschaft, Frankfurt: Münchner Freiheit, „So lange man Träume noch leben kann", S. 194 – © Gauke Verlag, Fritz Werf, aus: „Gauke's Jahrbuch '81", S. 26 – © George Glueck Musik GmbH, Berlin: Rio Reiser, „Montag", S. 116 – © Hammer-Verlag, Hannover, Kurt Marti, aus: „bundes deutsch", hg. von R. O. Wiemer, S. 96 – © Hoffmann und Campe Verlag, Hamburg, Otto Waalkes, aus: „Das Buch Otto", S. 103, S. 177; aus: „Guinness Buch der Rekorde 1990", S. 159 – © Langenscheidt, Berlin/München, Heinz Messinger, aus: „Langenscheidts Großwörterbuch, Der Kleine Muret-Sanders, Deutsch-Englisch", S. 17; Götz, Haensch, Wellmann, aus: „Langenscheidts Großwörterbuch, Deutsch als Fremdsprache", S. 17, S. 44, S. 175 – © Luchterhand Literaturverlag, München, Ernst Jandl, Jürgen Spohn, aus: „Falamaleikum, Gedichte und Bilder", S. 120 – © Mannheimer Morgen, Nr. 54 vom 6./7.3.1993 und Nr. 179 vom 5./6.8.1995, S. 192 – © P.O.E.M. Musikverlag, Berlin: Ideal, „Telefon", S. 55 – © Ravensburger Buchverlag, Otto Maier GmbH, Manfred Mai/Detlef Kersten, aus: „Nur für einen Tag", S. 149 – © Siebert Verlag, München, Heinrich Hoffmann, aus: „Der Struwwelpeter", S. 88 – © Südverlag, Konstanz, e.o. plauen, aus: „Vater und Sohn", mit Genehmigung der Gesellschaft für Verlagswerte GmbH, Kreuzlingen/Schweiz, S. 134 – © Verlag Klett Edition Deutsch, München, Helmut Müller, aus: „Der eine und der andere – Szenische Dialoge für den Sprachunterricht", S. 189.

Nicht alle Copyrightinhaber konnten ermittelt werden; deren Urheberrechte werden hiermit vorsorglich und ausdrücklich anerkannt.